소통과 공감의 문화콘텐츠학

소통과 공감의 문화콘텐츠학

이기상 · 박범준 지음

HU:iNE

머리말

1972년 벨지움 유학 시절, "한국(Korea)"에서 왔다고 하면 그런 나라가 있느냐 하며 의아해하던 사람들이 꽤 많았다. 바로 옆에 붙어있는 독일로 가기 위해 얼마나 많은 서류절차를 받았는가를 생각하면 아직도 가슴이 콩닥거린다. 그 시절 국가의 위상이 개인에게 얼마나 큰 영향을 미치는가를 몸과 마음으로 시리게 겪었다. 이제는 한국 여권으로 세계의 가장 많은 나라를 자유로이 갈 수 있게 되었다. 이제 한국은 정치적·경제적으로 더 이상 예전의 한국이 아니다.

오래 전 드라마 "대장금"이 동아시아 전역에 한국문화에 대한 관심을 불러일으키더니, 최근에는 드라마 "태양의 후예"가 아시아를 넘어 중동에까지 한류열풍을 주도하고 있다. K-POP의 한국 젊은 가수들이 전 세계 젊은이들의 가슴에 한류의 불을 지피더니, 2012년 런던 올림픽 이후로는 한국의 운동선수들이 세계인들의 주목을 받기 시작했다. 불가능이라 여겨졌던 피겨, 양궁, 펜싱, 체조, 축구 부분에서 최고의 성적을 내며 체육 역사에 새 장을 열어갔다.

여자골프에서는 이제 한국선수가 참가하지 않는다면 국제대회가 되지 않을 정도가 되었다.

젊은 피아니스트 조성진이 세계인의 심금을 울리며 마에스트로 정명훈과 같은 예술가의 탄생을 예고했다. 이로 인해 다시 한 번 한국이 낳은 백남준, 윤이상과 같은 세계적인 예술가들을 떠올리게 되었다. 문화의 세기라는 지구촌 시대에 한국의 예술가, 음악가, 연예인, 체육인 등 문화인들이 세계에 한국문화를 알리며 우리의 감성과 심성이 지구인들의 공감을 살 수 있음을 보여주고 있다.

이런 시대적 분위기에 맞추어 "문화콘텐츠"라는 개념이 등장하게 되고, 대학에 그것을 전공으로 연구하는 "문화콘텐츠학과"도 생기게 되었다. 이로 인해 "문화콘텐츠학"이라는 새로운 학문도 세상에 선보이게 되었다. 한국외국어대학교 인문대 철학과에 있으면서 2002년 대학원에 "문화콘텐츠학과"를 개설하는 데 관여하게 되었으며 그것이 인연이 되어 그 뒤로는 전적으로 문화콘텐츠학에 매달려 학문으로서의 문화콘텐츠학을 정립하기 위해 노력하였다. <콘텐츠와 문화철학>, <문화콘텐츠학의 이해>, <문화와 커뮤니케이션>, <한국현대문화콘텐츠분석> 등의 강의를 개설하여 다양한 관점에서 문화콘텐츠를 접근하며 연구해왔다. 이 책은 이 모든 학술 활동의 최종 성과물인 셈이다.

"문화콘텐츠"라는 개념은 한국에서 처음 등장해 사용되기 시작한 용어다. 따라서 "문화콘텐츠학"이라는 학문도 한국에서 태동한 신생학문이다. 문화 예술 분야에서 세계가 주목할 만한 성과를 올린 한국 사람은 꽤 많은 편이다. 그러나 이론과 학문분야에서는 아직 괄목할 만한 결과물을 내지 못했다. 우리의 문화와 예술이 지구인들의 공감을 산다면, 그 밑바탕에 깔려있는 삶의 문법에 맞갖은 이론적 설명과 해설이 나와야 할 시점도 되었다. 이 책에서 이를 위한 첫 발걸음을 떼어놓는다. 첫술에 배부를 수 없다. 이제 논의의 마당을 펼쳐놓는 셈이다. 관련된 연구자들의 생산적인 논의를 거쳐 "문화콘텐츠학"이 더욱 체계 잡힌 한국 발(發) 학문으로서 굳건히 서기를 바란다.

공동저자인 박범준 박사는 2007년에 대학원 문화콘텐츠학과 석사과정에 입학해서 줄곧 함께 연구하였다. 그는 2014년 <소통의 문화콘텐츠학 학문적 체계 연구>라는 박사학위논문을 제출하여 이 분야 최초의 박사학위자가 되었다. 이 책은 나의 "문화콘텐츠학의 이해"라는 강의록과 박범준 박사의 학위논문을 한 권으로 정리해서 묶은 학술서다.

한국외국어대학교 대학원에서 "문화콘텐츠학의 이해"를 들으며 강의를 녹취해서 풀어 정리한 대학원생들의 숨은 노력이 없었다면, 오늘 이 책은 세상의 빛을 보지 못했을 것이다. 초롱초롱한 눈으로 강의를 경청하던 학생들의 열정적인 학구력이 이 책 발간의 원동력이었기에 이 자리를 빌려 깊은 고마움을 전한다. 이 책 발간에 누구보다 관심을 갖고 적극 나서 길을 마련한 글로벌문화콘텐츠학과 임영상 선생께도 감사한다. 출판 상황이 어려움에도 불구하고 한국외국어대에 뜻깊은 학술서라며 선뜻 발간하기로 결정한 한국외국어대학교 지식출판원에도 심심한 감사의 인사를 드린다.

2016년 충북 괴산군 칠성면 외사리 오두막에서 지은이를 대표하여

이 기 상 씀

목 차

제1장

뉴미디어 시대의 미디어와 커뮤니케이션

1. 매체 변화에 따른 시대의 추이

자고 일어나면 신기술이 새로운 세상을 연다. 정보와 통신 기술, 영상과 미디어 기술, 디지털과 반도체 기술, 생명공학과 나노 기술 등 모든 분야와 영역의 눈부신 기술 발달은 현실과 세계에 대해, 인간과 가치에 대해 새롭게 생각할 것을 촉구한다. 급변하는 시대에 산다는 게 바로 오늘날과 같은 상황을 말하는 것이 아닌가 싶다. 이제 현실은 보이는 대로의 현실이 아니고, 인간도 보이는 대로의 인간이 아니다. 기술이 열어주는 새로운 가능성에 따라 현실은 초현실(hyper-reality), 가상현실(virtual-reality), 새상현실(cyber-reality)

[표 1] 매체의 변화에 따른 시대적 전환

신화적 전환	신학적 전환	형이상학적 전환	인식론적 전환
마술(주술)의 시대에서 신들의 시대로	신들의 시대에서 유일신의시대로	신들의 시대에서 실체(본질)의 시대로	실체의 시대에서 주체의 시대로
구술(이야기)과 그림의 발명	알파벳(로고스, 보편이성)의 발명	문자(텍스트)의 발명	인쇄술의 발명
언어론적 전환	**기호론적 전환**	**영상론적 전환**	**디지털적 전환**
주체의 시대에서 상호주체의 시대로	상호주체의 시대에서 매체의 시대로	매체의 시대에서 복합매체의 시대로	복합매체의 시대에서 융합매체의 시대로
신문의 발명	전신·전화의 발명	영화와 텔레비전의 발명	인터넷과 스마트폰의 발명

및 모든 잠재적 현실을 다 고려하는 증강현실(augmented reality)이 된다. 인간도 이제는 생물학적으로 주어진 육체에 기초한 호모 사피엔스 사피엔스가 아니라 첨단기술이 제공하는 지각 능력, 뇌 능력, 신경 능력, 인지 능력의 증대에 따라 새로운 인간, 즉 증강인류(augmented humanity)가 된다.

<그림 1> 증강현실(augmented reality)

현재의 첨단 미디어 세계는 새로운 의미들을 생산하고 있고, 이 세계 안에서 인간의 실존은 지금과는 다른 새로운 방식들을 수용하고 있다. 이제 인간의 실존은 '미디어적 실존'으로 이해할 수 있으며, 이에 따라 '커뮤니케이션'이 핵심 개념으로 떠오른다. "따라서 커뮤니케이션 이론은 우리의 문화적 상황과 관련해 일종의 이론적인 성찰의 초점을 형성한다. 과장하지 않고 말하건대, 과거 철학이 맡았던 역할을 커뮤니케이션 이론이 떠맡게 된다."[1] 이렇듯 우리가 놓여 있는 문화적 상황은 근본적으로 변했다.

마샬 맥루한은 철학이 지금까지 순수 정신을 표현하는 데 몰두하고, 그러한 표현 가능성의 '기술적 조건들'에 대해서는 별로 묻지 않았다고 지적한다. 철학은 자신의 고유한 미디어 제약성에 대해 성찰하지 않았고, 자신의 표현 가능성이 책 문화의 제한성과 연관되어 있다는 것을 의식하지 못하고 있다. 물론 철학은 언어와 문자

1) 빌렘 플루서, 『코무니콜로기. 코드를 통해 본 커뮤니케이션의 역사와 이론 및 철학』, 김성재 옮김, 커뮤니케이션북스, 2006, 260쪽.

를 주제로 삼는다. 하지만 철학은 그러한 철학적 분석이 마치 표음 문자, 활판 인쇄, 전자적 텔레커뮤니케이션 등의 영향과 무관하게 이루어지는 것처럼 생각하고 있다. 이러한 회피전략은 철학을 위기에 몰아넣고 있다.

<그림 2> 마샬 맥루한(캐나다, 1911-1989)

맥루한은 미디어가 단순한 도구나 매개체가 아니라고 말한다. 미디어는 그것을 접촉하는 모든 삶의 형식을 변형시킨다. 미디어는 내용을 통해서가 아니라 오직 자신의 현존을 통해서 그런 상황을 만든다. 하나의 미디어는 언제나 단지 하나의 더 오래된 다른 미디어를 내용으로 할 뿐이다. 바로 이러한 짝짓기는 양자의 작용방식을 은폐한다. 이러한 미디어 문화와 기술이 자연적인 환경과 똑같이 우리를 규정하는 유사 유기적 환경을 창출한다. 하이데거는 기술은 단순한 도구가 아니라 우리가 사는 세계와 현실을 구성한다고 말했다. 이제 맥루한은 미디어가 세계와 현실을 구성한다고 말한다. 미디어는 세계관을 정립시킨다.

2. 지구촌 시대 전자문화의 충격

지구가 하나의 촌락이 되어버린 이 시대에는 근대에서 통용되던 시각화 중심의 사고방식과 생활 방식이 통용되기 어렵다. 그래서 다시 한 번 커뮤니케이션 혁명이 전개될 수밖에 없다. 즉, 패러다임의 변화가 필수적이다.

맥루한은 오랜 근대화 과정 속에 시각문화로 고정된 유럽인들이 전자문화, 영상문화 시대에 훨씬 더 충격이 크다고 말한다. 알파벳이나 표의문자의 문화권이 아닌 표음문자 문화권이나 구술 문화권에 살던 사람들, 다시 말해 동아시아인, 아랍문명권의 사람들은 시각문화에 오래 길들지 않았기 때문에 충격이 상대적으로 적다. 이들 문화권에서는 청각문화나 촉각문화가 여전히 널리 통용되고 있어 객관적인 거리 두기보다는 동참과 참여가 일상적이다. 오히려 이들 문화권에서는 시각문화, 즉 서구의 근대화가 유입되어 들어왔을 때 충격이 몹시 컸다. 천년 이상의 청각문화와 촉각문화가 시각문화에 의해 그 기반이 흔들리기 시작했기 때문이다. 시각 중심화, 거리 두기, 객관성 강조, 개인 중심, 민주화 등이 근대화이며 곧 서구화이고, 이와 더불어 자유, 평등, 인권, 사회정의 같은 새로운 가치관이 퍼져나가기 시작했다. 중동과 북아프리카의 민주화 열풍은 이런 근대화, 시각화, 개인주의화의 결과다. 이렇게 문화와 미디어, 그리고 커뮤니케이션은 뗄 수 없는 관계로 상호 연결되어 있다.

맥루한은 상대적으로 근대화 과정이 짧았던 소위 개발 또는 저개발국가의 사람들이 전자문화로 인한 충격을 덜 받는다고 말한다. 시각화의 충격은 컸지만, 전자문화의 청각화나 촉각화는 익숙

했던 생활패턴이기에 그로 인한 충격은 미미하다.

스마트폰의 주요 기능 중 하나가 '햅틱'이다. 이것은 촉각을 활용한 첨단기술로, 이를 응용한 스마트폰 기기를 제일 잘 만드는 곳이 한국인 것이 우연만은 아니다. 전자문화의 신경망적 기술모델에서는 근대에 통용되던 기계식의 인과론적 작동패턴이 먹히지 않는다. 수시로 변하는 상황에 맞는 유동적인, 임시변통적인 대응방식이 필요하다. 이것을 '퍼지식'이라고 하는데, 청각문화와 촉각문화에 길들여진 사람들이 퍼지식에 강하다. 한국 사람들이 특히나 이런 패턴에 잘 길들여져 있어 한류열풍도 가능한 것이다. 한국인들은 상황 대처 능력이 뛰어나다. 자고로 눈치, 코치, 염치가 발달했다. 그것은 강대국 사이에서 생존하기 위해, 그때마다 상황에 맞추어 순발력 있게 결단하여 대응전략을 짜야 했던 우리의 지정학적 여건으로 형성된 특성이다. 시대의 요구는 새로 만들어지는 첨단기계에도 적용된다. 일례로, 고도로 인공지능화된 첨단 컴퓨터에 상황에 따라 스스로 대응하는 능력을 요구한다. 그리고 감정적인 교감과 유대라는 또 다른 사항을 필요로 한다. 이런 것들은 모두 시각문화에 길들어 인과론적인 사고방식을 하는 합리적인 서양인들에게는 흔하지 않은 특성들로, 여기에 바로 한국인들의 역할이 있는 셈이다. "근대화는 늦었지만, 정보화는 앞선다"는 자신감도 바로 전자문화가 가지고 있는 신경망적 특징에 기반을 두고 있다고 할 수 있다.

3. 커뮤니케이션 방식의 변화와 심리적 의식의 출현

2차 산업혁명 시기에는 전기가 발명되어 생활 곳곳에 파고들며 커뮤니케이션 방식도 바꾸고, 의식과 행동방식도 변화시킨다. 모든 것의 모델이 전기가 되면서 전기적 은유가 아주 자연스럽게 통용된다. 문학, 예술, 과학, 심지어 철학에서까지 전기를 은유로 사용해서 작품을 표현하고 이론을 전개한다.

낭만주의 작가들에게 전기는 큰 아이디어를 제공했고, 물리학에서는 전기를 모델로 삼아 원자, 전자, 양자, 입자, 파장 등으로 미립자의 세계를 설명했다. 마더 테레사는 하느님도 전기에 비유해 설명한다. 하느님은 전기이며, 이 하느님의 전기가 인간 개개인에게 오면 — 마치 전기가 전구에 와서 불이 켜지듯이 — 그분의 뜻에 따라 하느님의 일을 널리 행하게 된다고 보았다. 이렇게 영성의 분야에서도 전기적인 은유를 쓸 정도로 전기는 획기적인 것이었다. 전기는 물질도 아니고 비물질도 아닌 것이, 물질과 비물질의 경계를 넘나들며 둘을 연결하기에 활용도가 더욱 크다. 그래서 의식·무의식을 설명하는 데도 크게 활용되었다. 이점에 착안해 리프킨은 심리학이 전기적 시대에 태동해서 발달한 것이 우연이 아니라고 보았다. 이 시기에 심리학적 의

<그림 3> 마더 테레사(마케도니아, 1910-1997)

식이 생겨났는데, 이때 큰 역할을 한 사람이 윌리엄 제임스다. 윌리엄 제임스는 '의식의 흐름'이라는 표현을 쓴다.

근대에는 개인이 모델이 되어 자아를 이야기했고, 모든 자아의 공통된 의식을 보장하는 슈퍼 자아로서 '초월론적(선험적) 자아'를 상정했다. 그러나 전자 시대인 현대에는 그런 고립되고 동떨어진 자아나 개인이란 없다. 이제는 그야말로 수많은 자아가 존재한다. 관계의 시대에서는 내가 관계 맺고 있는 상대에 따라 나의 자아도 달라진다. 제임스는 의식의 흐름을 이야기하면서 '우리에겐 우리를 아는 사람들의 수만큼이나 많은 사회적 자아가 있다'고 말한다. 이런 생각이 예술 분야와도 서로 맞물려 전개된다. 19세기 말부터 개인의 주체적 시각을 형상화했던 원근법적 시각이 사라지기 시작한다. 자아 중심적이고 주체 중심적인 원근법이 전기중심시대에 들어오면서 큐비즘에 자리를 내주게 된다. 사물과 자연을 보는 고정된 하나의 관점이 아니라 다양하고도 수많은 시각을 허용한다. 이 점을 깨닫고 작품에 표현하려고 노력한 사람이 바로 세잔이다. 그는 '쌩 빅트와르 산'이라는 주제로, 다양한 시각에서 바라본 동일한 산을 작품화한다. 또 정물화에서도 다양한 시각의 정물들을 한 화면에 펼쳐내는데, 이것이 후에 큐비즘으로 발달해간다.

<그림 4> 쌩 빅트와르의 산(폴 세잔, 1885-1895)

이렇게 기술, 예술, 에너지, 커뮤니케이

션, 학문과 과학이 서로 맞물려 있다. 하지만 당시에는 이 상호연관 관계를 알아보지 못하다가 20세기에 들어서면서부터 서서히 깨닫기 시작하였다. 이것에 결정적인 역할을 하는 사람들이 바로 매체 철학자들이다.

제임스는 자기충족적인 정체성으로서의 순수 자아를 허구라고 말한다. 그는 정체성을 확정된 자아가 아니라(확정된 자아로 보지 않고) 자기 자신을 긍정적으로 생각하는 것으로 본다. 그래서 그는 자존감을 중요하게 여기며, 자존감은 성공이나 허세처럼 자기 자신에 대해 긍정적으로 생각하는 것이라고 설명한다. '자존감=성공 또는 허세'식으로 설명하면 개인적인 정체성은 고정되거나 고착된 것이 아니라 개인의 삶의 이야기, 개인의 역사를 구성하는 관계적 경험의 복합체가 된다. 제임스는 이렇게 의식의 흐름, 정체성 형성에서의 복수 역할 담당, 세속적이고 영적인 자아의 개발, 자존감의 가치 등에 심리학적 분석을 시도한 책을 발표해서 심리학적 의식의 시대를 열기 위한 기반을 닦는다.

<그림 5> 지그문트 프로이트(左, 오스트리아-헝가리 제국, 1856-1939), 칼 구스타프 융(中, 스위스, 1875-1961), 자크 라캉(右, 프랑스, 1901-1981)

이 비슷한 시기에 등장한 유명한 심리학자가 바로 지그문트 프로이트다. 프로이트는 리비도라는 성적 충동으로 모든 것을 설명하려고 시도하며, 리비도-에고-슈퍼에고 체계로 새로운 심리학을 정립해서 발표하며 전 세계의 주목을 받는다. 그의 이런 시도는 20세기 초 학문의 지형도를 완전히 바꾸어놓는 획기적인 사건으로 기록된다. 20세기 초는 완전히 프로이트의 시대이며, 20세기 후반은 프로이트와의 논쟁 속에서 어떻게 나름대로의 길을 열어 가느냐에 따라 학문의 지형도가 펼쳐졌다. 프로이트의 제자인 융의 원형심리학도 그렇고, 라캉의 정신분석학 비판도 그렇다. 그리고 이들과 논쟁을 벌이며 다양한 저서를 발표한 들뢰즈, 가타리도 프로이트를 빼고 이야기할 수 없다. 20세기는 이와 같이 의식, 무의식, 집단 무의식 등과 같은 심리의식에 대한 논의가 봇물 터지듯 하며 당시의 시대정신으로 간주될 정도이다.

요약 하면, 1차 산업혁명은 석탄의 사용으로 새로운 에너지 시대를 열며 기계가 발달하기 시작한다. 기계가 인간의 몸을 대체하는, 인간 몸의 확장으로 자리매김한다. 2차 산업혁명은 전기와 정보 시스템이 인간의 신경계를 대체하고 있다고 이야기할 수 있다. 우리가 사는 21세기의 혁명적인 사건 중 하나는 디지털 미디어의 등장이며, 이는 인간의 마음을 대체하고 있다고 말할 수 있다.

4. 뉴미디어 시대와 기표제국주의

구전 전달에 의존하던 인류가 문자를 발명하고, 기록으로 보존하고 전달하면서 비로소 역사의 시대가 열렸다. 그러나 초기 기록은 주로 권력의 핵심에 있던 왕이나 종교적인 지배자에 대한 내용이며, 이들이 세운 위계질서적, 수직적, 하향적인 명령체계에 따라 기록이 작성되고 전수되었다. 이후 인쇄매체의 등장으로 권력 중심적이던 기록과 전달의 방향이 지식 중심적이고 공론 중심적으로 변하기 시작하였다. 그리고 이는 전자매체의 등장으로 또 한 번의 큰 변화를 겪으며 디지털 미디어, 복합매체의 시대라는 새로운 차원의 문화를 만들었다. 디지털 미디어는 기록을 정보 중심적, 여론 중심적, 소통 중심적으로 바꾸었고, 수직적이고 일방적이던 전달체계를 수평적이고도 쌍방향적으로 바꾸어 놓았다. 이제는 누구나 쉽게 자신의 이야기를 인터넷, 유튜브, 블로그, 트위터, 페이스북에 기록하여 원하는 사람에게 접근을 허용하는 시대가 되었다. 디지털 미디어, 복합 매체의 시대가 새로운 차원을 열었다.

[표 2] 매체별 커뮤니케이션 특성

문자	인쇄매체	전자매체
위계질서적 수직적 하향적	지식 중심적 공론 중심적	정보 중심적 여론 중심적 소통 중심적

역사의 기록에는 문자와 인쇄가 중요했다. 그러나 전자매체의 시대에 들어서면 단순한 기록을 넘어 소리와 영상, 동영상을 담을 수

있는 새로운 정보 저장의 가능성이 열리고, 디지털 미디어의 시대가 되면 모든 정보와 자료가 디지털화되어 쉽게 호환이 가능해지며 모든 정보를 소리와 영상으로 접할 수 있다. 이것은 더 이상 단순한 시각화가 아니다. 4차원의 사건과 3차원의 현실을 1차원의 알파벳 문자로 바꾼 것을 글을 따라 읽으며 해석해내는 기호화의 과정이 아니라 소리와 영상으로, 즉 3차원으로 접하게 되는 전혀 다른 경험이다. 이것을 내가 내 몸으로 직접 지각해서 체득하는 직접경험과는 구별하여 '간접경험'이라 명명한다.

우리가 사는 시대는 바로 이러한 간접경험의 시대인 셈이며, 들뢰즈의 표현을 빌리면 시뮬라크르의 시대다. 이제 우리는 어디에서나 시뮬라크르를 만나며 시뮬라크르를 통해서 사물을 경험한다. 플라톤의 동굴 비유로 설명하자면 동굴 밖에 실제의 세계가 있고, 동굴 안에 죄수들의 동굴 세계가 있다. 죄수들은 묶인 채 동굴 벽면만을 바라볼 수 있게 되어있고, 벽면에는 영상이 보인다. 죄수들 등 뒤로 돌담 같은 작은 무대가 있는데, 그 위로 오가는 다양한 사물의 형상들이 동굴 벽면에 영상으로 비친다. 형상들을 비추기 위해 돌담 뒤쪽에는 일종의 모닥불이 타고 있다. 동굴 안의 모닥불은 바깥 실제 세상의 해를 상징하고, 돌담 위의 형상들은 바깥세상의 사물들을 모방해 만든 것들이다. 벽면의 영상들은 바깥세상 사물들의 그림자인 셈이며, 이 모방의 모조품이 바로 시뮬라크르에 해당한다. 즉 원본 복제품의 복사품이다.

우리가 사는 뉴미디어 시대가 아이러니하게도 2500년 전 플라톤이 서술한 동굴의 비유에 딱 맞아떨어지고 있다. 우리는 어디를 가나 영상물에 둘러싸여 지낸다. 이 영상물은 실제 사물·사건·사태

<그림 6> 플라톤 동굴의 비유

에 대한 경험을 담은 복제품이다. 이것이 편집되어 우리에게 뉴스나 다큐멘터리로 전해지며, 우리는 그것을 보고 실제 사건을 체험하고 있는 듯 흥분하고 열광하고 분노한다. 동굴 안의 죄수들과 무엇이 다른가?

예술작품들의 경우 동굴 안의 죄수라는 표현이 더욱 실감 난다. 2013년 예술의 전당 <바티칸 박물관>전은 중요한 실제 예술작품들을 전부 모조품으로 대체해 전시하였다. 바티칸 베드로 대성전의 '피에타'를 그대로 여기까지 실어올 수는 없어 누군가 원본을 보고 베낀 모조품을 전시한 것이다. 그림은 또 어떤가. 그림의 복사 기술은 워낙 뛰어나서 원본보다도 더 원본 같다는 말이 나올 지경이다. 이렇게 우리는 모든 면에서 간접 경험의 홍수 속에서 살고 있다. 들뢰즈·가타리의 표현을 빌린다면 '기표의 제국주의' 속에서 생활하고 있다. 사물·사건·사태와의 직접적인 경험이 아닌, 그것에 붙인 이름표와 영상을 그것들로 착각하며 살고 있다. 3차 산업혁명을 거치면서 정보의 생산, 유통, 소비에 큰 변화가 일어난다. 생산, 유통, 소비가 엄격히 구별되었던 과거와는 달리 이제 이 경계가 무너진다. 뉴미디어 시대의 정보는 여러 매체가 융·복합되면서 새롭고 다양한 형태로 우리의 일상을 파고든다. '프로슈머'라는 신조어가 생겨나듯이 생산자와 소비자의 구별이 없어지며 이 둘이 서로 왔다 갔다 한다. 그리고 인터넷, 유튜브, SNS가 발달하면서 유통도 전문가를 통할 필요가 없어졌다. 싸이의 '강남스타일' 열풍이 유통의 혁신을 잘 보여준다.

5. 정보와 소통

소통의 구조는 소통하미, 소통거리, 소통걸이, 소통다리 그리고 소통상황 등의 다섯 가지 핵심 요소로 표현할 수 있다. 이것을 정보에 적용하면, 정보를 제공하고 제공받는 사람들이 소통하미로서 있고, 실제의 사건·사태·사물이 소통걸이로 존재한다. 이것에 대한 정보가 소통거리이며, 정보가 제공되는 매체가 소통다리다. 그 다음 정보 제공자와 정보 수신자의 상황, 정보 제공 시점의 상황 등이 소통상황이 된다. 소통걸이인 사물·사태·사건은 실제의 사건이 벌어지는 구체적이고 물질적인 차원이다. 사물은 힘과 정보가 결집되어 있는 것이고, 사태와 사건은 힘과 정보가 유동하여 부딪

히면서 전개되는 일이라 할 수 있다. 이것을 직접 경험하는 사람이 전달자로서의 소통하미가 된다. 경험하는 사람은 자기가 경험한 것을 전해주기 위해서 그것을 말이나 몸짓이나 글이나 기호로 표현해야 한다. 즉 경험에 대한 표현이 있어야 한다. 이것이 콘텐츠의 일차적 소스(원천, 샘)가 되는 것이다. 이것이 다양한 매체와 결합되어 작품, 제품, 생산품이 될 수 있다. 이런 정보나 콘텐츠를 담아 실어 나르는 다양한 매체와 도구장치들이 콘텐츠를 전달하는 소통다리에 속하며, 그 가운데 하나가 플랫폼이다.

정보에 해당하는 영어 단어는 'information(in-form-ation)'이다. 이 낱말 안에는 형태, 형상을 뜻하는 form, 라틴어의 forma가 있다. 즉, '정보'라는 개념에는 형태 또는 형상으로 만든다는 의미가 함축되어 있으며, 형태, 형상, 기호, 상징으로 만들어낸 것이 정보다. 기호화하고 상징화하여 어떤 것으로 만들어내는 행위와 과정이 정보화에서 중요하다. 그 밖에 정보에서 중요한 것이 구조와 변화다. 정보를 통해 구조가 변해가는 역동적인 과정 전체를 고려해야 한다. 만들어진 생산품으로서의 정보가 아니라 끊임없이 만들어져가는 과정으로서의 정보에 주목해야 한다. 정보는 '차이를 만들어내는 차이'다. 힘과 정보의 흐름과 결집에 따라 사물·사태·사건이 펼쳐진다. 모든 것은 끊임없는 흐름 속에, 생성 속에, 차이 생성 속에 놓여 있다. 그 속에서 모든 것은 구조가 변하고 형태가 변해서 끊임없이 새로운 상태와 상황이 만들어지는 형성의 와중에 놓여 있다. 인간도 예외가 아니다. 인간은 정보를 획득하는 과정에서 인간으로 형성되어 간다. 정보는 '사회를 포함한 모든 종류의 구조 사이에서 일어나는 유의미한 상호작용을 매개하는 과정'이며,

결국 소통, 커뮤니케이션이다.

맥루한이 전기(전자)시대에 일어나는 탈부락화가 초래하는 사회적인 분위기를 이야기하면서 첫 번째로 꼽는 것이 불안이고, 그다음이 권태다. 여기에서도 하이데거의 영향을 확인할 수 있다. (하이데거는 <존재와 시간>에서 인간 현존재의 근본 분위기를 불안과 권태로 특징짓는다.) 전기시대 미디어에서 일어나는 획기적인 변화는 무엇인가. 알다시피 디지털은 말과 글이 필요 없다. 0과 1의 조합으로 모든 것을 표현한다. 이로 인해 인류는 새로운 시대에 진입한다. 즉 말과 글이 필요 없는 '문맹의 시대'에 들어서게 된다. 말과 글을 몰라도 기호와 영상, 그리고 다양한 첨단기기로 아무 어려움 없이 살아갈 수 있는 새로운 시대에 살게 된 것이다.

전기는 의식 그 자체의 과정을 전 세계적인 규모로 확장시키지만, 언어의 길을 통하지 않고 그렇게 한다는 데 그 차이가 있다. 인간 확장 기술로서의 언어는 사람들을 신과 같게 만들 만큼 위력적인 것이었다. 그래서 바벨탑을 쌓아 하늘 꼭대기에 오르려는 인간을 벌하기 위해 신은 통일된 언어 대신 다양한 언어로 인간의 소통을 방해한다. 그런데 이제 인류는 전기시대, 컴퓨터의 발명으로 흩어진 언어를 한데 모을 방법을 발견하였다. 마치 성령강림절과 같은 상황이 도래한 것이다. 모두가 저마다의 지방 언어로 이야기하지만, 서로가 무엇을 이야기하는지 이해하는 상황이 되었다. 디지털과 컴퓨터 기술의 도움으로 인류는 언어를 넘어서 보편적인 우주적 의식에 도달할 수 있을 것처럼 보인다.

6. 그물망적 패러다임과 문화주체로서의 대중

서양에서는 3차 산업혁명의 패러다임을 찾아내기 위해 많은 시도를 하고 있다. 대략 관계, 만남, 접속 등이 중요한 화두로 등장하는데, 이것들은 동아시아의 우리에게는 별로 새로울 것이 없는 개념들이다. 우리는 이미 2천년 동안 그런 패러다임 속에서 살아왔다. 이런 사고방식과 의식이 새로운 패러다임으로 자리매김 되고 있는 현시점에 우리의 역사와 문화가 묻어있는 이론적 틀을 우리가 제시할 수 있어야 한다. 그러나 우리는 그렇게 하지 못하고 있다. 오히려 고프만이니 리프킨이니 하는 서양의 학자들이 나름대로 역사적, 문화적, 이론적 토대를 제시하려고 시도하고 있다. 그들은 당연히 우리의 역사적, 문화적 배경은 배제한 채 자기들의 역사와 문화의 관점에서 자기들만의 이야기를 정리할 뿐이다.

3차 산업혁명이 펼쳐지고 있는 21세기의 중요한 화두는 관계이고 네트워크이다. 관계의 그물망이 중요하며, 그것이 분산, 협업, 협동, 소통, 쌍방향 등과 같은 개념들을 뽑아내고 있다. 동아시아의 유명한 관계의 그물망으로 2천년이 넘은 '인드라의 그물망'이 있다. 이 시각에 의하면 존재하는 모든 것은 이 인드라 그물망을 이루고 있는 그물코들이다. 우리도 모두 그 그물코에 달린 구슬들이다. 이 구슬들은 개개의 구슬이지만, 전체 그물망을 비추고 있다. 마치 라이프니츠의 단자처럼. 서양은 이제야 새롭게 그물망적인 패러다임을 창안해내고 있는데, 우리는 이미 그 속에서 오랫동안 살아왔다. 그래서 우리는 진작부터 인과론적인 사고방식이 아닌 인연적인 사고방식에 익숙해져 있다. 인연적인 사고방식 속에서 우리는 하늘과 땅과 연결되고, 그 사이에 존재하는 모든 세상 만물과 연결되고, 또 그 안에서 벌어지는 모든 사건과 얽히고설킨 것으로 알며 살아왔다. 우리는 지금 이 순간에도 천만 가지 세계가 서로 교차하고 있는 그물망 속에서 서로 접속된 채 살고 있다.

문자적 문화에서 영상적 문화로 패러다임이 바뀌면서 일어난 것 중 중요한 것이 대중매체, 그리고 그로 인해 출현한 대중문화다. 매체가 분산적, 수평적, 쌍방향적으로 변하고 모든 대중을 끌어들이는 대중매체로 탈바꿈하며, 문화의 의미 자체를 바꿔버리는 계기가 된다. 이제 대중들이 수긍하고 공감하고 인정하지 않는 것은 예술작품으로 평가받지 못하는 시대가 되었다. 엘리트와 부자들만을 위한 고급문화는 설 자리를 잃게 된다. 예술의 대중화, 지식의 대중화가 시대의 흐름이다. 그래서 백남준은 "예술을 위한 예술은 사기다"라는 유명한 말을 한다.

<그림 7> 백남준(서울, 1932-2006)

이것은 학문에도 그대로 적용된다. 철학을 위한 철학은 사기다. 여전히 여러 철학 학회는 그들만의 이야기를 한다. 철학을 하는 저자도 세분화된 분과학회의 발표를 들으면 무슨 이야기를 하는지 알아듣지 못할 때가 많다. 이들은 이렇듯 남들이 못 알아듣는 발표를 하면서 아주 대단히 전문적이고 특별한 것을 발표하는 것인

양 착각한다(저자는 이런 행위를 학술적 자위행위라고 본다). 그들은 남들이 어떻게 생각하는지는 신경도 쓰지 않으며, 그저 다른 사람들을 무식하다고만 생각한다. 그저 자기들만이 즐겁고 좋은 이들에게 대중과의 소통은 사전에 없는 말이다. 오히려 소통이 안 될수록 더 전문화된 것으로 여기고 있다. 전문가의 시대가 지난 줄 모르는 시대착오 속에 살고 있다.

7. 대중을 위한 '미학'의 변형, 매체감성학의 출현

대중과 소통이 안 되는 문화는 문화가 아니다. 미학도, 예술도 이런 차원에서 새롭게 정의되고 있다. 그리고 이제 매체의 차원에서 미학과 예술을 새롭게 규정해야 할 때가 되었다. 아서 단토는 <예술의 종말 이후>라는 저서에서 예술의 종말을 기정사실화하며 우리는 그 이후의 시대를 살고 있다고 천명한다. 하이데거도 오래전에 이미 미학의 문제점을 신랄하게 비판했다.

<그림 8> 임마누엘 칸트
(프로이센, 1724-1804)

미학이 무엇인가? 우리말 미학(美學)은 '아름다울 미(美)'자를 쓴다. 그러니 '아름다움에 관한 학문'이라는 의미가 된다. 미적인 어떤 것에 대한 학문! 그러면 영어로 "Theory of Beauty"가 되는가. 아니다. '미학'이라는 말 자체가 영어의 번역어로 등장한 것이다. 미학의 영어 원어는 'Esthetic'이다(요즘 이 '에스테틱'이 본래의 의미를 상실하다시피 하고, 몸의 시대에 맞게 '피부관리'라는 의미로 쓰이고 있다). 그런데 이 Esthetic은 본래 미(美)나 아름다움과는 별 상관이 없다. 누군가가 그렇게 번역했을 뿐이다.

Esthetic의 말 뿌리는 그리스어 'aisthesis'으로 '감성, 감응, 지각'이라는 뜻을 가지고 있다. 이 단어를 어근으로 삼아 지금의 '에스테틱'이라는 개념을 만든 사람은 <Aesthetik>이라는 저서를 출간한 독일 철학자 바움가르텐이다. 이 개념이 유명해진 것은 칸트가 <순수 이성 비판>에서 책의 한 부분을 'Aesthetik'으로 할애해 인간의 이성 능력 전반을 분석한 데서 비롯된다. 칸트는 여기에서 인간의 감성을 비판적으로 기술한다. 그러니 '에스테틱'에 대한 정확한 우리말 번역은 '감성학'인 셈이다. 우리가 무언가를 인식하려면 감각적인 데이터와 이것을 분류하고 종합하는 범주적 사고가 필요하다. 인식은 곧 "감각 + 사고"다. 인간의 인식 능력을 파헤쳐내기 위해서는 그 밑바탕이 되는 감각적 능력에 대한 연구가 필수적이다. 그래서 칸트는 <순수 이성 비판>에서 '에스테틱'이라는 이름 아래 그 일을 수행한다.

'미학'에 해당하는 칸트의 유명한 저서는 <판단력 비판>이다. 여기에서도 미(美)나 아름다움에 대한 연구는 찾을 수 없으며, 다만 숭고함에 대한 논의를 볼 수 있을 뿐이다. 칸트는 주관적인 느낌인 숭고함이 어떻게 상호주관적으로 타당성을 얻게 되는가에 깊은 관심을 갖고 있다. 주관적인 감각적 느낌이 누구나 받아들일 수 있는 보편적인 상호주관적인 차원의 어떤 것이 될 수 있는지가 학자인 칸트의 관심이었다.

어쨌거나 '미학'이 본래 미(美)와는 아무 연관이 없다는 것이 분명하며, 에스테틱은 본디 '감성'과 깊은 연관이 있음을 알았다. 그렇다면 신조어 '매체 미학' 역시 결국은 '매체 감성학(Medien Esthetic)'에 대한 번역어에 불과하다.

네이버 블로그에서 '매체 미학'에 대해 다음과 같이 설명하는 것을 찾았다. "전통미학을 거부하고, 아이스테시스의 정신으로 복귀하자는 학문. 아이스테시스에 대한 현대적 해석. 감성적 지각으로서의 미학, 이것이 바로 매체 미학의 핵심이다. 매체 미학은 철학적 미학이라는 이름으로 추구했던 미학에 미학의 본래 이름인 감성적 미학으로서의 이름을 되돌려 주어야 한다고 주장한다. 미학은 이제 아름다운 예술들에 관해 이야기할 것이 아니라, 미학의 원래 의미였던 지각에 관해 이야기해야만 한다."[2] 이곳 역시 감성학으로 돌아가자고 선언하고 있음을 알 수 있다. 결국, 매체 미학을 정확하게는 '매체 감성학(Medien Esthetic)'으로 번역할 수 있다.

그렇다면 왜 미디어의 시대에 들어 매체 감성학(Medien Esthetic)이 등장한 것일까? 뉴미디어, 복합미디어, 첨단미디어의 발명으로 인해 이제 인간은 단순히 시각적 차원에만 머물지 않고 청각, 촉각, 후각의 오감과 육감을 다 활용하는 신감각의 시대를 살고 있다. 심지어 사이버라는 신감각의 등장과 함께 사이버 현실 속의 인간을 '증강인간'이라는 신조어로 부르며, '증강현실' 속의 '증강인간'으로 살 수 있는 경지까지 다다랐다. 즉, 현대와 같은 첨단매체의 시대는 매체와 감각 능력, 감성과의 뗄 수 없는 연관관계에 있으며,

2) 참조 네이버 블로그. http://blog.naver.com/iaminthepink?Redirect=Log&logNo=60157958906

이것이 '매체 감성학'이라는 새로운 학문을 태동시킨 것이다. 매체 감성학은 결국, 인간이 얼마만큼 다양한 매체를 통해 얼마나 다양한 것을 체험하며, 어떤 다양한 느낌들을 하게 되는가를 연구하는 것이라 할 수 있다.

제2장

한국발(發) 문화콘텐츠학의 태동과 학문체제 재편의 필요성

1. 문화의 시대 도래

교통과 통신기술의 급속한 발달은 시공간의 제약을 순식간에 허물어버려 인간의 감각과 인식 범위를 전 지구적 차원으로 확장해 놓았다. 지금 이 순간에도 우리는 지구 반대편의 사물, 사건, 사태를 물적·인적·미디어적 매개를 통해 전달받는다. 우리가 입는 옷, 먹는 음식, 가지고 있는 스마트폰, 타고 다니는 자동차, 사는 집과 학교, 일하고 있는 회사에서 다루는 수많은 다양한 물건들을 보라. 그것들을 이루는 원료와 들어간 노동력, 모양새와 꾸밈새를 이루는 디자인과 아이디어를 보면 그 모든 것이 어느 한 사람과 한 장소가 아니라 다양한 사람과 공간, 그리고 시간에 걸쳐 서로 연결되어 있음을 알 수 있다. 인간 개개인의 의식과 사고가 국경과 시간을 가로질러 서로 만나고 있는 셈이다. 운명적으로 오늘날의 사람들은 복잡한 관계의 그물망 속에서 자기 삶의 의미와 가치를 만들어가야 한다. 이처럼 우리는 예전과는 전혀 다른 독특한 삶의 방식과 세계관 속에 살고 있으며, 많은 전문가는 우리가 사는 이 시대를 '문화의 시대'라 새롭게 이름 지어 부른다.

문화의 시대에는 모든 것이 가깝게 연결되어 있다. 특히 특정 장소에서 벌어지는 어떠한 사건과 사태가 어떤 개인과 사회에 결코 자유로울 수 없는 문제가 되기도 한다. 전범국(戰犯國) 독일이 보여주는 나치 시절에 대한 철저한 역사 반성은 우경화되는 일본의 역사 인식과 태도를 비추고, 북극에서 녹아내리는 빙하는 자연을 무한정 개발하고 아무렇지 않게 오염을 내뿜는 인간의 이기적인 모습을 들춘다. 원전의 신화를 믿고 의지하던 일본이 지진과 해일로 원전 사고와 피해를 겪고 있는 모습은 현대 기술의 편리함에 숨겨진 위험에서 그 누구도 완전히 자유로울 수 없음을 드러낸다. 한 장소에서 일어나는 사건 또는 사태는 이렇게 다른 현상과 얽히고설켜서 관계를 맺게 된다. 이처럼 문화의 시대에는 눈앞에 있는 사람과 사람, 사람과 물건만 가깝게 관계 맺는 것뿐 아니라, 이미 지나갔거나 또는 나타날 다양한 사건과 사태들도 밀접한 관련성을 갖게 된다. 관계의 연결성이 넓어지고 긴밀해지는 것이 문화의 시대가 갖는 중요한 특징 중 하나이다.

문화의 시대는 밀접한 관련성을 바탕으로 하는 이해와 공존의 관계성으로 나아갈 것을 요구한다. 이것은 하나의 지구 위에서 운명공동체로 살아가는 우리에게 문화적 다양성과 문화적 가치가 향후 얼마나 중요할 수밖에 없는지 생각하게 하고, 더 나아가 문화인으로의 삶을 어떻게 구체적으로 구현할 것인지 함께 고민하고 노력할 것을 요구한다. 다행히 우리는 물질적 부와 사회적 권위를 얻기 위해 그동안 벌여온 개발과 경쟁 논리가 나와 타인을 가르고 인간과 자연을 떼어놓는 분리의 문법이었음을 가까스로 깨닫게 되었다. 그런 만큼 이를 극복할, 새로운 시대의 패러다임에 맞는 문화적 삶의 논리를 만들어 삶의 새로운 이정표로 삼는 것이 절실하게 필요하다. 그렇다면 문화의 시대, 문화인으로서의 문화적 삶을 위한 문화논리는 무엇인가? 모든 것이 알게 모르게, 좋든 싫든 서로 관계를 맺고 있는데 어떻게 자유롭게 문화인으로서의 문화적 삶을 추구한다는 말인가? 문화의 시대에 학문은 이것에 어떤 대답을 줄 수 있는가?

이러한 물음들은 '문화'를 중요한 이야기의 화두로 부각시킨다. 이미 경제·산업·기술·정치·사회·학문 등 다양한 영역에서 문화에 대한 관심이 치솟고 있다. 경제와 산업에서는 제조업을 대신할 국가경쟁력의 동력을 지식과 문화 산업으로 보고, 이것을 이끌어갈 인재들이 상상력과 창조성을 갖춰야 한다고 말한다. 그리고 문화 산업을 뒷받침하는 기술 분야들을 'CT'(Culture Technology)로 정하여 국가적 차원에서 지원하고 있다. 정치와 사회 분야에서는 이념·지역·세대 등 다양한 계층에서 불거지는 반목과 갈등의 문제를 법과 제도가 아니라 문화적으로 해결해보려 다양한 시도를 펼치고 있다.

EBS에서 방영하고 있는 '달라졌어요'는 부부, 고부, 부모와 자식, 선생과 학생 사이에 나타나는 갈등과 다툼을 심각한 사회적 문제로 보고, 상담은 물론 미술치료, 역할극, 여행 및 운동 같은 다양한 문화적 활동으로 서로의 입장과 마음에 다가서서 문제를 풀어나가는 사례들을 보여주고 있다. 이뿐이 아니다. 사회를 움직이는 중요한 축인 시민사회단체들은 정부를 상대로 자신의 요구를 관철하기 위한 수단으로 집회 외에 다양한 문화행사로 더 많은 시민을 만나 그들의 존재를 알리면서 사회 문제에 대한 관심과 참여를 끌어내고 있다. 이처럼 '문화'라는 이름은 도처에서 주목을 받는다. 그러나 자세히 보면 그것은 문화 자체에 대한 관심이 아니라 우리 자신과 삶에 대한 물음이며 관심의 표현이라는 것을 깨달을 수 있다.

오늘 일하지 않으면 당장 저녁을 걸러야 하는 절박한 상황에 있는 사람들은 오늘날 여기저기 언급되는 '문화'를 사치가 아니냐고 반문할 수 있다. 또 '문화'는 가진 자들의 멈추지 않는 또 다른 욕망의 폭력이며 지배의 수단이라 주장할 수도 있다. 그러나 문화 없는 사회가 없고, 문화인으로서의 문화적 삶을 거부하거나 꿈꾸지 않는 개인과 집단은 없다. 편안함과 행복함을 바라는 것이 인간의 본성이라면 인간과 사회가 존재하는 곳에는 문화가 있고, 문화적 삶을 그리기 마련이다. 그래서 인류는 오히려 정치와 경제가 외면하고 책임지지 못했던 문제들을 문화를 통해 보완하고 해결하도록 지혜를 모아야 한다.[1] 이것이 연결성이 확대된 지구촌 시대에 인류가 문화에 주목하는 이유다.

2. 문화콘텐츠와 문화콘텐츠학의 등장 배경

문화의 시대에 걸맞게 문화콘텐츠는 점차 전 세계에 걸쳐 커다란 영향력을 미치고 있다. 첨단 기술의 비약적인 발전은 국경을 초월하여 시간과 공간의 제약 없이 남녀노소 누구나 디지털 미디어를 일상적으로 사용하게 하였고, 이는 문화콘텐츠가 주목받는 계기가 되었다.

1) 문화가 없이 움직이는 정치, 경제, 산업에서의 인간은 결코 생물학적 동물과 다를 것이 없다. 그리고 또한 이제는 정치, 경제, 산업은 문화 없이 움직일 수 없는 시대가 되어가고 있다.

특히 우리나라는 문화콘텐츠가 갖는 경제적 가치의 중요성을 일찍이 경험했다고 할 수 있다. 한류(韓流)를 통해 국가적 이미지가 개선되면서 관광 산업이 성장하고, 더불어 다양한 문화콘텐츠 파생상품들이 여러 관련 산업까지 동반 성장시키는 사실을 알게 되었다. 문화콘텐츠의 경제적인 연쇄 작용과 큰 파급 효과는 국가가 문화콘텐츠를 문화상품으로 기대하게 하는 주요한 배경이 되었다. 국가는 문화콘텐츠 산업이 제조업을 대신할 새로운 국가발전의 원동력이 된다고 보고, '소프트 파워', '문화 융성'의 구호를 내세우며 문화콘텐츠에 대한 논의를 앞에서 이끌고 있다.

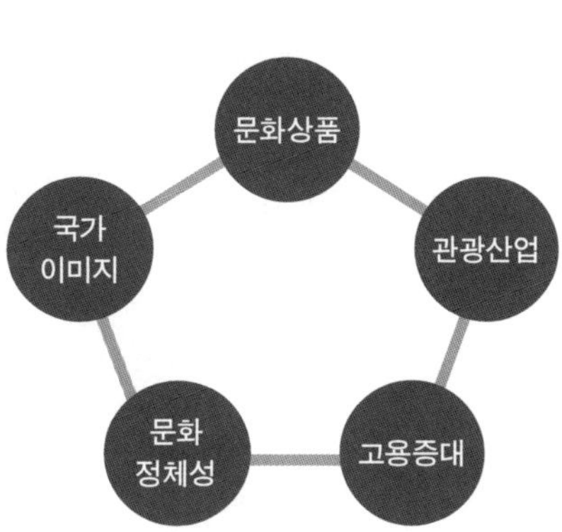

<그림 9> 문화콘텐츠 산업을 통한 가치 연계

우리나라뿐 아니라 다른 나라들 역시 문화콘텐츠 산업에 주목하고 있다. 특히 미국·영국·독일·프랑스·일본 등 선진국들은 문화콘텐츠 관련 산업의 발전에 더욱 많은 관심과 노력을 쏟고 있다. 이처럼 많은 국가가 문화콘텐츠의 경제적 가치에 주목하는 이유는 문화콘텐츠가 문화상품의 특성을 가지고 있기 때문이다. 이미 전 세계에 걸쳐 수많은 사람이 일상적으로 문화콘텐츠를 자유롭게 소비하며 즐기고 있는 현실에서 국가는 문화콘텐츠가 세계화된 자본주의 시장경제체제에서 막대한 부(富)를 유발한다는 사실에 주목하고 있는 것이다.

그러나 문화 산업의 산물인 문화콘텐츠는 경제 논리에 의한 대중상품이라는 문제를 가지고 있다. 일찍이 문화 산업으로 만들어지는 대중문화가 대중을 기만하고 비인간화의 폐해를 야기한다고 아도르노를 포함한 프랑크푸르트학파가 비판한 바 있다는 것은 널리 알려진 사실이다. 그들은 사람들이 대중문화 속에서 아무런 생각 없이 문화상품을 순응적으로 소비하는 가운데 '비판'과 '저항'을 상실한다고 경고했다.

<그림 10> 한나 아렌트(독일, 1906-1975)

한나 아렌트 역시 문화 산업을 강하게 비판한다. 그녀는 문화 산업이 문화를 망쳐놓았다고 말한다. 그녀에 의하면, 대중문화는 생산의 다산성이라는 근대 이념에 따라 우리가 소비하며 유흥하는 경제가 되었을 때 발생하는 현상이며, 인간은 노동과 소비의 순환적 고리에 종속되어 소비과정에 따라 이리저리 떠밀려 다니게 된다. 이는 대중문화를 떠받치는 문화 산업, 문화콘텐츠를 생산하는 문화 산업이 세계를 소비되어야 할 사물로 만들었기 때문이다. 경제적 논리로 작동하는 문화 산업은 대중사회를 탐욕스러운 소비만을 부추기는 문화로 바꾸고 인간과 사물의 교섭까지도 변화시켜 문화적 가능성을 파괴했다고 보았다.[2)]

2) Hannah Arendt, *Human Condition*, Chicago Univ, p.134.

결론적으로 지금 우리는 경제 논리에 의해 모든 것의 가치를 평가하면서 평준화 경향을 보이는 현상을 목격하고 있다. 공동체 전체가 획일성과 단일성이 지배하는 사회에 속하게 된 것이다.[3)]

아렌트의 주장을 환기한다면, 이것은 경제라는 단 하나의 척도가 사회를 지배한 결과로서, 그 속에서 문화 산업이 무리하게 문화를 이끌고 나가려는 시도로 해석해 볼 수 있다. 경제적 가치를 위해 오락적인 내용으로만 대중문화를 구성하려는 문화 산업이 문화상품으로서의 문화콘텐츠까지 망쳐놓고 있다고 볼 수 있는 것이다. 결국 우리는 대중사회 속에서 '차이'와 '독창성'이 말살되고, 공적 영역이 파괴되며, 소외와 사유능력 상실의 문제가 경제적 논리에 기초한 문화 산업과 그 결과물에 기초해 있음을 알 수 있다.[4)]

이처럼 경제적 논리로 생산되는 문화콘텐츠는 심각한 문제를 안고 있다. 이러한 현실에 유네스코는 문화콘텐츠를 '문화적인 가치'로 인식하며 새로운 접근을 시도한다. 유네스코는 문화콘텐츠를 문화적 정체성에서 비롯되거나 이를 표현하는 상징적 의미, 예술적 영역과 문화적 가치로 정의하면서 문화콘텐츠에 대한 의미와 위상을 경제적 가치에서 문화적 가치로 전환시키고 있다. 이를 통해 그들은 문화콘텐츠가 만들어지고 향유되는 바탕으로 역사적

---

3) 김인순, 「현대성에 대한 아렌트의 비판과 그 극복방안의 모색」, 『철학·사상·문화』제2호, 동서사상연구소, 2005, 84~88쪽.

4) 문화상품에서 대해서 비판적인 시각만 존재하는 것은 아니다. 자유주의 경제학적 관점을 취하는 많은 사람들은 문화 산업을 지지하면서 문화 산업이 문화발전은 물론 문화의 민주주의적 실현에 이바지 할 것이라고 주장한다. 구체적으로 존 하틀리는 문화상품이 인간의 창조성을 증진시켜 새로운 경험적 삶을 열어 놓을 것으로 전망한다. 여기에 대해서는 John Hartley, *Creative Industres*, London: Blackwell, 2008 참조.

전통과 문화적 환경, 그리고 인간의 창의력을 부각시킨다. 그리고 다양한 사회적인 문제와 문화의 획일화를 극복하기 위한 방편으로 문화적 가치를 문화콘텐츠에서 중요하게 인식하고 있다.

유네스코의 이와 같은 문화콘텐츠에 대한 성찰은 문화콘텐츠가 인간에게 실제적이고 본질적인 가치가 있음을 인식한 결과로 볼 수 있다. 갈수록 문화콘텐츠가 인간의 삶에서 중요한 위치를 차지함에 따라 문화콘텐츠의 의미와 가치, 지향의 문제가 진지하게 거론될 수밖에 없는 현실에 대한 자각이다. 이것은 경제 논리에 종속된 문화콘텐츠는 인류에 결코 더 이상의 대안이 될 수 없음을 보여준다. 즉 이제는 다른 각도에서 문화콘텐츠의 정체성을 새롭게 고민할 수밖에 없는 지점에 이르렀다고 말할 수 있을 것이다.

문화콘텐츠가 문화적 측면에서 갖는 중요성은 '문화 혼융'이 일어나는 과정과 현상에 있다. 오늘날 문화적 차이의 장벽으로 존재하는 문화적 대립의 경계선이 한편에서는 더욱 뚜렷해지고, 다른 한편에서는 더욱 흐릿해지고 있는 실정이다.[5] 문화적 경계에서의 서로 다른 문화의 만남은 서로의 차이를 확인시키기도 하지만, 더 나아가 문화적 혼융을 가능하게 만든다. 다름을 강조하는 구별-짓기를 넘어 어울림을 강조하는 사이-놓기가 문화적 현상으로 나타나고 있다. 문화를 연구하는 학문의 관심도 문화적 만남에 대한 문제로 집중되고 있다. 피터 버크가 지적하듯 오늘날의 인류에게

---

5) 문화적 경계에 대한 연구는 다음의 연구들을 참조할 수 있다. Peter Sahlins, Boundaries, *The Making of France and Spain in the Pyrenees*, Berkeley, 1989; Mary Louis Pratt, *Imperial Eyes: Travel Writing and Transculturation*, 1992; Robert Bartlett, *The Making of Europe: Conquest, Colonization and Cultural Change*, 1993.

는 문화적 만남을 이해해야 할 절박한 필요성이 생기고 있다.[6] 그리고 이제는 이해하기를 넘어 실천하기를 더욱 절실히 요구하는 상황이 되었다. 문화콘텐츠는 이미 문화적 만남을 넘어 경계를 가로지르는 문화적 혼융 그 자체이고, 문화적 이종교배의 현장이기 때문이다.

문화 연구는 이제 문화적 혼융에 대한 적절한 이해를 기반으로 적극적인 문화적 실천의 가능성을 개척하는 방향으로 진척되어야 한다. 그러기 위해서는 현실에 맞는 문화적 논리가 필요하고, 그에 맞는 적절한 개념과 방법론이 필요하다. 문화콘텐츠학은 문화에 관한, 문화를 위한 연구의 일환으로서 아직 그 체계를 모색 중인 상황에서, 새로운 문화 연구의 실험이 이루어지는 최전선에 있다고 할 수 있다. 좁은 관점에서 보면 문화콘텐츠학은 문화콘텐츠에 관한 학문적 체계라고 말할 수 있지만, 넓은 관점에서는 문화 그리고 문화의 접변에 놓인 다양한 대상과 현상을 다루는 학문적 체계라고 말할 수 있다. 그런데 우리나라의 문화콘텐츠학 태동은 이것과는 거리가 멀다. 문화콘텐츠 산업에 대한 정부의 의지와 전통 분과학문의 학문적 위기에 따른 불안감의 결합이 문화콘텐츠학 탄생 배경이다. 문화상품의 논리와 전통 학문의 생존 논리가 문화콘텐츠학 초기 정체성의 밑바탕을 이룬다고 할 수 있다. 우리나라의 문화콘텐츠학은 '문화콘텐츠'에 대한 충분한 논의를 거치지 않았다. 그럼에도 다수의 학자가 문화콘텐츠학의 당위성을 옹호하고 학문적 하위체계까지 구상하며 정부의 문화 산업 구상에 호응하게끔

---

6) Peter Burke, *What is cultural history?*, Blackwell Pub, 2004. 피터 버크, 『문화사란 무엇인가』, 조한욱 옮김, 도서출판 길, 2006, 194~197쪽.

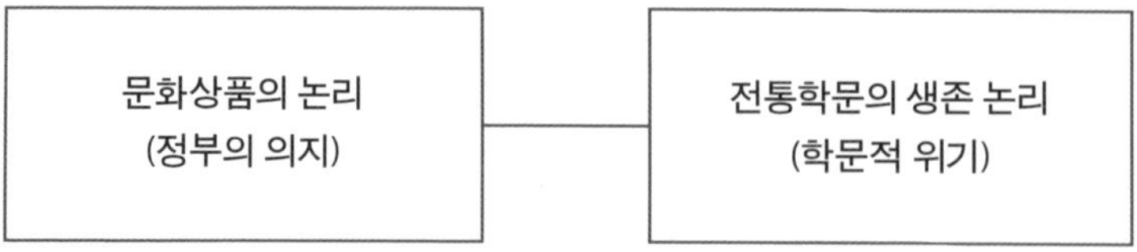

<그림 11> 우리나라 문화콘텐츠학의 초기 관심

방향을 설정하고 진행시켰다.[7]

문화콘텐츠학은 문화콘텐츠에 대한 전 세계적인 관심과 영향력을 배경에 깔고 등장한 연구 분야이다. 비록 우리나라에서는 한류와 문화 산업의 담론을 포괄하려는 의도로 '문화콘텐츠'라는 용어를 만들어 사용했다 할지라도, 문화콘텐츠는 우리나라에만 국한되어 있는 것이 아닌 전 세계적인 주제였다고 말할 수 있다. 따라서 문화콘텐츠학이 한국이라는 개별적이고 지역적인 배경에서 태동했을지라도 이미 보편성을 담보할 수밖에 없는 학문인 것이다.[8] 이렇듯 문화콘텐츠학은 우리의 문화적 배경, 그리고 세계적 의미의 담론과 지평을 동시에 담아내야 하는 새로운 문화 논리를 요구하는 '한국발 문화콘텐츠학'이다.

---

7) 이미정, 「문화콘텐츠 지식구성 과정에 관한 연구. 구성주의 교수학습 원리를 중심으로」, 인하대학교대학원 문화경영학과 박사학위논문, 인하대학교, 2008, 47쪽.

8) 김성수, 「글로컬문화콘텐츠 기획과 연구 전망 고찰」, 한국외국어대학교대학원 글로벌문화콘텐츠학과 박사학위논문, 한국외국어대학교, 2012, 8쪽.

3. 학문체제 재편의 필요성과 문화콘텐츠학

문화에 대한 관심과 대응이 학문 영역으로도 빠르게 확산되고 있다. 특히 인문학 관련 분야에서는 디지털 기술이 만들어 놓은 새로운 문화에 적응하기 위해 기존 분과학문이 가지고 있던 연구 대상과 연구 방식을 문제 삼아 학문의 한계를 극복하려고 한다. 또한, 여러 학문을 모아 융합과 통합의 학문체제를 새롭게 갖추는 것이 분과학문이 살아남는 길이며, 동시에 복잡한 시대에 나타나는 문제를 해결할 방법이라 주장하기도 한다. 각 학문이 이룩한 연구 전통과 성과를 생각했을 때 '학문의 구조조정'으로도 비출 수 있는 이러한 주장은 의미하는 바가 크다. 특히 한 분야에서 오랜 연구 성과와 전통을 만들어온 개별 분과학문에서 학문 활동의 길을 새롭게 모색하고 개척하려는 움직임은 결코 무시하고 지나칠 현상은 아니다. 왜냐하면, 단순히 학과 이름만 바꾼다고 학문을 현실에 곧바로 적응할 수 있는 것은 아니기 때문이다.

학문은 스스로 존재해 나가기 위해서 끊임없이 현실에 맞는 학문적 체계를 만들려 노력해야 한다. 학문적 체계를 갖추는 것은 어떤 문제를 적절히 규명하기 위한 개념과 연구 방법을 마련하는 것이다. 학문은 문제에 맞는 연구 방법과 연구 방법의 토대가 되는 기본 개념을 갖추어야 한다. 기본 개념을 위해서는 개념을 이루는 사상과 철학이 있어야 한다. 즉 어떤 문제나 대상을 바라보는 눈(觀)을 통해 세계와 문제를 만나고, 그 사이에서 개념이 싹튼다. 그리고 그러한 개념들이 토대를 이루어 연구(문제 해결)의 방법을 갖추게 된다. 시대적으로 학문의 변화를 피할 수 없다면 세계를 바라보는 관점의 변화도 피할 수 없다.

그렇다면 학문의 주요 주체인 대학은 어떻게 현실에 대응하고 있는가? 다양한 분과학문이 자리한 대학은 시대에 따른 학문의 변화를 피해갈 수 없는 곳이다. 시대적 흐름 속에서 많은 대학은 학과의 구조조정을 통해 문화 관련 학과를 신설하거나 기존 학과의 이름을 문화 및 콘텐츠와 관련된 이름으로 바꾸면서 현실에 적응하려 한다. 대학의 이런 변화가 교수 자리를 보전하고 입학생 수를 확보하려는 모습으로 비칠 때, 자본의 논리가 학문도 집어삼킨 안타까운 현실이라고 한탄할 수도 있다. 그러나 좀 더 근본적으로 학문 자체로 눈을 돌리면 현실이 이론을 멀리하고 이론이 현실에 다가서지 않았던 것은 아닌지 물음을 던지게 한다. 한탄과 절망에 앞서, 오히려 이런 상황에서 학문이 현실에 어떻게 접근하고 해석할 것이며 우리를 어디로 이끌고 갈 것인지를 진지하게 고민해보는 기회로 볼 수도 있다. 이론과 현실이 서로 동떨어진 것이 아니라 되먹임 관계라고 한다면, 이론과 현실은 서로 마주 보고 함께 질문하고 함께 응답해야 한다.

고대와 중세를 거쳐 근대와 현대에 이르기까지 존재했고, 지금도 존재하는 학문이 이유 없이 나타났거나 존재해왔던 것은 결코 아니다. 그 시대의 이해와 요구가 이론과 현실의 관계를 만들어내면서 학문의 존재를 결정했을 것이다. 따라서 문화의 시대에 꼭 필요

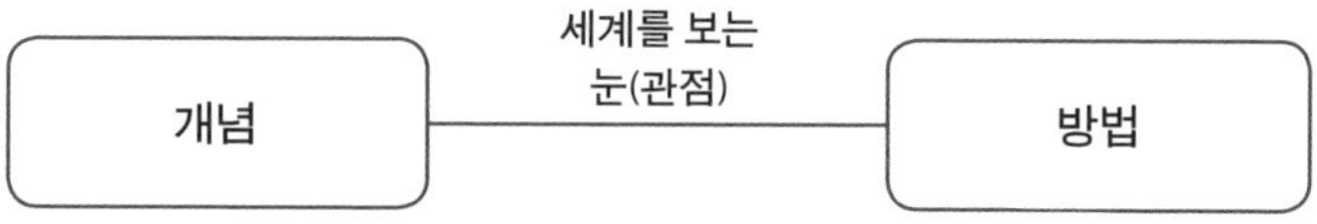

<그림 12> 학문적 체계를 갖추기 위한 출발

한 학문이라면 이유 없이 불쑥 등장해서 사라질 운명은 아니다. 그것은 오로지 학문하는 사람들이 학문의 체계를 어떻게 만드느냐에 그 운명이 달려 있다. 문화콘텐츠학에서도 현실과 이론을 따로 보지 않고 서로 밀접한 관련 속에서 학문적 체계를 구축하려는 노력이 필요하다.

4. 문화콘텐츠학의 학문적 체계 정립의 필요성

문화콘텐츠라는 용어가 우리 사회에 등장한 지 10여 년이 흘렀다. 문화콘텐츠에 대한 관심만큼 문화콘텐츠학에 대한 열기 또한 대단해, 현재 전국의 대학에는 전문대학교 346개, 4년제 대학교 653개, 대학원 479개의 문화콘텐츠 관련 학과가 분포한다. 재학생은 2010년 기준 174,990명에 이르고 졸업생은 35,710명이나 된다.[9] 21세기를 '문화의 세기'라 지칭하고 그 중요한 추세를 '콘텐츠웨어'로 보는 지구촌 차원의 흐름을 우리 교육현장에서도 확인하

산업	동일	신규	변경	계
전문계고	143	77	38	258
2/3년제 대학	192	140	14	346
4년제 대학교	393	252	8	353
대학원	286	180	13	479
계	1,014	649	73	1,736

<그림 13> 2010 학제별 학과 변동 현황
(2010 콘텐츠 교육기관 현황 조사, 한국콘텐츠진흥원)

9) 『2010 콘텐츠 교육기관 현황 조사』, 한국콘텐츠진흥원, 2011, 28쪽.

는 셈이다. 이렇게 많은 학생이 관심을 두고 문화콘텐츠 공부에 뛰어들고 있지만, 정작 학계는 이들을 위한 학문적·교육적 준비를 제대로 하고 있지 못한 형편이다. 문화콘텐츠 관련학과는 인간의 문화적 욕구와 수요에 바탕을 두고 있으며, 일반적으로 애니메이션, 캐릭터, 만화, 음악, 게임, 방송, 영화 등 7개 분야로 세분되어 있다.

이미 시중에 다양한 형태의 문화콘텐츠학 입문서가 유통되고 있고,[10] 입문서마다 나름의 관점에서 문화콘텐츠 학문에 대한 정립을 시도하고 있다. 그러나 아쉽게도 문화콘텐츠 전 분야를 아우르는 총체적인 차원에서 문화콘텐츠학을 정초하려는 연구는 아직 찾아볼 수 없다. 대부분 문화 산업적인 관심에서 출발하여 기술적이고 경제적인 차원에서 콘텐츠에 접근하여 아주 제한된 영역에서 문화콘텐츠를 다루고 있다. 전체적으로 큰 그림을 그리고 이념과 방향을 설정하는 제대로 된 작업은 이뤄지지 않고 있다. 문화콘텐츠가 21세기 문화 산업의 근간을 형성하고 있는 만큼, 이 분야의 미래 주역들을 위한 방향 지침과 이념이 필요한 시점이다.

학계에서는 문화콘텐츠학의 학문 분류를 두고 다양한 의견이 엇갈린다. 문화콘텐츠학을 인문학에, 사회학에, 자연과학에, 문화과

---

10) 백승국, 『문화기호학과 문화콘텐츠』, 다할미디어, 2004.
김만수, 『문화콘텐츠 유형론』, 글누림, 2006.
인문콘텐츠학회, 『문화콘텐츠 입문』, 북코리아, 2006.
최연구, 『문화콘텐츠란 무엇인가』, 살림, 2006.
인문콘텐츠학회, 『문화콘텐츠학의 탄생』, 북코리아, 2007.
정창권, 『문화콘텐츠학 강의』, 커뮤니케이션북스, 2007.
정창권, 『문화콘텐츠 스토리텔링』, 커뮤니케이션북스, 2007.
신광철, 『문화콘텐츠학입문』, 한신대학교출판부, 2009.
전충헌, 『문화콘텐츠 전략기획론』, 글누림, 2009.
송원찬 외, 『문화콘텐츠 그 경쾌한 상상력』, 북코리아, 2010.

학에 포함시키자는 의견들이 있는가 하면, 응용학문 또는 통합학문이나 융합학문으로 분류해야 한다는 견해도 있다. 그리고 문화콘텐츠가 인문학, 예술학, 사회학, 기술공학 등을 다 포섭하고 문화의 전 영역을 다 아우르는 점을 고려하여, 문화콘텐츠학이 새로운 유형의 통합학문으로 자리매김해야 한다는 주장이 설득력을 얻고 있다.

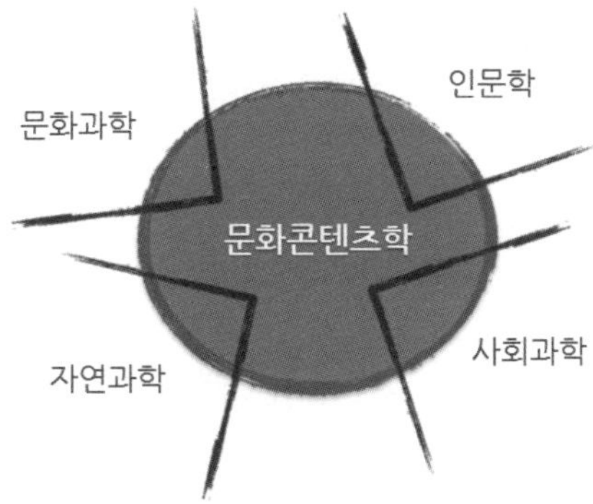

<그림 14> 분과학문에서의 문화콘텐츠학 접근

문화콘텐츠학은 학문 활동을 이루는 주체(연구자)와 대상(문화콘텐츠)이 있음에도 불구하고 어떻게 연구하고, 왜 연구해야 하며, 어떤 방향으로 나아가야 할지를 분명하게 제시하지 못하고 있다. 문화콘텐츠가 현실을 이루는 사회·경제·정치·문화·기술 등의 전반적인 영역은 물론 인간의 존재론적인 문제들과 맞닿아 있다면, 문화콘텐츠의 의미와 방향을 설명할 수 있는 학문 체계에 관하여 학문적 접근이 이루어져야 한다. 그러나 지금까지 학문을 구축하기 위해 어떻게 체계적으로 접근할 것인가 하는 방법에 대한 연구조차 확인되지 않는 것이 현실이다. 이 분야에 종사하는 학자들은 이제라도 어떤 통합적인 관점과 전망으로 문화콘텐츠학을 정립해야 할지 고심해야 할 것이다.

학교에서 문화콘텐츠를 학문 교육의 하나로 수행하기 위해서는 문화콘텐츠에 대한 학문적 체계가 필요하다. 학교가 아니라도 문화콘텐츠를 학문적으로 연구하기 위해서라도 연구자 스스로 학문적 체계를 갖추어야 한다. 문화콘텐츠학을 누가, 왜, 무엇을, 어떻게 연구해야 하는지에 대해 당위성을 갖춘 논리적 설명이 있어야 하며, 특히 주제와 방법은 문화콘텐츠를 연구하기 위해 꼭 필요하다.

문화콘텐츠 관련 학과와 전공자가 지속해서 늘어나는 것으로 학문이 제 역할을 다한다거나 학문적 체계가 완성되었다고 주장하는 것은 잘못이다. 학교는 학생 수로 교육을 꾸려가지만, 학문은 연구를 통해 교육을 완성해간다.[11] 그러므로 문화콘텐츠학이 제대로 연구를 수행할 수 있으려면 학문적 체계를 점검하고 발전시키려는 노력이 있어야 한다. 이는 단지 학과를 만들고 학생을 모으는 일로 대체할 수 없다.

학문 활동은 학문의 주체와 학문의 내용이 어우러져 진행되어 학문의 미래를 이끌어 간다. 문화콘텐츠학의 학문 활동은 결국 문화콘텐츠의 현재와 미래를 가늠하는 일이다. 문화콘텐츠가 학문적 대상으로 다루어지지 않는다고 해서 문화콘텐츠 존재 자체가 사라지는 것은 아니다. 그러나 문화콘텐츠가 학문적 체계 안에서 다루어짐으로써 학문의 의미와 구조가 한결 뚜렷해지고, 학문의 생성과 역할 그리고 기능에 대한 설명은 물론 그것이 지향하는 바가 분명해진다. 즉 문화콘텐츠학 학문 활동은 문화콘텐츠를 명확하게 해석하고 그에 대한 이해를 얻기 위해 필요한 활동이며, 문화콘텐츠에 대한 시각을 갖추는 일을 그 최우선으로 진행해야 한다.

---

11) 대학의 학과 개편과 조정에 있어서 학생, 교수, 졸업생 사이의 갈등은 학교가 "교육"으로 학문에 접근하는 목적과 학생이 "연구"로서 학문에 접근하는 의미가 서로 다르기 때문이다.

5. 문화콘텐츠학의 학문적 체계 정립을 막는 요인들

우리의 문화콘텐츠학은 과연 무엇인가? 아쉽게도 현재로는 이것에 대해 구체적으로 답할 수 없다. 문화콘텐츠학의 학문적 체계가 아직 제대로 정립되어 있지 못하고, 새로운 문화 연구로서 문화콘텐츠학의 주제와 방법이 마련되지 않았다. 그렇다면 문화콘텐츠학이 정립되지 못한 세부적인 이유는 무엇인가? 그 이유는 다음과 같다.

먼저 문화콘텐츠학을 학문적으로 접근하는 방법에 문제가 있었다. 문화콘텐츠학의 학문적 체계를 다룬 지금까지의 연구들은 학문의 내용이라 할 수 있는 주제와 방법을 소홀히 다루어 왔다. 지금껏 문화콘텐츠학을 이루는 연구 분야를 무엇으로 할 것인지에 대한 논의, 이를테면 기획론, 개발론, 제작론, 유통론, 산업론, 기술론, 정책론을 어떻게 묶고, 어떤 것을 더하고 뺄 것인지와 같은 학문 분야의 조직 구성에 대한 연구에만 몰두했다. 그리고 구체적으로 어떤 기획론, 개발론, 제작론, 기술론이어야 하는지와 같은 학문의 내용적 측면까지 나아가지 못했다.[12)]

이유는 크게 두 가지이다. 첫째, 문화콘텐츠학의 연구[교육] 분야

---

12) 초기 문화콘텐츠학의 필요성을 언급한 연구들은 문화콘텐츠에 대한 본질적인 규명을 통해 관련 연구 분야의 체계를 구성하기보다는 한국연구재단 연구분야 분류에 등재되어야 할 필요성과 문화상품으로서의 개발을 촉진할 목적으로 접근했다. 이것은 대학 교육체계에 문화콘텐츠학이 빠르게 편제될 수 있는 전략적 탐색의 일환이라고 볼 수 있다. 박상천, 「문화콘텐츠학의 학문영역과 연구 분야 설정에 관한 연구」, 『인문콘텐츠』제10호, 인문콘텐츠학회, 2007; 정창권, 「문화콘텐츠학, 어떻게 연구하고 가르칠 것인가」, 『동양한문학연구』제24집, 동양한문학회, 2007.

라고 할 수 있는 기획론, 개발론, 제작론, 유통론, 산업론, 기술론, 정책론 등을 한 명의 연구자가 모두 설명하는 것이 당장에 불가능하기 때문이다. 학문에서 다루어야 할 연구 분야의 조직에 대한 설득력만 확보한 후, 나머지는 추후 과제로 남겨두거나, 각각을 담당하는 연구자들의 참여로 이에 대한 논의를 확대하여 정리할 수 있을 것으로 기대한다. 다시 말해 당장은 어떤 기획론이고 개발론인지는 본인 또는 관련 연구자들이 향후 채워야 할 내용으로 남겨두면서, 이후에 각각의 연구 분야들의 각론을 전개해 이것들을 합쳐 문화콘텐츠학을 완성하자는 것이다. 그러나 기획론, 개발론, 제작론과 같은 연구 분야가 각각 개별적으로 정당성을 얻는다고 해서 문화콘텐츠학의 학문적 정당성이 확보될 수 없음은 두말할 필요가 없다. 개별 연구 분야의 정당성과 그 연구를 포괄하는 학문이 정당성을 얻는 것은 별개의 문제다.

둘째, 연구자가 문화콘텐츠학의 정당성을 확보하지 못한 상태이기 때문에 하위 연구 분야를 정하고, 내용을 구성하는 것이 불가능하다. 문화콘텐츠학이 학문으로서의 정당성을 마련하지 못한 상태에서 그 하부에서 다루어야 할 연구 분야를 나열하는 것으로는 문화콘텐츠학의 학문적 위상을 확보할 수 없다. 학문적 체계로서 문화콘텐츠학의 목적론, 내용론, 방법론, 방향론에 대한 논의가 있고 나서 그에 맞는 개념과 논리가 설득력 있게 정립될 때, 이에 부합하는 하위 분야의 연구로 어떤 것들이 필요한지도 나오게 된다. 이렇듯 필요한 연구 분야가 확립되면 그에 부합하는 내용도 채워질 수 있다. 문화콘텐츠학의 학문적 체계는 하위 연구 분야를 모으는 것으로 달성될 수 없으며, 문화콘텐츠학에 대한 정당성과 개념의 정립 없이 하위 분야를 완성할 수도 없다.

문화콘텐츠학의 학문적 체계가 마련되지 못한 또 다른 이유는 학문하는 연구자의 태도와 환경에 기인한다.[13] 연구자들은 본인들이 지금까지 해왔던 기존의 분과학문에 익숙하다. 그러다 보니 기존의 관점과 방법론을 아무 의심 없이 문화콘텐츠 연구에 적용하게 된다.[14] 비록 기존의 개념과 이론에 문제를 발견하더라도, 익숙함이 주는 편안함 때문에 전체적인 틀에서 벗어나려 하지 않고 기존 학문에서 빌려온 개념과 방법론을 조금씩 수정 보완하는 것으로 학문 활동을 이어가게 된다. 학문으로 문화콘텐츠학을 연구하는 것은 많은 노력과 시간이 요구되는 작업이기 때문이다.

결국, 연구자들은 국가가 법률상 규정한 문화콘텐츠의 정책적 개념 규정 안에서 경제적·산업적·기술적 활용과 목적에 부합하기 위해 자신들이 기존에 해오던 연구 방법을 의심 없이 가져다 쓴다. 이것은 개념과 방법의 불일치, 개념이 담고 있는 의도와 이념에 대한 무비판적인 수용을 의미하며, 더 나아가 방향성 없는 연구와 피상적 연구가 양산되는 원인이 된다. 문화콘텐츠학의 학문적 체계가 마련되지 못한 마지막 이유는 학문적 체계를 뒷받침할 논리를 제

13) 박기수, 「문화콘텐츠학의 현황과 전망」, 『대중서사연구』제16호, 대중서사학회, 2006, 10~11쪽.

14) 학문의 방법론은 대상을 제한한다. 만약 자연과학의 방법론을 그대로 철학에 도입한다고 해보자. 이것은 수학적 엄밀성을 위해 선형적 방정식으로 표현할 수 있는 정보로 그 대상을 제한하자는 것과 같다. 방법론이 탐구 대상을 부당하게 제한하게 된다. 문화콘텐츠학도 다른 학문의 방법론을 그대로 차용하게 되면 연구 대상을 제한하는 결과를 초래할 수 있다. 문화콘텐츠학이 하나의 학문적 체계로 역할을 하기 위해서는 문화콘텐츠를 제한하지 않으면서 의미 있는 해석과 지침을 줄 수 있는 방법론을 갖춰야 한다.

대로 찾지 못하는 것에 있다.

현재 문화콘텐츠학을 가르치는 문화콘텐츠 관련 학과들은 매우 다른 교과체계를 가지고 있다. 물론 학교나 학과에 따라 저마다 갖고 있는 고유한 특성과 경향을 반영한 측면도 있다. 그러나 무엇보다도 큰 차이를 보이는 이유는 문화콘텐츠의 본질을 아직 파악하지 못했기 때문이다. 학문의 체계를 뒷받침할 학문 고유의 정당성이 없는 상태에서 차별성이 강조된 결과, 학교나 학과마다 서로 다른 교과체계를 가지게 되었다. 차별성이 학문의 역동성을 보여줄 수 있다. 하지만 학문이 존재하도록 하는 궁극적인 본질이 될 수는 없다. 연구 대상의 본질과 의미를 공통으로 파악해내는 작업이 학문의 차별성보다도 중요하다. 물론 학문이 체계를 잡고 성숙해 가는 단계에서는 나름의 연구 방향을 다양하게 전개해 나가는 것도 필요하다. 그렇지만, 학문적 체계가 없는 상황에서 연구자마다 문화콘텐츠라는 이름만 같이 쓰고 연구의 시각과 내용의 차이를 무한정 벌려 놓아 서로 다른 학문으로 인식되어도 무방할 정도가 된다면 심각한 문제가 아닐 수 없다.

이처럼 학문적 체계를 세우기 위해 접근하는 방법의 오류, 연구자들의 태도와 환경에 따른 원인, 학문적 체계의 논리가 뒷받침되지 않는 차별화 전략이 문화콘텐츠학의 학문적 체계 정립을 어렵게 만드는 원인이 되고 있다. 문화콘텐츠학은 문화콘텐츠의 의미와 가치를 시대에 맞게 설명하고 방향을 제시하는 중요한 학문적 체계다. 그러므로 문화콘텐츠학에 대한 연구는 문화콘텐츠의 핵심이다. 그렇다면 문화콘텐츠학의 학문적 체계를 어떻게 정립할 것인가? 이를 위한 '문화콘텐츠학 연구'는 '문화콘텐츠에 대한 성찰'과

'문화콘텐츠학에 대한 성찰', 즉 이중의 성찰을 통해 가능하다. 문화콘텐츠가 무엇인지 분석하고, 문화콘텐츠학이 왜 필요한 것인지 묻고 대답해가며 이를 바탕으로 문화콘텐츠학의 체계를 마련할 수 있다. 과연 문화콘텐츠가 무엇이기에 인간에게 실제적이고 본질적인지를 고찰하면서 학문적 연구의 당위성을 확보해야 한다. 그다음에는 구체적으로 어떻게 연구하고, 어떤 방향으로 나아갈지 제시해야 한다. 즉 문화콘텐츠에 대한 눈깔[관점]을 찾아 거기에 맞게 결[내용]을 구현한다. 문화콘텐츠의 학문적 체계를 제대로 갖추기 위해서는 문화콘텐츠의 정체성 및 지향에 대한 논의가 생산적으로 이루어지고 합의되어야 한다. 이를 바탕으로 문화콘텐츠학의 정체성과 방향을 결정한 후 세부적인 논의로 나아갈 수 있으며, 학문적 체계에 맞는 하위 연구 분야들의 역할과 방향도 결정할 수 있다. 문화콘텐츠학이 지향해야 할 방향은 무엇인지, 그리고 그것을 효과적으로 수행하기 위한 조건이 무엇인지를 탐색해야 한다.

6. 왜 문화콘텐츠인가?

많은 학자는 현재 우리가 하드웨어(굳은모) 시대를 지나 소프트웨어(무른모) 시대를 거친 후 콘텐츠웨어(지은모) 시대에 들어섰다고 말한다. 그리고 아트웨어(꾸민모)의 시대를 지향하며 살고 있다고 덧붙인다. 어쨌거나 우리는 거의 모든 분야에서 콘텐츠가 모든 것을 좌우하는 콘텐츠 중심의 시대에 살고 있다.

혹자는 정작 지금의 우리에게 필요한 것은 '문화콘텐츠학'이 아니고 '콘텐츠학'이 아니냐고 반문할 것이다. 더구나 '문화콘텐츠'라는 표현을 쓰는 문화권도 몇 안 되고 그 낱말 자체가 한국의 생활세계에서 생겨난 것임을 감안한다면 말이다. 왜 다른 문화권에서는 '콘텐츠' 또는 '엔터테인먼트'로 만족하는데, 우리만 유독 '콘텐츠'에 '문화'라는 접두어를 붙여 어려움을 자초하는가? 더욱이 그것으로 모자라 문화콘텐츠를 학문의 차원으로 끌어올려 '문화콘텐츠학'으로 정립하려고 하지 않는가! 지금껏 학계 학자들이 해온 것처럼 선진국의 학술 동향을 살펴 그들이 하는 방향으로 뒤좇아가는 것이 쉽지 않겠는가?

어느 정치인이 이렇게 말했다. "근대화는 뒤졌지만, 정보화는 앞서자!"고. 그렇다! 근대화는 소위 선진국보다 200년가량 늦게 시작해 이제 겨우 그들을 따라가고 있는 형편이다. 그러나 정보화 시대라고 하는 21세기에 한국의 정보화 지표는 그리 나쁘지 않다. 정보화의 거의 모든 분야에서 한국이 상위 5위권 안에 진입해 있다. 다시 말해 정보화에서는 우리가 선두주자이며, 선두를 달리는 우리가 주도하여 새로운 분야를 개척해야 한다는 말이다. 그렇다면 우

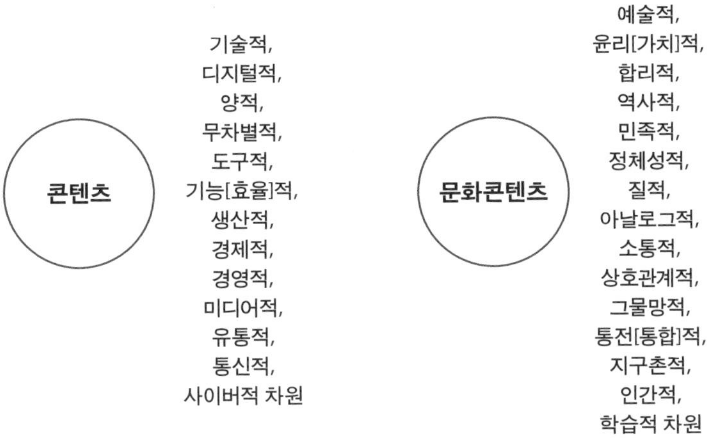

<그림 15> 콘텐츠와 문화콘텐츠의 주된 특성

리가 만든 '문화콘텐츠'라는 개념에 대해 우리가 책임을 져야 한다. 이론적 근거를 대고 그것이 학문으로서 가능하다는 것을 보여주어야 한다. 그러려면 서양의 이론적 주장들을 따라가며 그것을 소개하는 방식으로는 문화콘텐츠학을 정립할 수 없다. 동서양의 시각을 아우르는 우리 나름의 통합적 이론을 우리가 제시해야 한다.

사실 '콘텐츠'라는 개념도 우리 문화권에서 만든 것이다. 알다시피 영미권에서는 복수 형태인 '콘텐츠(Contents)'가 아닌 단수 형태의 '콘텐트(Content)'를 사용한다.[15] 추상명사이기에 복수 형태가 필요 없다는 것이 영미권의 관점이다. 그러나 우리는 다양한 형태의 콘텐트들이 있으니 당연히 복수 형태도 가능하다고 본다.

그런데 이 콘텐츠들의 주된 특성을 살펴보니, 주로 기술적, 디지털적, 양적, 무차별적, 도구적, 기능[효율]적, 생산적, 산업적, 경제

---

15) 'content'는 라틴어 con(함께) + tentum(포함된 것)이 합성된 낱말로서 함께 포함되어 있는 것을 의미한다.

적, 경영적, 미디어적, 유통적, 통신적, 사이버적임을 확인할 수 있다. 기술적인 면이 주로 강조되고 인간적인 면모는 이차적인 것으로, 관심사에서 뒤로 밀려나고 있는 셈이다. 그 점을 보완하자는 생각이 '문화콘텐츠'라는 개념을 태동시켰다. 문화를 가미하여 보완할 때 예술적, 윤리[가치]적, 합리적, 역사적, 민족적, 정체성적, 질적, 아날로그적, 소통적, 상호관계적, 그물망적, 통전[통합]적, 지구촌적, 인간적, 학습적인 차원을 콘텐츠로 고려할 수 있으며, 이렇게 콘텐츠에 인간의 입김을 불어넣어 이념과 방향을 제시해줄 수 있다고 본 것이다.

문화콘텐츠라는 개념 속에는 기술을 인간화시켜 인간다운 기술로 만들어보자는 꿈이 표현되어 있다.[16] 예술과 기술의 조화 속에 이성 중심의 인간성 교육에서 배제되었던 인간의 감성과 영성을 살려내어 지구촌 모든 사람이 지구 위 모든 생명체와 더불어 서로 교감하고 공감하며 공존하는 상생의 삶을 살자는 메시지가 그 안에 담겨 있다. 주목할 점은, 자연과 교감하고 이웃과 소통하며 서로의 독특함을 인정하고 자연 만물과 어우러져 살아온 한국인의 살림살이 문법에 소통과 살림의 문화 개념이 이미 자리 잡고 있는 것이다. 서양의 문화 개념이 근대 식민지 정책을 통해 제국주의적 개념으로 자리 잡은 것과는 달리, 우리의 문화 개념은 공생과 상생, 소통과 살림에 바탕을 두고 있다. 그리고 문화의 세기이자 지구촌 시대인 현재가 필요로 하는 문화 개념은 바로 과거 우리가 누려오던 문화 개념이다.

---

16) 이기상, 『지구촌 시대와 문화콘텐츠. 한국 문화의 지구화 가능성 탐색』, 한국외국어대학교출판부, 2009, 267쪽 참조.

제3장

뉴미디어 시대,
콘텐츠가 관건이다

1. 콘텐츠가 바꿔놓는 산업 지형도

<그림 16> 피터 드러커
(오스트리아, 1909-2005)

콘텐츠가 산업의 핵심으로 부상하고 있다. 미래학자인 피터 드러커(Peter Drucker)는 국경을 넘어 진행되는 산업의 변화를 주시하며 "21C는 문화산업에서 각국의 승패가 결정되며 최후 승부처가 문화 산업이다"라고 말했고, 제러미 리프킨(Jeremy Rifkin) 역시 "산업생산 시대가 가고 문화생산 시대가 오고 있다"[1]고 주장했다. 그들은 경제 패러다임의 새로운 변화로 문화의 산업화를 주목한 것이다. 뉴미디어 시대 콘텐츠가 핵심인 세상에서 대량생산을 통한 대량소비는 더 이상 국가의 지속가능한 성장을 뒷받침할 미래의 산업 전략이 될 수 없다. 이제 소비자들의 즐거움은 상품의 기능과 품질에서 충족되는 것이 아니라 콘텐츠가 주는 꿈과 감성의 경험으로 충족된다. 콘텐츠에 대한 개

1) 제러미 리프킨, 『3차 산업혁명』, 안진환 옮김, 민음사, 2012.

인의 경험과 가치가 상품이 되고 현실을 만든다.

콘텐츠는 이미 우리의 산업 지형도를 바꾸고 있다. 우리나라는 1962년 경제개발계획이 추진된 이래 토지·노동·자본을 성장 동력으로 삼아 자동차, 조선, 철강 생산이 중심이던 산업사회에서 지식과 정보를 성장 동력으로 하는 정보통신, 반도체 생산 중심의 정보사회로 이동해 왔다. 그리고 이제는 상상력과 감성에서 성장 동력을 찾는 소통과 공감의 콘텐츠웨어(지은모) 사회로 진입하고 있다.[2)]고부가가치, 원 소스 멀티유즈(one source multi use, 한샘뭇씀), 친환경 산업으로 불리는 콘텐츠 산업이 미래의 지속가능한 성장을 이끌 핵심 산업으로 주목받고 있다.

지금까지 우리 콘텐츠 산업은 매출과 수출 모두 지속적인 성장세를 유지해 왔다. 한국콘텐츠진흥원에 의하면, 2009년에는 2008년 세계 금융위기의 영향으로 세계 문화콘텐츠시장이 전년 대비 2.5% 하락하였으나, 2010년부터 다시 회복세로 돌아선 뒤 2011년에는 유럽발 경제 위기라는 악재에도 불구하고 4.9%의 안정적인 성장을 기록했다.[3)] 2012년 세계 콘텐츠시장 규모는 세계 1위 시장인 미국의 양적 완화 정책 효과로 안정적인 성장세를 유지하고 중국·브라질 등 신흥 시장의 소비 급증으로 전년 대비 4.8% 성장한 1조 7,940억 달러를, 2014년에는 전년 대비 5.1% 성장하여 1조

---

2) 1970~80년대는 제조업을 바탕으로 '한강의 기적'으로 불리는 산업사회를 일구어냈고, 1990~2000년대에는 반도체와 정보통신 기술에 기초하여 지식과 정보 중심의 'IT 강국 코리아'라는 구호와 함께 정보사회로 이행해 왔다. 2010년 이후 우리 정부는 감성과 상상력을 바탕으로 한 창조사회로 진입하기 위해 '콘텐츠 코리아'를 내세우고 있다.

3) 『2012년 콘텐츠 산업백서』, 문화체육관광부, 2013, 61쪽.

<그림 17> 산업의 지형 변화와 성장동력

8,652억 달러를 기록했다. 13개 분야별로는 인터넷 접속이 4,551억 달러로 1위이며, 뒤를 이어 방송(2,454억, 13.2%), B2B(1,924억, 10.3%), TV 광고(1,737억, 9.3%), 신문(1,543억, 8.3%), 인터넷 광고(1,330억, 7.1%) 등의 순으로 집계되었다.

향후 세계 콘텐츠 시장은 세계 경제 회복에 따른 소비 증가와 맞물려 각국의 투자가 확대되어 5년간 연평균 5.6%의 안정적인 성장세를 나타낼 것으로 예상되며, 2017년 시장 규모는 2조 3,520억 달러로 확대될 전망이다. 한국콘텐츠진흥원은 향후 5년간 세계 콘텐츠 시장이 경기회복에 따른 소비 여력 확대로 모든 권역에서 4%를 상회하는 안정적인 성장세를 보일 것이며, 특히 신흥국가들이 집중되어 있는 중남미와 아시아·태평양이 각각 연평균 10.6%, 6.5%의 높은 성장률을 보일 것으로 전망하고 있다. 2014년 우리나라의 콘텐츠 시장은 518억 달러 규모로 세계 콘텐츠시장에서 차지하는 비중이 2.8%에 불과하지만, 콘텐츠 산업의 지속 성장을 가능케 하는 주요 영역으로 문화예술, 문화자원 등과 연계하고 상생의 선순환

적 환경을 마련한다면 더 큰 발전을 기대할 수도 있을 것이다.[4)]

[표 3] 세계 콘텐츠 시장 규모 및 전망(2013 콘텐츠 산업백서, 51쪽)

구분	2008	2009	2010	2011	2012	2013	2014	2015	2016	2017	2012-17 CAGR(%)[24)]
출판	381	350	350	349	347	347	347	348	350	351	0.2
만화	8	8	9	9	9	9	9	9	9	9	-0.6
음악	55	53	50	50	50	50	51	52	53	54	1.5
게임	52	55	59	62	63	68	73	78	83	87	6.5
영화	84	85	88	87	89	90	93	96	100	106	3.6
애니메이션	13	14	17	15	17	18	19	20	21	22	5.0
방송	366	360	385	401	417	435	455	474	496	515	4.3
광고	461	410	435	453	470	491	515	539	567	591	4.8
캐릭터 라이선스	167	149	146	150	153	161	169	177	187	197	5.2
지식정보	424	433	477	527	580	635	694	756	818	879	8.7
산술합계[25)]	2,012	1,919	2,014	2,104	2,195	2,304	2,425	2,548	2,682	2,814	5.1
합계[26)]	1,595	1,550	1,626	1,712	1,794	1,894	2,003	2,114	2,234	2,352	5.6

세계 콘텐츠 시장은 꾸준한 성장세에 힘입어 세계 각국의 지속가능한 발전을 지원할 차세대 신성장 동력으로 주목받고 있다. 실

---

4) 『2013년 콘텐츠 산업백서 연차보고서』, 문화체육관광부, 2014, 51~55쪽; 『2015년 콘텐츠 산업 전망』, 한국콘텐츠진흥원, 2015, 104쪽.

5) 2012년부터 2017년 연평균증감률.

6) 중복값을 포함한 산술적인 총합계.

7) 만화는 출판시장, 애니메이션은 영화·방송시장, 광고는 영화·방송·게임·출판·지식정보시장에서 각각 중복되는 부분이 있어, 이를 제외한 합계.

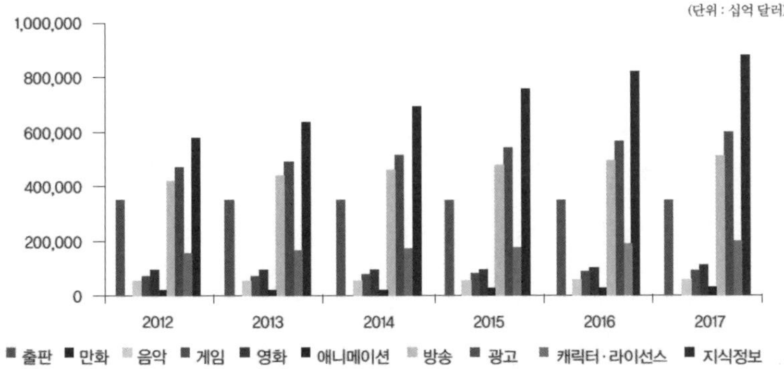

<그림 18> 세계 콘텐츠 시장 규모 추이(2013콘텐츠 산업백서, 52쪽)

제로 콘텐츠 산업은 부가가치창출액과 고용창출 효과가 다른 산업보다 큰 것으로 평가받고 있다. 콘텐츠진흥원은 콘텐츠 산업이 1조 원 성장하면 국가 전체의 부가가치는 8385억 원이 늘고, 10억 원 성장할 때마다 13.9명에 달하는 취업 인원이 발생하는 것으로 분석했다. 이는 반도체 4.9명, 자동차 7.2명보다도 높다. 특히 한국경제연구원은 콘텐츠 업계에 빅뱅이 일어나면 2020년까지 22만 2379명에 달하는 새로운 일자리가 만들어질 것으로 예상했다.[8)] 국가 경제에 미치는 파급효과가 이처럼 크기 때문에 우리 정부는 물론

8) 문화체육관광부는 '제5차 콘텐츠 산업진흥위원회'에서 2015년 콘텐츠 산업 정책의 주요 방향을 담은 '2015년 콘텐츠 산업 진흥 시행계획'을 발표했다. 세부 시행계획은 1)투·융자 및 기술기반 조성, 2)콘텐츠와 창업·창직 활성화와 창의인재 양성, 3)국제시장 진출 확대, 4)건강한 생태계 조성 및 콘텐츠 이용 촉진, 5)분야별 콘텐츠의 경쟁력 강화 및 육성 협력체계 구축을 '5대 추진전략'으로 설정했다. 이를 위해 총 4522억 원의 예산을 투입하고, 2015년 콘텐츠산업 매출 102조 원과 수출 61억 달러, 고용 63.1만 명 달성을 목표로 제시했다. 『2015년도 콘텐츠 산업진흥 시행계획』, 콘텐츠 산업진흥위원회, 2014, 1쪽.

세계 주요 국가들이 콘텐츠 산업에 대한 체계적인 관리와 지원을 진행하는 것이다.

그러나 콘텐츠 산업은 경제적 가치 창출을 넘어 사회의 성장을 이끌어갈 주요 동력이다. 그래서 선진국을 포함한 세계의 여러 국가와 기구는 자신이 처한 환경과 이해관계에 맞게 콘텐츠 산업 육성 방향을 구상하고 실천에 옮기고 있다. 미국·인도·PWC(Price Water house Coopers) 등은 '미디어 엔터테인먼트 산업(Media&Entertainment Industries)'이라는 대중문화 중심으로, 프랑스·캐나다·브라질·UNESCO(국제연합교육문화기구) 등은 '문화 산업(Cultural Industries)'으로 분류해 예술과 문화유산 중심으로, 독일·중국·대만·EU(유럽연합)와 EC(유럽연합집행위원회) 등은 '문화창조 산업(Culture&Creative Industries)'이라는 창의성 중심의 산업 분류로, 미국·호주·핀란드·WIPO(세계지적재산권기구) 등은 '핵심저작권 산업(Core Copyright Industries)'이라는 저작권 중심의 산업 분류로, 영국·호주·홍콩·네덜란드와 UNCTAD(국제연합무역개발협의회) 등은 '창조 산업(Creative Industries)'이라는 창의성 중심으로, 한국·일본·OECD(경제협력개발기구) 등은 '콘텐츠 산업(Content Industries)'이라는 미디어 중심의 산업 분류로 관련 산업을 연계하며 필요한 정책을 전개하고 있다.[9]

---

9) <세계 창조산업 전략과 시사점(1)>, 『코카포커스』2013-05호(통권71호), 한국콘텐츠진흥원, 2013, 17쪽.

[표 4] 국가 및 기관에 따른 콘텐츠 산업 분류

국가 및 기관	미국·인도·PWC	프랑스·캐나다·브라질·UNESCO	독일·중국·대만·EU	미국·호주·핀란드·WIPO	영국·호주·홍콩·네덜란드·UNCTAD	한국·일본·OECD
산업 분류	미디어 엔터테인먼트 산업	문화 산업	문화 창조 산업	핵심저작권 산업	창조산업	콘텐츠 산업
중점	대중문화 중심	예술과 문화유산 중심	창의성 중심	저작권 중심	창의성 중심	미디어 중심

여러 국가와 기구가 콘텐츠 산업을 각기 분류하고 관련 영역을 지원하는 것은 콘텐츠 산업을 효과적으로 관리하려는 주체적인 입장이 반영된 이유도 있지만, 콘텐츠 그 자체가 다양한 차원과 가치를 가지고 있기 때문이기도 하다. 콘텐츠 산업에서 미래를 찾으려는 다양한 주체들은 경제적 가치 창출을 넘어 사회적 측면에서 문화의 중요성을 강조하고, 기술과 과학, 예술 등 문화 영역과 융합되는 연계 영역들을 고려하며, 사회적 통합 및 문화적 정체성과 다양성의 문제까지 광범위하게 포괄하며 접근하고 있다. 한마디로 콘텐츠 산업이 경제적 가치는 물론 사회적, 문화적, 기술적, 예술적, 미래지향적 가치 등 수많은 차원으로 얽혀 있으므로, 그것을 전체적으로 고려하고 관리하려면 거시적이며 통합(通合)적으로 접근하는 것이 전제 조건이라 말할 수 있다.

문화가 산업의 근간으로 변모했다. 아놀드 토인비는 "인류의 미래는 여가를 어떻게 수용하느냐에 달려 있다"고 말하며, 여가를 즐기는 문화적 시간이 매우 중요해졌음을 지적했다. 이제 소비자는 상품의 기능에 만족하는 것을 넘어 문화적 멋을 탐미한다. 문화

<그림 19> 스티브 잡스 (미국, 1955-2011)

인으로서 향유하는 문화생활이 곧 삶의 행복이 되었기 때문이다. 2010년 1월 스티브 잡스는 세상에 아이패드를 처음 소개하면서 "우리는 항상 기술과 인문학의 교차로에 서 있고자 노력했다. 기술적 관점에서 가장 발전된 제품을 만들되, 동시에 사용자가 이해하기도, 사용하기도 쉬우며, 즐겁게 쓸 수 있는 제품을 만들고자 했다. 그것이 바로 사용자가 제품에 다가가는 것이 아니라 제품이 사용자에게 다가가는 것이다"라고 말했다.

이처럼 오늘의 산업은 인문학과 예술 그리고 기술을 상호 요구하며 발전하고 있다. 인간이 기술에 얽히는 것이 아니라 기술을 인간에 맞추는 쪽으로 관심이 이동했다. 이에 따라 기업은 문화를 제대로 이해할 인력이 필요함을 절감하고 인문학적 소양을 겸비한 인재를 확보하기 위해 노력하고 있다. 우리나라 전자산업의 대표 기업이라 할 수 있는 삼성전자도 창의적인 혁신과 도전 의지를 가진 인문학도가 기업의 잠재력을 키워줄 것으로 보고, 2013년부터 이공계 전공자 위주로 채용하던 프로그램 개발 직군에 인문학 전공자들을 채용하고 있다. 인문학 전공자들을 채용한 후 별도의 교육 프로그램(SAMSUNG Convergence SW Academy)을 통해 인문학적 소양을 갖춘 융복합형 소프트웨어 인재를 양성한다는 전략이다.[10] 문화를 알고 문화를 창의적으로 디자인할 수 있는 인재가 결과적으로 현실에 필요한 기술을 다루며 기업의 생존을 짊어지는 인력으로 그 위상을 점차 높이고 있다.

우리 정부는 국가 차원에서 문화를 산업의 근간으로 변모시키기 위해 노력하고 있으며, 콘텐츠 산업을 지속적으로 성장시키는 방안으로 문화자원(Cultural resources)[11]의 지속적인 발굴과 활용을 강조하고 있다. 콘텐츠 산업의 지속적인 성장을 위해서는 자원, 지식, 혁신을 창출하는 창조적 자원 확보, 풍부하고 다양한 문화를 활용한 부가가치 창출, 다양성 확대 등이 필요하다. 특히 콘텐츠 산업은 상상력을 기반으로 이루어지기 때문에 독특하고 풍부한 문화자원을 발굴하여 성장 동력으로 활용하는 것이 콘텐츠의 창작 기반을 강화하는 역할을 한다. 우리가 가진 문화자원은 콘텐츠 자원으로 경제 성장과 고용 창출, 세계화 등의 요소로 작용하며, 동시에 사회 통합과 문화 다양성, 인류 발전에 기여할 수 있다. 문화자원을 창출하고 활용하는 것은 우리가 문화자원을 소비하는 것으로 끝나는 것이 아니라 미래 세대에게 새로운 문화자원을 공급하고 기존 문화자원을 발전시키는 것과 같다.[12] 문화자원의 양이 증가하

---

10) 참조 삼성전자 블로그. http://samsungtomorrow.tistory.com/4160?srchid=BR1

11) 문화자원은 문화재의 가장 큰 범주로서 문화재와 문화유산을 포함한 이외의 문화자원의 총체를 일컫는다. 이러한 의미에서 광의적 문화재라고도 보고 있으며, 산업적 측면의 발굴과 활용의 의미를 내포하는 것으로 볼 수 있다. 심승구 외, 『문화재 활용을 위한 정책기반 조성 연구』, 문화재청, 2006, 29~30쪽.

12) 이용관 외, 『콘텐츠 산업과 한국 고유문화 연계 방안 연구』, 한국문화관광연구원, 2012, 14~16쪽.

고 질이 향상될 때 문화 산업도 성장하고 유무형의 문화 자본도 축적된다. 있는 그대로 보존하는 것만이 문화를 지키고 전승하는 것은 아니다. 오히려 문화를 매개로 상호작용이 활발히 이루어질 때 문화적 다양성도 유지된다. 문화가 가지고 있는 의미를 살려 세계인과 함께 향유할 수 있는 가치 있는 '거리'로 만들 때 비로소 소중한 공동의 문화유산이 된다. K-pop의 확산으로 한국 고유의 전통문화에 대한 관심이 증가하고 있는 요즘, 문화자원의 적극적인 활용을 모색하는 것은 깊고 진한 우리의 문화적 매력을 감동으로 전달하고, 더불어 유행으로 짧게 멈춰 설 수 있는 대중문화의 인기를 열기 있게 지속시키는 최선의 방법이 될 수 있다.

콘텐츠가 탄생시킨 새로운 산업시스템은 전통적인 제조업의 산업시스템과는 다르다. 상상력과 감성을 성장 동력으로 하는 콘텐츠웨어 시대는 토지와 노동, 그리고 자본을 성장 동력으로 하던 하드웨어 시대와는 다른 세계관과 가치관을 요구하기 때문이다. 상상력과 감성이 지향하는 곳에는 소통과 공감이 있다. 상상력과 감성은 새로운 창조의 기쁨을 줄 뿐 아니라 성장의 원천이 되고, 함께 어울려 살아가는 삶의 의미도 제공해준다. 우리가 가지고 있는 기술과 대외적인 환경, 잠재력 등을 고려해 볼 때, 우리의 콘텐츠 산업은 발전 가능성이 높다. 여기에 민과 관이 얼마나 주도적이고 적극적으로 대처하고 협력하는가 하는 것이 우리나라가 문화강국으로 진입하는 주요한 관건이 될 전망이다.

2. 콘텐츠란 무엇인가?

오늘날 콘텐츠라는 말은 본래의 의미인 내용물이라는 의미를 벗어나 미디어 또는 플랫폼에 담기는 내용물이라는 의미로, 매체와 결합하여 지식정보 유통의 전체적인 체계를 이루는 말이 되었다. 그러므로 콘텐츠는 그 자체로 독립적인 의미가 있는 개념이기보다 정보유통 체계의 한 요소를 지칭하는 것이라고 보아야 할 것이다. '콘텐츠'라는 용어는 그 개념의 외연이 아무리 확대되었다 해도 본질적으로 '정보시스템(Information System)'이라는 플랫폼을 매개로 하여 유통되는 내용물을 의미한다. 그리고 그 내용물의 소재나 사용처가 '문화적'인 경우, 그것을 문화콘텐츠라고 부른다.[13)]

"콘텐츠란 부호·문자·음성·음향 및 영상 등의 자료 또는 정보를 가리킨다. 미디어 또는 플랫폼에 담기는 내용물의 의미로서 매체와 결합하여 지식정보 유통의 전체적인 체계를 이루는 것을 뜻한다. 영화, 음악, 애니메이션, 게임, 캐릭터 같은 각종 정보 자료나 도서 저작물 등 사람들의 감각기관에 포착되어 소통되고 유통되는 모든 자원을 콘텐츠로 분류할 수 있다." 한국콘텐츠진흥원의 전신인 한국문화콘텐츠진흥원이 제시한 이 규정은 기술기반을 전제로 내용을 담아내는 미디어, 테크놀로지와 결합된 내용물을 콘텐츠로 본다.[14)]

최연구는 콘텐츠의 원래 의미는 책의 내용이나 목차인데, 오늘날의 콘텐츠란 어떤 소재나 내용에 여러 가지 문화적 공정을 통해

---

13) 김영순·김현, 『인문학과 문화콘텐츠』, 다할미디어, 2006, 79쪽.
14) 박인철, 『파리학파의 기호학』, 민음사, 2003, 354쪽.

가치를 부여하거나 드높인 것이라고 설명한다. 그러한 가치 부여와 공정으로는 기획, 디지털화를 이용한 정보 가공 또는 새로운 아이디어의 결합을 통한 재창조 등이 있다.[15] 그도 미디어와 콘텐츠를 분리될 수 없는 변증법적인 결합물로 여겨, 테크놀로지를 전제로 하거나 테크놀로지와 결합된 내용물을 콘텐츠로 본다. 따라서 콘텐츠는 각종 미디어에 실려 구현되는 내용물을 지칭한다. 최혜실은 「문화 산업백서」를 인용하여 "콘텐츠란 부호, 문자, 음성, 음향 및 영상 등의 자료 또는 정보"를 말한다고 규정한다. 그리고 그 연장선상에서 문화콘텐츠란 문화적 요소가 체화되어 경제적 부가가치를 창출하는 콘텐츠를 의미한다고 설명한다. 즉 문화콘텐츠를 문화 산업의 재화로 정의할 수 있다는 생각이다.[16] 박인철은 콘텐츠란 영화, 음악, 애니메이션, 게임, 캐릭터, 그 밖의 각종 정보 자료나 도서 저작물 등 사람들의 감각기관에 포착되어 소통되고 유통되는 모든 자원을 포함하는 것으로 사람들이 지적·정서적으로 향유하는 모든 종류의 무형자산을 포괄적으로 가리키는 것으로 이해될 수 있다고 설명한다.[17]

지금까지 우리는 몇몇 학자들의 콘텐츠 또는 문화콘텐츠에 대한 규정과 설명을 살펴보았다. 이것들을 정리하면 대충 아래와 같다.

콘텐츠(Contents)는 영어 콘텐트(Content)의 복수형이다. 콘텐트는 라틴어 contentum에서 유래한 낱말로 '함께 포함되어 있는 것'이라는 의미로 '내용물'을 뜻한다. 콘텐트는 주로 책과 같은 저작물

15) 최연구, 『문화콘텐츠란 무엇인가』, 살림, 2006, 41쪽.
16) 최혜실, 『문화콘텐츠, 스토리텔링을 만나다』, 삼성경제연구소, 2008, 96쪽.
17) 박인철, 앞의 책, 354쪽.

의 내용물을 가리키는 것으로 목차, 차례, 벼리 등을 뜻한다. 책에 담겨 있는 전체의 내용을 큰 흐름과 얼개로 소개해 그 책의 내용을 한눈에 전체적으로 알 수 있게 만든 정보 제공 장치의 하나이다.

20세기 후반 들어 다양한 미디어들이 생기자 이 미디어들이 담고 있는 내용을 책을 모델삼아 콘텐트라 표현하기 시작했다. 이때 등장한 표현이 멀티미디어 콘텐트이며, 한국에서는 책뿐 아니라 다양한 미디어에 담긴 내용물들을 지칭하기 위해 복수형의 콘텐츠를 사용하기 시작한다. 콘텐츠란 부호·문자·음성·음향 및 영상 등의 자료 또는 정보를 가리킨다. 미디어 또는 플랫폼에 담기는 내용물로 매체와 결합하여 지식정보 유통의 전체적인 체계를 이루는 것을 뜻한다. 영화, 음악, 애니메이션, 게임, 캐릭터 등의 각종 정보 자료나 도서 저작물 등 사람들의 감각기관에 포착되어 소통되고 유통되는 모든 자원을 콘텐츠로 분류할 수 있다(한국문화콘텐츠진흥원). 따라서 콘텐츠란 책을 비롯한 각종 미디어에 담긴 내용물이라고 정의할 수 있다. 여기서 이야기되는 미디어란 책, 음반, 영화, 애니메이션, 게임, 캐릭터, 방송, 인터넷, UCC 등 온갖 종류의 정보와 지식, 알거리, 볼거리, 들을 거리, 느낄 거리 등 온갖 즐길 거리를 제공하는 기술 매체를 말한다. 이것에서 정보, 기술, 오락, 유통이 융합된 문화 산업이 등장하게 된다. 책을 모델로 하여 등장한 콘텐츠는 그 태생 상 스토리텔링의 흔적을 몸 안에 간직하고 있다. 모든 콘텐츠는 인간의 손길이 닿아 탄생한 것으로서 본질적으로 많은 사람에게 전달되고 공유되고 공감될 의도를 갖고 있다. 콘텐츠에는 인간이 함께해 온 역사와 함께 만들어나갈 미래의 꿈과 현실, 세계에 대한 상상력이 점철되어 있다.

콘텐츠라는 개념이 '미디어에 담긴 정보나 내용물'이라는 의미에서 한 걸음 더 나아가 '콘텐츠화'될 수 있는 모든 것으로 확장되어 가는 추세다. 다시 말해 알 거리, 볼거리, 들을거리, 느낄거리 등 온갖 즐길 거리를 제공할 수 있는 가능의 콘텐츠가 모두 여기에 포함된다. 이야기는 미디어에 담긴 이야기에만 국한되지 않는다. 우리의 삶의 구석구석 보이지 않게 묻어있는 온갖 삶의 이야기가 다 이야기다. 글 등으로 쓰인 이야기가 있는가 하면, 말로 전해져오는 이야기도 있고 삶의 흔적으로 간직되어온, 이야기될 거리로 대기 중인 이야기도 있다. 콘텐츠는 그 의미상 기술기반의 미디어에 담긴 내용물로서 유형의 콘텐츠를 지칭한다. 이제 유형의 콘텐츠만 콘텐츠가 아니라 무형의 콘텐츠도 콘텐츠인 셈이다.

콘텐츠는 더 나아가 인간이 만들어낸 모든 물건과 제품, 사건과 사태들로 확장될 수 있다. 그 물건들이 어떻게, 무엇으로, 무슨 용도로 만들어졌는지가 바로 그 물건의 콘텐츠인 셈이며, 물건에 담긴 생성과 유통, 활용과 수리 등의 이야기가 다 콘텐츠이다. 이것은 예술작품들, 더 나아가 인물들로 외연을 넓혀갈 수 있고, 나아가 자연 사물까지 확대될 수 있다. 가령 소나무, 감나무, 개, 고양이, 소 등에 물음을 던져 다양한 관점에서 콘텐츠로 만들 수 있다. 이것은 공학에서 이야기하는 온톨로지와 세만틱과 연결이 될 것이다.[18] 인간의 소통 대상이 되는 순간 모든 사물, 사건, 사태는 콘텐츠의 지평 안으로 들어서게 된다. 본질상 문화콘텐츠일 수밖에 없다. 미디어에 담긴 내용물인 콘텐츠는 당연히 인간의 문화적 욕구와 행위

18) 미조구찌 리이치로(講口理一郎), 『차세대 웹과 지식 처리의 핵심 기술. 온톨로지 공학』, 최기선·황도삼 옮김, 두양사, 2009, 6쪽.

에 따른 산물이다. 무형 콘텐츠 역시 인간 삶의 숨결과 흔적이 짙게 밴 문화적 욕구와 욕망의 표현이다. 콘텐츠는 인간이 기호와 상징으로 다른 사람과 더불어 인간다운(행복한) 삶을 추구하기 위해 만들어 유통시키는 온갖 종류의 거리이다. 콘텐츠에는 문화적 존재로서의 인간의 모습이 짙게 각인되어 있다.

어떤 관점에서 보는가에 따라 콘텐츠는 다양하게 분류할 수 있다. 무형 콘텐츠와 유형 콘텐츠, 온라인 콘텐츠와 오프라인 콘텐츠, 디지털 콘텐츠와 아날로그 콘텐츠, 거시 콘텐츠와 미시 콘텐츠, 언어 콘텐츠와 비언어 콘텐츠 등이 그것이다. 이 모든 것을 함축하는 콘텐츠의 정의로 '다양한 미디어에 담기는 내용물'은 너무 협소하다. 그래서 나는 "콘텐츠는 인간이 자연과 사회 속에서 사람 및 사물과 교류하고 소통하며 나누는 온갖 거리이다"라고 정의해본다.

3. 콘텐츠, 무엇을 품고 있는가

문화인은 멋을 추구한다. 재미, 취미, 심미, 음미, 탐미, 의미로 연결되는 맛과 멋을 찾는다. 자기 수련으로 인격을 도야해 남을 배려하며 함께 서로 잘 어울려 살 수 있는 사회성을 익혀나가려고 노력한다. 또 주어진 상황에 만족하지 않고 꿈과 희망을 키워나갈 비전에 큰 관심을 둔다. 문화인은 자기를 표현하는 가운데 자신을 구현하려고 애쓰며, 그러기 위해 전수되어 내려오는 문화를 배우고 그것을 풍요롭게 만들려 노력한다. 이것들이 문화인이 추구하는 다양한 문화적 가치들이다. 문화의 세기인 지금 문화콘텐츠는 문화인의 문화생활을 위한 문화 향유물로 볼 수 있고, 그것을 즐기는 문화인의 문화생활을 멋들어진 삶이라고 말할 수 있다. 그리고 다양한 문화가치 속에서 자신이 원하는 멋을 찾아 각자 자신을 표현하고 자기를 관리하며 사는 삶을 문화적 정체성으로 볼 수 있다. 문화적인 정체성은 정치적인 정체성이나 민족적인 정체성이 아니라 관심을 같이하는 사람들끼리 동아리를 형성해서 함께 살아나가는 정체성이라 볼 수 있다. 문화가 일종의 귀속감을 느끼게 하는 원동력이 되고, 문화를 매개로 만나 거기서 내가 무엇이 되어야 할지를 생각하는 그런 정체성을 문화적 정체성이라 할 수 있다.

1) 콘텐츠는 내용이다

콘텐츠는 뜻 그대로는 '내용'이다. 우리는 매일같이 스스로 마음먹음에 따라 세계가 달라지고 갈리는 세상 속에서 살고 있다. 우리가 일상 속에서 만나는 모든 사물·사건·사태들은 다 사연을, 자신의 이야기를 갖고 있다. 그것이 곧 내용이며 콘텐츠다. 여기에서부터 출발해보자. 내용으로의 콘텐츠는 '~거리'다. '거리' 앞에 무엇을 붙이든 상관이 없다. 즐길 거리, 놀 거리, 볼거리, 말할 거리, 들을 거리, 만질 거리, 맛볼 거리, 느낄 거리, 생각 거리, 체험 거리 등 모든 것의 내용은 다 콘텐츠가 된다.

콘텐츠(Contents)의 단수형인 콘텐트(Content)는 어디에서 나왔는가. 그것은 본래 책의 내용을 대략적·전체적으로 알려주는 '차례'에서 나왔다. 바로 미디어의 모델인 책이 가지고 있는 내용이 콘텐트였다. 이제는 텍스트에 초점을 맞춘 미디어뿐 아니라 텍스트를 벗어난 미디어까지도 콘텐트로 지칭하고, 이런 다양한 멀티미디어를 염두에 두고 복수형을 쓰게 되었다.

예전에는 어느 하나의 사물을 설명하기 위해 '질료와 형상'이라는 개념을 썼다. 질료와 형상은 다른 말로 '내용과 형식'이라는 개념쌍으로 지칭할 수 있다. 예를 들어 이 책상의 질료가 무엇이냐는 질문에서 질료는 나무이며, 형상은 나무[책상]의 형태와 모양을 말한다. 모든 존재하는 것을 보면, 한편에는 그것이 무엇으로 이루어졌는가 하는 내용[질료]이 있고, 다른 한편에는 어떤 형태를 띠고 있는가 하는 형상[형식]이 있다. 특히 예술에서는 내용과 형식이라는 개념쌍을 즐겨 사용한다.

사물론은 형상과 질료가 변하지 않는다고 본다. 한번 인간의 질료와 형상으로 태어나면 그 질료와 형상 속에서 양적으로만 계속 커갈 뿐 질적으로는 달라지지 않으며, 세상 만물이 다 그렇다고 본다. 이런 생각은 근대 후기 들어 변화를 겪는다. 고정된 질료와 고정된 형상에 대한 주장은 다윈의 진화론 때문에 설득력을 잃고, 고정된 내용과 형식의 범주도 흔들리게 된다. 들뢰즈 식으로 이야기 한다면 존재하는 모든 것은 끊임없이 차이를 생성하며 변화해나 간다. 모든 개개의 존재자는 본질의 테두리에 갇혀 있지 않고 쉼 없이 변해가며 생성되는 차이 속에서 본모습을 찾아야 한다. 동아시아에서는 사물의 본모습을 진작부터 이런 변화 속에서 찾았다. 본질에 해당하는 우리말이 무엇인가. '됨됨이'가 아닌가. 우리는 모든 것이 끊임없이 변화하며 바뀌는 가운데 자신이 되고, 되어가는 됨됨이에서 본모습을 보았다. 이것을 들뢰즈가 '차이 생성'이라는 개념으로 표현하고 있다.

들뢰즈는 종래의 질료와 형상, 내용과 형식의 도식도 바뀌어야 한다고 보았다. 그가 내세우는 새로운 설명 도식은 '내용과 표현'이다. 질료와 형상의 도식에서는 질료가 내용적인 측면이고 형상이 형태를 갖추는 형식적인 측면이었다. 그리고 내용과 형식이 실제로 구별되는 것이 아니라 양태적으로, 또는 범주적으로만 구별된다고 주장했다. 들뢰즈는 내용과 표현의 도식을 들고 나오면서 이 둘의 구별, 즉 내용과 표현의 구별이 실제적인 구별이라고 주장한다. 예를 들어 '감옥'은 내용의 측면에서 물질적인 건물을 갖춘 어딘가 위치하는 형무소나 교도소를 지칭하나, 표현의 측면에서는 이렇게 쓰인 낱말 또는 이런저런 음소가 결합된 소리로 발음된 낱말이다. 이 둘은 엄연히 다르며, 그것은 같은 것의 양태 상 또는 범주 상 구별이 아니며, 실제로 다른 실제 상의 구별이다. 내용과 형식이 아니라 내용과 표현이라는 관점에서 문화콘텐츠에 접근하면 새로운 차원으로 설명할 가능성이 열리고 본모습을 표현하는 것이 훨씬 쉬워진다. 이는 문화콘텐츠의 위상 정립에 많은 도움이 될 것으로 생각되며, 이것을 염두에 두고 이야기를 풀어나가기로 한다.

콘텐츠는 내용이다. 그렇다면 내용으로서의 콘텐츠는 형태를 갖추고 있는가 아니면 형태가 없는가? 유형인가, 무형인가? 콘텐츠는 유형일 수도 있고 무형일 수도 있다. 내용으로의 문화콘텐츠는 형상이나 형태를 갖춘 유형 콘텐츠일 수도 있고 그렇지 않은 무형 콘텐츠일 수도 있다. 온갖 형상이나 형태를 갖춘 유형 콘텐츠가 있다는 사실에 대해서는 의심의 여지가 없다. 그렇다면 무형 콘텐츠로는 어떤 것들이 있을 수 있을까?

2) 무형콘텐츠에는 어떤 것이 있는가

무형 콘텐츠에는 네 가지가 있다.

(1) 생각 속에 있는 온갖 종류의 내용이다. 예를 들어 아이디어, 관념, 콘셉트(개념), 구상, 발상, 착상, 기획, 계획, 의도, 구도 등은 다 생각 속에 있는 것들이다. 생각 속에 있고 생각으로는 분명히 있지만, 밖으로는 아직 표현이 안 되어 형태를 갖추고 있지 않다. 그래서 무형이며, 머릿속에만 있다. 논문을 준비하는 머릿속에는 쓰려고 생각하는 논문의 주제와 얼개에 관한 많은 구상의 내용이 마구 오간다. 아직 구상 단계의 내용들이 표현되기를 기다리고 있다. 이것을 넓은 의미의 무형 콘텐츠로 볼 수 있을 것이다.

(2) 아직 구체적인 실제의 것으로 구현되지 않은 잠재태의 것을 무형 콘텐츠라 할 수 있다. 아직은 현실태로 드러나지 않는 잠재적인 가능성의 내용이 여기에 속한다. 예를 들어 달걀 속에는 유정란인 경우 병아리가 잠재태로 들어있다. 상추씨에는 상춧잎이 잠재

태로 숨겨져 들어있다. 이렇게 아직 드러나지 않은 상태, 그래서 가능의 잠재태로 있는 것을 무형콘텐츠로 볼 수 있다. 요즘은 기술이 발달하여 이런 잠재태를 현실태로 보게 해주는 시뮬레이션(모의실험)이 개발되어 많이 활용된다. 즉 가상현실이 바로 그것이다. Virtuality(가상현실)는 라틴어 virtus에서 파생된 말로서 잠재적인 힘, 곧 잠재성을 뜻한다. 우리는 시뮬레이션을 통해 가상현실 곧 잠재적 가능성을 미리 앞당겨 본다.

(3) 추상적인 것들을 무형 콘텐츠로 분류할 수 있을 것이다. 예를 들어 시대정신이라는 표현에서의 정신처럼 의미, 메시지, 특성, 속성, 성질, 구조, 요소, 계기, 요인, 패턴, 원형 등등은 다 추상적인 것으로 그 자체를 형태로 볼 수 없다. 구체적인 사물·사태·사건·상황에서부터 추상적인 또는 공통(공동)의 어떤 것을 추출해낼 수 있는데, 이것은 무형의 내용이니 무형 콘텐츠라 할 수 있다. 이런 원형적인 무형 콘텐츠를 다양한 종류의 구체적인 형상과 형태를 입혀 밖으로 드러내놓을 수 있을 것이다.

(4) 마지막으로 '없이 있는 것'을 무형 콘텐츠로 간주할 수 있다. 없이 있는 것, 즉 부재적인 현존의 것들이 여기에 속한다. 사물이나 물건처럼 있는 것이 아니라, 영적인 것처럼 형태를 갖추고 있지 않아 눈에는 보이지 않지만 다양한 방식으로 현존하고 있는 현상들을 지칭한다. 이런 없이 있는 것들이 프로이트가 밝힌 것처럼 리비도, 무의식, 잠재의식, 초의식의 양태로 우리에게 직접 영향을 미친다. 하느님, 신, 귀신 등도 여기에 속한다. 그 외에도 과거에 겪은 끔찍한 경험의 트라우마(정신적 외상)가 없이 있는 것으로 지금의 내 생각과 행동을 제어한다. 불안, 두려움, 공포, 절망 등과 같이 없는

것에 대해 보이는 우리의 심정이 그것이 단순히 없는 것만은 아님을 증명한다. 성스러움, 흔적, 기억, 집단의식 등도 넓은 의미로 여기에 속한다고 볼 수 있을 것이다.

3) 유형 콘텐츠는 어떻게 분류할 수 있나

이것은 그동안 콘텐츠를 소통거리로 규정하며 정리해온 것을 떠올리면 이해할 수 있을 것이다.

(1) 물리 콘텐츠. 모든 것의 내용이 다 콘텐츠이며, 자연적, 물리적 차원에서의 물리화학적 상호작용과 연관된 모든 것의 내용이 물리 콘텐츠다. 들뢰즈의 표현을 빌리면 사물, 사실, 사건, 사태의 기계적인 배치가 물리 콘텐츠로 물리화학적 차원에서의 상호작용과 거기서 드러나는 모든 사물, 사실, 사건, 사태 등이 다 여기에 포함될 수 있다.

(2) 인지 콘텐츠는 생물학적인 차원과 연관이 있다. 생물학적 지각을 인지라고 지칭하는데, 생존하기 위한 섭생과 관련된 모든 사물, 사실, 사건, 사태 등이 다 여기에 속한다. 광합성, 신진대사, 사냥, 포획, 음식 섭취, 소화, 짝짓기 등처럼 생물이 살아가기 위해 펼치는 모든 생물학적인 활동[관계 맺음]이 다 인지 콘텐츠에 속한다고 볼 수 있다. 들뢰즈는 생물들이 물리적[분자적] 차원의 기계적인 배치와는 다른 기호적인 배치를 행사한다고 말한다. 기호적인 배치는 언어 이전의 기호나 상징을 사용하여 현실에 대응해 나가는 것이다. 새가 잎사귀를 뒤집어 놓아 자신의 구역임을 표시하는 것이라든가, 고양이나 개가 오줌을 싸서 자기의 영역을 알리는 행

태 등이 여기에 속한다. 여기서 오줌 누는 행위는 본래의 신진대사의 차원을 벗어나 영토화 또는 영역화의 수단으로 활용되어 넓은 의미의 기호와 상징으로 사용되고 있다.

(3) 언표 콘텐츠는 소통의 수단으로서 언어를 바탕에 깔고 전개되는 모든 상호관계의 내용을 다 포함한다. 여기서는 생물학적 차원의 기호적인 배치를 넘어서 언어가 전제된 언표적인 배치가 작용한다. 전체를 두루 가로질러 이념으로 잡으려는 추상적 배치도 여기에 속한다. 이러한 언표적 상호관계가 일어나는 것으로 대화, 담론, 운송, 통신, 가족, 사회, 국가 등을 들 수 있다. 인간의 인식론적 문화적 차원에서 펼쳐지는 모든 행위, 그와 연루된 사물, 사실, 사건, 사태 등이 다 여기에 속한다.

(4) 미디어 콘텐츠는 미디어적 사이하기와 연관된 모든 것을 다 포함한다. 미디어의 시대에 미디어의 기술로 우리는 새로운 차원의 관계 맺기를 열어가고 있다. 지금은 미디어가 현실을 구성하고 세계를 구성하는 시대이다. 우리의 존재 양식도 '미디어적 실존'이라 규정하고, 소통 방식도 '미디어적 소통'이라 할 정도로 미디어가 배제된 사고, 표현, 행위, 상호작용을 상상할 수 없다. 글쓰기, 텍스트, 책, 라디오, 영화, 텔레비전, 전화, 컴퓨터, SNS, 인터넷, 스마트폰 등을 미디어 콘텐츠라 볼 수 있으니 미디어를 떠난 현실을 상상할 수 없을 지경이다.

4) 문화콘텐츠와 미디어 콘텐츠

이렇게 콘텐츠를 네 가지로 분류한다면 우리가 다루어야 할 것은 주로 언표 콘텐츠와 미디어 콘텐츠 두 가지인 셈이다. 그러나 우리는 현재 미디어 사회에서 미디어적 실존방식으로 미디어적 커뮤니케이션을 하며 살고 있기에 미디어 콘텐츠에 더 관심을 가져야 할 것이다. 미디어 콘텐츠는 한마디로 '미디어에 담긴(실린) 콘텐츠'라 정의할 수 있다.

미디어의 시대 현실과 세상은 미디어에 의해 구성된다. 우리의 모든 정보는 미디어를 통해 유통된다. 그래서 콘텐츠도 미디어에 담긴 콘텐츠라는 좁은 의미로 통용된다. 미디어에 따라 문화콘텐츠의 장르가 구분되는 데에도 나름의 이유가 있다. 어떤 미디어를 쓰느냐에 따라 출판, 애니메이션, 캐릭터, 만화, 음악, 게임, 방송, 영화 등으로 문화콘텐츠가 분류된다.

4. 뉴미디어 시대의 기술과 예술

1) 기술과 예술 그리고 미디어

우리가 사는 뉴미디어 시대의 콘텐츠 위상에 대해 알아보자. 뉴미디어 시대를 이끄는 동력이 기술과 예술에서 흘러나오고 있는 만큼 기술과 예술, 그리고 미디어의 연관관계부터 먼저 살펴보기로 하자.

기술과 예술은 밀접한 관계가 있다. 그런데도 지금까지는 기술이 한 등급 아래에 속한 것으로 천대받아 왔던 것도 사실이다. 그러나 첨단기술과학의 시대, 특히 미디어가 극도로 발달하고 있는 복합미디어, 뉴미디어 시대는 기술 없이 예술을 생각하지 못할 정도가 되었다. 예술의 역사를 되돌아보면 예술에서 큰 전환점을 이룬 시기에는 무언가 기술적인 새로운 것이 등장한 것을 알 수 있다. 화가들의 풍경화 작업이 많아진 시기가 아연 튜브 물감이 발명되었던 때였고[19], 백남준이 비디오 아트를 선보이던 시기가 텔레비전이 보급되었던 시기였음을 예로 들 수 있다. 어떤 기술이 발견되고 발명되는가에 따라 예술의 흐름도 확연히 달라지고 있음을 확인할 수 있다.

아리스토텔레스는 이미 기술적 앎과 예술적 앎을 같은 차원에서 다루었는데, 이것을 현상학과 연관해 살펴보자. 현상은 보통 '어떤 것에 대한 의식'이라고 정의된다. 그 유명한 헤겔의 철학에 대한 정의를 빌면, 철학은 그 시대의 시대정신을 개념으로 잡는 것이다. 시대에 대한 의식·자기의식을 개념으로 잡는 것이 철학의 역할이다. 시대 상황과 그것에 관계하는 인간의 의식 사이 관계가 중요하다. 즉, 사이가 중요하다. 그런데 그것이 사물·사태·사건 또는 시대정신이든 이 어떤 것과 의식의 '사이'를 잇고 있는 것, 즉 그 둘의 사이를 매개하는 것이 미디어이며, 이 미디어가 어떤 것이냐에 따라 그 둘의 관계, 관계 양상과 거기에서 소통되는 내용, 소통의 방식, 표현의 형태 등도 다를 것이다. 춤, 조각, 그림, 말(구술 언어), 문자, 인쇄매체, 영상, 기술적 형상처럼 미디어가 어떤 것이냐에 따라 그것을 잡아내 표현하는 개념과 내용이 제각각일 수밖에 없다. 미디어의 형태에 따라 객체와 주체의 만남 양상과 방식도 달라지고, 그에 따라 서로에 대한 소통의 방식과 개념도 달라지며, 객체를 대하는 주체의 의식도 달라진다. 이 점에 착안한 사람이 바로 제러미 리프킨

19) 아연 튜브 발명 전에는 동물 방광으로 만든 주머니에 물감을 넣어 사용하였다. 그러나 이 주머니는 한 번 열면 닫을 수 없어 물감이 금세 말랐고 다시 쓸 수 없어 야외 작업에 제약을 받았다.

이다. 그는 '어떤 것에 대한 의식'에서 그 어떤 것과 나를 연결해주는 미디어가 무엇인가에 따라 나의 의식도 달라진다고 말한다. 그래서 그는 유명한 그의 저서 『공감의 시대』에서 고대에서부터 현대에 이르기까지의 이러한 의식의 변천사를 다루고 있다.[20] 즉 그림이 주 매체였던 고대에서는 마술적 의식이 성행했고, 말(로고스, 구술언어)이 주 매체일 때는 신화적 의식, 문자 언어가 주 매체일 때는 신학적 의식, 인쇄 매체의 시대에는 이데올로기적 의식, 그다음 계몽적 의식, 심리학적 의식, 연극적 의식 등등 매체의 변화에 따른 의식의 변화를 정리해서 기술하고 있다.

2) 뉴미디어 시대의 인식과 미디어

뉴미디어의 시대인 현대에 접어들어 아주 근본적인 물음이 제기되었다. 그 물음은 시대정신을 개념으로 잡는다고 했던 헤겔의 말처럼, 과연 시대정신을 이야기할 수 있는가 하는 문제다.

우리가 지닌 의식이라고 하는 것이 미디어에 의해 달라지는데, 이 미디어라는 것은 대개 기술적 매체, 즉 기술, 도구다. 이런 상황에 헤겔이 말한 식의 '정신'을 이야기할 수 있는지가 문제가 된다. 우리 시대의 매체학자 맥루한은 『구텐베르크의 은하계』에서 "철학은 2500년 동안 너무 순수 정신에만 매달려서 기술의 중요성을 잃어버렸다"고 비판한다.[21]

우리 시대가 깨닫듯 중요한 건 미디어다. 미디어가 어떤 것인가에 따라서 우리의 의식, 정신이 달라지고 있다. 그러니까 인간이 어

20) 제러미 리프킨, 『공감의 시대』, 이경남 옮김, 민음사, 2010.
21) 마샬 맥루한, 『구텐베르크의 은하계』, 임상원 옮김, 커뮤니케이션북스, 2001.

느 것과 맺는 관계가 더는 정신 차원이 아니라 감각적인 지각 차원에서 결정이 난다는 말인데, 그렇다면 이건 생물학적 차원이다.

3) 자연적 지향성과 문화적 지향성

그런데 가만히 살펴보면 우리가 어떤 것에 관해 갖는 것은 생물학적 차원의 것이 아니다. 생물학적인 것 외에 더 가미되는 것, 철학에서 '인식적'이라 부르는 그것을 여기에서의 논의에 부합시켜 '문화적'이라고 할 수 있을 것이다. 예를 들어 탁자 위에 놓여 있는 컵을 볼 때, 사람은 강아지나 고양이가 보는 것처럼 순전히 생물학적인 눈으로만 보지 않는다. 다른 동물과 달리 사람은 그 어떤 것을 '녹차가 든 컵' 등으로 받아들인다. 이렇게 어떤 것을 어느 것으로[인식적으로] 받아들이는 것을 '인지'라 이름하여 단순한 생물학적 감각 지각과 구별해 부른다. 우리가 가진 인지의 눈은 더는 생물학적인 눈이 아니며, 인지의 지향성도 더 이상 자연적 지향성이 아니다. 그래서 나는 이것을 '문화적 지향성'이라 이름한다.

이 인지 구조가 '태곳적에는 마술적이다'라고 말한다면, 그 의미는 그 당시 인간들이 자연과 관계 맺는 틀(얼개, 구조)이 마술적이라는 이야기이다. 다시 말해 마술적 해석의 틀을 가지고 자연 사물과 관계를 맺었다는 말이며, 생물학적 눈의 자연적 지향성이 마술적 해석의 틀인 문화적 지향성으로 바뀌었다는 뜻이다. 그래서 그 당시의 인간은 마술적 세계관 속에서 어떤 것을 어떤 것으로 인지하고 대한다.

이 문화적 지향성은 어떤 미디어를 사용하느냐에 따라 다양하게 변화되어 왔다. 그림 형상적, 구술적, 문자적, 인쇄적, 전자적 미디어로 매체가 바뀌어 오면서 문화적 지향성의 형태와 그 의식의 양상도 변천되었다. 다시 말해 미디어들이 매개해주고 보여주는 틀에 의해 인지되는 것들이 달리 받아들여진다는 말이다.

4) 시대정신과 미디어

헤겔식으로 생각한다면 그런 의식이나 세계관이라는 것이 기술과는 상관없이 그 시대의 시대정신으로서 당시의 인간 의식을 좌우했다는 이야기다. 그 시대정신이 신화적이었다면, 철학이 그것을 그에 걸맞은 개념으로 잡아냈을 테고, 신학적이었다면 또 그것을 거기에 부합한 개념으로 잡아냈을 것이다. 맥루한은 이것이 인쇄 매체가 통용되던 시대에나 먹혀드는 이야기라고 비판한다. 그것을 비꼬는 표현이 '구텐베르크 은하계'다. 주로 문자로 된 텍스트가 주 미디어인 시대에 철학의 역할은 모든 것을 개념[낱말, 문자]으로 만들어서 사람들에게 알리는 것이었다. 그런데 오늘날의 주된 미디어는 더 이상 인쇄 매체가 아니다. 지금 같은 매체 시대에 매체의 영향에서 벗어난 순수 정신을 이야기할 수 있는가. 시대정신이 있다고 해도 기술에 의해서 매개된 정신일 것이다. 그러니 더는 '순수 정신'이라 이야기해서는 안 되고 정확하게 말해서 '기술정신'이라 이야기하는 것이 맞을 것이다. 이것이 맥루한이 던지는 의문의 하나이다.

그 다음 의문은 '개념'으로 잡는다는 것에 있다. 정신이니 개념이니 하는 것은 다 인쇄미디어 시대의 사유방식의 산물이라는 이야기다. 과연 우리가 사는 이 시대, 첨단미디어, 디지털 미디어, 뉴미디어, 복합미디어 시대에 과연 순수 정신이라는 것이 있는지, 그리고 어떤 형태의 정신이 있다 하더라도 과연 그것을 '개념'으로 잡을 수 있는지 또는 잡아야 하는지에 대해 물음을 던져야 한다. 개념, 문자, 텍스트 등은 다 언어를 모델로 삼아 펼쳐지는 논의들이다. 이제는 언어를 벗어나서 기호, 상징, 기술적 형상의 차원에서 전개되는 미디어적 현상도 염두에 두고 그에 맞는 모델과 패러다임을 찾아내야 한다. 철학이든 예술이든 이런 시대적 배경을 염두에 두고 자신의 문제들을 해결하려고 노력해야 할 것이다.

그런데 철학은 오히려 이러한 시대적 분위기를 파악하지 못하고 언제나 기술에 대해 곱지 않은 비판적 시선을 보낸다. 새로운 기술이 등장하면 기술이 정신을 호도한다느니 기술이 인간을 기계적으로 만든다느니 하며 비판하기에 바쁘다. 기술에 대한 새로운 평가와 시각이 필요한 시점이다.

맥루한은 "미디어(기술, 도구)를 인간의 확장이다"라고 말한다. 그런데 이렇게 인간이 기술로 확장될 때마다 인간은 그에 대한 대가를 치러야 한다고 맥루한은 주장한다. 그에 따르면 기술 발달에 따른 인간의 자기 확장은 자기 신체의 어떤 부분을 잘라내야 하는 희생과 연결되어 있다. 첨단기술이 발달할수록 우리가 버리고 포기하고 잘라내야 하는 것도 많은 법이다. 예전의 상태를 그대로 유지한 채 인간의 확장으로서의 기술을 받아들일 수 없다.

5. 뉴미디어 시대의 인간 조건

1) 전자미디어와 인간 조건

'어떤 것에 대한 의식'의 이야기로 돌아와 보자. 현재는 어떤 것에 대한 지각, 인지를 이야기하면서 기술을 떠나서 논의를 전개하기 어렵다. 기술을 떠난 인지를 생각할 수 없고, 미디어로서의 기술이 인식하는 나를 제약하며 미디어가 나의 의식 구조를 조건 짓고 있다. 한마디로 말해 기술이 우리를 조건 짓는다. 첨단과학기술의 시대, 뉴미디어의 시대에 인간은 기술에 의해 조건 받고 있다. 이것이 우리가 놓인 인간 조건(Conditio humana)이다. 이제는 시대정신을 개념으로만 잡으려고 해서는 안 된다.

TED에서 보여준 <나타샤 차코스의 멀티미디어 공연의 모험>이라든가 2012년에 개봉된 리들리 스콧 감독의 <Life in a Day>는 이런 시대적 분위기를 고려한 문화콘텐츠라 할 수 있다. 현대는 시대정신을 이야기하기보다는 첨단기술, 첨단미디어와 그 속에서의 소통이 만들어내는 시대 현상을 이야기해야 할 것이다. 지금은 이 시대를 나름의 독특한 시대로 드러내는 다양한 시대 현상들이 있을 뿐이며, 이 시대 현상을 개념으로만 잡아내려는 것을 넘어 각자 자신의 능력과 취향에 따라 다양한 미디어로 표현해내고 있다.

<그림 20> 나타샤 차코스(스위스)

이것을 가장 잘 확인할 수 있는

것이 예술 분야인데, 이런 시대적 분위기를 미리 내다본 사람이 있었으니 바로 발터 벤야민이다. 그는 <기술복제시대의 예술>에서 기술과 예술의 관계에 대해 혜안 있는 통찰을 제시한다.[22)]

뉴미디어의 시대에 이제 텍스트는 유일한 미디어가 아니다. 전자매체의 등장으로 '영상론적 전환'이 일어난 뒤로 현대인은 텍스트보다는 온갖 형태의 영상을 좋아하는 시각적 인간으로 변화했다. 이제는 글을 몰라도 정보의 교환과 소통이 가능한 시대가 되었다. 누군가 이런 시대를 아예 '문맹의 시대'라고 부르기도 했다. 매체학자 플루서는 철학의 역할이 시대 현상을 개념으로 잡을 것이 아니라 변화된 미디어에 맞추어 기술적 형상으로 잡아야 한다고 이야기한다. 이제 우리는 구텐베르크 은하계가 끝난 전자미디어의 시대로 들어선 것을 인정해야 한다.

2) 영상문화 시대와 문맹의 문명

우리가 사는 시대는 텍스트 중심의 시대가 아니다. 굳이 언어로 된 텍스트가 아니고도 충분히 우리의 느낌, 의도나 메시지를 전할 수 있는 독특한 문명의 시대에 들어섰다. 노르베르트 볼츠는 이런 시대적 분위기를 '문맹의 문명'이란 개념으로 표현하고, 나타샤 차코스의 멀티미디어 공연을 그 예로 들었다. 문맹의 문명은 언어 반대편 사고의 자극이 끼치는 영향에 주목하는 수학처럼 언어에 기반을 두지 않은 합리성을 추구한다. 다시 말하면 선형적으로 문제를 한 단계씩 처리하는 대신 한눈에 전체 구성을 파악하고 대처하는 능력을 키운다. 그래서 멀티미디어 사회의 과제는 자연 언어라기보

22) 발터 벤야민, 『기술복제시대의 예술작품』, 최성만 옮김, 도서출판 길, 2007.

다 매체 안에서 사고하기이다. 매체 안에서 매체를 통해 매체를 가지고 사고하기, 이것이 바로 문맹의 문명이라는 표현을 하게 만든 인식과 행동, 그리고 사고 변화의 큰 축이다. 이런 문맹의 문명을 여는 데 철학적인 기초를 제공한 사람은 벤야민이라 할 수 있다.

사진이 등장했을 때나 영화가 선보였을 때, 많은 철학자는 의심과 비판의 눈초리로 부정적인 평가를 했다. 사진, 영화, 대중음악 등이 대중들에게 새로운 즐길 거리를 제공하여 많은 사람을 흥분하게 만들자 일연의 철학자들은 예술이 자본에 휘둘리고, 자본이 만들어낸 문화 산업이 대중들을 집단적으로 몰아가는 데 대해 깊은 우려를 나타낸다. 이러한 철학적 흐름을 프랑크푸르트학파 또는 사회비판이론이라 하며, 이 학파의 창시자인 호르크하이머와 아도르노는 문화 산업을 비판한 최초의 철학자로도 기억된다. 새로운 미디어의 등장을 모두가 부정적으로 평가할 때, 이 학파에 속하는 학자인 벤야민만이 긍정적인 평가를 내린다. 그는 이 두 사람과는 달리 기술과 산업이 열어준 문화 확산을 부정적으로만 보지 않고 오히려 더욱 많은 사람이 문화를 접하고 향유할 수 있게 되었다며 긍정적으로 평가한다. 벤야민은 새로운 미디어가 가져올 새로운 문화의 가능성과 조짐을 내다보며, 문화의 흐름을 엘리트 중심에서 대중문화로 바꾸어놓은 새로운 기술의 등장에 감사해야 한다고 말했다.

문화가 사회적으로 정치적으로 새롭게 태어나야 한다고 생각하는 점에서 벤야민과 아도르노는 비슷하다, 그러나 아도르노는 문화를 고급문화로만 한정하였다. 그는 음악을 통해 소외된 자연에 대한 새로운 사유와 관계 맺음의 패러다임을 구축하려고 시도하며, 이성 중심, 인간 중심의 패러다임에서 벗어나 감성을 강조하는 새로운 패러다임을 찾아 나선다. 대단한 피아니스트이기도 했던 그는 음악으로 새로운 구원의 철학을 모색한 철학자였다.

6. 예술과 미디어

1) 사진의 등장과 벤야민

예술의 역사에서 기술과 예술은 상호관계를 가지고 있다. 미술의 경우 art에 형용사 fine을 넣어 'fine art'로 표기하며 그 뜻을 더욱 분명히 표현한다. art는 라틴어 ars에서 나왔고, ars는 사실 기술이란 뜻이다. 그러니 예술의 본래 어원은 기술이며, 거기에 fine을 추가한 셈이다. 이렇게 이미 기술과 예술은 태생적으로 뗄 수 없는 관계 속에 서로 얽혀 있다.

벤야민은 아도르노, 호르크하이머, 마르쿠제 같은 1세대 다른 사회비판가들과는 다르게 새로운 매체의 출현을 긍정적이고 적극적인 차원에서 받아들인다. 그는 '아우라의 몰락'이라는 개념으로 미디어가 가지고 있는 새로운 차원을 이야기한다. 벤야민은 새로운 기술이 새로운 예술을 연다고 보았다. 사진이 등장했을 때, 일련의 예술가들은 예술로서의 사진을 정립하려고 노력한다. 미디어로서 현실을 있는 그대로 정확하게 기록하는 사진을 예술로 승화시키고 예술의 장르 안에 어떻게 집어넣을 수 있을지 고심하며, 사진의 등장으로 회화의 정체성이 흔들리자 회화를 재해석하고 사진과 회화의 관계를 정립해보려고 노력한다. 처음에는 사진을 순전히 기술적인 것으로만 취급했다. 하지만 갈수록 기술로만 치부하기에는 사진이 지닌 새로운 차원이 무서워지자, 사진을 인정하며 예술로서의 사진을 이야기하는 분위기가 조성된다.

그러나 벤야민은 이런 식으로 사진을 보지 않았다. 그는 다른 학자들의 관점과는 반대로 사진으로서의 예술을 보았다. 벤야민이 참신하고 획기적인 시각으로 관점을 바꾸자 예술도 달라지고 사진도 달라졌다. 사진을 가지고 예술을 설명하니 사진이 예술의 새로운 경지를 열게 되었고, 예술에 대한 시각도 덩달아 바뀌었다. 벤야민은 문화 매체의 차원에서 사진을 보며 새로운 평가를 했고, 기존의 예술에 대한 관념을 완전히 바꾸어 놓았다. 백남준도 이런 식으로 관점을 뒤집었다. 비디오가 처음 나왔을 때 그것을 예술의 장르 속에 집어넣느냐 마느냐로 논쟁을 벌이지 않고, 아예 '비디오 아트'로서의 예술을 생각했다.

2) 벤야민의 '아우라의 몰락'

이런 맥락에서 여러 곳에서 많이 이야기되는 '아우라의 몰락'을 살펴볼 수 있다. '아우라'는 본래 성인들의 성스러움을 시각적으로 표현하기 위해 머리 둘레를 흰 원으로 상징화한 것을 말한다. 성인은 하느님의 특별한 은총을 입고 있기에 그 존재 자체에 광채가 난다는 것이다. 중세 때까지 이어져 오던 시각적인 아우라 표현은 근대에 들어 사라진다. 보이지도 않는 것을 억지로 보이는 것으로 표현하는 것 자체가 근대의 시대적 분위기에 맞지 않았고, 아우라 표식을 보고 성인을 알아보는 표현 방법을 유치하다고 여기게 되었다. 그런 표식 없이 그림 속 인물 자체에서 그 사람의 성스러움을

<그림 21> 발터 벤야민(독일, 1892-1940)

느낄 수 있을 때 화가의 역량이 제대로 발휘된 것으로 보는 단계로 넘어간 것이다.

아우라는 그리스도교적인 배경에서 등장한 일종의 종교적 의례에 대한 표현인 셈이다. 이후 아우라는 예술작품에 적용되어 원본성, 예술의 원본을 보는 순간 받는 감회와 감격을 표현하는 말로 전이된다. 원본이 풍기는 성스러운 분위기, 그것을 보고 휩싸이게 되는 짜릿한 흥분의 느낌 같은 것을 아우라라고 부르게 되었다.

당시 예술작품의 원본은 아무나 볼 수 있는 것이 아니었다. 유명한 화가들의 진품은 왕이나 귀족들이 개인적으로 소장하며 주변의 가까운 사람에게만 공개했다. 요즘 같이 민주화된 현대에서도 사정은 별반 다르지 않다. 미켈란젤로의 <모나리자>가 일반인에게 공개되어 누구나 볼 수 있는 가능성은 열려있지만, 그것을 보려면 프랑스 루브르 박물관에 가야 한다. 얼마나 많은 돈과 노력을 들여야 원본을 보고, 그것이 풍기는 '아우라'를 느낄 수 있겠는가. 게다가 수많은 인파 때문에 작품 앞에 가는 것도 어려우니, 명작을 앞에 두고 명상과 침잠 속에서 '아우라'를 느낄 수 있는 분위기도 조성되어 있지 않다. 가기도 어렵거니와 그런 어려움을 치르고 원본 앞에 선다 해도 아우라를 느낀다는 보장도 없다. 또 그것이 원본인지, 아니면 도적 맞을 것을 걱정해 가짜를 전시한 것인지도 알 수

<그림 22> 모나리자(루브르 박물관)

없다. 원본을 감상하는 아우라는 지금도 일부 특권층의 사람들에 국한되어 있다.

7. 대중문화와 새로운 예술의 시대 개막

1) 대중문화의 시대

진품을 감상하기 위해 요구되는 자세는 집중과 침잠이라고 한다. 원본인 예술작품을 앞에 두고 집중해서 그 작품에 몰입해 빠져들어 갈 때 '아우라'를 느낄 수 있다는 말이다. 이것은 예나 지금이나 아무나 할 수 있는 것이 아니다. 그런데 사진의 등장으로 가히 무한복제가 가능해졌다. 복제기술의 발달로 원본과 구별을 할 수 없을 정도로 탁월하게 복제할 수도 있다. 이 때문에 일부에서는 예술의 아우라가 사라지고, 예술마저도 사라질 위기에 놓였다고 걱정한다. 하지만 벤야민은 사진의 등장으로 기존의 예술관이 무너지면서 새로운 예술의 지평이 열리게 되었다고 보았다. 종교적인 제의를 바탕으로 깔았던 예술관이 무너져 '아우라의 몰락'이 닥쳤지만, 새로운 예술의 시대가 열리게 되었다. 원본성은 복제성으로 바뀌고, 일회성은 다수성 또는 반복성으로, 진품성은 모사성으로 대체된다. 이런 복제 예술품에는 집중과 침잠과 같은 감상의 자세가 필요하지 않고 분산과 촉각적 지각이 요구된다. 벤야민은 시각적 촉각이라는 표현을 좋아했다.

복제기술의 등장으로 문화의 개념도 새롭게 정의된다. 엘리트 중심의 고급문화 개념이 일반 대중 중심의 대중문화 개념으로 내포와 외연을 달리하게 된다. 고급문화에서는 예술가와 예술품, 그리고 일부 엘리트 감상가가 문화의 축을 이룬다. 작가 또는 예술가가 중심이 되고, 감상자는 작가의 천재적인 표현 능력에 감탄하며 그가 던지는 메시지를 알아내기 위해 고심한다. 그러나 대중문화로 넘어오면 문화가 더는 작가 중심으로 돌아가지 않고 수용자인 일반 대중을 중심으로 전개된다.

집중적, 중앙집권적인 추세에서 분산이 중요 개념으로 대두된다. 분산적 경제, 분산적 민주주의가 회자되며, 획일성이 아닌 다양성을 염두에 둔 소통과 관계가 분산의 방식으로 표출된다. 이제는 감상자 또는 수용자가 자신의 감성에 충실하게 받아들이는 그것이 예술적인 태도로 인정받는다. 예술가는 시대의 분위기, 즉 시대가 가지고 있는 독특함을 예술작품으로 잡아낸다.

헤겔은 "미네르바의 올빼미는 땅거미가 지기 시작하면 비상한다"는 유명한 말을 남겼다. 땅거미가 지기 시작하면, 다시 말해 하루해가 다 지날 즈음 지난 하루를 되돌아보며 성찰한다는 말이다. 어떤 현상이 일어난 뒤 그 현상을 되돌아 되짚어보고 반성하고 성찰하면서 그것이 함축하고 있는 시대정신을 개념으로 잡아낸다는 이야기다.

속도전이라는 말처럼 현대는 모든 것이 너무 빠르게 전개된다. 땅거미가 질 때까지 기다렸다가는 모든 것이 변해버릴 수 있다. 모두가 무서운 속도로 전개되기에 반성하고 현상을 되짚어보고 대처하는 것은 너무 느리다. 이제는 시대정신을 잡는 것이 문제가 아니라, 재빠르게 시대적인 흐름, 트렌드를 읽어내고 미래를 예측하는 것이 관심사가 된다. 소위 미래학자들은 다가올 미래를 예측하며 거기에 대비하는 법을 준비시킨다. 미래학자들이 과학적인 방법을 동원하고 통계를 이용해서 시대의 동향을 이야기한다면, 예술가들은 직감을 이용하여 시대의 추세를 감지한다.

<그림 23> 트렌드에 대한 미래학자와 예술가

2) 예술에 대한 새로운 규정 시도

시대적인 분위기를 예언자적인 시각으로 감지하는 사람은 예술가들이다. 그래서 과거 어느 때보다도 철학자들과 예술가들의 대화가 요구된다. 철학자들은 예술가들이 시대 분위기를 감지해 표현한 예술작품에서 시대의 동향을 살피고, 그것을 철학적으로 해석해내려고 시도한다. 이런 추세를 본 사람이 맥루한이다. 맥루한은 문학작품이 보이는 시대적인 흐름을 보다가 미디어의 중요성에 대해 눈을 뜨게 된다. 그는 우리가 사는 현대가 새로운 미디어에 의해 구성되는 첨단 기술 문명의 시대임을 자각하고, 미디어 자체에 관심을 돌린다. 우리가 몸으로 하는 지각 방식이 어떤 기술, 어떤 미디어를 사용하느냐에 따라 달라진다는 것을 확신한 맥루한은 '미디어는 인간의 확장'이라고 선언한다. 나는 누구인가? 나는 세상을 지각하고 인지하는 주체인데, 이 지각과 인지 방식을 미디어가 결정한다면 나는 미디어가 제공하는 한도 내의 세계만을 볼 수밖에 없는 것이 아닌가.

실제로 우리의 모든 인식은 전적으로 기술에, 미디어에 의존하고 있다. 지각이 전적으로 미디어에 의해 좌우되고 있다면, 지각적 감성으로 작품을 만들고 있는 예술가들은 미디어의 발달과 변화에 촉각을 곤두세울 수밖에 없을 것이다. 바로 이 미디어 자체가 예술작품의 주제가 될 수도 있는데, 이것이 미디어아트가 태생하게 된 시대적 배경이다. 앞에서 이야기한 나타샤 차코스의 공연은 멀티미디어를 활용한 예술의 가능성을 보여주는 좋은 사례라 할 수 있다.

예술에 대한 규정도 바뀌어야 할 때다. 예술을 다루는 학문을 '미학(美學)'이라고 한다. 아름다울 미(美)자를 썼으니 곧 '아름다움'에 대해 다루는 학문이라는 의미일 것이다. 그러나 아름다움에 초점을 맞춘다면 미학이나 예술학은 엘리트 중심으로 갈 수밖에 없다. 아름다움이란 무엇인가, 누가 그 기준과 표준을 잡아줄 것인가.

천재적인 작가들이 아름다움에 대한 천성적인 감수성이 있으니 그들의 창작과 해석에 초점을 맞추자는 의견이 나올 것이다. 이런 식으로 특출한 몇몇 소수의 예술적 감수성에 미학이 놀아날 수가 있다. 그러나 현대는 더 이상 이러한 엘리트 중심의 예술관을 허락하지 않는다.

미학의 어원에 해당하는 유럽어 '에스테틱(Aesthetic)'은 사실상 아름다움과는 직접적인 연관이 없다. 그 말은 직역하면 '감성학'이 된다. 현재는 미디어와 감성의 뗄 수 없는 연관에 주목한 '미디어 에스테틱'이라는 새로운 장르까지 생겨났다. 혹 그것을 '미디어 미학'이라고 번역한다면 주된 의미를 오해하는 것이다. 미디어 에스테틱이야말로 새로운 멀티미디어에 적응하고 있는 우리의 감성을 주된 테마로 해서 만들어가는 새로운 영역의 예술이다. 새로운 미디어에 의해 열리는 새로운 감성에 예술도 발맞추어 새롭게 변신해야 한다. 아름다움이 무엇인지에 대해 논쟁을 벌일 때면 심판관으로 등장하는 인간의 능력은 감성이 아니라 이성이나 지성이다. 그것은 지능이 뛰어난 사람이 예술품을 평가하는 꼴이 된다.

이제 감성에 모든 것을 맡겨보자. 감성에 초점을 두고 감성이 열어 보이는 현실 또는 세계를 제대로 표현하고 감상하자. 그리고 지성과 이성을 들먹이며 이러한 감성적 표현이 옳으냐 그르냐, 선이냐 악이냐, 아름답냐 추하냐는 평가하지 말자.

제4장

변화된 인간 조건 : 문화인의 문화생활

1. 시대에 따라 변해온 '문화'의 의미

인간의 소통 대상이 되어 인간의 시야 안으로 들어와서, 인간의 손길이 닿아 인간에 의해 의미가 부여되는 순간부터 모든 사물, 사태, 사건은 콘텐츠의 관점에서 고찰될 수 있다. 이것은 곧 인간의 세계, 즉 문화 영역 안으로 들어선다는 뜻으로 콘텐츠는 문화라는 지평 속에서 자신의 존재 이유를 찾아야 한다. 문화와 콘텐츠의 밀접한 관계를 알기 위해 먼저 문화에 대한 생각들을 정리해보자.[1] 문화만큼 개념의 폭이 넓고 깊이가 깊은 것도 없다. 다양한 문화 개념을 시대 흐름을 고려하여 큰 얼개로 갈래지으면 대충 아래와 같다.

1) 파이데이아(humanitas, 인문학적) 전통

한 인간(어린이/소년/성인)이 자기 존재의 고유하고 진정한 형상에 이르게 되는 과정이다. 양성(Disciplina)과 수련, 도야로서의 문화를 말하며, 한 개인으로서의 인간을 인간답게 교육해 형성해내는 인

---

1) 문화에 관한 참고 문헌은 매우 많아 그것으로 책 한 권을 만들 수 있을 정도이다. 여기에서는 '문화는 소통이다'라는 관점에서 문화를 연구한 학자들만을 우선 중점적으로 소개하겠다.

<그림 24> 아테네 학당(라파엘, 1483)

문학적·교육학적 과정을 가리킨다.

2) 인간(사회)학적 전통

한 사회집단, 민족, 국가를 특징짓는 관습을 말한다. 기술, 가치들의 총체로 한 사회의 생활양식 또는 형상이며, 제도적 관습적 틀이다. 한 민족이나 국가를 집단 정체적으로 형성하고 있는 관습, 제도, 가치 총체로서의 사회적 형상을 지칭한다.

3) 문화 인류학적 전통

대체로 의식되고 있는, 사물들에 대한 일반적인 관점을 말한다. 개개인이 살면서 사회에서 취득한 삶의 지침으로 현실[세계]에 대한 감수성이라 할 수 있다. 앞의 규정이 제도적 관습적 틀을 지시한다면 이 규정은 세상과 현실을 인식하며 살아가는 방식, 즉 삶의 방식과 인식론적 틀을 가리킨다.

4) 예술[작품]적 전통

인간 사고와 표현의 뛰어난 정수를 보여주는 예술과 예술적 활동으로서의 문화를 일컫는다. 고급문화의 전통으로 예술과 예술적 활동을 자체 목적으로 하며, 독특한 분야의 특출한 심미적 태도가 나타난다. 인간의 생물학적 필요에서 해방된 엘리트들이 삶의 여유 속에서 일궈낸 고급스러운 삶의 취향이 반영되었다.

<그림 25> 백제 금동대향로

5) 기술(도구)적 전통

인간이 일궈낸 모든 업적과 활동의 체계로, 인간 정신의 선험적 조건들에 대한 해명이 중요하다. 인간이 삶을 편하게 만들기 위해 자연에 가한 모든 인위적인 행동과 그 산물들, 인간의 연장(延長)으로서의 기술과 도구 개념이 여기에 속한다.

6) 교양적 전통

인간다운 삶을 즐기는 문화적 향유로서 문화적 편이, 문화적 멋, 문화적 처신[교제], 문화적 소양이 여기에 해당한다. 4)번의 문화 개념이 일반화된 경우로서 문화가 특정 엘리트층의 독과점이 아니라 문화적이기를 바라는 모든 사람의 기본 소양으로 간주된다.

7) 문명적 전통

시민화(Civilization, 문명)로서의 문화를 말한다. 인류가 지향해야 할 하나의 성취된 상태로서의 문화다. 기술[도구]적 전통과 교양적 전통이 합쳐져 문화화된 특정 사회의 물리적·사회적 기반 상태를 바람직한 인간 공동생활의 조건으로 보는 발전적 시각이 깔려 있다.

<그림 26> 발전소를 현대 미술관으로 개조한 테이트모던미술관(영국)

문화 개념의 변천에서 그 밑바탕을 흐르는 다음과 같은 독특한 시각을 찾아낼 수 있다.

(1) 인간은 확정되고 고정된 존재가 아니라 되어가는 과정적 존재다.
(2) 인간은 훈육과 학습을 통해 더 발전된 상태로 변할 수 있는 교육적, 학습적 존재다.
(3) 인간은 사회적 존재로서 인성 훈육을 사회적 공동생활의 테두리 안에서 전수한다. 지배층은 자신들의 통치체제를 공고히 하기 위해 인간적인 소양교육을 자신들의 계급에만 국한한다.

(4) 특정한 사회는 특정한 인간성에 대한 이념을 갖고 특정한 사회적 제도와 관습의 틀을 만들어나가는 중에 자신의 독특한 인식론적 틀과 삶의 방식을 형성한다.

(5) 지배층은 피지배층과의 차별화 속에서 자신들만의 독특하고 고급스러운 삶의 취향을 갈무리하며 자신들의 신분과 위상의 징표로 삼는다.

(6) 사회가 민주화되면서 귀족과 상놈의 차별이 없어지고 사회적 신분이 평준화됨에 따라 고급스러운 문화적 삶은 인간다운 삶의 지표가 된다.

(7) 기술적 사회적 차원에서는 모든 사람이 문화적 삶을 영위하는 바람직한 사회를 문명화된 도시사회로 보게 된다.

이것을 종합 정리하면, 크게 아래와 같은 세 갈래의 문화 개념을 도출할 수 있다.

첫째, 문화의 처음 형태는 지배계층의 고급스러운 삶의 취향을 충족하는 '예술과 예술적 활동'으로서의 문화였다.

둘째, 긴 역사적 과정을 거쳐 오면서 한 사회를 특징짓는 '삶의 방식'으로의 문화까지 개념의 외연이 넓어졌다.

셋째, 개인을 고려하든 사회를 고려하든, 개인과 사회가 시간의 흐름 속에 변하며 더 나은 상태로 발전한다는 '과정과 발전'으로의 문화 개념이 그 밑바탕에 깔려있다. 여기에서의 문화 개념은 개인의 능력 개발 전반은 물론이고, 사회적 역사적 과정 전반까지를 포함한다.[2)]

---

2) 일레인 볼드윈 외, 『문화코드, 어떻게 읽을 것인가』, 조애리 외 옮김, 한울,

2. 문화는 소통이다

이러한 역사적인 발자취와 흔적들을 모두 감안하여 나는 문화를 일단 다음과 같이 정의해 본다. “문화는 유한한[죽을 수밖에 없는] 존재인 인간이 다른 사람과 더불어 자연 속에서 자연과 관계하며 자연의 전개 속에서 자연을 거슬러[넘어서] 기호와 상징을 사용해 인간다운[행복한] 삶을 추구해 나가며 펼치는 삶의 방식과 그 산물이다.” 간략하게는 “문화란 사이-존재로서의 인간이 자연 속에서 기호와 상징을 사용해 다른 존재하는 것들과 맺는 자유로운 소통과 그 산물”, 한마디로는 “문화는 소통”이라 정의한다.

소통에 해당하는 서양어는 커뮤니케이션이다. 커뮤니케이션(Communication)은 라틴어 코무니카티오(Communicatio)에서 유래한 낱말이다. 라틴어 communicatio는 다음과 같은 다양한 의미를 함축한다. ‘[지식, 의사 따위의] 전달, 소통, 교류; 상통, 교제; 통보, 통신. 관여. [공동] 참여, 공동 향유; 나누어 줌, 함께 나눔. 교통, 왕래.’ communicatio는 동사 communicare에서 파생된 명사다. 동사 communicare는 다음과 같은 의미를 지닌다. ‘함께 나누어 가지다; 참여(관여)시키다, 한 몫 끼게 하다, 나누어 주다. 참여(관여)하다, 끼어들다, 한 몫 차지하다. 알려주다, 전달하다, 상의(협의)하다; 교류하다. 함께 지내다, 상종하다.’[3]

어원 고찰에서 알 수 있는 것은 커뮤니케이션이 지금과 같은 미

2008, 24쪽 참조.

3) 가톨릭대학교 고전라틴어연구소 편찬, 『라틴-한글 사전』, 가톨릭대학교출판부, 1995, 167쪽.

디어적인 소통 의미를 갖게 된 것이 비교적 최근의 일이라는 점이다. 그전에는 교통, 교류, 교제, 왕래, 소통, 전달, 통보, 통신, 관여, 참여 등 넓은 교류를 의미했다. 정보의 교류뿐 아니라, 물리적인 힘의 교류부터 물건의 교류까지 다 커뮤니케이션의 의미 속에 들어있었다. 그러므로 커뮤니케이션을 언어적인 차원에 국한해서 논의하는 것은 너무 협소한 처사다.[4] 커뮤니케이션 개념을 본래의 의미로 확장한다면 "문화는 소통(커뮤니케이션)이다"라는 정의가 올바르다는 것을 알 수 있다.

프랑스의 철학사전은 소통을 아래와 같이 풀이한다.

"소통의 개념은 사회적 교환의 여러 형태를 포함한다. 대체로 소통은 기호와 전언을 전달하고 교환하는 행위를 가리키는데, 다양한 사물의 순환, 나아가 인간들의 순환에도 관련된다. 그래서 가장 넓은 의미의 소통 개념은 사회적 삶 자체를 가리킨다고 할 수 있다. 소통은 생명계에서 기호의 전달과 교환에 관계되는 다양한 현상도 포함한다. 20세기에 이르러 이 개념은 광범위하게 개발된 정보 매체들[언론, 라디오, 케이블, 위성, 영화 등]의 새로운 기술까지 포함하게 되었다. 공업 사회에서 '미디어'는 광범위하게 유포되어 있는 전언, 즉 '메시지'를 전달하는 그물망이다."[5]

소통을 '발신자-메시지-수신자'의 모델로 설명하려는 이론은 의

---

4) 소통, 즉 커뮤니케이션의 의미를 의사소통의 차원을 벗어나 도구를 사용한 인간적 교류의 차원으로 확대시킨 학자는 마샬 맥루한이다. 그는 도구가 인간 신체의 확장이라는 종래의 관점을 미디어는 인간의 확장이라는 관점으로까지 확대시킨다. 마샬 맥루한, 『미디어의 이해』, 김성기·이한우 옮김, 민음사, 2002 참조.

5) 엘리자베스 클레망 외, 『철학사전. 인물들과 개념들』, 이정우 옮김, 동녘, 2001, 165~166쪽.

사소통에 바탕을 두고 있는 시각으로 인간의 소통[커뮤니케이션]을 모두 아우르기에는 협소하다.[6] 그래서 나는 소통으로의 문화에 어울리는 '소통' 개념의 얼개를 아래와 같이 새롭게 정리해본다.

소통에는 구조상 소통의 주체인 소통하미[소통의 당사자]가 있고, 소통의 주제 또는 내용[메시지]인 소통거리, 소통의 매체인 소통다리[미디어], 소통거리가 지시하는 관련항[실재의 사물·사태·사건]인 소통걸이가 있으며, 소통이 펼쳐지는 소통마당[소통 상황]이 있다.

인간적인 차원에서 소통은 어떤 사람이 어떤 특정한 소통 상황에서 다른 사람[소통하미]에게 어떤 특정한 매체[소통다리]를 사용해 어떤 일어난/일어나는/일어날 사건/사태/사물[소통걸이]에 관해 어떤 정보[소통거리]를 주고받는 것을 뜻한다.

넓은 의미에서 소통은 힘과 정보의 교류, 보존, 축적, 확산이다. 소통의 양식에 따라 소통의 주체는 분자[원자], 세포, 몸, 마음, 정신, 영혼으로 나타난다. 정보는 다양한 차원에서 전개되며, 그 교류 방식과 상대에 따라 물리정보, 유전정보, 감각정보, 언어정보, 직관정보로 분류할 수 있다. 좁은 의미의 소통인 인간의 소통은 물리정보와 유전정보에 기초하여 기호와 상징에 의해 이루어진다.

인간의 소통은 크게 언어적 소통과 비언어적 소통으로 구분할 수 있으며, 언어적 소통은 상호작용으로의 대화와 담론으로 분류할 수 있다. 대화는 다양하게 존재하는 정보를 새로운 정보로 합성하는 방법이고, 담론은 자연의 엔트로피적 작용으로부터 정보를

6) 김민수는 의사소통으로서의 커뮤니케이션 모델 몇 가지를 소개하고 있다. 김민수, 『문화콘텐츠 유형론』, 글누림, 2006, 11쪽 참조.

보존하기 위해 사용 가능한 정보를 분배하는 방법이다.[7] 아래에서 소통으로서의 문화가 터하고 있는 바탕과 그것이 내보이는 차원과 지향성을 살펴보자.

3. 문화의 바탕과 문화적 지향성

나는 앞에서 넓은 의미의 소통이 우주와 자연 속에서 매 순간 일어나고 있는 자연적 현상이라고 말하면서 인간의 소통도 거기에 준하여 고찰해야 함을 역설했다. 물리학적·생물학적 바탕 위에서 펼쳐지는 인간의 자연적인 소통을 문화적 소통으로 변화시키는 것은 인간의 문화적 지향성이다. 자연을 자신의 욕구와 욕망, 요구와 필요, 의미와 목적에 따라 개조하는 것이 인간의 문화 행위다. 이것이 바로 '문화는 소통이다'가 함축하는 의미다.[8] 여기에서 문화를 네 가지 차원에서 고찰해 볼 필요가 있다.

1) 문화의 생물학적 바탕

인간은 육체를 가진 생물학적 존재로서 살기 위해 먹어야 하고

7) 빌렘 플루서, 『코무니콜로기. 코드를 통해 본 커뮤니케이션의 역사와 이론 및 철학』, 김성재 옮김, 커뮤니케이션북스, 2006 참조.

8) 문화 현장에 대한 연구에 기초하여 '문화는 커뮤니케이션이다'라는 결론에 도달한 인류학자로 에드워드 홀이 있고, 정보와 소통의 관계를 연구하면서 '산다는 것은 곧 소통하는 것이다'를 주장한 미디어 학자로는 도미니크 볼통이 있다. 에드워드 홀, 『침묵의 언어』, 최효선 옮김, 한길사, 2000, 68쪽 참조; 도미니크 볼통, 『불통의 시대 소통을 읽다』. 채종대·김주노·원용옥 옮김, 살림, 2011, 17쪽 참조.

종족을 퍼뜨리기 위해 짝짓기를 해야 한다. 그것을 위한 생물학적 욕구가 식욕과 성욕이다. 또 추위를 피할 옷이 필요하고 가족들과 함께 지낼 집이 있어야 한다. 인간의 이러한 생물학적 욕구와 필요가 문화적 지향을 만나 주거문화, 음식 문화, 복식문화, 성문화 같은 독특한 문화를 형성한다. 인간의 문화는 생물학적 토대 위에서 전개된다.

2) 문화의 사회학적 기제

인간은 또한 많은 영장류 동물처럼 집단을 이루어 생활에 필요한 기본적인 것들을 풀어나가는 사회적 동물이기도 하다. 인간은 혼자서는 인간이 아니다. 인간의 인간됨에는 사회, 노동, 언어가 필수적이다. 이것에 따른 사회적 실천은 풍습과 관습, 법규와 도덕을 낳는다. 인간은 일정한 사회적 규약(코드)이 통하는 사회에서 태어나 그 삶의 문법을 배우며 사회의 일원으로 성장한다. 개인으로의 나(자아)는 그런 사회화 속에서 다른 사람들과 소통하며 형성된다. 내가 구현하여 획득하는 정체성은 내가 속한 집단의 문화적 입김이 짙게 배어있는 문화 정체성이다.

3) 문화의 인간학적 훈육

한 사회의 삶의 전통은 배워서 익히는 것이다. 사회는 그 구성원들에게 인간이 무엇이고, 어떻게 살아야 하며, 무엇을 추구해야 할지를 가르친다. 인간다운 삶을 살기 위해 배워야 할 것이 무엇인지, 개인이 나라와 민족을 위해 무엇을 해야 하는지, 인간들 사이의 갈등을 풀고 평화롭게 살기 위해서는 어떻게 처신해야 하는지 등을 전통에 의거해 교육시킨다. 생활과 교육 속에 한 사회의 문화적 가치들이 습득되어 전해진다. 문화적 가치들은 시대와 환경이 바뀌면서 변한다. 특히 다른 문화권의 가치들과 충돌이 일어날 때 위기를 겪으면서 새롭게 변신한다.

4) 문화의 이상론적 비상

개인이 성장하고 사회가 발전하듯 문화도 끊임없는 변신의 과정 중에 있다. 인간은 주어진 상황에 만족하지 않는다. '지금, 여기'를 넘어 더 나은 사회, 더 밝은 미래를 꿈꾼다. 인간은 가능 존재다. 기술의 발달과 매체의 혁신을 통해 끊임없이 새로운 소통 체계를 시도하여 현 상태를 탈출하려는 이상론적 욕망이 인간에게 있다.

오늘날의 소통은 사물과 사물 사이, 인간과 사물 사이, 인간과 기계 사이, 사물과 기계 사이, 민족과 민족 사이, 나라와 나라 사이, 문화와 문화 사이 등에서 '사이'에 주목한다. 너와 나 사이, 우리 사이에서 너도 아니고 나도 아니고 우리도 아닌 바로 그 '사이'에 주목할 때 인간은 소통 자체에 관심을 두게 된다. 그럴 경우 만남, 소통, 관용, 상호작용, 상호인정, 공존, 공생, 공감, 상생, 교류, 교제, 교감, 유대, 연대, 연합, 통섭, 융합, 통합, 조화, 화합, 어울림이 있는 새로운 세상을 꿈꾸며, 그것을 기획하고 전략을 짜게 될 것이다.

소통으로서의 문화와 그 지향점은 다음과 같다.

1) 문화의 기술적 차원 : 편리함

문화의 시작을 도구의 발견으로 본다. 자연을 인간의 필요와 욕구에 맞게 변화시키기 위해 도구를 만들어 사용하기 시작했을 때, 인간은 생물학적 존재를 넘어 문화적 존재가 되었다. 도구는 인간 몸의 확장으로서 인간이 다른 모든 것들과 소통하기 위해 사용하는 미디어[매개체, 매체]이다. 인간은 삶의 기본적인 의식주 문제를 해결하기 위해 생필품에 해당하는 도구를 만들어 사용하였다. 도구가 최적의 상태로 제대로 기능할 때 도구의 존재를 의식하지 못한다. 안경이 내 눈에 잘 맞을 때 편안함을 느끼고, 안경을 의식하지 않고 보고자 하는 볼거리에 주목한다. 도구적 차원의 문화적 지향점은 내 몸의 일부처럼 느끼는 쾌적함이다. 이 쾌적함을 목표로 삼고 기능과 효율을 따지고 실용성과 향상성을 헤아린다.

2) 문화의 미학적 차원 : 멋스러움

인간은 단순히 기술적 필요에 의해 도구를 만들어 사용하는 제작인(Homo faber)의 차원에만 머물지 않는다. 제작인이 자기가 만드는 도구에 나름대로 자부심을 느끼게 되면 온 정성을 다 들여 자신이 가진 기술을 거기에 다 쏟아 넣는다. 다시 말해 도구에 기능성을 넘어서는 의미를 부여한다. 이것을 우리는 문화의 멋이라고 부른다. 도구가 미디어이고 모든 미디어가 인간[몸]의 확장이라면, 도구는 인간의 오감과 밀접하게 연관되어 있다. 미학적 차원은 곧 감성적 차원이다. 오감의 기능을 향상하는 것에 만족하지 않고 그것을 즐기려 든다. 눈으로 보기에 좋고, 귀로 듣기에 즐겁고, 코로 냄새 맡기에 향기롭고, 입으로 맛보기에 황홀하고, 몸으로 느끼기에 감미로운 것을 찾는다. 감성이 이끄는 대로 도구[미디어]에 새로운 의미를 부여한다. 오감의 맛을 문화의 멋으로 바꾼다.

3) 문화의 실천적 차원 : 어울림

문화는 사회적 존재로서의 인간이 다른 사람들과 함께 집단을 이루어 더욱 살기 좋은 사회를 만들기 위해 벌이는 모든 행위와 그 산물이다. 소통은 집단 구성원들이 그들의 세계에서 만나는 모든 존재자들[집단 구성원들]과 다양한 관계 맺음의 방식으로 펼쳐진다. 사회적 소통을 위해서는 무엇보다도 그림[도상], 기호, 상징, 언어가 필요한데, 이 모든 것은 그 사회의 문화적 전통에 의해 정해진 부호화(Encoding)와 부호해독(Decoding)의 규약[코드]에 따라 진행된다. 구성원들 사이의 소통에서는 무엇보다도 이 '사이'가 중요하다. 이 사이의 관계성이 통치와 지배, 주인과 노예 등과 같은 위계질서나 신분 질서로 짜이면 소통은 갈등과 투쟁으로 번질 수밖에 없다. 나의 나다움과 너의 너다움을 인정하는 가운데 공존과 상생을 꾀하는 지혜가 필요하다. 개인주의도 아니고 전체주의도 아닌 너와 나 '사이' 그리고 우리 '사이'가 소통의 주목적이 되는 사회는 떨림과 울림의 공감이 널리 퍼지는 어울림의 세계일 것이다.

4) 문화의 이론적 차원 : 의미(뜻) 있음

인간은 문화의 창조자이자 피조자이다. 문화를 창조하는 것도 인간이고 그 문화에 길드는 것도 인간이다. 인간은 이미 만들어진 세계에 태어나서 그 세계의 규약을 배우며 그에 맞추어 살아나간다. 개인으로서의 인간은 그가 만나 관계를 맺는 모든 것에 나름대로 의미를 부여하고 목적을 설정하며 자신의 세계를 형성한다. 나의 세계가 갖는 의미와 너의 세계가 갖는 의미에 대해서도 서로 소통할 수 있다. 더 나아가 우리가 사는 세계의 의미에 대해서도 물음을 던져 그 의미 부여의 타당성을 재고할 수 있으며, 다른 문화권의 세계와도 소통하며 그 세계의 의미에 대해서도 논의할 수 있다. 이뿐 아니라 소통의 의미, 미디어의 의미, 기술의 의미, 과학의 의미, 삶의 의미 등등 모든 것의 의미에 대해 대화할 수 있다.

소통으로서의 문화를 강조하면 내가, 우리가 믿고 따르는 의미를 유일한 진리인 양 다른 사람에게 강요하고 계몽하려 들지 않는다. 여기에서도 '사이'가 중요하다. 주장하는 주체의 입장에서 문제를 풀려고 하지 않고 '사이'의 관점에서 상황을 보면 문제가 해결되지는 않더라도 갈등과 투쟁으로 전개되지는 않을 것이며 관용, 공존, 공생, 상생의 길이 제시될 것이다. 이것을 '성찰의 성찰'이라 부르든 '계몽의 계몽'이라 부르든 이름은 중요치 않다.

5) 문화의 초월적 차원 : 성스러움

인간의 소통은 보이는 것에 국한되지 않으며, '지금 여기'의 것에 제한되지 않는다. 인간은 가능 존재로서 언제나 '지금 여기'의 현실을 넘어서 저 너머 그제, 올제(내일)에 가 있다. 인간은 사이존재로서 사물의 사이, 사건의 사이, 때-사이, 빔-사이에 현실적이 아닌 잠재적으로 숨어 있는 새상[사이-상, 가상, Virtuality]과도 관계를 맺으며 소통한다. 이렇게 초월하는 존재로서 인간은 초월적 존재인 신적인 것과도 소통한다. 꿈을 꾸는 존재인 인간은 현실을 벗어나 이상의 나라로 상상의 나래를 펼치며 날아오른다. 그 이상적인 것, 완전한 것, 온전한 것이 갈등의 현실 세계에 대한 치유와 구원이 될 수 있다고 생각한다. 문화의 초월적 차원이 문화가 명사가 되고 과거형이 되는 것을 막는다. 문화적 존재인 인간은 끊임없이 꿈틀거리며 미래를 디자인하며 오늘을 산다. 초월적인 것과의 만남, 소통, 관계 맺음이 엄청난 에너지가 되어 지금 여기서 닥치는 갈등과 문제들을 풀어나가게 한다.

4. 문화인을 위한 문화콘텐츠

문화콘텐츠를 다룰 때 어디서부터 어떻게 접근할지 큰 그림을 그릴 단초를 찾아야 한다. 나무 하나하나를 보며 비교하는 방식으로는 나무의 참모습을 알 수 없다. 나무를 제대로 알려면 나무가 자라고 있는 숲을 알아야 한다. 그리고 숲을 알려면 숲 위로 올라가 숲이 놓여 있는 지형을 알아야 한다. 조금 더 조금 더 시야를 높이 올려야 한다. 중요한 원리지만, 많은 경우 콘텐츠 분석을 위해 콘텐츠에만 매달린다. 콘텐츠가 '왜 콘텐츠인지, 무슨 기능과 어떤 역할을 하고, 무엇을 위해 거기에 있는지'라는 큰 물음은 던지지 않는다. 눈을 크게 뜨고 높이 올라가서 멀리 내다볼 줄 아는 안목을 키워야 한다.

궁극적인 물음을 던져본다. 누구를 위한, 무엇을 위한 문화콘텐츠인가? 일차적으로 문화의 세기, 뉴미디어 시대를 사는 문화인의 문화생활을 풍요롭게 하기 위한 문화콘텐츠라고 답해 본다.

과거에는 정치인과 경제인으로의 인간이 논의의 중심이었고, 얼마 전부터는 과학인, 기술인이 보다 인간다운 삶을 위한 모델 역할을 하였다. 그러나 탈근대라고 하는 20세기 후반부터는 문화인이 화두가 되고 있다. 문화 시민이 주목을 받고 있고, 인간이 추구해야 할 중요한 모델로 문화인의 문화생활이 이야기되고 있다. 문화콘텐츠도 그런 문화인의 문화생활을 위한 문화콘텐츠라는 관점에서 접근해 보는 것이 필요하다. 문화인의 문화생활을 위한 것을 문화콘텐츠라고 했을 때, 그것에 어떻게 접근하고 무엇을 염두에 두어야 할 것인가? 가장 먼저 문화인에 초점을 맞추고, 그 다음으로 문화생활의 정도로 삶의 질을 평가할 수 있다.

요즘 시골(충북 괴산)에 내려가 있어 보니, 그곳 사람들에게는 문화생활이 전혀 없다. 괴산읍에 나가도 영화관 하나 없으니 이렇다 할 문화생활을 전혀 하지 못하는 것으로 볼 수 있다. 어느 정도 재정적인 여유가 있을 때 한국 남자들은 물 맑고 공기 좋은 시골에서 살기를 바라지만, 여자들이 반대한다고 한다. 가장 큰 반대 이유는 문화생활을 누릴 수 없어서다. 이렇게 문화생활은 삶의 행복을 측정하는 척도가 되고 있으며, 문화생활을 즐기지 못하는 사람을 소위 중산층에 속한다고 생각하지 않는다. 문화인, 문화생활이 일종의 큰 기준이 된 지금, 문화인이 무엇인지, 문화생활이 무엇인지 생각해 봐야 한다. 중요한 것은 전문가들이 생각하는 것도 고려해야 하지만 일반 사람들이, 보통 사람들이 어떻게 이해하는지에서 출발해야 한다. 일반 대중의 이해에서 출발하기 위해서는 일반 사전을 활용하면 된다. 일반 국어사전이나 백과사전에는 그 주제에 대해 일반인들이 생각하고 있는 보통의 내용이 담겨 있다.

이제 문화인이 무엇인지, 문화생활이 무엇인지를 대략 살펴보기로 하자.

문화인에 대한 사전적 정의를 찾아보면 '(1) 지성과 교양이 있는 사람, (2) 문화에 관한 일을 전문적으로 하는 사람'이라고 되어 있다.[9] 많은 사람이 쉽게 찾아보는 네이버는 '높은 문화생활을 누리거나 문화적 교양이 있는 사람'이라고 정의한다. 이것을 통해 첫 번째로는 문화생활과 문화적 교양으로 문화인을 규정함을, 두 번째로는 '학문, 예술 따위의 분야에 종사하는 사람' 즉, 일종의 문화 전문인을 염두에 두고 있음을 알 수 있다. 이렇게 사전을 통해 문화생활과 교양인이라는 실마리를 얻었다.

이번에는 문화생활이 무엇인지 알아보자. 국어사전은 문화생활을 '인간 가치를 실현하거나 문화적인 욕구를 충족시키는 생활. 문화 예술을 즐기면서 사람다운 생활을 누리는 생활'이라고 정의한다. 네이버 사전은 첫째 '문화가치의 실현에 노력하여 문화 산물을 음미하고 즐기는 생활', 둘째는 '가정생활에서 새로운 문화적 생활용품의 이용으로 영위하는 생활'이라 정리하고 있다. 문화가치의 실현과 문화 산물의 음미가 문화생활의 우선적인 핵심으로 부각되고 있으며, 문화적 생활용품을 많이 사용하는 사람을 문화생활을 하는 사람으로 보고 있다. 이를 통해 문화인의 문화생활을 문화가치의 실현과 문화 산물의 음미로 정리할 수 있다.

교양인은 교양을 갖춘 사람을 말한다. 그렇다면 교양이 무엇인가? 국어사전은 교양을 '(1) 가르쳐 기름, (2) 학식, 도덕, 경험, 취미 등을 통해 얻은 멋있는 품성'이라고 정의한다. 네이버도 비슷하다. 한자 낱말의 의미인 '가르쳐 기름'과 '학문, 지식, 사회생활을 바탕으로 이루어주는 품위. 또는 문화에 대한 폭넓은 지식'이라 보여준다. 20세기 후반부터 우리나라에서도 문화 시민의 교양이 많은 사람의 관심사가 되었다. 그래서 <교양> 관련 책의 출판이 봇물이 터

9) 남영신 엮음, 『국어사전』, 성안당, 1999.

지듯 하였다.

우리는 대략 일반인들이 교양인, 문화인, 문화생활을 어떻게 생각하는지를 알게 되었다. 이제 해야 할 일은 이것들을 가지고 우리 스스로 무언가를 찾아내는 것이다. 독특한 특징이라든지, 좀 더 생각해야 할 것 등을 찾아보고, 문화인이 무엇인지, 문화생활이 무엇인지 나름대로 규정하려 노력해야 한다.

우선 문화인은 교양인이며, 통합(通合)적 인간이다. '통합'은 '여럿을 한데 합쳐 하나로 만든다'는 의미의 '통합(統合)'이 아니라 소통과 화합을 중요시하는 '통합(通合)'이라는 의미다. 교양인은 역사적으로 볼 때 근대의 전문인에 대한 반대급부로 등장한다. 근대는 전문인의 시대였다. 근대에서는 전문 지식인인 과학자, 전문 예술가로서의 화가, 전문 기술자로서의 장인 등이 인정을 받았다. 전문인은 독일어로 'Fachmann'이다. 여기서 'Fach'는 책상의 서랍 또는 칸막이로 막힌 공간을 뜻한다. 전문인은 자기가 다루는 영역[서랍]을 아주 바싹하게 잘 아는 사람이다. 그러나 그 전공을 벗어나면 제대로 아는 것이 없는 우물 안의 개구리이기도 하다. 그래서 독일어는 이런 사람을 'Fachidiot', 즉 '전문 바보'라고 이름한다.

탈근대에 들어서면 자기 전문분야만 아는 게 아니라 두루두루 상식을 갖춘 사람을 문화인이며 교양인으로 높이 산다. 교양인은 지능, 도덕, 예술적 감수성, 건강한 체력 등 감성, 지성, 이성, 영성을 고루 갖춘 사람을 가리킨다. 이런 사람을 다른 말로 '통합적 인간'이라고 부를 수 있다.

근대가 내세운 근대의 인간은 '이성적·지성적 인간'이다. 이런 인간을 교육하고 평가하기 위해 만들어낸 표준이 IQ(Intelligence

Quotient), 즉 지능지수이다. 탈근대에 들어서자 인간을 IQ만 갖고 평가해서는 안 된다며 새로운 평가지침을 내놓았다. 이에 따라 다양한 평가지수가 등장하게 되고, 그중 하나로 EQ(Emotional Quotient), 감성지수가 나온다. 지성과 지능만 가지고 인간을 평가해서는 안 된다는 분위기가 널리 확산된 것이다. 교양인은 지능, 지성 외에 감성을 갖추어야 한다. 이후에는 SQ(Spiritual Quotient, 영성지수)도 생기고, 혹자는 SQ를 social quotient, 즉 사회성 지수라 부르며 얼마만큼 남과 잘 어울리는지를 측정한다. 요즘은 젊음지수인 YQ(Youth Quotient)까지도 등장했다고 한다. 또, 우리나라에서는 '9988234, 아흔 아홉 살까지 팔팔하게 살다가 이삼일 앓고 죽는다'는 말이 유행하고 있다.

지능만 따지는 것이 아니라 건강, 감성, 사회성, 영성 등 여러 가지를 고려하는 것이 오늘날의 추세다. 문화의 세기에 인간은 지능 또는 지성이라는 한 가지 척도에 의해서만 평가될 수 없다. 이것에서 문화인, 즉 교양인이 통합적 인간임을 드러내는 시대적인 풍조를 읽을 수가 있다.

두 번째, 교양인은 인간다운 품성을 갖추기 위해 끊임없이 자기 도야와 수련을 하는 사람이다. 이것은 인격, 개성의 차원으로, 자신의 인격적인 독특함을 개발하고 유지하고 관리하기 위해서 끊임없이 자기 도야와 수련을 하는 사람이 교양인이라는 말이다. 교양인에게는 개성적·인격적인 차원이 있다.

세 번째로 교양인은 문화 시민이다. 여기에서는 사회성 차원이 주목받으며 공동체성이 강조된다. 교양인은 문화 시민으로서 공동체 규칙을 잘 지키며, 보다 나은 사회를 이룩하기 위해 노력하는 사람이다. 우리 식으로 이야기하면 문화코드를 잘 지켜서 남을 잘 배려하고 모두가 함께 어울려 사는 사회를 이룩하기 위해서 노력하는 사람을 말한다. 남을 배려하고 남과 잘 어울리는 사회성이 좋은 사람을 흔히 교양인이라고 하지 않는가. 여기서는 사회성, 상호인정이라고 하는 차원이 강조되고 있다.

네 번째, 교양인은 멋을 알며, 인생을 즐길 줄 아는 사람이다. 한마디로 멋스러움이라고 표현할 수 있다.

이 네 가지 특징은 앞에서 살펴본 문화, 문화인, 교양인, 문화생활 등에서 추려 뽑아낸 것이다. 여기 어디에 한국적인 독특함이 있는가 생각했을 때, 그것은 바로 네 번째, 멋을 알며 인생을 즐길 줄 아는 사람이라는 데 있다.

5. 문화생활은 멋들어진 삶, 멋스러운 삶이다

문화생활은 멋들어진 삶, 멋이 든 삶, 멋스러운 삶, 멋있는 구석이 많은 삶이다. 그러니까 문화생활이란 의식주라는 기본욕구를 위한 삶에서 벗어나 멋을 추구하는 삶이라는 뜻이다. 생존을 위한 삶에서는 문화를 생각할 수 없다. 지금도 지구촌 곳곳에는 문화생활은 생각도 못 하고 굶주리며 기아선상에서 허덕이는 사람이 1억 5천 명 정도 된다고 한다. 문화는 커녕 당장 끼니 때문에 내일도 살아있게 될지가 이들의 걱정이다. 결국, 최소한 인간의 기본적인 욕구가 충족되어야 문화에 눈을 돌릴 수가 있다. 그래서 문화인, 문화생활을 이야기할 때 자연스럽게 선진국의 척도와 연결하게 된다.

GDP가 최소 2만 불이 되어야 선진시민의 반열에 들고, 그나마 문화생활을 즐길 수 있는 단계에 이르렀다고 본다. 그러나 옛날 우리를 생각해보면 못 사는 중에도 나름대로 멋을 추구하며 살았다. 그것을 동아시아, 특히 한국 사람의 특성으로 볼 수 있다. 살아남기 위한 생존에 요구되는 최소한의 의식주에서 벗어나서 세련됨, 고상함, 아름다움, 품격을 찾는 여유로운 삶이 문화생활이다. 끼니를 잇는 것과 같은 기본적인 욕구에서 벗어났을 때, 개개인은 자신의 취향에 따라 자신만의 멋의 삶을 즐기며 살 수 있는 문화적 여유를 갖게 된다.

'멋'을 사전에서 찾아보면 첫째는 '차림새, 행동, 됨됨이 따위가 세련되고 아름다움', 둘째는 '고상한 품격이나 운치'라고 설명되어 있다. 다른 한글 사전에는 '생김새나 언행, 마음씨 따위에서 우러나는 아름다운 맛'이라고 규정되어 있다. 보통 문화생활이라고 하면 즉시 멋을 떠올리는 것처럼 그 둘은 떼려야 뗄 수 없이 붙어있다. 멋은 맛과 연결되어 있다. 이런 식으로 몇 천 년을 통해 우리말에 간직되어온 우리만의 독특한 문화의 단면을 찾아낼 필요가 있다. 우리말에는 우리만의 독특한 무엇이 스며들어 있다.

개개인은 자신의 취향에 맞추어 제 잘난 멋의 삶을 즐길 수 있는 여유를 갖는다. '제 잘난 멋'에서의 멋은 맛이 길들여진 것이다. 맛이 길들면 멋이 된다. 우리말에는 맛과 멋이 들어간 낱말이 굉장히 많다. 대표적인 것이 '미'인데, 한자의 미(味)와 연관되어 있다. '재미'는 미와 직접적인 상관이 없는 것으로 보인다.[10] '아기자기하게 즐거운 기분이나 느낌'이 재미다. 인사말도 '재미 좋으신가요?'라고

---

10) 재미의 어원은 '자미(滋味)'다. 네이버 국어사전 참조.

건넨다. 이 경우 재미는 '안부를 묻는 인사말로 어떤 일이나 생활의 형편을 이르는 말'이다. 멋들어진 삶은 재미가 있는 삶이다. 무엇보다 재미가 있어야 한다.

재미의 세 번째 의미는 "좋은 성과나 보람"이다. '재미'로 시작한 것이 흥미가 되고, 취미, 음미, 심미, 탐미, 의미 등이 된다. 재미를 찾아서 흥미(興味, 흥을 느끼는 재미), 취미(趣味, 전문적으로 하는 것이 아니라 즐기기 위하여 하는 일), 음미(吟味, 시가를 읊조리며 그 맛을 감상함. 어떤 사물 또는 개념의 속 내용을 새겨서 느끼거나 생각함), 심미(深味, 깊은 맛), 탐미(耽味, 깊이 맛봄)를 거쳐 의미(意味, 말이나 글의 뜻. 행위나 현상이 지닌 뜻)에까지 이른다. 이것들 모두 제 잘난 멋으로 자기 나름대로 의미를 붙인 것이다. 의미 부여의 주체가 되는 것이 제 잘난 멋이다.

멋이 무엇인지 살펴보자. 우리는 '멋'을 '주어진 목적이나 기능, 정해진 규칙이나 규율을 벗어나 어떤 것을 그 자체로 보며 즐길 줄 아는 태도'라고 규정할 수 있다. 이것은 인간의 본질적인 한 면인 놀이하는 인간이 부각된 것으로 볼 수 있다. 그래서 문화생활에서는 개개인 각자가 자신의 독특함과 기운을 맘껏 표현하며 내세울 수 있는 끼가 강조된다. 끼를 속된 말이라고 하지만, 실제로 끼 있는 사람들이 문화적인 인간들이다. 끼 있는 사람들은 다른 사람들 앞에서 자신의 특성을 내보이기를 좋아하는 미디어 시대의 '표현하는 인간'에 어울리는 면모를 갖추고 있다.

그렇다면 멋과 끼에서 우리가 찾아낼 수 있는 것은 무엇인가? 멋들어진, 멋스러운 삶은 정해진 목적, 기능, 규율, 규칙 등을 벗어나는 탈코드의 경향이 눈에 띈다. 규칙에 얽매이고 융통성이 전혀 없는 사람을 '멋없는 놈'으로, 주어진 기능, 목적, 규율, 규칙에만 얽매이는 사람을 두고 '멋없는 인간', '멋대가리가 없다'고 부르는 말에서 규칙을 벗어난 예외적인 것이 멋이 될 수 있음을 알 수 있다.

탈코드 경향이 멋의 새로운 의미로 부여되면서, 그것이 본래의 의미를 바꾸어 놓는다. '목적 + α'가 멋인데, 이것이 목적을 완전히 바꿔놓아 새로운 차원을 연다. '기능 + α'로서의 멋이 새로운 세계를 여는 것이다. 규율, 규칙도 마찬가지다. 먹는 것을 생각해볼 때 살기 위해, 목숨을 연명하기 위해 먹을 때는 게걸스럽다. 맛을 생각할 여유가 없다. 맛을 생각하면 음미하는 단계로 들어가게 된다. 먹는 행위가 단순히 살기 위한 것을 넘어 먹는 행위 그 자체를 즐기기 시작한다. 바로 여기에 멋이 있다. 그래서 식도락가들은 맛집을 찾아다닌다. 온갖 희귀한 것을 찾아다니며 아주 비싼 돈을 내고 먹는 사람들이다. 이들은 살기 위해 먹는 목적과 기능을 벗어나 맛 그 자체를 위해서 먹는다. 먹는 것은 단지 하나의 예일 뿐 모든 부분이 다 그렇다.

멋이 더 들면 어떻게 되는가? 먹는 행위에서, 입이 느끼는 미각을 벗어나 단계가 높아진다. 보기 좋은 떡이 더 맛있다. 그래서 시각을 더하고, 청각도 더하고, 촉각도 더하는 식으로 단계가 올라간다. 그리고 나중에는 통합적인 것이 된다. 먹는 행위가 살기 위한 목적에서 벗어나 먹는 것 그 자체를 즐기는 멋으로 고양되고, 단순히 먹는 것에 그치지 않고 시각적으로 멋있게 꾸며 맛을 돋우며 맛을 향유한다. 청각적, 촉각적, 후각적 멋이 가미되어 맛을 멋으로 승화시켜간다. 이것이 우리가 본 멋, 문화인의 멋들어진 생활이다. 들뢰즈의 표현을 빌린다면 멋에는 탈코드의 경향이 있다.

우리는 임시로 문화를 멋들어진 이종교배라고 결론을 내릴 수 있다. 먹는 것이 다른 것과 연결되듯이, 멋에는 목적, 기능, 규율, 규칙을 벗어난 플러스알파가 있어 끊임없이 그것이 가진 목적, 기능을 벗어나 딴 것과 연합하는 이종교배의 현상이 일어난다. 멋을 추구하며 멋스러움과 멋들어짐으로 생활을 풍요롭게 하는 문화인은 주어진 조건과 상황에 만족하지 않고 끊임없이 새로운 멋으로 모든 것을 새롭게 짓고 꾸미려 한다. 문화인은 플러스알파인 멋으로 모든 것을 새롭게 만들고 디자인해서 멋스러운 것으로 바꾸려 든다.

인류는 하드웨어인 굳은모 시대를 지나고, 소프트웨어인 무른모의 시대를 거쳐, 콘텐츠웨어인 지은모 시대를 살고 있다. 지은모는 아트웨어인 꾸민모와 밀접하게 연결되어 있다. 멋있게 디자인해서 새롭게 만드는 지은모와 꾸민모의 시대를 우리가 살고 있다. 멋을 찾는 문화는 필연적이며, 그것의 본래 특징 중 하나는 탈코드화다.

멋을 추구하는 문화는 주어져 있는 상황을 끊임없이 벗어나려고 한다. 이것이 과정과 동사로서 문화가 갖는 의미다. 문화는 명사가 아니라 동사다. 문화는 과거가 아니라 현재 진행형이고 미래형이다. 문화는 끊임없이 주어진 현실을 벗어나 새로운 상황을 꿈꾸며, 주변의 모든 것을 멋스러운 지음과 꾸밈, 콘텐츠에 활용한다. 주어진 목적, 기능, 규율, 규칙을 뛰어넘는 색다른 무언가를 찾아 그것을 첨가하여 새로운 재미로 변화시키고 새로운 멋으로 취미 생활을 넓혀가며, 심미안을 키우기 위해 다양한 의미를 부여한다. 흥미, 취미, 음미, 심미, 탐미 등이 새로운 의미 부여의 차원에서 이루어지고 있다. 이것이 바로 끊임없는 이종교배이다. 이종교배가 됨으로써 모든 것은 새로운 차원에 들어서고, 서로 다른 것이 맞부딪혀서 얻게 되는 에너지는 더욱 폭발적이다. 문화에서 무엇보다도 중요한 것은 이러한 이종교배를 찾는 창의적인 발상이다.

이것이 일상용어에서 찾아본 문화콘텐츠 분석을 위한 커다란 지침이다. 문화에는 멋, 끼, 놀이, 탈코드, 새로운 의미부여 등이 서로 얽혀 있다. 이것이 문화에 근본적으로 내재되어 있는 힘으로서 다른 것을 만나 서로 어울리고 융화되어 새로움을 창출하려는 경향으로 표출된다. 그래서 문화는 본질적으로 이종교배의 성향을 띄며 통합적인 특성을 가진다.

제5장

문화 정체성과 문화 만들기

1. 문화 정체성

인간은 문화의 창조자면서 피조자이기도 하다. 문화콘텐츠는 그런 인간의 문화 행위이며 성과물이다. 문화콘텐츠에는 인간이 스스로에 대해 갖고 있는 정체성이 표출되며, 추구하는 이념과 가치가 간직되어 있다. 이번 장에서는 문화 전반에 대한 통시적, 공시적 고찰과 현대의 일상적 이해를 바탕삼아 문화콘텐츠에 접근해보자.

문화 산업이 21세기 고부가가치산업으로 주목받으면서 문화콘텐츠에 대한 관심이 고조되고 있다. 유네스코는 <문화적 표현의 다양성 보호와 증진 협약(2015년)>에서 문화콘텐츠(Cultural Content)에 대해 '문화적 정체성에서 비롯되거나 이를 표현하는 상징적 의미, 예술적 영역, 그리고 문화적 가치를 의미한다'고 설명하고 있다.[1)]

이 정의는 문화적 내용에 문화적 옷을 입혀 만드는 문화콘텐츠에서 핵심이 되는 것이 '문화적 정체성'이라고 이야기한다. 이 정의 대로라면 우리가 만들려는 문화콘텐츠의 바탕이나 배경, 결이나 무늬로 전제되거나 깔릴 '한국 문화의 정체성'이 무엇인지 생각해 보아야 한다. 이에 앞서 문화에서 정체성을 말할 수 있는가를[2)] 고

---

1) 참조 유네스코한국위원회. http://www.unesco.or.kr

2) 대만학자 천광싱(陳光興)은 이렇게 말한다. "정체성은 끊임없이 변동하는 것

찰해야 하며, 그것이 가능하다면 문화적 정체성을 말하게 된 시대적 배경도 알아볼 필요가 있다.

우리말 사전은 정체성 또는 동일성을 이렇게 규정한다. '정체성 : 자기 본디의 성질. 본디의 성질이나 모양. 정체(正體) : 본디의 참모습. 본체, 본마음.' '동일성(同一性): 한 사물이 시간의 흐름이나 상황의 변화에 구애됨이 없이 언제나 같은 모습을 보이는 성질. 또는 여러 사물이 서로 차이가 전혀 없는 성질.'[3] 즉, 정체성이란 '어떤 한 사물을 그것이 본디 무엇인바 그것이게끔 하는 성질' 또는 '어떤 한 사물을 그것이 본디 무엇인바 그 점에서 알아보게 하는 성질'이라고 대략 정의할 수 있다. 정체성의 밑바탕에는 동일성이 전제되어 있다. 어떤 것이 시간의 흐름이나 상황의 변화에 상관없이 동일한 모습과 성질을 내보여야 그것을 그것의 본모습 또는 정체라고 말할 수 있기 때문이다. 하지만 자갈, 소나무, 고양이, 사람에 대해 똑같은 의미로 정체성을 말할 수 없다. 그 대상이 다른 것과 주체적으로 관계를 맺으며 자기 자신을 만들어 가는지 아닌지에 따라 정체성은 달라지며, 다른 차원으로 넘어간다.[4]

입니다. 먼저 인정해야 하는 것은 동아시아에 아직 어떤 정체성도 없다는 것입니다. 우선은 '상상'에서부터 시작해야 합니다. 동아시아는 경계도 없습니다. …… 공동의 무엇인가가 있어야만 한다는 우리의 희망이 있을 뿐인 거죠. 사실상 동북아에는 총체성이 아닌 단편성이 더 강하다고 봅니다." 천광싱과 백원담의 대담, <한류의 출발점, 서로를 들여다보기, 역사 함께 되돌아보기>를 참조. 백원담, 『한류. 동아시아의 문화선택』, 펜타그램, 2005, 352쪽.

3) 남영신 엮음, 『국어사전』, 성안당, 1999.

4) 철학에서는 이 점을 분명히 하기 위해 '자체동일성'과 '자기동일성'을 구별하여 논의한다. 인간의 경우는 주체적으로 사물을 대하며 주위 세계와 관계하면서 스스로 자신을 만들어나가기에 그의 정체성 또는 동일성을 '자기동일성'으로 파악한다. 사물의 경우는 대개의 경우 '그것이 무엇인바 그것 자체'와 동일하며, 이 동일성이 그것이 그것으로 존재하는 동안 유지되기 때문에

여기서 주목해야 할 점은 인간에게는 고정되고 확정된 정체성이 주어져 있지 않다는 사실이다. 인간은 존재하는 동안 끊임없이 자신의 정체를 스스로 만들어나가야 한다. 물론 태어나면서 부여받은 생물학적 신체와 선택의 여지없이 떠안게 된 생활 세계 안에서 자기 자신을 만들어 나가야 한다는 전제는 있다. 인간의 이런 독특한 특성을 일컬어 시간적 존재 또는 역사적 존재라고 한다. 인간은 단순히 시간을 살지 않고, 그것을 자기의 시간으로 만들 수 있다. 다시 말하면, 되고자 하는 이상적인 미래의 모습을 그리면서, 그렇게 되기 위해 오늘을 감내하며 정진할 수 있는 존재이다. 우리가 정체성을 이야기하면서 미래의 꿈을 도외시할 수 없는 이유가 여기에 있다. 문화 정체성을 논의할 때도 이 점을 간과해서는 안 된다.

최현배의 겨레에 대한 설명은 문화 정체성 논의에 관한 단초를 준다.

"겨레는 두 가지의 기초를 가졌다. 하나는 자연스러운 기초이니 한가지의 피를 타고 한 땅에 나서 사는 일이요, 또 하나는 문화스러운 기초이니 한가지의 문화를 지니고 있는 일이다. 문화란 것은 바깥 자연의 땅과 그 밖의 물건에다가 사람의 슬기로운 이상(理想)대로 힘을 더하여 농사를 짓고, 집을 짓고, 쓸 물건을 만들며, 아낙자연[내부자연, 內部自然]의 마음에 사람의 슬기로운 이상대로 힘을 더하여 과학·도덕·예술·종교를 만들어냄을 이름이다. 피의 공동은 한 줄기의 목숨을 가짐을 뜻하고, 문화의 공동은 한 형식(形式=꼴재)의 사는 이상(理想)과 사는 길[생활의 도, 生活의 道]을 가짐을 뜻함이니 말과 풍속, 습관이 다 이에 딸린다. 다시 말하면, 겨레는

'자체동일성'이라고 칭한다.

다만 피를 함께 타고났을 뿐 아니라 또 그 피로 된 목숨을 살아 나가는 방식을 같이하여 지키어 가는 것이다. 이처럼, 겨레란 문화적 개념이다. 만약, 저 피의 공동만 있고, 이 문화의 공동이 없다면, 그것은 단순한 인종학에서의 종족(種族)이 될 뿐이요, 겨레는 되지 못한다."[5)]

이를 통해 겨레의 정체성은 동일 혈통보다는 오히려 문화 정체성에 바탕을 두고 있음을 확인할 수 있다. 또 동일한 형식의 사는 이상(理想)과 사는 길[생활 방식]을 가지고 있음이 문화의 공동성이며, 사람이 슬기로운 이상에 따라 자신의 주변 세계를 변화시키며 과학·도덕·예술·종교를 만들어내는 것이 문화임을 깨달을 수 있다.

2. 문화 주체의 문화 만들기

우리는 지구(세계)화의 소용돌이 속에서 21세기를 주도해 나갈 새로운 문화를 만들어야 하는 과제를 부여받았다. 새로운 문화의 창조란 결국 다른 세계적인 문화를 주체적·적극적으로 수용하는 가운데, 우리의 전통문화를 현대의 문제 상황 속에서 새롭게 재해석해 우리의 생활세계를 이끌어나갈 문화로 종합해내는 일일 것이다. 이러한 과제를 성공리에 수행하기 위해서는 우리의 사상과 종교에 대한 주체적인 정리 작업이 무엇보다도 시급하다고 할 수 있다. 나아가 우리의 미래상에 대한 이념 정립과 우리가 추구해야 할

5) 최현배, 『우리말 존중의 근본 뜻』, 정음사, 1951, 46쪽. 고딕체는 글쓴이의 강조임.

가치관을 정립하는 것이 필요하다.

건전한 인격 형성에 주체적인 과거 인식, 정확한 현실 의식, 그리고 뚜렷한 목표 설정 등 세 가지 시간적인 차원의 균형 있는 통합이 필수적이듯, 한 민족의 문화 정체성 확립에도 과거, 현재, 미래라는 시간적인 차원의 동일근원적인 통합적 고찰이 중요하다. 과거의 영화에만 매달려 흘러간 옛 노래만을 부를 경우 발전의 가능성이란 없고, 주어진 여건에 대한 정확한 현실인식 없이 세우는 화려한 미래의 꿈은 꿈으로서 끝나버릴 확률이 높다. 현실이 갖는 삶의 활력과 보람을 끝없이 미래로만 투사할 경우 정신분열을 가중시킬 것이고, 과거도 미래도 없이 케세라세라 식으로 살아가는 즉흥적인 과도기적인 삶의 운영은 미래에의 비전도 윤리 도덕도 허용치 않을 것이다. 현실을 바꿀 힘은 우리의 가능성을 정확하게 예측하여 그에 맞추어 철저하게 계획을 세우고 기획한 바를 실현하고 말겠다는 투철한 의지와 확신에서 나온다. 우리의 가능성을 올바로 가늠하기 위해서는 무엇보다도 전수받은 문화적 유산과 제반 능력에 대한 폭넓은 지식과 놓여 있는 상황과 여건에 대한 정확한 지식이 필수적이다.

<그림 27> 문화 만들기의 기반이 되는 주요 요소

'문화 만들기'에서 중요한 것은 우리의 삶이 전개되고 있는 삶의 텃밭인 이곳, 여기의 생활세계다. 문화적으로 살아가는 삶의 공간은 차별이 없는 동질적인 기하학적 공간이나 물리학적 공간이 아니다. 그렇다고 단순히 구체적·현실적으로 삶이 펼쳐지고 있는 지정학적인 공간만을 지칭하는 것도 아니다. 그것은 상황 속에 던져진 인간이 새롭게 자신의 환경에 적응하며 환경을 변형시켜 나가는 그 모든 생활세계적, 문화적 삶의 공간 전부를 포괄한다. 삶의 공간을 능동적으로 만들어 나가는 이러한 주체적인 대응 방식에서 다음과 같은 몇 가지 구조적인 요소를 끄집어낼 수 있다.

첫째, 인간은 변화하는 환경 속에 던져져 있으며 그 환경에 끊임없이 변화하는 방식으로 대응하면서 자기 자신도 변해간다는 사실이다. 인간은 변화의 주체임과 동시에 변화의 객체이기도 하다. 인간은 환경 속에 놓인 존재로서 환경의 영향을 받고 주며 자신만의 독특한 삶의 공간을 만들어나간다. 이것을 넓은 의미로 문화의 창조자이며 피조자인 인간만의 독특한 본질적 특성이라 할 수 있다.[6] 인간을 포함한 이 우주 자연에 변하지 않는 것이란 모든 것이 변화의 한가운데에 있다는 그 사실뿐이다.

둘째, 인간의 이러한 환경 대응의 전제 조건으로 염두에 두어야 할 것은 인간의 사회성, 인간의 노동, 인간의 언어이다. 인간은 혼자서는 인간이 아니다(Ein Mensch ist kein Mensch). 이러한 인간의 사회성에는 동시에 동일 근원적으로 인간의 노동과 언어가 속한다. 환

6) Michael Landmann, *Fundamental-Anthropologie* (기초 인간학), Bonn 1979. 미카엘 란드만, 『철학적 인간학. 역사와 현대에 있어서 인간의 자기이해』, 진수훈 옮김, 경문사, 1990 참조.

경에 대한 인간 측 대응의 산물인 문화는 남과 더불어 같은 언어를 사용하고 공동으로 환경에 대처해 나가면서 생활세계를 형성해 나가는 노력인 셈이다.

셋째, 인간이 놓여 있는 환경[주위 세계]은 그것에 능동적으로 주체적으로 대처해 나가는 인간의 영향력과 더불어 끊임없이 그 지평이 확대되어 나간다. 집단을 이루어 살아나가는 사회적 문화적 존재로서의 인간의 이러한 세계 확장은 다른 집단의 세계 확장과 부딪칠 수밖에 없다. 하나의 유일한 인식 주체를 강조하며 절대적인 진리의 전파와 인간계몽을 주장할 때에는 다른 주체에 의해 형성된 세계를 인정할 수 없었다. 그러나 다른 세계, 다른 민족, 다른 문화에도 똑같이 인식 주체를 인정해야 하는 지금, 이제는 계몽이나 정복에 의한 강압적인 동화가 아닌, 서로 주고받는 상호주관적인 차원의 대화와 교류, 인정과 공감을 통한 새로운 세계 형성의 논리가 통용되어야 한다.[7] 지구화 시대를 맞아 '하나의' 지구를 이야기하지만, 그 하나됨은 획일적인 동일화나 동질화가 아닌, 차이를 인정하고, 차이에 기초하는 다원주의적 조화 속의 하나 됨이어야 한다.

---

7) 상호 문화 교류에 바탕하여 철학함을 주장하는 내용은 아래의 글에서 참고할 수 있다. Ram Adhar Mall, *Philosophie im Vergleich der Kulturen. Interkulturelle Philosophie. Eine neue Orientierung* (문화비교의 철학. 상호문화의 철학. 새로운 입문), Darmstadt, 1995; F. Wimmer, *Interkulturelle Philosophie* (상호문화의 철학), Bd. 1, Wien, 1990; Gerhard Vowinckel, *Verwandtschaft, Freundschaft und die Gesellschaft der Fremden. Grundlagen menschlichen Zusammenlebens* (친척, 친구 그리고 이방 사회. 인간적 더불어 삶의 근본토대), Darmstadt, 1995; Hans Kessler (Hrsg.), *Ökologisches Weltethos im Dialog der Kulturen und Religionen* (문화와 종교간의 대화에서의 생태학적인 세계윤리), Darmstadt, 1996.

넷째, 다원화된 세계에서의 '주체적인' 대응 역시 달라져야 할 것이다. 다양한 세계를 인정하면서 자기 세계의 독특함을 유지해야 하는 현대인의 세계 형성 과제는 과거보다 더 복잡할 수밖에 없다. 21세기 한반도에서 사는 우리가 떠맡아야 할 민족적[또는 국가적] 과제로서의 문화 만들기는 이러한 맥락 아래에서 이해되어야 할 것이다. 그것은 단순한 민족주의적[또는 국수주의적] 반응이 아니라, 세계 형성적 인간의 본질에 근거를 두는 인간학적 과제이다.

따라서 문화 만들기란 달라진 세계 속에서 변화의 추세에 끌려 다니며 변화의 객체로서 살지 말고 한국인의 자긍심을 잃지 않으면서 변화의 주체로서 스스로 우리의 세계를 만들어나가야 함을 의미한다.

3. 문화의 시대, 보이지 않는 자기 자신과의 관계가 중요하다

노르베르트 볼츠는 『보이지 않는 것의 경제』라는 책에서 이 시대의 종교와 관련해 "우리 시대 종교는 이제 개인주의다"라고 말한다.[8] 그리스도교, 이슬람교, 불교 등 기존의 전통종교가 아니라 이제는 개인주의 그 자체가 종교가 되었다고 이야기한다. "개인주의는 오늘날 종교적인 치유의 약속이다. 그전에는 이 치유가 신이나 사회로부터 온다고 일컬어졌다. 그러나 현대의 개인은 자신의 구원을 스스로의 관계 속에서, 자신의 걱정 속에서 찾으려 한다." 그는

8) 노르베르트 볼츠, 『보이지 않는 것의 경제』, 유현주 옮김, 문학동네, 1999, 209쪽.

자기 자신과의 관계, 자기 자신에 대한 근심, 걱정 등 눈에 보이지 않는 것이 이것이 우리 시대의 큰 문제라고 지적한다. 그러면서 볼츠는 어빙 고프먼(Erving Goffman)을 끌어들인다. '개인이 인지할 수 없는 현상에 관계하게 될수록 외관에 점점 집중해야 한다'고 고프먼은 말한다. 이것을 '일상의 패러독스'라고 한다.[9)]

요즘 한국 사람들, 특히 여성을 중심으로 명품에 대한 열풍이 도가 넘칠 정도로 뜨겁게 달아오르고 있다. 시대의 추세를 따라 사는 현대인들은 무엇보다도 중요한 것은 자기 자신이라고 확신하지만, 자신과의 관계를 어떻게 실현해서 채워나가야 할지, 어떻게 구현하고 표현해야 할지 그 방법을 모르고 있다. 그러다 보니 보이는 것에 집착하며 명품으로 치장해서 자신을 돋보이게 하려 한다. 한국인들은 이점이 특히 심한 편이다. 오랜 기간을 거치며 문화 시민의 길을 닦아온 소위 선진국 사람들은 나름의 가정교육에서 내면적인 가치들을 가르치고 전수해서 자존심, 자기 긍지 같은 것을 키우며 자라난다. 하지만 우리는 가정교육부터 학교 교육, 기타 현상들이 잘못된 방향으로 진행되어 성공과 행복을 성적순으로 매기는 사회 분위기 속에 살고 있다. 좋은 대학에 들어가기만 하면 모든 것이 용서되는 사회, 그것 하나로 모든 이의 부러움을 사는 사회에 살고 있다. 내면적인 가치, 자기 긍지, 자기존중 같은 것들은 제 가치를 인정받지 못한다. 오로지 대학 입학 하나만을 최고의 가치인 양 부추기며 사는 사회가 되었다. 그러나 막상 대학에 들어왔다고 달라지는 것은 별반 없다. 입학해서는 모든 것을 얻은 양 신나게 놀다 1년이 쏜살같이 지나간다. 실컷 술을 마시고, 담배를 피우고 X등급 영

9) 노르베르트 볼츠, 앞의 책, 210쪽.

화도 보고 연애와 데이트를 하는 등 그동안 금지되었던 일탈을 하고 순간순간을 즐기며 보낸다. 그렇게 일 년, 이 년 보내야 시간만 축날 뿐이지 인생의 문제는 정리되는 것이 하나도 없다. 대학 졸업하고 무엇을 하며 살아야 할지는 다른 무엇보다 해결되지 않은 문제로 더욱 가슴을 조여 온다. 그럴 때일수록 그것을 잊으려 미래의 먼일인 것처럼 고개를 가로젓지만, 가슴 속의 응어리는 더욱 굳어만 간다.

대학생활이라는 것이 인생의 목적이 아니라 그저 첫걸음일 뿐이라는 것을 알게 되는 순간 모든 것이 허탈해지고 허무해짐을 느낀다. 이제 마음을 다잡고 내 인생을 위한 설계도를 짜야 하는데, 그것을 위해 훈련받은 것이 하나도 없음을 알게 된다. 그래서 어느 것 하나를 시도해보다 좌절하고, 다른 것을 해보다 넘어지고, 또 다른 것을 도모하다 무너지고……. 그러다 아예 인생을 포기할 결심을 하고 만다. 청소년 자살률이 세계 1위라는 오명이 이것을 증명하고 있다. 자라나는 젊은 세대들에게 내면의 가치를 심어주지 못하고 외면적인 것에만 신경 쓰게 만들다 보니 여기까지 온 것이다. 이것이 우리의 비극이다. 누구도 대신해줄 수 없는 자신만의 삶을 기획하고 디자인해서 살아나가야 하는 실존적인 시대에 자기 자신에 대한 관심과 배려가 무엇보다도 중요하다.

4. 학문의 식민지화에서 벗어나기 - 문화 정체성을 찾기 위한 몸부림

개인주의가 종교가 되어버린 시대에 살고 있지만, 우리는 그런 외양적인 삶의 방식만을 흉내 내며 따라갈 뿐 그 밑바탕에 깔린 시대정신을 제대로 몸으로 배우고 익히지 못했다. 20세기 초 서양에서 실존철학이 유행하게 된 것은 결코 우연이 아니다. 실존철학에서 나는 가능 존재다. 나의 존재는 과제로 주어져 있다. 나는 나의 존재를 스스로 만들어나가야 한다. 나의 죽음을 어느 누가 대신해줄 수 없듯 내 삶도 내가 살아야 한다. 이런 시대정신 속에 서양인들은 18살이 되면 스스로 자신의 인생을 책임지는 성년이 된 것으로 선포하고, 이후로는 자립해야 한다.

우리는 어떤가? 자녀들이 스스로 자신의 삶을 살아나가도록 하는 훈련을 시키지 않는다. 그러다 보니 성년이 다 되어도 자식들은 자립할 생각은 않고 부모한테 계속 용돈이며 생활비를 달라고 손을 벌린다. 용돈을 주지 않는다고 부모를 살해하는 존속살인 사건이 심심치 않게 벌어지고 있는 데는 어른들에게도 책임이 있다. 이제라도 우리 사회에 대한 깊은, 뼈아픈 반성이 있어야 한다.

여기에서 나는 무엇보다도 지식인, 학자들의 사대주의 정신이 가장 큰 문제라고 지적하고 싶다. 학문의 식민지화 현상이 심각하다. 조선 시대의 선비들은 중국 사대주의에 빠져서 모든 기준과 척도를 중국 것에서 찾았다. 명나라가 망하고 오랑캐 만주족의 청나라가 들어섰을 때는 스스로 소중화를 자처하며 청나라를 정복해야 한다고 믿었다. 그러다가 청나라가 서양의 오랑캐에 의해 힘없이 무너지자 더는 중국에 기댈 수 없다는 것을 깨닫는다. 그것이 계기가 되어 그나마 그때부터 우리 것에 대해 관심을 갖게 된다. 우리의 역사를 새롭게 서술해야 한다고 생각해 단군신화를 다시 찾아 연구하며 우리의 상고사를 복원하려 노력한다. 우리의 말인 한글이 중요하다는 것도 깨닫고 한글로 민중들을 계몽시키려는 운동도 일어난다. 이런 분위기가 민중이 중심된 혁명의 분위기로 번져 동학운동이 전개되었지만, 너무 늦어 결국 일본의 식민지가 되어 버린다.

일본 식민지 시절 이 땅의 많은 지식인은 어떻게 처신했나. 이제는 일본에 대한 사대주의가 만연하게 된다. 그러다 어느 날 해방이 하늘에서 뚝 떨어진다. 전혀 준비가 안 된 상태에서 해방이 되니 온 국민이 우왕좌왕한다. 지식인들이 제대로 방향을 잡아주어야 하는데 그들끼리 이념으로 옥신각신하다가 결국에는 남북으로 갈라지고 만다. 남한만으로 수립된 대한민국에서 이제 구원의 천국은 미국이 되었다. 중국이 쌀 미(米)자로 표기하는 미국을 우리는 아름다울 미(美)자로 표기할 정도니 우리의 짝사랑이 얼마나 심한지 짐작할 수 있다. 미국에 대한 사대주의는 하늘을 찌를 듯 해졌다.

미국에서 공부한 이승만이 초대 대통령이 되었으니 성공하고 출세하려면 미국물을 먹어야 했다. 현재 대학교 교수의 절반 이상이 미국에서 공부한 사람들이며, 대학에서 가르치는 커리큘럼의 90%가 미국이 선포하는 교육 내용으로 꽉 차 있을 지경이다. 자식의 성공을 위한다면 당연히 미국으로 유학을 보내야 한다. 이것이 영어교육 열풍으로 이어져 유치원에서마저 영어를 배우며 자진해서 미국 식민지를 지향하는 웃지 못할 상황이 되어가고 있다. 우리의 생활세계는 철두철미하게 미국에 의해 식민지화되어 있는 상태다.

우리의 종교 상황을 한번 점검해 보자. 가톨릭이 이 땅에 들어온 지는 2백년이 넘었다. 많은 박해를 겪고 몇 만 명의 순교자를 낼 만큼 가톨릭교가 한국에 뿌리를 내리기까지는 우여곡절이 많았다. 이에 비해 개신교는 쉽게 뿌리를 내리고 번창해갔다. 근대화를 도모하는 시대 분위기와 맞물려 조선왕조 말기 왕궁과 사대부가 개신교에 호의적이었기 때문이다. 통계에 의하면 개신교 신도가 1천만 명, 가톨릭 신도가 4백만 명이라고 한다. 한국 인구의 30%가량이 그리스도교인인 셈이다. 그리스도인이 1%도 안 되는 일본과 비교하면 아주 특별한 경우다. 아시아를 벗어나 유럽에 편입하자며 근대화의 기치를 높이 세운 일본에서 왜 이렇게 그리스도교가 교세를 넓히지 못했을까.

한국인은 그리스도교뿐만 아니라 서양문화 전반에 대해서 별 거부반응이 없는 편이다. 우리는 어떻게 보면 다른 문화에 대한 방어기제가 거의 없는 셈이다. 단군신화부터가 그렇다. 문화의 융합과 혼종이 한반도에서는 끊임없이 일어났다. 그에 반해 일본은 섬나라로서 다른 문화에 대한 경계심이 아주 강한 편이다. 일본의 식민지 시절을 겪으며 우리는 '근대화'만이 살길임을 절실하게 느꼈을 것이다. 근대화는 곧 서구화다. 우리는 우리의 전통을 몽땅 갖다버리고 오로지 서구화에만 전념하였는데, 근대화의 모델과 이상은 미국이었다. 아직도 이 점은 별로 변한 것이 없다. 학문부터 시작해서 사회 구성 등 생활세계 구석구석까지 미국의 영향이 안 미치는 곳을 찾기 힘들 정도이다. 정부에게 미국은 이야기하면 무조건 따라야 하는 형님 나라다. 이렇게 휘둘리다 보니 우리는 '문화 정체성'

을 제대로 형성하지 못했다.

5. 문화에 대한 자긍심 회복을 통한 문화 주체성 확립

한국문화에 대한 비판적인 책 한 권을 보았다. 『인생은 속도가 아니라 방향이다』[10]라는 하버드 박사가 쓴 한국 표류기이다. 이 책은 내가 생각하고 있는 것을 비판적으로 많이 이야기하고 있다. 아마 내가 이런 식으로 글을 썼다면 한국 사회를 폄하한다고 사방팔방에서 욕을 얻어먹었을 것이다. 그러나 사람들은 이 책을 보면서 하버드 박사가 한국 사회에 관해 썼으니 무언가 중요한 이야기를 했을 거라 기대한다. 이것도 일종의 사대주의라 할 수 있다. 이 사람의 책이 출판된 데에는 우리의 사회적 분위기를 이용하려는 상술이 밑바탕에 깔려 있다고 본다. 어쨌거나 우리는 우리의 문화 정체성에 대해 깊은 반성을 해야 한다.

KBS 다큐멘터리 <문화의 질주>를 보면 일본에서 활동하는 한국 옻칠의 장인 전영복 선생을 소개한 부분이 있다. 이 분은 일본에서 일본의 국보들을 손질하고 또 국보급에 해당하는 대작들을 제작해서 전시하고 있다. 이 분은 이렇게 말한다. 자기가 죽고 나서 자기 후손들이 살아 있는 동안에는 자신의 작품에 대해 그의 이름을 붙여줄 것이라고. 그러나 백 년이나 이백년 뒤에는 제작자인 자신의 이름은 사라지고 그냥 일본의 예술작품으로 남을 것이라고.

10) 임마누엘 페스트라이쉬, 『인생은 속도가 아니라 방향이다』, 노마드북스, 2011.

이 분은 옻칠공예에서 세계 일인자이나 한국에서 제대로 대접을 못 받다가 일본이 최고 명인 대우로 초청하는 바람에 일본에 가서 작품 활동을 하고 있다. 그분은 한국의 자기 문화 사랑에 대해 한국 사람이 자기 문화를 사랑하지 않는데 어느 외국인이 한국 문화를 아끼고 사랑하겠느냐고 씁쓸한 이야기를 남긴다. 우리 스스로가 우리 문화를 사랑하지 않는데, 어떻게 다른 사람들이 우리 문화 사랑하기를 바라느냐는 이야기다. 우리에게는 우리의 전통문화를 지키려는 명인들과 장인들이 많은데, 한국인의 전통문화에 대한 사랑이 부족해서 이런 분들을 제대로 알아보지 못하고 그늘진 곳에서 기본생활도 못 하게끔 천시하고 있다. 그러니 목구멍이 포도청이라고 자괴심에 빠진 이들은 자신들을 인정해주는 곳이라면 어디라도 가는 것이다.

세계 어디를 가도 중국문화에 관심을 두지 않는 사람을 보기 힘들다. 마찬가지로 일본문화를 인정하고, 그것을 아는 것에 대해 대단한 자부심을 갖는다. 하지만 한국문화에 대해 아느냐고 물어보면 대부분 고개를 갸우뚱거린다. 대개 중국문화나 일본문화의 아류 정도로 알고 있다. 우리 스스로 우리 문화에 대한 자부심이 없으니 우리 문화가 세계에 두루 알려질 수 없다. 올림픽과 월드컵경기를 치른 후 한국이 많이 알려졌음에도 우리가 내세울 만한 독특한 문화가 없다는 것은 여전히 큰 문제다. 한국 하면 떠오르는 것이 고작 김치 정도라면 문화강국이라 말하기에는 무리가 있는 것이 아니겠는가. 우리 스스로는 반만년의 찬란한 문화라고 자랑하지만 정작 세계인에게 당당하게 보여줄 문화재가 없다면 자화자찬에 불과하다고 해야할 것이다.

우리 스스로 문화적인 정체성을 확립하지 못했기에 우리 문화에 대한 자존심이나 자긍심 같은 것이 없다. 그러나 문화 정체성이 없다면 문화강국이 될 수 없다. 우리에게 우리 전통문화의 어떤 것을 하라고 하면, 시대가 무슨 시대인데 창피하게 그런 것을 하느냐고 선뜻 나서지 않는다.

지금은 우리나라 사람들도 여행을 많이 다니고 외국 관광객들도 많이 온다. 때문에 각 시나 도, 군에서 관광객을 유치하려고 지방의 독특한 문화가 깃들인 축제나 관광 상품을 개발하느라 혈안이 되어 있다. 잘 알려진 외국의 도시나 지방축제를 벤치마킹해서 활용하려고도 노력한다. 잘 알려진 세계적인 축제들에는 주민들이 주인의식을 갖고 그 축제의 기획과 준비, 운영과 홍보 등에 적극적으로 참여하는 공통점이 있다. 그러나 우리의 지방축제에서는 해당 주민들의 주인의식을 찾아보기 힘들다. 책임을 맡은 몇몇 사람들만이 바쁘게 동분서주하며 뛰고, 움직이지 않는 주민들에게 일당 얼마씩 주고 불러 모아 어렵사리 축제를 준비하며 운영해 나간다. 그러다가 몇 푼 주던 수고비도 안 주면 아무도 도와주려 하지 않고 축제는 흐지부지 끝나버리고 만다. 이런 축제에 제대론 된 기운이나 흥이 있을 리 없고, 인간적인 훈훈한 정이 느껴질 리 없다. '우리 지방의 내 문화, 나의 사는 방식'이라는 자부심이 없으면 기운도 흥도 나지 않는 것이다.

임마누엘 페스트라이쉬(이만열)도 이런 점을 지적하고 있다. 미국에는 큰 대도시에 어디를 가나 차이나타운이 있다. 그곳에 사는 중국인들은 중국문화에 대한 자부심을 느끼고 음식, 놀이, 축제들을 벌이면서 자연스레 자신들의 문화 활동에 많은 사람을 초대한다.

중국인들은 세계 어디를 가나 함께 모여 자기문화를 알리고 체험하게 하는 차이나타운을 만든다. 일본도 마찬가지다. 리틀도쿄라는 이름으로 많은 일본사람이 모여 사는 곳에는 일본문화로 형성된 문화공동체가 만들어진다. 서양인들은 일본문화를 고급문화로 간주해서 거기에 참여하는 것을 큰 자랑으로 여길 정도다. 상층 사람들은 자신이 문화인이라는 것을 과시하기 위해서라도 그곳과 교류하는 것을 자랑한다. 이런 배경 속에 일본 음식도 선망의 식도락으로 널리 퍼져나갔다. 대표적인 것이 일본식 생선회인 스시다. 서양인들의 첫 반응은 야만인처럼 날고기를 먹는다는 곱지 않은 시선이었다. 그러나 일본문화 속의 음식 문화로 스시를 체험하자 태도가 달라졌다. 스시가 문화상품이 되면서 문화인으로서 한 번쯤은 체험해보아야 하는 과정이 되었다. 이제는 다이어트 열풍에 힘입어 다이어트 식품으로까지 각광받으며 그 여세가 더욱 커지고 있다. 내가 독일 유학을 하던 시절 뮌헨에도 스시바가 생겨 많은 사람이 즐겨 찾는 명소가 되었다.

이만열이 강조하는 바는 차이나타운이나 리틀도쿄 같은 곳이 서양의 대도시 한가운데 자리 잡은 작은 중국인 또는 일본인 문화 특구로서 그들의 문화를 알리는 첨병 노릇을 한다는 점이다. 그들은 음식이나 축제뿐 아니라 건물부터 자국 문화의 자부심을 알리기 위해 나름 세심한 노력을 기울인다. 이것은 분명한 문화 자긍심의 발로라고 볼 수 있다. 그러면서 그는 코리아타운은 어떤지 반성해보라고 지적한다. 한글로 된 간판만 즐비하고, 몇 개의 한국음식점과 한국식품점만이 있을 뿐 정작 한국문화를 접할 수 있는 것은 거의 없다는 것이다.

다른 하나의 예는 삼성이다. 모두 알다시피 삼성은 이제 전 지구인이 다 아는 세계적인 브랜드가 되었다. 2011년 유럽을 다녀오면서 프랑크푸르트 시내를 잠깐 볼 기회가 있었다. 거기에도 커다란 삼성 본사 건물이 있었다. 건물 한가운데 세 개의 깃발이 펄럭이고 있었는데, 불행하게도 한국 태극기는 볼 수 없었다. 가운데에 삼성기, 왼쪽과 오른쪽에 각각 독일기와 독일 자치주의 기가 꽂혀 있었다. 다른 대기업의 건물은 그렇지 않다. 대기업이 속하는 해당 국가의 국기가 당연히 게양되어 있다. 삼성은 삼성 제품이 한국에 속한다는 것을 겉으로 드러내놓고 싶지 않은 눈치다. 왜 그런가. 처음 한국 제품이 유럽이나 미국에 수출되었을 때 싼 가격으로 승부를 보았다. 그래서 소비자들로부터 싸긴 한데 질이 떨어진다는 평가를 받았다. 한국 제품에 대한 이런 인상이 아직 남아있을 것을 우려해 한국 제품이 아니라 삼성 제품으로 승부하겠다는 의지를 담은 셈이다. 세계인 열에 아홉 사람은 삼성을 일본 것으로 알고 있다고 한다. 그러나 삼성은 그렇게 착각하도록 내버려둔다. 고품격 고품질로 인정받을 수 있으니까.

이는 한국에 대한, 한국문화에 대한 자긍심이 없는 것이다. 덕분에 삼성은 한국의 이미지보다 그 브랜드 가치가 더 높다. 이것이 우리의 현실이다. 대기업마저도 자기 모국인 한국을 폄하시키는 데 앞장서고 있는 셈이다. 이런 식의 풍조가 우리 스스로에게 널리 퍼져 있는 한 우리의 문화 정체성을 확립하는 길은 요원할 수밖에 없다. 문화콘텐츠에서도 제일 먼저 헤쳐가야 할 것도 바로 이점이다.

6. 작은 곳에서 소수의 사람들로부터 시작되는 작은 문화 행위

<그림 28> 임마누엘 페스트라이쉬 (미국, 1964)

하버드 대학 출신의 저자 임마누엘 페스트라이쉬(이만열)가 해결 대책의 하나로 강조하는 것은 독서다. 그는 책을 많이 읽어야 한다고 권고한다. 그러나 한국 사람이 책을 안 읽는다는 데 문제가 있다. 요즘 좋은 인문학 분야의 책들이 많이 출간되고 있지만, 그런 책들이 외면을 당하고 있다.

그는 한국의 소위 명문대 대학원생들을 만나면 술집에서 술을 마시며 온통 먹는 이야기와 여자 이야기 외에는 하지 않아 매우 실망스럽다고 토로한다. 한국 대학생들과 만나도 예외 없이 술집에서 술을 퍼마신 다음 노래방에 가서 소리 지르며 노래를 부르고 끝난다고 한다. 한번은 서울대 대학원생들과 어디 갈 기회가 있었다. 한국 최고의 대학원생들이니까 이번에는 뭔가 학문적인 것이 있을 것이라 기대했지만, 똑같았다고 한다. 술을 퍼마셔 대고 여자 이야기만 해대고, 그런 후 노래방에서 목이 쉬도록 노래나 불러대더라는 것이다. 그러면서 미국의 예일대, 하버드 대학생들은 학문을 토론하느라 밤이 새는 줄 모른다고 덧붙인다. 부끄럽지만 이것이 우리의 실제 자화상이다. 책을 많이 읽어야 한다는 이 말은 정말 귀담아들어야 한다. 지금이 영상문화의 시대이고 정보화시대이긴 하지만, 노르베르트 볼츠도 지적했듯

책은 없어지지 않을 것이다.

정보에는 방향이 없다. 정보화시대는 정보가 차고 넘치지만, 방향을 잡아주는 나침반 같은 것은 없다. 수많은 정보 가운데에서 선택을 해야 하는데 어떤 기준으로 무엇을 선택해야 할지 알기가 쉽지 않다. 우리 시대에 무엇보다 필요한 방향 감각을 잡아주는 것이 책이다. 그는 인문학 분야의 책들을 많이 읽어 방향 감각을 익힐 필요가 있다고 말한다. 앞으로 갈 길은 문학이라고 말하며 시, 소설 등의 문학작품을 많이 읽을 것을 권한다. 우리의 실정은 어떤가. 서점에 가면 온갖 종류의 자격시험에 관련된 책들이 즐비하고 경제와 경영 등 소위 비즈니스에 관한 책들만이 특수를 누리고 있다. 임마누엘은 이런 책들은 10년도 못 가서 끝날 책들이라고 지적한다. 모든 것이 빨리 변하는 시대에는 인문학적 상상력을 키우는 것이 중요하다. 각자 스스로 어떤 주체적인 감각으로 어떤 삶을 살아갈지를 훈련해야 한다. 변화의 한가운데서 중심을 잡고 방향을 정해 주체적으로 삶을 운영해가는 법을 터득해야 한다. 이런 훈련은 인문학적 공부밖에 없다.

그는 구글이 채용에서 5분의 4를 인문학 전공자로 뽑은 것을 예로 들며, 앞으로 IT분야도 인문학 전공자를 선호할 것이라고 말한다. IT도 이제는 모든 것이 단순히 기술의 문제가 아니라 그것을 어떤 관점에서, 무엇을 위해, 왜, 어떻게 만드느냐는 다양한 관점에서 보아야 하는데, 그것에 인문학적 소양이 필요하다는 것이다. 그렇다. 이제는 '왜'라는 물음을 던져야 하는 시대다. '어떻게'의 시대는 끝났다. 그런데 우리는 여전히 '어떻게'에 매달린다. 어떻게 돈을 많이 벌까, 어떻게 연애를 잘할까, 어떻게 돈 많은 사람과 결혼할까 등등. 여기에 정작 중요한 '왜'라는 물음이 빠져있다. 왜라는 물음을 던지는 것은 인문학적인 문제다. 왜라는 문제를 던질 때 문화적 정체성의 문제도 다시 제기된다.

한나 아렌트는 이렇게 말했다. "세상의 악함 대부분은 악한 의도 때문이라기보다 생각하지 않는 것에서 비롯된다". 함석헌 선생도 "생각하는 백성이라야 산다"는 비슷한 말을 했다. 그리고 우리가 생각할 줄 모른다고 질책했다. 진득하게 어둠의 심연을 들여다보고 아픔을 감내하는 그런 깊은 생각을 하지 않는다고. 앎은 앓음이고 아픔이다. 그런데 우리는 생각하면 골치가 아프다고 한다. 생각해 봤자 거기서 돈이 나오냐 떡이 나오냐 골치만 아플 뿐이라고 말하며, 가만히 있으면 중간은 간다고 한다. 괜히 입 놀려서 손해 보지 말고, 가만히 있다가 떡이나 먹고 굿이나 보자는 식이다. 말이 많으면 빨갱이라고 한다! 불평하면 안 되고 비판해서도 안 되고, 질문해서도 안 된다. 그저 모든 것이 일사불란하게 처리되어야 한다. 이렇게 우리는 해방 이후 생각하는 것을 철저히 막아왔다. 생각하지 않고 살아온 결과가 지금 이 모양 이 꼴이다. 정체성이 없고 줏대가 없는 민족. 이제라도 책 읽는 분위기를 조성하고, 뜻이 맞는 사람끼리 모여 독서모임을 결성해 책 읽기를 생활화하는 운동이 필요하다. 그렇게 작은 데서부터 세상을 바꿔나가야 한다. 그나마 희망적인 것은 이제라도 생각의 필요성을 느끼며 조금씩이라도 우리의 사는 방식과 정치, 사회, 문화를 바꿔야 한다는 의식이 퍼져나간다는 점이다. 지금이라도 생각하는 시민이라야 산다는 것을 명심하고 문화의 세기에 우리의 문화 정체성을 찾아 나서야 한다. 문화콘텐츠학을 전공하려는 사람은 모름지기 문화 정체성 확립에 사명감을 느끼고 우리 문화 속에 결과 무늬로 갈무리되어 있는 문화적 가치를 발굴하려고 혼신의 노력을 기울여야 할 것이다.

제6장

문화콘텐츠학의 자리매김에 따르는 어려움

1. 정부 주도의 법적 '문화콘텐츠' 개념과 그 문제점

문화콘텐츠학의 학문적 체계를 마련하기 위해서는 기존 개념과 연구 영역 그리고 학문적 체계의 정립을 시도한 내용을 우선적으로 검토해 보아야 한다. 먼저 문화콘텐츠 개념을 검토해보자. '문화콘텐츠'는 일상적으로 쓰이면서도 그 뜻을 명확하게 이해하기 어려운 개념의 하나다. 일상적으로 쓰이니까 뜻을 전달하고 통하는 데 아무런 문제가 없다고 생각할 수 있으나, 사실 용어의 불명확성이 문화콘텐츠학의 체계 정립을 가로막는 문제가 된다.

문화콘텐츠 개념에 접근하기에 앞서, 콘텐츠가 부상하는 배경을 먼저 이해할 필요가 있다. 시대적 상황을 보면, 20세기 후반에 들어 다양한 디지털 미디어들이 나타나자 이 미디어들이 담고 있는 내용을 책에서 따와 콘텐트(Content)로 표현하였다. 이것을 우리가 복수형으로 바꿔 콘텐츠(Contents)로 사용하기 시작했다. 사용하는 미디어가 다양한 만큼 그 내용도 다양할 수 있다는 표현으로 추상명사 콘텐트에 's'를 붙여 콘텐츠로 사용했다. 초기에는 문법상 단수형 콘텐트를 써야 한다는 주장과 함께 논란도 있었지만, 이미 사회적으로 널리 사용되고 있을 뿐 아니라 뜻을 전달하는 데 큰 무

리가 없어 복수형으로 사용하고 있다.[1)]

미디어들의 등장은 곧 다양한 유통채널의 등장을 의미한다. 채널이 콘텐츠에 대한 수요를 폭발적으로 증가시키고, 이에 따라 시장 규모도 커지게 된다. 이것이 한국의 문화콘텐츠 산업을 비약적으로 성장시키는 계기가 되었다. 이때를 기점으로 문화콘텐츠라는 용어가 우리 사회에 본격적으로 등장하게 되었다.[2)] 시기적으로는 1990년대 후반에서 2000년대 초반이 문화콘텐츠가 새로운 용어로 등장하고 활발하게 사용되기 시작한 시점이다.

이 용어를 정확히 누가, 언제 어떠한 목적으로 처음 사용했는지는 알 수 없다. 그러나 우리나라에서 처음 만들어 사용하기 시작한 개념이고, 미디어 환경의 급속한 변화와 문화 산업의 성장이 문화콘텐츠라는 용어를 탄생시킨 배경이라는 점에는 대부분의 관련 연구자들이 큰 이견을 보이지 않는다. 특히 박기수는 "초기 문화콘텐츠의 관심과 등장은 사회적으로 자연스럽게 나타난 결과라기보다는 매우 돌발적인 것이었고, 민간이 주도한 것이 아니라 정부[官]가 의도적으로 앞에서 선도하는 모습으로 나타났다. 우리 사회가 가지고 있는 문화적 역량에서 비롯된 결과라기보다는 경제적 부가가치의 기대에서 나타난 결과"라고 주장한다.[3)] 문화콘텐츠라는 용어는 정부가 주도하여 사용한 측면이 있다. 그렇지만 문화콘텐츠가 나타난 배경이 매우 돌발적이었다고 말할 수는 없다. 적어도 달라

---

1) 이기상, 『콘텐츠와 문화철학』, 북코리아, 2009, 47~48쪽 참조.
2) 정수연, 『디지털 시대의 문화콘텐츠』, 정민사, 2011, 13쪽 참조; 정창권, 『문화콘텐츠 교육학』, 북코리아, 2009, 23쪽 참조.
3) 박기수, 「한국문화콘텐츠학의 현황과 전망. 스토리텔링을 중심으로」, 『대중서사연구』제16호, 대중서사학회, 2006, 8쪽.

진 생활 방식과 시대적인 요구 속에서 문화콘텐츠의 등장은 자연스러운 결과라고 할 수 있다.

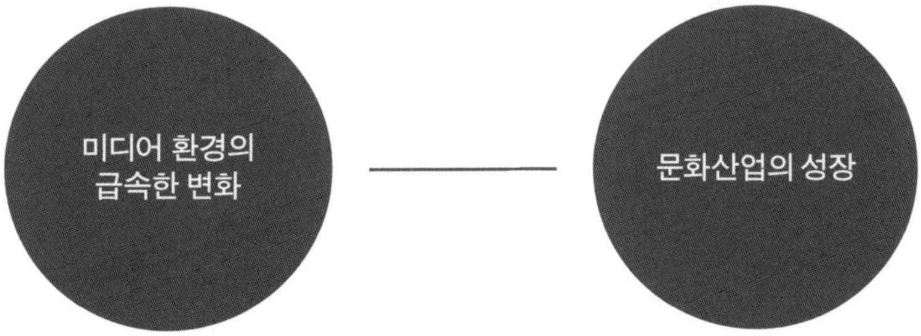

<그림 29> '문화콘텐츠' 용어 탄생 배경

그렇다면 정부가 문화콘텐츠의 개념을 어떠한 관점에서 보고 있는지 개념을 통해 확인해 볼 필요가 있다. 콘텐츠와 문화콘텐츠의 개념을 규정한 법률은 대표적으로 <문화산업진흥 기본법>[4]과 <콘텐츠산업 진흥법>[5]이 있다. <문화산업진흥 기본법>은 처음 1999년에 제정되어 2013년 2월 23일 일부 개정이 있었고, <콘텐츠산업 진흥법>은 2002년에 제정된 <온라인 디지털콘텐츠산업 발전법>을 바탕으로 2010년에 전면 개정된 이후 2013년 2월 23일 일부 개정되었다.

<문화산업진흥 기본법>[6]은 "문화 산업의 지원 및 육성에 필요한 사항을 정하여 문화 산업 발전의 기반을 조성하고 경쟁력을 강화함으로써 국민의 문화적 삶의 질 향상과 국민경제의 발전에 이바

---

4) 법률 제11690호(국가법령정보센터), 일부개정 2013년 2월 23일.
5) 법률 제11690호(국가법령정보센터), 일부개정 2013년 2월 23일.
6) 참조 국가법령정보센터. http://www.law.go.kr/

지함"을 목적으로 정하고 있다. 문화콘텐츠 관련 개념으로는 '문화 산업', '문화상품', '콘텐츠', '문화콘텐츠', '디지털 콘텐츠', '디지털 문화콘텐츠', '멀티미디어 콘텐츠'를 정의하여 제시하고 있다. 이 중 문화 산업, 문화상품, 콘텐츠, 문화콘텐츠에 대한 정의는 아래와 같다.

<문화 산업>

문화 산업이란 문화상품의 기획·개발·제작·생산·유통·소비 등과 이에 관련된 서비스를 하는 산업을 말하며, 다음 각 목의 어느 하나에 해당하는 것을 포함한다.

가. 영화·비디오물과 관련된 산업

나. 음악·게임과 관련된 산업

다. 출판·인쇄·정기간행물과 관련된 산업

라. 방송영상물과 관련된 산업

마. 문화재와 관련된 산업

바. 만화·캐릭터·애니메이션·에듀테인먼트·모바일 문화콘텐츠·디자인(산업디자인은 제외한다)·광고·공연·미술품·공예품과 관련된 산업

사. 디지털 문화콘텐츠, 사용자 제작 문화콘텐츠 및 멀티미디어 문화콘텐츠의 수집·가공·개발·제작·생산·저장·검색·유통 등과 이에 관련된 서비스를 하는 산업

아. 전통적인 소재와 기법을 활용하여 상품의 생산과 유통이 이루어지는 산업으로서 의상, 조형물, 장식용품, 소품 및 생활용품 등과 관련된 산업

자. 문화상품을 대상으로 하는 전시회·박람회·견본시장 및 축제 등과 관련된 산업

차. 가목부터 자목까지의 규정에 해당하는 각 문화 산업 중 둘 이상이 혼합된 산업

<문화상품>

예술성·창의성·오락성·여가성·대중성(이하 "문화적 요소"라 한다)이 체화(體化)되어 경제적 부가가치를 창출하는 유형·무형의 재화(문화콘텐츠, 디지털 문화콘텐츠 및 멀티미디어 문화콘텐츠를 포함한다)와 그 서비스 및 이들의 복합체

<콘텐츠>

부호·문자·도형·색채·음성·음향·이미지 및 영상 등(이들의 복합체를 포함한다)의 자료 또는 정보

<문화콘텐츠>

문화적 요소가 체화된 콘텐츠

<콘텐츠산업 진흥법>[7]은 "콘텐츠 산업의 진흥에 필요한 사항을 정함으로써 콘텐츠 산업의 기반을 조성하고 그 경쟁력을 강화하여 국민 생활의 향상과 국민경제의 건전한 발전에 이바지함"을 목적으로 정하고 있다. 그리고 이러한 목적을 바탕으로 세 가지의 기본 이념을 제시하고 있다. 첫째로 콘텐츠 제작자의 창의성이 충분

---

7) 참조 국가법령정보센터. http://www.law.go.kr/

히 발휘되고, 콘텐츠에 관한 지식재산권이 국내외에 보호될 수 있도록 해야 하고, 둘째로 콘텐츠의 원활한 유통을 통하여 이용자가 폭넓은 문화를 향유할 수 있게 함으로써 국민의 삶의 질을 향상하고 복지를 증진할 수 있도록 해야 하며, 세 번째로 다양한 콘텐츠 관련 사업을 창출하고, 이를 효율화·고도화함으로써 국제경쟁력을 강화하여 콘텐츠 산업의 지속적인 발전을 이룰 수 있어야 한다고 밝히고 있다. 이러한 목적과 기본 이념에 맞춰 '콘텐츠', '콘텐츠 산업', '콘텐츠 제작', '콘텐츠 제작자', '콘텐츠 사업자', '이용자', '기술적 보호 장치'를 관련 개념들로 정의하고 있다. 이 중에서 '콘텐츠 산업', '콘텐츠 제작'에 대한 정의는 다음과 같다.

<콘텐츠 산업>
경제적 부가가치를 창출하는 콘텐츠 또는 이를 제공하는 서비스(이들의 복합체를 포함한다)의 제작·유통·이용 등과 관련한 산업을 말한다.

<콘텐츠 제작>
창작·기획·개발·생산 등을 통하여 콘텐츠를 만드는 것을 말하며, 이를 전자적인 형태로 변환하거나 처리하는 것

<문화산업진흥 기본법>과 <콘텐츠산업 진흥법>의 목적과 관련 개념들에 대한 정리를 보면 문제가 적지 않음을 알 수 있다.

첫 번째는 법률의 목적에서 나타나는 논리와 방법의 문제이다. <문화산업진흥 기본법>을 정리한 내용을 보면, 여기에 등장하는

'문화'는 국민의 문화적 삶의 질 향상과 국민경제의 발전에 이바지할 목적이라는 명분, 즉 방향과 도구의 두 가지 의미로 부각되어 있다. '문화적 삶'이 무엇인지에 대한 설명은 없지만 국민이 추구해야 할 방향으로 제시되고 있고, 경제 발전을 위해 문화를 도구적으로 이용해 '문화 산업'을 진흥하겠다는 전략이다. 여기에는 두 가지의 문제가 있다. 하나는 논리의 문제이다. 국민의 '문화적 삶'이 무엇이고 그것에 대한 '질'을 무엇으로 논할 수 있는지에 대한 자세한 설명 없이 국민의 문화적 삶의 질 향상을 문화 산업 진흥을 통해서 달성하겠다는 방법만을 제시하는 논리적 모순이 있다. 다른 하나는 문화적 삶의 질 향상이 무엇인지에 대한 설명이 없는 것은 차치하더라도, 그러한 목표가 꼭 문화 산업의 진흥을 통해서 달성되는가 하는 방법의 문제가 남는다.

두 번째, <콘텐츠산업 진흥법>은 기본 이념을 제시하면서 법률이 정한 목적에 대한 논리를 보충하고 방법에 대해 추가적인 설명을 덧붙인다. 콘텐츠 산업의 기반을 조성하고 그 경쟁력을 강화하여 국민 생활의 향상과 국민경제의 건전한 발전에 이바지함을 법률의 목표로 제시하고 있는데, 콘텐츠 산업의 경쟁력이 콘텐츠 제작자의 창의성, 콘텐츠의 원활한 유통, 콘텐츠 산업의 효율화와 고도화에 있다고 밝히고 있다. 그리고 이러한 과정을 통해 국민이 콘텐츠를 원활하게 이용할 때 폭넓은 문화를 향유하여 삶의 질이 향상될 것이라고 설명하고 있다. <문화산업진흥 기본법>과 비교하면 조금 더 구체적이라고 할 수 있다. 그러나 여전히 국민의 삶의 질 향상과 복지 증진이 무엇을 의미하는지는 알 수 없다.

세 번째, 개념에서 나타나는 문제다. 개념의 모호함은 콘텐츠와 문화콘텐츠 두 곳에서 확인할 수 있다. 우선 문화콘텐츠를 '문화적 요소가 체화된 콘텐츠'라고 정의했는데, 문화적 요소가 무엇인지 애매하게 남는다. 콘텐츠를 "부호·문자·도형·색채·음성·음향·이미지 및 영상 등[이들의 복합체를 포함한다]의 자료 또는 정보"로 정의하고 있는데, 이들 요소는 매체를 통해 콘텐츠를 표현하기 위한 기술적 요소인바 매체와 그것의 표현 요소로만 콘텐츠에 대한 의미를 개념으로 정리하는 것이 적절한지도 의문으로 남는다. 더불어 콘텐츠가 자료 또는 정보에 포함되는 하위 개념인지도 논란이 될 수 있다.[8)]

네 번째, 개념들 사이의 관계 설정은 더 중요한 문제다. 이 문제는 문화상품에 대한 개념 정의에서 드러난다. 문화상품에 대한 개념을 "예술성·창의성·오락성·여가성·대중성[이하 "문화적 요소"라 한다]이 체화(體化)되어 경제적 부가가치를 창출하는 유형·무형의 재화[문화콘텐츠, 디지털 문화콘텐츠 및 멀티미디어 문화콘텐츠를 포함한다]와 그 서비스 및 이들의 복합체"로 정의하고 있어, 문화상품에 문화콘텐츠, 디지털 문화콘텐츠 및 멀티미디어 문화콘텐츠를 포함시키고 있음을 알 수 있다. 본래의 법이 국민의 문화적 삶의 질 향상과 국민경제의 발전에 이바지함을 목적이라고 밝히고 있지만 그것의

---

8) 박상천은 콘텐츠를 자료와 정보의 차원에서 접근하는 것보다 완결된 '가공물'의 차원으로 접근하자는 제안을 한다. 그렇게 하면 자료와 정보가 재료 차원의 하위 개념이 되고 완결된 가공물인 콘텐츠가 상위 개념이 될 수 있다는 것이다. 그러나 콘텐츠의 실재성은 완결된 형태로만 나타나지 않는다. 오히려 콘텐츠가 사람들에게 요구되고 경험되면서 구체적으로 관계 맺는 과정이 콘텐츠의 의미와 가치를 더욱 자세히 드러낼 수 있을 것이다. 박상천, 「'문화콘텐츠' 개념 정립을 위한 시론」, 『한국언어문화』제33집, 한국언어문화학회, 2007, 190~199쪽 참조.

목적이 모호한 상황에서, 결과적으로는 경제적 가치를 본래 중요하게 추구하는 문화상품의 개념에 문화콘텐츠를 그 하위로 포함시켜 문화콘텐츠의 의미와 목적을 한정하고 있다. 그러나 이러한 문제점들은 개념과 논리 그리고 방법에 대한 법률상의 문제로 끝나는 것은 아니다. <문화산업진흥 기본법>과 <콘텐츠산업 진흥법>이 문화산업을 발전시키고자 하는 일념으로 결과물로서의 문화콘텐츠에 집중하다 보니 결국 국민의 문화적 삶의 질 향상에 이바지해야 할 내용물[콘텐츠]의 '문화콘텐츠화 과정'을 가볍게 생략하여 문화콘텐츠 전체를 상업의 논리에 종속시키는 결과를 불러왔다.

앞에서 정리한 것과 같이 <문화산업진흥 기본법>과 <콘텐츠산업 진흥법>의 문화콘텐츠 관련 개념에 나타난 관점, 그리고 목적에서 드러나는 문제들이 논란의 여지가 있는 것은 분명하다. 그럼에도 불구하고 이들 법이 문화콘텐츠에 대한 존재를 확인하고 본질에 접근해가는 기회를 제공한 것 역시 사실이다. 그러나 이것은 국가가 실행하는 문화콘텐츠와 관련한 주요 정책의 목표와 과정을 정하고, 이를 통해 모든 국민의 생활에 직접적인 영향을 준다는 점에서 결코 하찮게 취급될 수 있는 문제는 아니다. 박상천은 콘텐츠라는 용어 앞에 '문화'라는 수식어를 붙임으로써 문화적 접근의 필요성을 제시한 것과 단순한 기술과 산업의 차원을 넘어 문화적으로 접근할 수 있는 제도적 길을 마련해 놓았다는 점은 의미가 있다고 말한다.[9] 그렇다면 오히려 이러한 의미가 퇴색되지 않도록 오해와 문제가 될 수 있는 부분을 서둘러 재검토하여 수정하고 보완해야만 한다.

---

9) 박상천, 앞의 책, 192쪽 참조.

2. 학계의 문화콘텐츠 개념 규정 시도

학술적으로도 문화콘텐츠의 관련 개념이 어떻게 규정되어 있는지 살펴볼 필요가 있다. 인문콘텐츠학회에서 펴낸 『문화콘텐츠 입문』에서는 콘텐츠를 "말이나 문장 또는 여러 종류의 예술 작품과 같이 어떤 매체를 통해서 표현되는 내용", "문자, 영상, 소리 등의 정보를 제작하고 가공해서 소비자에게 전달하는 정보 상품"[10]으로 정의한다. 즉 "미디어 또는 플랫폼에 담기는 내용물"을 포괄해서 지칭할 수 있다고 본다. 여기에 디지털을 앞에 붙어 '디지털 콘텐츠', 문화가 앞에 붙어 '문화콘텐츠'가 되는데, 디지털 콘텐츠는 콘텐츠가 구현되는 디지털 기술을 강조한 용어이고, 문화콘텐츠는 문화의 중요성과 활용이 중요해지면서 자연스럽게 일반화된 용어라고 설명한다. 특히 여기에서의 문화는 교양과 오락이 결합된 문화다. 품위가 있으면서 대중적인 콘텐츠가 질[퀄리티] 높은 세계적인 킬러콘텐츠가 된다고 본다. 이를 위해서는 대중적인 코드를 잘 읽어 디지털 기술에 적합한 방식으로 가공해야 한다. 그래야만 오락적 산업, 즉 엔터테인먼트 산업을 성장시킬 수 있다.[11]

최연구는 그의 저서 『문화콘텐츠는 무엇인가』에서 콘텐츠와 문화콘텐츠를 다음과 같이 정의한다. 그는 일차적으로 콘텐츠를 "테크놀로지를 전제로 하거나 테크놀로지와 결합된 내용물"로 본다. 콘텐츠는 미디어를 필요로 하고, 미디어는 디지털 기술의 발현물이며, 디지털 기술은 디지털 콘텐츠를 동반한다고 말한다. 결국 미

10) 인문콘텐츠학회 엮음, 『문화콘텐츠 입문』, 북코리아, 2006, 14쪽.
11) 인문콘텐츠학회 엮음, 앞의 책, 14~17쪽 참조.

디어와 콘텐츠가 분리될 수 없는 관계에 있다고 보는 것이다. 따라서 콘텐츠가 중요하다고 이것만 강조해서 안 된다. 콘텐츠가 본질적으로 내용이기는 하지만 그것의 형식을 결정하는 미디어도 동시에 중요하게 생각해야 한다.[12] 그는 여기에서 문화콘텐츠와 관련해 정확한 정의를 내리지는 않는다. 다만 시대적 상황과 여러 학자가 시도한 문화콘텐츠 개념들을 분석하여 콘텐츠 개념을 확장한다. "콘텐츠란 어떤 소재나 내용에 여러 가지의 문화적 공정을 통해 가치를 부여하거나 가치를 드높인 것"으로 정의하고 싶다고 주장한다. 따라서 문화 산업은 문화적 공정과 가치의 부여를 통해 새로운 부가가치를 창출하는 데 문화콘텐츠의 기여가 있어야 한다.[13]

정수연은 『디지털 시대의 문화콘텐츠』에서 콘텐츠를 다양하게 활용이 가능한 내용물이라고 규정한다. 구체적으로 영화나 방송, 애니메이션, 게임 등 각종 매체에 담긴 수많은 작품이 여기에 해당한다. 그리고 문화콘텐츠는 콘텐츠를 담는 그릇이자 널리 활성화하는 도구들이라 말한다. 출판, 만화, 방송, 영화, 게임, 캐릭터, 공연, 음반, 전시, 축제, 여행, 디지털 콘텐츠[데이터베이스, 에듀테인먼트, 인터넷 콘텐츠], 모바일 등 각종 문화콘텐츠 산업을 지칭한다. 디지털 시대가 되면서 각각의 매체들이 서로 융합되어 거대화, 산업화되어 감에 따라 많은 사람이 '문화콘텐츠'라는 용어를 사용하고 있다는 것을 강조한다.[14]

앞의 개념 정의들을 정리해보면, 콘텐츠와 문화콘텐츠에 대해 다

---

12) 최연구, 『문화콘텐츠란 무엇인가』, 살림, 2006, 41~42쪽 참조.
13) 최연구, 앞의 책, 59~60쪽 참조.
14) 정수연, 앞의 책, 22~23쪽 참조.

음과 같은 관점의 종합적인 정리가 가능하다.

첫 번째는 콘텐츠를 디지털 기술과 미디어에 종속되거나 불가분의 관계로 규명하고 있다. 두 번째는 문화콘텐츠를 문화 산업과 관련지어 가치 창출의 기능을 개념에 담고자 시도한다. 즉 기술적 차원과 산업적 차원이 콘텐츠와 문화콘텐츠의 개념을 이루는 중심적 요소가 되고 있다.

콘텐츠와 문화콘텐츠가 기술적 요소와 산업적 차원을 가지고 있는 것은 사실이다. 그러나 콘텐츠 또는 문화콘텐츠가 인간의 경험을 통해 의미와 가치를 획득한다고 할 때 콘텐츠 또는 문화콘텐츠의 본질은 인간과의 관계 속에서 본질적인 해석을 통해서 그 의미를 적절히 밝힐 필요가 있다. 그런데도 이 부분이 간과되고 있음을 또한 알 수 있다.

문화콘텐츠에 대한 개념을 다른 방향에서 접근을 시도하는 연구자들도 있다.

심승구는 문화콘텐츠란 곧 "문화의 원형(original form, archetype) 또는 문화적 요소를 발굴하고 그 속에 담긴 의미와 가치[원형성, 잠재성, 활용성]를 찾아내어 매체(on-off line)에 결합하는 새로운 문화의 창조 과정"이라고 정의한다. 그는 문화콘텐츠 분야가 새로운 응용학문 분야로 주목받을 수 있는 배경은 '다학문의 통합성과 다양한 문화가치의 창출, 그리고 시공을 초월한 활용성'이라고 설명한다. 또 문화의 특성에서 역동성과 가변성을 중요하게 파악하고, 이것이 문화콘텐츠를 통해 시험된다고 말한다. 실제로 "문화콘텐츠는 다양한 사회구성원들 사이에 문화가 어떻게 서로 다르게 이해되고, 그러한 이해가 실천을 통해 복원(restoration)과 재현

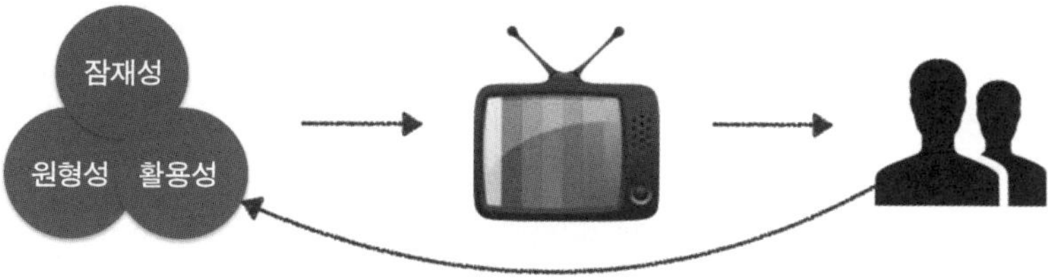

<그림 30> 복원과 재현의 순환적 창조과정

(represent)되는지가 중요한 과정"이다.[15] 이 관점에서 강조하는 것은 '과정'으로서의 문화콘텐츠라 말할 수 있다. 그동안 문화콘텐츠를 가시적인 내용물 또는 상품으로 강조하였다면, 그는 가치의 발견과 매체의 결합 과정을 통한 창조적 활동의 과정으로서 문화콘텐츠를 설명한다. 그렇다고 한다면 여기에서 중요하게 생각해 볼 것은 그러한 문화콘텐츠를 가능하게 하는 동력이 무엇이냐에 대한 물음이다. 즉 문화콘텐츠가 하나의 의미이고 가치라고 한다면 여기에 담겨 있는 이야기와 이야기의 힘을 이루는 비가시적인 내재적 요소에 주목할 수밖에 없다.

박상천은 문화콘텐츠의 개념을 형식[기술]이 아닌 자격[의미]으로 해석한다. 그는 문화콘텐츠를 '문화'와 '콘텐츠'로 분리하고, '문화'가 어떤 의미가 있는지를 분석한다. 그는 문화콘텐츠의 '문화'는 해당 콘텐츠가 문화로서의 자격을 가지고 있고 문화적 기능을 담당한다는 의미가 있다고 주장한다. 즉 해당 콘텐츠가 지닌 자격과 그 기능의 특성을 나타내는 용어로서 '문화'라는 용어를 사용하고 있다. 이런 점에서 본다면 문화콘텐츠는 "문화적 내용물을 담고 있

15) 심승구, 「한국 술 문화의 원형과 콘텐츠화. 술 문화의 글로벌콘텐츠를 위한 담론체계 탐색」, 『인문콘텐츠학회 학술심포지엄 학술발표자료』, 2005, 55쪽.

는 콘텐츠"가 아니라 "문화로서의 자격과 문화적 기능을 지닌 콘텐츠"라 할 수 있다. 구체적으로 그는 문화콘텐츠를 "다양한 매체를 통해 구현되어 사람들에게 지적, 정서적 만족을 주는 창의적 가공물"로 정의한다.[16] 그가 매체의 기술적 특성에 의한 생산 방식 또는 생산된 내용물에 의미의 초점을 두기보다는 문화콘텐츠의 '문화콘텐츠다움'이 무엇인지에 대해 고찰하면서, 최종적으로 인간에게 문화콘텐츠란 본질적으로 무엇이냐는 문제로 끌어가는 것을 알 수 있다.

심승구와 박상천이 보여주는 개념 정립의 시도가 갖는 의의는 다음과 같다. 첫째, 문화콘텐츠의 의미와 가치를 새롭게 조명한다. 지금까지 문화콘텐츠를 기술적 특성과 경제적 가치에 종속시켜 표면적·도구적으로 바라보던 기존 관점에서 탈피해 인간-문화콘텐츠-문화의 관계를 유기체적으로 파악할 수 있는 계기를 제공한다. 둘째, 문화콘텐츠를 추상이 아닌 실재, 이론이 아닌 현실에 자리매김하려고 시도한다. 문화콘텐츠를 문화의 역동성과 가변성으로 접근하고, 자격으로 해석한다는 점에서 문화콘텐츠가 가지고 있는 실천성에 대한 담론의 장을 제공한다.

지금까지 '콘텐츠'와 '문화콘텐츠'에 대한 기존 개념들을 동시에 고찰했다. 그 이유는 관련 기관과 연구자들이 두 개의 의미를 구분하면서도 서로 다른 의미로 사용하고 있기 때문이다. 언어의 발전 과정에서 본다면 문화콘텐츠는 콘텐츠의 등장 이후에 사용된 개념이다. 그렇다면 그 둘 사이의 구분되는 의미가 명확하게 드러나야

---

16) 박상천, 「'문화콘텐츠' 개념 정립을 위한 시론」, 『한국언어와문화』제33집, 한국언어문화학회, 2007, 200쪽.

한다. 그러나 법률상의 개념 정의를 보면 '문화적 요소가 체화된'이라는 매우 추상적인 의미만 덧붙여져 있다. 이렇게 그 뜻을 불명확하게 규정하면서도 문화콘텐츠를 산업으로 보려는 의식적인 노력은 매우 뚜렷하게 나타나 있다. 콘텐츠에서 문화콘텐츠로 용어가 확대 사용되는 과정은 특히 기술과 함께 산업을 더욱 부각함을 보여준다.

법률상의 접근과 마찬가지로 학술적인 접근도 다르지 않다. 이 둘을 종합해 보면 문화를 이해하는 관점과 특성을 다음과 같이 종합적으로 정리할 수 있다. 첫째로 문화를 상품으로 보는 시각이 우세하다. 이러한 상품들은 '상업화', '산업'과 연결되어 경제적 가치의 추구로 나타난다. 둘째로 콘텐츠를 표현하고 전달하는 수단과 더 나아가 문화상품을 산업화해서 이윤을 얻기 위한 목적에서 매체가 필요하다. 세 번째로 이러한 문화콘텐츠가 상품이 되기 위해서는 창작-개발-제작-유통의 단계를 거쳐야 한다.

이렇게 문화콘텐츠를 인식하는 전반적인 분위기에서도 기존 개념에 우위적으로 스며있는 기술적·경제적·도구적 지향성의 한계를 극복하려는 몇몇 연구자들의 노력도 나타나고 있음을 확인했다. 문화적, 실천적, 변화 가능성에서의 문화콘텐츠에 대한 새로운 접근이 인간-문화콘텐츠-문화의 관계를 새롭게 인식할 기회를 만들어 준다. 문화콘텐츠는 그것을 독립적인 요소로 분리하거나 어느 무엇으로 치환할 것이 아니라 다양한 관계 속에서 생성, 변화, 소멸하는 운동으로 보아야 한다.

문화콘텐츠학에서 문화콘텐츠 개념이 중요한 이유 중 하나는 이것이 학문을 이루는 하나의 요소이기 때문이 아니라, 우리가 만들

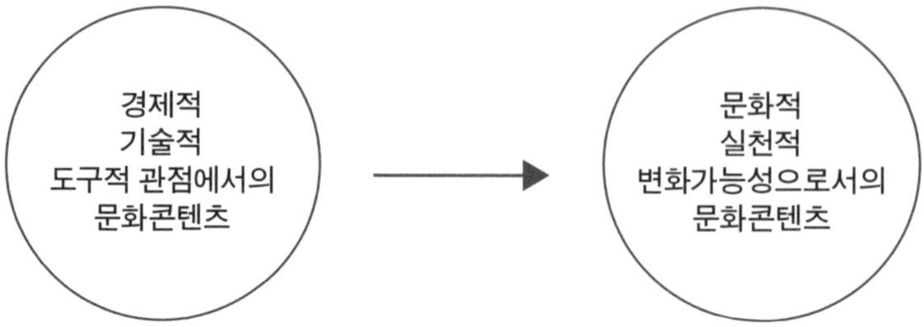

<그림 31> 문화콘텐츠 개념 변화에 나타난 문화콘텐츠 기능

고 사용하는 개념이 문화콘텐츠이기 때문이다. 이 용어의 물적·인식적 토대가 우리가 살아가는 삶의 지평에서 출발하고 있으므로, 용어의 의미와 맥락을 우리 삶의 현실 속에서 드러내야 한다. 만약 다른 문화권에서 사용하는 개념의 의미를 차용해 정립한다면 문화콘텐츠학은 우리의 삶과 괴리된 지식이 될 수밖에 없다. 따라서 학문적 체계는 개념의 의미들, 즉 생활세계에 대한 눈(觀)을 통해 구축되기 때문에 그것이 사용되는 연유들을 우리 스스로 확인하고 구성해 나가야 한다. 오늘날 문화콘텐츠가 이 땅에서 스스로 호명된 연유와 가능성을 잃어버리지 않기 위해서 개념에 담긴 그 의미와 가치를 우리 스스로 확인하고 발전시켜야 한다.

3. 문화콘텐츠에 대한 새로운 개념 규정 시도

지금까지 다양한 각도에서 조명해본 콘텐츠와 문화에 대한 논의를 종합 정리하면, 한마디로 문화는 소통이며 콘텐츠는 [그러한 소통의] 소통거리이다. 그리고 문화콘텐츠는 "인간이 문화적 존재로서 보다 나은 삶을 위해 기호와 상징을 사용해 사색하며 다른 사람과 교류하고 사물[사건]과 소통하며 자기를 표현하는 가운데 생겨나는 온갖 거리"라고 말할 수 있다. "문화적 존재로서의 인간의 몸짓, 마음씨, 된품[바탈], 날새[될성, 가능성]에서 비롯되거나 그것을 표현하는 상징적 의미, 예술의 영역, 문화적 가치 그리고 초월적 지향"을 뜻한다.

1) 문화콘텐츠 규정과 설명

> "문화콘텐츠는 문화적 존재로서의 인간이 지어내고 꾸며낸바(것과 일) 모든 것이다"

위에서 특징지은 문화의 바탕과 문화적 지향성을 염두에 두고 문화적 존재로서의 인간을 생각하기 바란다. 인간이 생물학적 욕구와 사회학적 요구, 인간학적 추구와 구현, 이상론적 목표 설정 속에서 보다 인간적인 삶을 위해 지어내고 꾸며내는 모든 활동과 그 산물이 다 문화콘텐츠다.

(1) 인간의 몸짓에서 비롯되거나 표현된바[것과 일] 모든 것이다. 몸을 가진 인간이 자연을 편리한 자기 삶의 공간으로 만들기 위해 사물과 관계하면서 소통하는 가운데 지어내고 꾸며내는 활동과 그 산물이 문화콘텐츠다. → 제작 활동과 그 작품.
(2) 인간의 마음씨에서 비롯되거나 표현된바[것과 일] 모든 것이다. 사회적 존재로서의 인간이 다른 사람들과 공동체를 이루

며 살아가는 가운데 자신의 독특함을 발휘하면서 남들을 인정하며 교제하면서 더욱 나은 사회를 만들려는 노력의 활동과 그 산물이 문화콘텐츠다. → 공존과 공생, 공감과 상생, 다스림과 어울림, 교제와 교류, 관리와 조정, 유통과 확산 등 사회적 실천과 그 제도적 장치와 그 산물.

(3) 인간의 된품[바탈]에서 비롯되거나 표현된바[것과 일] 모든 것이다. 원인과 결과를 연결짓고 조건 지음의 전체와 부분의 관계를 알아보며, 전체의 관점에서 부분의 의미를 알아보며, 목표를 설정하는 기획의 행위와 그 이론적 틀과 그 산물이 문화콘텐츠다. → 역사적, 이론적, 체계적, 학문[과학]적, 전체론적 조망과 기획의 활동과 그 산물.

(4) 인간의 될성[날새, 가능성]에서 비롯되거나 표현된바[것과 일] 모든 것이다. 몸담고 있는 시간과 공간의 한계를 벗어나 상상의 나래로 보다 나은 현실과 세계를 꿈꾸며 주어진 것을 넘어서려는 초월적 상상력의 활동과 그 산물이 문화콘텐츠이다. → 주어진 현실에 만족하지 않고 그 이상을 꿈꾸며 그리는 이상적 활동과 그 산물.

2) 문화콘텐츠의 권역

이러한 문화콘텐츠가 연관되는 권역은 다음과 같다.

(1) 상징적 의미 : 문화적 존재인 인간은 현실, 자연, 세계, 사물, 사건, 일과 직접적인 관계를 맺지 않는다. 우리의 세계와 현실은 상징과 기호로 매개된 존재-의미론적 기반(Onto-semantical

Matrix)이다.[17] 인간의 관계와 소통은 이름 짓기로부터 시작된다. 따라서 문화콘텐츠의 근간이 되는 권역은 이러한 상징과 기호가 벌어지는 의미론적·기호론적 권역이다. → 문화적 변이

(2) 예술의 영역 : 문화적 인간은 먹고 자식을 낳는 생물학적 욕구의 충족과는 거리가 먼, 앎 그 자체, 아름다움 그 자체를 순전히 그 자체 목적을 위해서 추구하는 독특한 문화적 욕구를 발달시켰다. 예술과 학문은 어떤 다른 것을 위한 수단적인 것이 아니라 그 자체가 목표이며 존재 이유인 그러한 권역이다. → 예술적 의미 부여

(3) 문화적 가치 : 과정적이고 발전적인 인간은 물리화학적·생물학적으로 전개되는 사실의 세계에 만족하지 않고 그것이 어떠해야 한다는 당위론적 이상을 설정하고 그것을 이루려고 추구한다. 그냥 살아가는 것이 아닌 이유와 목표가 있는 의미 있고 가치 있는 삶을 살려고 노력한다. → 이상적 목표 설정

(4) 초월적 지향 : 인간은 주어진 현실에, 지금의 나에 만족하지 않고 그것들을 넘어서는 또 다른 저 너머의 세계를 꿈꾼다. 나는 그 보이지 않는 세계와 보이지 않게 연결되어 있으며, 지금의 나는 더 큰 나에 통섭 되고 통합된다. 나는 내 가족에, 민족에, 나라에, 대륙에, 지구에, 태양계에, 우주에, 신에 연결되어 있다. 지금 여기 나의 실재와 행동의 존재 이유는 궁극적으로 이러한 연결망 속에 감춰져 있는지 모른다. → 초월적 함축

17) 박이문, 『둥지의 철학. 존재와 세계의 위기에 대한 전면적인 철학적 응전』, 생각의 나무, 2010, 75쪽 참조.

3) 문화콘텐츠의 다양한 차원

이러한 문화콘텐츠는 다음과 같은 차원들을 두루 관통하고 있다.

(1) 기술적 차원 : 우리가 몸담고 있는 자연을 편안한 삶의 둥지로 만들려는 인간의 몸짓이 다 기술적 차원의 문화적 활동이다. 따라서 그 산물인 문화콘텐츠에는 기술적 차원이 내재되어 있다.

(2) 매체적 차원 : 인간의 모든 사고, 인식, 행위가 다 상징과 기호에 의해 매개되는 인식론적 틀 안에서 일어나는 한 우리는 그것의 매체적 차원에 주목해야 한다.

(3) 예술적 차원 : 문화콘텐츠에는 어떤 필요나 목적에도 매이지 않는 그 자체를 위해 추구되어 만들어지고 꾸며지는 예술적 차원이 있다. 아름다움 그 자체를 위한 자체 목적의 계기가 있다. 감성의 멋을 살리는 미학적 차원이 있다.

(4) 합리적 기능적 차원 : 개인의 삶과 공동체의 생활을 보다 원활하게 꾸려나가기 위해 노력하는 인간의 문화적 행위에는 기능과 효율성을 염두에 두는 합리적이고 기능적인 차원이 있다. 그러기에 문화콘텐츠에서도 이런 차원을 확인할 수 있다.

(5) 가치적 규범적 차원 : 인간의 모든 의미 부여와 목표 설정에는 그가 추구하고 있는 가치와 규범이 그 밑바탕에 깔려 있다. 따라서 문화콘텐츠도 이 차원에 주목할 수 있다.

(6) 문화 유지 보존의 차원 : 기억과 재현의 차원. 주어진 시간을 사는 유한한 인간은 즐겁거나 슬펐던 자신의 과거를 기억하며 재현하면서 삶의 의미를 재확인하는 의식적(ritual) 행위를

한다. 공동체적인 차원에서는 이것이 전통문화의 보존과 재현[축제]으로 나타난다. 많은 문화콘텐츠가 바로 이러한 전통문화의 재현과 연관이 있다.

(7) 자기구현 차원[표현과 활동의 차원] : 사람 사이에서 사물과 사건, 일과 세계에 대해 소통하며 사는 인간은 다른 사람 앞에서 자기 생각을 표현하면서 남의 인정을 받으려 한다. 인간은 이렇게 자기표현과 자기전시 속에서 자기구현을 하며 보람을 찾는다. 인간의 이런 표현 능력이 없다면 문화콘텐츠는 가능하지 않을 것이다.

(8) 학습적 차원[배움과 전달의 차원] : 인간은 지식과 정보의 습득, 보존, 전달, 확산을 통해 자신의 문화를 후대에 전수한다. 이런 학습적 차원이 문화적 인간을 가능케 한다. 많은 문화콘텐츠가 이러한 배움과 전달을 염두에 둔, 그리고 이러한 배움과 전달에 바탕을 둔 활동의 산물이라는 것은 의심의 여지가 없다.

제7장

문화콘텐츠학의 이념 검토 : 활용론, 응용인문학, 유희론

1. 문화콘텐츠학 이념 검토

문화콘텐츠학의 필요성을 주장한 연구자들이 적지 않다. 그들은 문화콘텐츠와 관련된 개념, 연구 분야, 교육 체계, 학문 분류에 관심을 두고 연구하면서 학문적 체계의 기틀을 제공하기 위해 계속해서 노력해왔다. 연구자들의 연구 성과는 문화콘텐츠학의 학문적 체계를 지속해서 발전시키는 데 면밀히 분석하고 참고해야 할 자료이다. 이 장에서는 문화콘텐츠학 관련 연구 내용 중 직접적으로 문화콘텐츠학의 정립을 시도한 연구들만을 선별하여 분석해 보기로 한다. 단행본으로 출간한 3권의 문헌 자료가 여기에 해당한다.

현재 '문화콘텐츠학'을 제목에 포함하여 출간된 책은 정창권의 『문화콘텐츠학 강의』, 신광철의 『문화콘텐츠학 입문』, 박장순의 『문화콘텐츠학 개론』이 대표적이다. 각 연구자는 문화콘텐츠학의 체계가 확실히 정립되지 못한 현실을 극복하기 위한 노력으로 '문화콘텐츠학'을 화두로 제시하고 있다. 이들 책이 그 형식과 내용에서 다소 학술적 성격과 체계에 부합하지 않는 측면이 있는 것도 사실이다. 그러나 본 연구가 살펴보고자 하는 것은 문화콘텐츠학에 대한 규정과 관점, 학문적으로 체계화하는 방법, 문화콘텐츠학의 이념과 지향을 분석하는 데 있기에, '문화콘텐츠학'을 화두로 제시하고 있는 해당 문헌들의 형식과 내용에 대한 논란과 무관하게 학문적 체계에 대한 연구에서 선행적으로 다루어 볼 필요가 있다.

2. 활용론의 관점

정창권은 문화콘텐츠학을 『문화콘텐츠학 강의 : 쉽게 개발하기』와 『문화콘텐츠학 강의 : 깊이 이해하기』라는 두 권의 책으로 정리하고 있다. 먼저, 그가 콘텐츠, 문화콘텐츠, 문화콘텐츠학에 대한 개념 규정을 어떻게 시도하고 있으며, 어떠한 관점으로 학문적 체계를 정립하려고 하는지 살펴본다.

그는 콘텐츠를 "각종 대중매체에 담겨있는 다양하게 활용 가능한 내용물"로 정의한다.[1] 드라마나 영화, 공연, 게임 등에 들어있는 각종 작품이 여기에 해당된다. 이러한 콘텐츠는 예술성과 산업성이 담보되어 있고 독창적인 아이디어와 재미있는 이야기로 사람들의 마음을 움직일 수 있어야 한다. 콘텐츠들은 디지털 기술에 의해 신속성, 정확성, 멀티미디어성을 가지고 있지만, 더욱 중요한 것은 무한 복제와 변형, 그리고 전송할 수 있다는 것이다.[2] 콘텐츠가 다양하게 활용 가능한 내용물이라는 주장은 바로 디지털 기술에 의해 콘텐츠가 복제, 변형, 전송되는 특성 때문이다. 그는 콘텐츠가 대중 매체에 담긴 내용물이면서 곧 대중문화라고 확대하여 규

1) 정창권, 『문화콘텐츠 스토리텔링』, 북코리아, 2008, 22~23쪽.
2) 정창권, 앞의 책, 같은 쪽 참조.

정한다.[3)] 드라마 <겨울연가>나 영화 <태극기 휘날리며>, 게임 <리니지>와 같이 대중의 주목을 받았던 작품들이 대중문화에 포함되는 주요 콘텐츠라고 말한다. 대중문화는 문화 산업과 관련된다. 대중문화로서의 콘텐츠가 문화 산업과 결합되면서 내용적 측면이 강조되고 이에 따라 문화콘텐츠라는 용어가 자연스럽게 등장했다고 보는 것이다. 다시 말해 콘텐츠와 문화콘텐츠의 관계는 대중문화와 문화 산업을 통해 이해할 수 있다. 또한, 문화콘텐츠를 매체라고 말한다. 문화콘텐츠는 콘텐츠를 담는 그릇이자 다양하게 활용하는 도구들이다. 출판이나 만화, 방송, 영화, 게임, 캐릭터 등의 문화와 관련된 각종 매체가 여기에 포함된다. 결론적으로 그는 문화콘텐츠를 '미디어'와 콘텐츠 '장르'로 규정한다. 그리고 이러한 문화콘텐츠가 기획·개발·제작·판매의 과정을 거치면서 문화 산업의 성격을 갖는다.[4)]

정창권은 콘텐츠와 문화콘텐츠에 대한 구분을 '내용'과 '미디어'로 기준으로 하며, 문화콘텐츠 산업을 문화콘텐츠 제작 과정으로 설명하고 있다. 문화콘텐츠에 대한 이러한 이해는 책의 구성 속에 그대로 나타나 있다. 『문화콘텐츠학 강의 : 쉽게 개발하기』에는 콘텐츠를 개발하는 일련의 과정이 설명되어 있다. 기획단계[기획-테마 선정-장르 설정-자료 수집-시놉시스 쓰기-기획서 작성], 개발단계[스토리 짜기-각색론-전환론], 제작단계[장르별 제작 과정], 판매단계[홍보와 마케팅, 원 소스 멀티유즈 전략]로 구분하여 콘텐츠

3) 정창권, 『문화콘텐츠학 강의. 깊이 이해하기』, 커뮤니케이션북스, 2007, 10쪽 참조.

4) 정창권, 『문화콘텐츠 스토리텔링』, 북코리아, 2008, 24쪽 참조.

의 내용을 구성하고 전달하는 과정을 설명한다. 그리고 『문화콘텐츠학 강의 : 깊이 이해하기』에서는 출판, 만화, 방송, 영화, 애니메이션, 게임, 캐릭터, 공연, 음반, 전시, 축제, 여행으로 콘텐츠 장르를 분류하여 콘텐츠의 내용이 담기는 매체를 서술한다. 전체적으로 문화콘텐츠학의 담론을 개발과 장르의 구분을 통해 형성한다.

문화콘텐츠에 대한 이런 견해는 문화콘텐츠학 개념 정의에도 반영된다. 정창권은 문화콘텐츠학을 '각종 문화콘텐츠와 관련된 제반 사항들을 연구하는 학문 분야'로 정의한다. 구체적으로는 분야별 문화콘텐츠에 대한 폭넓은 이해를 바탕으로 기획·개발·제작·판매와 같은 콘텐츠 개발 과정에 따른 문제들을 이론적이고 실제적으로 연구하는 것[5]을 문화콘텐츠학이라고 본다. 그리고 장르에 따른 콘텐츠의 개발 과정과 관련된 내용을 주로 문화콘텐츠학에서 다루어야 할 내용이라고 생각한다.

정창권은 문화콘텐츠의 핵심을 '활용'으로 본다. 문화콘텐츠는 하나의 뛰어난 콘텐츠를 다양하게 활용해서 고부가가치를 창출하는 이른바 '원 소스 멀티유즈(one source multi-use, 한샘뭇씀)'를 핵심으로 해야 한다고 주장한다. 그러므로 문화콘텐츠학을 배우고자 하는 사람들은 분야별 문화콘텐츠 산업에 대한 전반적인 관심과 이해가 있어야 한다. 고부가가치를 창출할 수 있는 활용 가능성과 그에 따른 각 산업 분야에 대한 이해가 문화콘텐츠학에서 중심적으로 다루어야 하는 내용이기 때문이다.[6]

---

5) 정창권, 『문화콘텐츠학 강의. 쉽게 개발하기』, 커뮤니케이션북스, 2007, 197쪽.
6) 정창권, 『문화콘텐츠학 강의. 깊이 이해하기』, 커뮤니케이션북스, 2007, 5쪽 참조.

그가 보는 문화콘텐츠학의 성격은 활용론, 곧 응용학문이다. 지금은 인문학과 문화콘텐츠의 결합 가능성이 주로 모색되고 있지만, 문화콘텐츠학의 학문 목적이 '활용'에 있으므로 앞으로 예술학, 경영학 같은 기존 학과들도 문화콘텐츠학을 응용학문[활용론]으로 다룬다. 활용론으로서 문화콘텐츠학은 기본적으로 문화를 가공해서 널리 활용하는 연구 방법론이다. 따라서 정창권은 인문학 관련 기존 학과들이 문화콘텐츠학과로 전향하지 않더라도 오늘날의 시대적 흐름만 적절히 반영하여 학문의 '활용'을 추구한다면 활로를 마련할 수 있다고 생각한다. 구체적인 방법으로 기존의 교과목에 심화 과정을 덧붙이면 인문학의 문제가 해결된다. 예를 들어 국어국문학과의 경우 1·2학년 때는 어학사나 문학사 등 기본 지식을 충분히 습득하고, 3·4학년 때는 그것을 발전시켜 현대적 수용, 곧 콘텐츠화하는 연습을 하는 것과 같은 구성이다.[7] 결국, 문화콘텐츠학을 인문학이나 예술학, 경영학, 공학의 입장에서 보면 이것은 하나의 응용학문[활용론]에 불과하다. 지금은 인문학 또는 문화가 문화콘텐츠학과 결합하여 '문화를 가공해서 널리 활용하는 응용학문[활용론]의 하나'로 이해하고 있지만, 다른 학문 분야에서 활용론을 모색한다면 문화콘텐츠학은 타 학문의 응용적 측면에서 그에 적합한 도움을 제공하게 된다.

이처럼 그는 문화콘텐츠학을 타 학문의 과도기적 적응 과정에서 나타나는 하나의 학문으로 본다. 이런 관점에 문화콘텐츠학은 학문적 체계를 갖는 온전한 학문이기보다는 여러 학문 체계에 더해

7) 정창권, 『문화콘텐츠학 강의. 쉽게 개발하기』, 커뮤니케이션북스, 2007, 193~194쪽 참조.

져서 각 기존 학문의 지속가능한 학문 활동에 이바지하는 부속 체계와 같다. 그렇다고 한다면 문화콘텐츠학[활용론]의 연구 대상은 각 학문이고, 연구 목적은 각 학문의 활용이 되는 셈이다. 결국, 다양한 학문의 관계 속에서 문화콘텐츠학의 존재는 각 학문의 존재에 귀속되어 있다.

3. 응용인문학의 관점

신광철은 『문화콘텐츠학 입문』을 통해 문화콘텐츠학의 정립을 시도한다. 그는 디지털이 열어 놓은 현실의 의미를 통해 문화콘텐츠학에 접근한다. 디지털 기술의 발전이 인간에게 사이버 스페이스라고 하는 '또 하나의 우주'를 가져다주었다. 사이버 스페이스는 컴퓨터를 통해 세계를 연결함으로써 형성되는 새로운 커뮤니케이션 공간이다. 이러한 디지털 공간[사이버 스페이스]은 커뮤니케이션이 이루어지는 물적 인프라이자 정보와 주체로서의 인간까지 포괄하는 넓은 개념이다. 디지털 공간에서 인간은 단순한 '항해자(navigator)'로 존재하는 것이 아니라 커뮤니케이션의 한 축을 구성하는 요소로 인지될 가능성을 가진다.[8] 디지털 공간은 가상 공동체가 생겨나고, 또 새로운 정체성이 구축되는 장소이다.[9] 디지털 기술이 열어 놓은 디지털 공간은 디지털 문명을 만들고, 디지털 문명은 문화콘텐츠를

8) 신광철, 『문화콘텐츠학 입문』, 한신대학교출판부, 2009, 39~40쪽 참조.
9) 셰리 터클, 『스크린 위의 삶. 인터넷과 컴퓨터 시대의 인간』, 최유식 옮김, 민음사, 2003, 267쪽 참조.

향유하는 구조이다. 사람들은 밤과 낮 구분 없이 늘 환하게 열려 있으면서도 공간 제약이 없는 탄력적인 공간에서 디지털 문화콘텐츠를 창출하고 누린다. 이것이 문화예술과 문화 산업의 급격한 변화와 성장을 이끌었다. 디지털 문화는 엔터테인먼트 산업과 필연적으로 연결될 수밖에 없는 이유가 여기에 있다.[10)]

이처럼 그는 디지털 기술에 발달에 따른 디지털 현실을 문화 산업과의 관계를 통해 해석하며 문화콘텐츠를 설명한다. 그는 문화콘텐츠가 일차적으로 문화 산업의 장(場)에서 의미를 지니는 문화적 '상품'임이 분명하다고 말한다. 그러나 이것이 '문화' 상품인 까닭에 '단순한' 상품 이상의 의미를 지닌다고 본다. 문화콘텐츠가 상품이면서 예술인 까닭이 여기에 있다.[11)] 경제적 가치를 중요한 요소로 보고, 문화콘텐츠를 '문화를 상품화한 내용'이라고 인식하는 기존의 인문학적 관점과 태도를 벗어나 예술적 차원에 대한 관심에도 주의를 환기할 것을 요구한다.

문화콘텐츠가 상품 이상의 속성을 가지고 있으므로 문화콘텐츠 전문가의 특성도 새롭게 인식해야 할 필요가 있다. 문화콘텐츠는 문화적 내용을 산업화한 것이기에 어떻게 차별화해서 표현할지가 중요하다. 시대가 공유하고 향유할 수 있는 문화콘텐츠를 만들기 위해서는 인문학적 안목이 필요하다. 문화콘텐츠는 상상과 창조의 산물이기 때문에 인문학적 상상력의 비중이 클 수밖에 없고, 더불어 예술의 속성도 지니고 있기에 예술적 감수성도 함께 갖추어야 한다.

---

10) 신광철, 앞의 책, 14쪽 참조.
11) 신광철, 앞의 책, 22쪽 참조.

문화콘텐츠 전문가는 세계시장의 거시적인 흐름을 파악하고 문화콘텐츠 향유자의 기호를 분석하여 당대의 콘텐츠 트렌드를 정확하게 포착하는 능력을 갖추어야 한다. 그뿐만 아니라 예술적 능력을 통해 콘텐츠의 질적 가치를 승화시킬 수 있는 안목도 필요하다. 이와 같은 전문가의 능력이 '강력한 경쟁력을 지닌 콘텐츠(Killer Contents)' 여부를 결정한다.[12] 문화콘텐츠도 우선은 상품이기에 경쟁력을 갖추어야 하고, 이 경쟁력은 인문학적 안목에서 시작된다. 그의 주장으로 보면, 문화콘텐츠는 문화콘텐츠 전문가에게서 결정된다.[13] 전문가의 창작력과 연출력 그리고 기획력에 콘텐츠의 질이 달려 있다. 문화콘텐츠 전문가에 의해 생산된 경쟁력 있는 콘텐츠는 향유자의 욕구를 충족시킨다. 이것이 다른 콘텐츠와 비교하여 질적으로 우수한 콘텐츠를 가릴 수 있는 요소이다. 전문가에 의해 생산된 문화콘텐츠가 향유자의 욕구를 충족시켜 주는 것, 이것이 많은 콘텐츠 중 우수 콘텐츠를 생산하는 핵심 요소이다.

전문가에 의해 만들어진 문화콘텐츠는 향유자에게 직접 체험된다. 문화콘텐츠의 체험은 세 가지의 지향가치를 가지고 있다. '의미의 창조'와 '의지의 작동', 감각적 '재미'와 '쾌락', '꿈과 감동'의 공유 및 '정서적 울림'이다. 이 세 가지 가치가 잘 발현된 것이 킬러콘텐츠로, 킬러콘텐츠는 사람들에게 의미, 재미, 심미를 준다.[14] 이것이 문화콘텐츠가 향유자에 대해 지향하는 목표이고 존재 가치라 말할 수 있다.

---

12) 신광철, 앞의 책, 27쪽 참조.

13) 앞의 책, 같은 쪽 참조.

14) 앞의 책, 48~49쪽 참조.

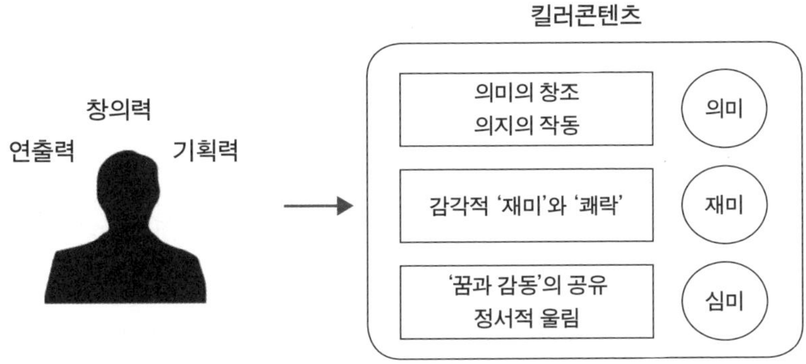

<그림 32> 문화콘텐츠 전문가와 킬러콘텐츠

그는 문화콘텐츠 창출에 3W 요소가 영향을 준다고 말한다. 3W란 Why, Where, Whom이다. Why 요소는 문화콘텐츠 창출 배경과 관련되는 것으로 수익 창출을 위한 상업적 목적에서의 창출인가, 공익을 위한 공공적 목적에서의 창출인지를 고려하는 것이다. Where 요소는 콘텐츠 플랫폼(platform)과 관련된다. 제작된 콘텐츠를 어디에다 탑재시킬 것인가 혹은 무엇을 통해 구현, 혹은 표현할 것인지가 여기에 해당된다. 마지막으로 Whom 요소는 콘텐츠 향유자 혹은 소비자와 관련된다. 누구를 위한 콘텐츠인가의 문제인 셈이다. 디지털 시대를 사는 사람들은 단순히 정보 획득에 만족하는 것을 넘어 즐거움, 경제적 수익, 사회적 지위까지도 추구하기 때문에 이것에 주목해야 한다.[15] 문화콘텐츠가 창출되는 목적, 구현할 매체, 향유하는 사람에 따라 콘텐츠의 성격이 결정되는 점이 문화콘텐츠가 단순한 상품이 아님을, 또 문화콘텐츠를 성급히 경제적 가치로 환산할 수 없음을 보여 준다. 문화콘텐츠는 개인적 차원

15) 앞의 책, 28~29쪽 참조.

은 물론 사회적 차원까지 포함하면서 접근할 필요가 있다.

그는 문화콘텐츠가 나타나고 강조되는 시대적 맥락에는 인문학의 전통적 대상과 지향에 대한 반성적 성찰의 필요성이 있다고 본다. 인문학이 자신의 '순수성'만을 주장하는 것에 안주하는 상황에서, 이를 넘어 시대와 현실이 요구하는 역할을 하려는 노력의 일환에서 문화콘텐츠학이 구축되었다. 따라서 문화콘텐츠학은 인문학의 역할을 확장하여 '이해'와 함께 '표현'에 대한 강렬한 의지를 지니고 있으며, 이른바 "순수인문학과 대응하는 응용인문학의 성격"[16)]을 지닌다. 이제 인문학의 역할이 표현을 넘어선 '창출'에까지 이르러야 한다면, 표현을 넘어선 '응용인문학론'의 필요성을 제기하지 않을 수 없다. 문화콘텐츠학은 궁극적으로 '창조적 작업'을 지향한다는 점에서 응용인문학의 성격을 지닌다고 할 수 있다. 또 이해·표현·창조의 통합을 목표로 하고, 다양한 학문의 학제 간 연구를 요청한다는 점에서는 통합인문학의 성격을 띤다.[17)] 학문의 응용과 확장으로서의 문화콘텐츠학을 설명한 정창권의 활용론으로서의 문화콘텐츠학이 이와 유사하다.

신광철은 문화콘텐츠학의 필요성을 '표현'과 '창출'의 지향으로 본다. 그는 디지털 현실을 고찰하여 인문학의 시대적 가능성으로서 문화콘텐츠학의 정립을 모색해 나갔다. 이러한 내용이 책의 구성에서도 그대로 나타나, 제1부 문화콘텐츠학 서설에서 디지털 문명과 문화콘텐츠의 향유 구조와 인문학 분과에서의 문화콘텐츠론을 정리한다. 그리고 제2부에서 '전통문화와 문화콘텐츠'라는 주제

16) 앞의 책, 78쪽.
17) 앞의 책, 79쪽.

로 단군, 심청, 세시풍속, 전통음악의 인문학 소재들의 콘텐츠화를 통해 각론을 전개한다. 마지막 제3부 한류와 킬러콘텐츠에서는 중국과 일본에서 불고 있는 한류의 현상과 그 원인에서 킬러콘텐츠를 통한 문화콘텐츠학의 미래를 전망해 본다. 이러한 과정에서 문화콘텐츠를 경제적 가치를 위한 문화상품을 넘어 목적[Why]-미디어[Where]-향유자[Whom]의 관계에서 다양하게 접근할 수 있는 가능성을 모색했다. 그러나 목적하는 바가 무엇이든 인문학의 연장선에서 문화콘텐츠의 위상을 정립하면서 표현에서 창출로 이어지는 지향점을 주문하는 것이, 인문학으로의 문화콘텐츠학이 결국 '인문학의 상품화'를 촉진하는 논리적 배경이 되는 것은 아닌지 의심해 볼 필요가 있다.

4. 유희론의 관점

박장순은 『문화콘텐츠학 개론』을 통해 문화콘텐츠학의 정립을 시도하며 커뮤니케이션 툴(방법)과 엔터테인먼트 산업의 유희론을 주장한다.

가장 먼저 문화콘텐츠를 '문화'와 '콘텐츠'로 나누어 접근한다. 그는 인간의 정신적 활동, 정신적·물질적 성과물을 지칭하는 '문화'라는 우리말과 각종 유무선 통신망을 통해 제공되는 디지털 정보를 통칭하는 '콘텐츠'라는 외래어의 이질적 합성 신조어를 문화콘텐츠라고 본다. 이러한 문화콘텐츠가 주목받는 것은 영화, 뮤지컬, 극장 쇼와 같이 극장이나 무대공연을 떠올리게 하는 엔터테인먼트와 문화콘텐츠가 서로 유사하기 때문이다.

박장순은 엔터테인먼트의 사전적 정의[18]를 제시하며 오늘날의 문화콘텐츠 의미를 규정한다. 문화콘텐츠는 즐거움을 주는 행위나 즐거움을 주기 위해 창조된 일체의 인위적인 생산물들로서 세상사를 잊고 잠시나마 삶의 고통을 유보하게 한다. 그는 서비스의 주체가 제공하는 웃음, 해학, 기쁨과 환희뿐만 아니라 짜릿함, 해방감, 전율, 쾌감, 통쾌함도 즐거움의 영역에 포함시키며, 나아가 연민, 동정, 애처로움과 같은 정서적 요소까지도 엔터테인먼트가 제공하는 즐거움으로 본다.[19] 이러한 즐거움은 서비스[콘텐츠]를 제공하는 주체와 서비스를 향유하는 객체 사이의 교감이고 곧 커뮤니케이션이다. 즉 콘텐츠를 매개로 객체와 주체 사이에 이루어지는 커뮤니케이션이 '커뮤니케이션 툴[방법]로서의 문화콘텐츠'인 것이다. 그는 이와 같은 내용을 종합하여 다음과 같이 문화콘텐츠를 정의한다.

> "문화콘텐츠란 주체와 객체를 구성요소로 하고, 서비스를 중심으로 주체와 객체 간에 이루어지는 끊임없는 내적 교감이 객체의 감정 변화를 유발해, 정신적 고양감과 해방감, 카타르시스를 얻게

---

18) 박장순은 옥스퍼드 사전과 웹스터 사전으로부터 '엔터테인먼트' 개념을 정리한다. "사전적 정의로 옥스퍼드 사전은 ① 즐겁게 해주는 행위. ② 공연 또는 쇼. ③ 기분전환 또는 손님을 위한 여흥. ④ 환대 등으로 엔터테인먼트를 정의하고 있고, 웹스터 사전은 여기에 가벼운 코믹터치의 소설과 모험소설류를 추가하고 있다. 한국에서 출판된 대부분의 영한사전도 이와 유사하게 ① 연회, 주연, 파티. ② 연예, 오락, 음악회 등으로 엔터테인먼트를 해석하고 있다." 박장순, 『문화콘텐츠학 개론』, 커뮤니케이션북스, 2006, 126~127쪽 참조.

19) 박장순, 앞의 책, 127~128쪽 참조.

하는 일종의 커뮤니케이션 툴이다."[20]

이 문화콘텐츠 정의는 주체와 객체에 해당하는, 즉 사람[개인]과 사람[개인]을 중심에 두고 상호 간의 정서적 교감을 통한 소통을 강조하는 규정이다. 문화콘텐츠의 본질적인 기능 중 하나는 자기정화[21] 기능이다. 문화콘텐츠가 기쁨, 슬픔, 고통, 분노, 즐거움, 짜증, 환희, 비통함과 같은 온갖 삶의 희로애락(喜怒哀樂)을 담아내어 인간의 심성을 순화하고 고양하는 정신적 기능을 수행한다. 이것은 인간을 노동으로부터 해방시키고 복잡한 세상사로부터 인간을 탈출시켜 자신을 비우고 인간의 본성을 회복시키는 기능을 한다. 그는 개인적 차원에서 엔터테인먼트의 순기능을 강조하면서 문화콘텐츠의 의미를 설명한다.

이렇게 엔터테인먼트의 개념을 강조하는 것은 문화콘텐츠의 상업성 때문이다. 그가 문화콘텐츠의 정의에서 '서비스'를 언급한 이유도 여기에 있다. 그는 서비스를 강조하는 것이 문화콘텐츠의 산업적 가치를 문화콘텐츠의 성격과 특성을 규정짓는 논거로 원용하기 위해서라고 직접 말한다.[22] 여기에서 말하는 서비스는 재화를 창출하는 가치이고 상품이다. '즐거움'을 제공하는 서비스 주체는 어떻게든 그가 제공한 행위에 대한 보상을 객체로부터 얻고자 한다. 그렇기에 문화콘텐츠에서 '상업성'이 부각될 수밖에 없다. 바로 그와 같은 문화콘텐츠의 상업성 때문에 주체가 제공하는 서비스

20) 박장순, 앞의 책, 128쪽.
21) 저자에 의하면, '자기정화'란 일종의 정신적 승화작용으로 카타르시스라고도 볼 수 있다. 박장순, 위의 책, 133쪽.
22) 앞의 책, 128쪽.

를 향유하고자 하는 객체가 나타난다. 그리고 소비 대상인 대중으로부터 재화를 취득할 수 있을 때 문화콘텐츠는 완성된다.

그는 문화콘텐츠의 기능을 본질적 기능과 파생적 기능으로 나눈다. 본질적 기능이란 즐거움을 제공하는 서비스의 주체와 이를 수용하는 객체의 내밀한 커뮤니케이션에 의해 이루어지는 문화콘텐츠의 근원적인 역할로 자기 정화 기능, 레크리에이션(재생) 기능, 자기계발 기능, 자기실현 기능, 사회통합 기능, 인류통합 기능이며, 파생적 기능은 문화콘텐츠의 본질적 기능에서 출발한 것으로 문화콘텐츠가 지니는 산업 경제적 기능을 말한다.[23)]

그는 또한 문화콘텐츠학을 상업성에 기초한 통합적 실용학문이라고 보고, 문화콘텐츠학의 연구 대상과 범위를 문화콘텐츠의 정의와 특성, 기능을 충족시키는 일체의 대면[실연] 문화콘텐츠와 비대면[매체] 문화콘텐츠로 구분한다. 그에 따르면, (1) 즐거움을 주는 행위, 즐거움을 목적으로 창조된 일체의 인위적인 생산물, (2) 주체와 객체를 기본 구성요소로 하는 커뮤니케이션 툴로서의 생산물, (3) 상업성, 대중성, 오락성, 창조성[24)] 등 문화콘텐츠의 4대 특성을 고루 갖춘 생산물, (4) 문화콘텐츠의 본질적 기능과 파생적 기능을 수행할 수 있는 생산물이 문화콘텐츠학이 다루어야 하는 구체적인 연구 대상이고 범위이다.[25)] 그가 이렇게 이러한 연구 대상과 범위를 전제한 것은 문화콘텐츠학이 순수 문화예술을 다루는

---

23) 앞의 책, 13~15쪽 참조.

24) 이 네 가지 차원은 문화콘텐츠의 상업성 구현을 위해 존재하는 것이고, 이러한 상업성이 문화콘텐츠와 문화콘텐츠학이 추구해야 하는 절대적 가치라고 주장한다. 박장순, 앞의 책, 146쪽.

25) 박장순, 앞의 책, 147쪽, 참조.

분야가 아니라는 생각 때문이다. 순수 문화예술이 다루지 않는 부분을 학문의 영역으로 설정해야 차별성도 확보하고 상업성에도 더욱 기여하게 된다고 보는 것이다.

그에 의하면 문화콘텐츠학은 학문의 경계를 허물고자 하는 노력의 일환이다. 문화콘텐츠학은 인문학과 자연과학, 예술의 결합을 이루어내는 진정한 의미의 통섭적 학문이다. 문화콘텐츠의 역할은 일종의 지식 풀(pool), 즉 지식 제공의 학문으로 문화콘텐츠의 산업화에 이론적 기반을 제공한다. 드라마·영화·대중음악·게임·애니메이션·공연물 등과 같은 다양한 문화콘텐츠 소재영역들이 폭넓게 공유할 수 있는 생산·유통·소비 단계의 통합적 기본 원리들을 연구·집적해 공동의 풀을 구축하고, 문화콘텐츠 개별 소재영역들이 이 기본 원리의 풀로부터 질적인 향상과 시장성 확대를 위한 이론적 가치들을 발견하고, 차용케 하는 실질적인 학문인 것이다. 그러므로 문화콘텐츠학의 당위성은 문화콘텐츠의 산업에 다양한 지식을 제공하기 위해 학문 분야의 결합을 끌어내는 것에 있다.[26)]

결론적으로 그는 문화콘텐츠학을 "문화콘텐츠의 기본 개념을 충족시키는 일체의 이질적 이종 간 문화상품들을 상업적 가치 중심의 통합적 관점에서 총체적으로 연구하는 실용학문"이라고 규정한다. 문화콘텐츠학 연구는 상업성에 기초한 통합적 관점에서 연구되고, 문화콘텐츠학의 학문적 가치는 상업성의 구현을 위한 이론적 기반을 구축하는 것에서 찾을 수 있다. 통합적 관점의 연구는 문화콘텐츠가 추구하는 궁극적 가치인 상업성이라는 초(超)목표

26) 앞의 책, 139쪽 참조.

구현을 위한 방법적 틀이기도 하다.[27] 그는 상업적 관점을 뚜렷하게 하여 문화콘텐츠학의 본질과 차별성을 얻고자 노력한다.

박장순의 문화콘텐츠론은 콘텐츠를 향유하는 객체에 해당하는 개인의 정신적 기능과 각 개인이 가치를 얻고 그에 상응하는 대가를 지불하는 상업적 기능을 중요한 바탕으로 삼았다. 그 안에서 정신적 기능, 주체[콘텐츠 생산자]와 객체[콘텐츠 향유자] 간에 나타나는 커뮤니케이션 기능, 상업적 기능들을 통합하면서 문화콘텐츠학의 방향을 잡고 내용을 전개했다. 문화콘텐츠학의 하위 연구 분야도 이러한 방향에서 문화콘텐츠 주체론[화자], 문화콘텐츠 유통론, 문화콘텐츠 객체론[청자]을 제시한다.[28] 그러나 순수예술의 대척점으로 설정해 놓은 문화콘텐츠학이 고급문화와 대중문화, 순수예술과 응용예술 같은 이분법적 경계가 무의미해지는 오늘날 과연 어떠한 의미와 타당성을 제공할 수 있는지에 대한 의문이 제기될 수밖에 없는 것 또한 사실이다.

문화콘텐츠학을 정립하려는 연구자들의 논의를 단행본 중심으로 살펴본 결과, 학문의 당위성을 주장하는 각 연구자의 차이를 발견할 수 있다.

정창권은 학문의 '활용'에 가치를 두었다. 각 학문의 활용론으로서의 문화콘텐츠학 의미를 강조하며, 특히 인문학의 현실 적응이 문화콘텐츠학을 통해 가능할 것이라고 보았다. 신광철은 인문학의 의미와 역할을 더욱 강조하면서 문화콘텐츠학이 단순한 활용을 넘어서 '표현'과 '창조'의 기능을 수행해야 한다고 말한다. 문화콘텐

27) 앞의 책, 140~141쪽 참조.
28) 앞의 책, 159~199쪽 참조.

츠 창출은 목적, 대상, 미디어에 따라 달라져야 하는데 사람들이 문화콘텐츠를 통해서 즐거움, 경제적 가치, 사회적 지위 같은 다양한 것을 추구하기 때문이다. 박장순은 커뮤니케이션 툴[방법]의 하나로 문화콘텐츠학의 당위성을 발견한다. 개인적 정신의 순화, 주체와 객체의 소통, 상업적 가치의 획득을 강조했다.

세 연구자 모두 문화콘텐츠에 대한 자신의 관점을 가지고 문화콘텐츠학의 이념을 제시하고자 하였다. 그러나 우리 정부가 문화콘텐츠에 대한 개념을 기술과 산업으로 접근한 관점을 이 연구자들도 크게 벗어나지 못하고 있다. 이들은 문화콘텐츠의 중요한 기능이 국가산업발전의 원동력이라는 점을 모두 암묵적인 전제로 삼아 논의를 전개한다. 그러다 보니 학문의 기능과 방향은 물론 학문적 체계가 우리 삶의 실존적 측면과 어떻게 연결되고, 다루어져야 하는지에 대한 근본적인 논의는 이루어지지 못하고 있다. 이미 산업과 기술을 문화콘텐츠학의 중요한 배경으로 전제하여 내용을 전개하기 때문에 학문으로서의 문화콘텐츠학 가능성이 매우 제한적일 수밖에 없는 것이다.

학문과 삶이 서로 되먹임하면서 발전한다고 보면, 특수한 요소 또는 가치로 학문의 방향과 기능을 환원하는 것은 매우 위험하다. 왜냐하면, 학문을 통한 사유와 실천은 인간의 삶을 이해하고 적응해 나가기 위한 자유로운 방법의 수단인데, 만약 이것이 어떤 무엇으로 미리 결정되어야 한다면 사유와 실천을 위한 학문의 정립이라는 과제는 사실 무의미하거나 매우 제한적인 작업으로 귀결될 수밖에 없기 때문이다.

따라서, 문화콘텐츠 학문에 대한 이런 인식과 관점은 문화콘텐츠학의 학문적 체계에 대한 연구로서 문화콘텐츠학 학문론을 별도로 전개할 필요가 있음을 말해 준다. 문화콘텐츠학의 학문적 체계에 대한 연구는 학문의 사유와 실천을 결정하는 요소들을 확인하고 점검하는 것에서부터 시작해야 한다. 문화콘텐츠학 정립을 시도한 각각의 연구에 나타나는 관점과 체계화 방법 등을 기본적으로는 비판적 시각에서 접근하고, 왜 학문적 체계가 필요하고, 무엇을 다루어야 하고, 어떻게 다루어야 하는지에 대한 물음을 중심으로 학문론을 펼쳐 문화콘텐츠학 정립의 토대로 삼아야 한다.

5. 문화콘텐츠 연구의 성과와 과제

문화콘텐츠의 개념, 연구 영역, 문화콘텐츠학 정립을 시도한 연구들을 살펴보니 해당 연구들이 조금씩 다른 관점에서 문화콘텐츠를 인식하고 있음을 알 수 있다. 동시에 문화콘텐츠에 대한 의미와 가치를 재해석하려는 노력도 계속되고 있음을 알 수 있다. 이것은 우리 삶에서 문화콘텐츠가 그만큼 중요한 자리를 차지하고 있음을 보여주는 것이고, 동시에 문화콘텐츠에 대한 학문적인 논의가 더욱 본질적인 차원에서 심도 있게 이루어져야 한다는 요구의 반증으로도 볼 수 있을 것이다.

이제껏 문화콘텐츠 연구는 학문적 체계로서의 주제와 방법에 대한 문제의식과 논의가 결여된 상황 속에서 이루어졌다. 만약 문화콘텐츠학이 학문적 체계상 필요하다면 그에 맞는 주제와 방법에 관한 연구가 서로 유기적으로 상술되면서 진행되어야 한다. 가장 먼저 문화콘텐츠학의 주제인 문화콘텐츠가 무엇이고 왜 존재해야 하는지를 고찰하고, 방법론을 정리하면서 학문적 체계를 정립해야 한다. 문화콘텐츠학의 이념과 그에 맞는 학문의 목적, 대상, 방법을 설명하면서 학문적 정당성을 확보한 후 문화콘텐츠학 체계의 구조와 범주를 구현해야 한다. 그러나 지금까지는 문화콘텐츠를 어떻게 하나의 연구 대상으로 볼 것인지, 그것을 어떠한 방법으로 다룰 수 있는지를 제대로 파악하지 못했다. 결론적으로 '문화콘텐츠'에 대한 통합적인 시각이 결여되었던 것이다. 문화콘텐츠학 정립은 기술과 산업에 적합한 방식으로 분류한 장르와 매체에 따라 문화콘텐츠에 대한 사유와 실천을 분해하고 환원해서 해결될 문제가 아니다. 문화콘텐츠학은 문화콘텐츠가 존재하고, 또한 존재해야 하는 삶에서 연유해야 한다.

문화콘텐츠학의 학문적 체계에 대한 연구는 일종의 메타연구로서 우리가 의심 없이 익숙하게 사용하고 있는 기존 개념들을 종합하고 비판하는 과정을 수반한다. 앞의 연구에서 알 수 있듯 문화콘텐츠 개념은 기술과 산업으로 점철되어 경제적 가치를 중심에 두고 그 의미와 가치가 논의되었으며, 문화콘텐츠학의 역할과 방향도 경제적 논리에 종속될 수밖에 없었다. 문화콘텐츠 개념 정립의 시작을 국가가 주도적으로 설정해 놓고 여론을 조성하고 정책을 실행하다 보니 학문의 영역에서도 문화콘텐츠를 문화상품으로 보는 분위기가 확산된 것이다. 문화콘텐츠에 대한 다양한 논의와 실천이 필요함에도 오히려 학문이 유연한 사고와 발상을 지원하지 못한 측면이 있다.

문화콘텐츠와 관련된 학문과 학문의 실천 문제에서는 문화콘텐츠를 문화상품의 일종으로, 특히 경제적 종속 관계로 보는 분위기가 문화콘텐츠학의 정립을 어렵게 한다. 이것은 다음과 같은 두 가지 암묵적인 전제에서 비롯된다. "지식, 학문, 문화의 기술화와 영리화"[29]를 불가피한 것으로 보는 암묵적인 전제가 그 하나이고, 그 전제에 따라 문화콘텐츠와 관련된 여러 개념과 논리가 여기에서 벗어나지 말아야 한다는 암묵적인 전제가 다른 하나다. 결과적으로 이런 관점에 의해 중상주의 문화콘텐츠학이 개척되었다. 이것은 문화콘텐츠의 세계화라는 슬로건이 곧 미래, 진보, 혁신이라는 확신에 찬 어조가 깔려 있기에 가능했다. 그러나 이러한 구호는 문화콘텐츠가 무엇인지, 왜 존재해야 하는지에 대해 비판적 이해나 경험적 검증을 생략하게 만든다.

문화콘텐츠 정체성에 대한 고민 없이 문화콘텐츠학의 학문적 체계를 연구하는 것은 불가능하다. 따라서 현재 주장되고 있는 문화콘텐츠의 상품화는 무턱대고 추종해야 할 성질의 것이 아니라 비판적으로 되돌아볼 성질의 것이다. 문화콘텐츠를 학문적으로 다루려고 한다면 상품화의 문제 또한 공론의 장에서 살펴야 한다. 그러나 이러한 논의는 경제화, 세계화라는 구호 속에 묻혔다. 학문적으로 문화콘텐츠를 연구한다는 것은 무엇보다 인간과 삶의 본질적인 측면에서 그 의미와 가치를 탐구한다는 것이다. 그렇기에 인간에게 가장 중요하게 영향을 미치는 환경들과 각종 요소를 떼어놓고 이야기해서는 안 된다. 무의식적으로 또는 알면서도 지나칠 수밖에 없었던 전제들을 수시로 검토해야 한다. 그래야만 문화콘

29) 강내희, <21세기 인문학의 사회적 역할. 자기 비판을 통한 전화>, 『현대사회 인문학의 위기와 전망』, 민속원, 1998, 165쪽.

텐츠와 관련된 실천의 영역을 의미 있고 가치 있게 확장할 가능성을 마련할 수 있다.

문화콘텐츠의 새로운 개념적 토대는 문화콘텐츠에 대한 새로운 방향성을 담보할 수 있는 새 이념으로부터 가능하며, 이 이념은 사상적, 사회적, 학문적 요구와 가치에 부합해야 한다. 그래야만 지금처럼 개별 연구 영역에서 연관성 없이 이루어지는 별개의 지식을 하나의 학문적 체계로 통합하여 의미 있는 역할을 수행할 수 있다. 현재 문화콘텐츠 연구는 개별 학문 영역마다 문화콘텐츠를 자신의 영역으로 가져와 자신의 관점에서 시작하는 형태다. 통합적인 관점으로 다양한 학문의 지식과 방법들을 모으는 것이 아니라 개별 학문의 요구 조건에 따라 문화콘텐츠를 가져와 활용하고 있다. 문제는 기존의 개별 학문이 자신의 연구 영역으로 문화콘텐츠를 가져가 연구에 활용하는 것으로는 문화콘텐츠 문제의 총체성과 다면성을 포착할 수 없다는 점이다. 설령 부분적으로 문화콘텐츠와 관련된 국면 분석에 도움을 준다고 해도, 그것의 유효성이 전체적인 틀에서 재확인되지 않으면 관련된 다양한 문제와 모순의 관계들을 해명할 수 없다. 각각의 연구들을 학문적 체계에서 이어보고 묶어볼 수 있는 토대가 있어야 한다.

결국, 이 모든 문제를 점검하고 한계를 극복하기 위해서는 문화콘텐츠학의 학문적 체계에 대한 연구가 필요하다. 이 과정에서 문화콘텐츠학의 이념이 무엇인지를 제시해야 하고, 문화콘텐츠학이 왜 필요하고, 무엇을 다루어야 하고, 어떻게 다루어야 하는지를 탐구해야 한다. 이를 통해 학문적 체계의 구조와 범주를 설정하고 그것에 맞게 하위 연구 분야들을 제시하면서 다양한 개별 학문의 지식을 통합할 수 있는 연구 방법론들을 만들어야 한다.

이 작업에서 유념해야 할 것은 앞으로 해야 할 문화콘텐츠학 연구가 '지구촌 시대'라는 시대 배경 속에서 이루어지는 한국발 문화콘텐츠학의 정초 과정이 되어야 한다는 점이다. 따라서 학문 가능성으로서 문화콘텐츠학의 미래는 지나온 과거와 현재를 디딤돌 삼아 학문의 주체성과 보편성의 문제를 해결해야 하고, 우리 삶의 문제와 미래 설계에 도움을 주어야 한다.[30] 그렇다고 이것이 우리 것의 재발견과 현실의 주체적 인식이라는 이름 아래 전통주의나 근본주의로 귀결되는 학문적 태도를 옹호하고 지향해서는 절대 안 된다. 시대적 흐름 속에서 학문적 체계를 갖추려는 자세를 가지고 동양과 서양의 이론에서 취할 것은 취하면서, 우리의 역사, 전통, 문화, 현실을 직시하는 인식과 시각에 기초해 주체적이고 협력적인 태도로 세계인과 함께 당면한 문제를 해결하기 위해 노력해야 한다.[31]

더불어, 학문적 체계로서 이론을 갖추려면 개념과 방법이 필요하다. 이론은 인간의 이념에 의한 추상적인 인식의 산물이다. 이론을 만들기 위해서는 언어가 필요하다. 언어가 없는 이론이란 있을 수 없다. 언어는 그 자체로 고도의 보편성과 추상성을 지니며, 다른 한 편으로는 경험과 밀접한 관련성을 갖는다. 언어는 경험으로부터 나온다는 측면에서 경험 없는 이론은 그야말로 알맹이 없는 쭉정이에 불과하다. 우리는 삶에서 경험을 통해 얻은 앎을 언어로 표

30) 조동일, 『우리학문의 길』, 지식산업사, 2003, 24쪽 참조.
31) 이승환, <우리 학문의 현실과 나아갈 길>, 『사이』제1호, 지식산업사, 2002, 149쪽 참조.

현하고 정리하기 때문이다. 그리고 그 앎을 체계적으로 정리해낸 지식이 이론이다.[32] 그러므로 우리는 우리 삶에서 이론을 세우고, 이론을 통해 더 나은 삶을 추구하며 세계의 변화에 동참해야 한다. 이렇게 학문의 의미, 역할, 가능성 등을 염두에 두고 문화의 시대에 걸맞은 문화콘텐츠학을 정립하기 위한 학문적 체계를 본격적으로 연구해야 한다.

---

32) 이기상, <세계화시대에 한국 지성인의 역할>, 『사이』제1호, 지식산업사, 2002, 16쪽 참조.

제8장

문화콘텐츠학의 연구 영역과 방법론 모색

1. 우리는 현실을 있는 그대로 인식하는가?

1) 실재론과 반영론

박이문 교수는 『둥지의 철학』에서 'Onto-Semantical Matrix'라는 개념을 사용한다.[1] 이것은 실재의 세계와 의미의 체계가 상호작용 속에 만들어가는 토대 또는 기반을 표현하기 위해 끌어들인 개념이다. 이것을 제대로 이해하려면 실재론 또는 존재론과 인식론의 상관관계를 이해해야 한다. 이 실재론 논쟁은 예술철학과 미학에서도 중요한 이슈가 되고 있다.

실재론 또는 존재론은 실재 또는 존재하는 현실에 대한 이론이다. 실재에 대해 우리가 알 수 있는 것은 우리의 감각과 지각이 주어진 것을 현실이나 실제로 받아들인다는 것이다. 그렇다면 우리 지각 속에 주어지는 현실이 과연 있는 그대로의 현실인가? 이에 대해 그렇다고 주장하는 철학자들의 이론을 '반영론'이라고 한다. 우리의 지각이나 인식이 현실을 거울처럼 있는 그대로 반영한다고 보는 생각이다.

하지만, 감각기관에 문제가 생길 때도 있고, 착각할 때도 있다. 이것 말고도 가끔 눈과 귀를 의심하는 경험을 할 때가 있다. 데카르

1) 박이문, 『둥지의 철학』, 생각의 나무, 2010, 77~100쪽 참조.

트는 이미 이에 대해 문제를 제기하였으며, 데카르트 이후 우리는 감각이 있는 그대로의 현실을 반영하고 있다고 더는 생각하지 않는다. 칸트는 우리가 인식하는 것은 감관(感官)과 범주에 의해서 만들어진 것이라고 주장하며 우리는 결코 있는 그대로의 사물 자체를 알 수 없다고까지 말하기도 한다.

세상을 보는 눈은 이렇게 실재론과 반영론으로 맞물려 있는데, 그것은 일종의 존재론인 셈이다. 존재하는 것들, 즉 존재자들이 있는데 이 존재자들을 있는 그대로 우리가 어떻게 인식하고 묘사하느냐 하는 문제가 남아있다. 사람들은 우리가 우리의 감각기관을 제대로 활용해서 보이는 그대로의 사물들에 집중해 올바르게 인식하고 적합하게 표현하면 있는 그대로의 그것을 우리가 인식하는 것이 아니냐고 한다. 이러한 형태의 소박한 실재론은 반영론과 궤를 같이하는 셈이다. 우리의 인식이 실제를 있는 그대로 반영한다고 생각하는 것이다.

2) 근대에서의 인식론적 전환 : 객관론과 주관론

존재론적 패러다임으로 전개되던 고대와 중세 철학은 근대에 들어서면서 인식론적 패러다임으로 바뀐다. 이제 철학자들은 우리의 인식이라는 것이 그렇게 수동적인 것이 아니라 사물이 어떤지를 적극적으로 규정한다고 보게 된다. 이것을 다른 말로 '인식론적 전환'이라고 부르는데, 이는 우리가 인식의 틀이라는 그물망을 사물에 던져 그 그물에 걸려오는 것을 사물로, 현실적인 것으로 본다는 생각이다. 우리는 사물의 있는 그대로를 볼 수 없고 우리에게 보이는 대로의 사물만을, 즉 현상만을 알 수 있다는 이야기다. 우리는

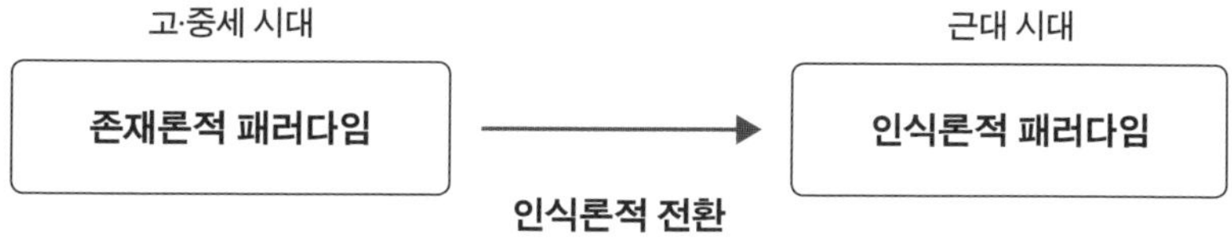

<그림 33> 고·중세 시대에서 근대 시대로의 인식론적 전환

사물 자체에 대해서는 알지 못하고, 그저 우리의 감관에 주어지는 현상만을 인식할 뿐이다. 고대 중세에서 존재 또는 존재자라고 했던 것을 근대에서는 사물이라 표현하고, 사물 자체에 대해서는 알 수 없다고 이야기한다.

이 말은 사물 자체는 우리가 알 수 없는 'X'이고, 우리는 그 사물 자체가 우리에게 나타나는 현상만을 인식한다는 말이다. 현상은 인식의 범주에 의해 재조직되고 구성되어 나타나 우리에게 주어진다. 우리가 아는 것은 자신이 지닌 인식의 틀에 의해서 이미 요리되고 조립되어 주어진다고 본다.

존재하는 것, 바깥에 객체로 있는 것 즉 존재론과 객체론, 주체의 개입을 배제한 있는 그대로의 관점을 중요시하는 객관론 등이 고대와 중세의 동향이라 할 수 있다. 이에 반해 근대에 들어서면 인식의 주체와 그 주체의 관점을 중요시하는 주관론이 전면에 부각된다. 실재론과 존재론은 존재하는 객체에 중점을 두어 그것을 있는 그대로 반영하고 모사하고 모방하는 것에 초점을 맞추게 된다. 반면, 주관론은 있는 그대로의 사물은 알 수 없고, 감각기관과 인식의 범주에 따라 조립되고 재구성된 것을 우리가 현실이라고 아는 것이라 주장한다.

3) 현상학 : 객체와 주체는 이미 서로 만났다. '현상'과 '지향성'

객관론과 주관론이 철학의 논쟁을 달궜고, 예술에서의 논쟁과 흐름도 이것을 비껴갈 수 없었다. 근본을 들여다보면 예술과 철학은 항상 함께 간다. 같이 엎치락뒤치락하며 서로 영향을 주고받는다. 예술 분야에서 이것에 대한 문제 제기가 절정에 달한 것은 18세기와 19세기로, 예술가로는 르네 마그리트가 대표적이다. 철학에서는 19세기 말에서 20세기 초로 넘어가면서 현상학이라는 학문이 등장하게 된다. 칸트의 '현상론'이 아닌 '현상학' 말이다. 현상학은 '현상'을 "어떤 것이 누구에게 나타남"이라고 정의한다. '어떤 것'은 객체 또는 객관이고, '누구에게'는 주체 또는 주관이다. 그러니까 현상학에서 강조하는 '현상'이라는 것은 항상 객관과 주관이 만나 마주치고, 서로 얽히고, 서로 뗄 수 없는 관계 속에서 이미 어떤 형태로든지 섞여 우리에게 주어진다고 말한다. 19세기 말과 20세기에 들어서면 우리에게 주어지는 현상에는 순수 객관도 없고 순수 주관도 없고, 오직 이 둘의 만남만이 있다고 일컬어진다. 그것이 바로 현상이란 개념으로 표현된다.

다른 말로 이것은 현상학에서 즐겨 쓰는 '지향성'이라는 개념으로 지향성은 '어떤 것에 대한 의식'이라고 정의된다. 여기서 '어떤 것'은 객관이고, '의식'은 주관이다. '어떤 것'이라고 하는 것은 사물, 사태, 사건 등을 지칭한다. 사용하고 있는 노트북, 탁자 위에 있는 녹차, 앙상한 가지만 남은 창문 밖의 은행나무 등이 다 어떤 것에 해당된다. 이것들은 정확하게 어떤 것을 딱 그것만 떼어내서 관찰하며 인식할 수가 없다. 떼어낸다는 것 자체가 이미 굉장히 인위적인 행동이다. 우리는 어떤 것에 관해 이야기할 때 그 어떤 것이 놓여 있는 상태와 상황을 다 함께 고려한다. 결국, 지향성도 항상 객관에 대한 주관이 서로 맞물려서 어떤 형태로 보이고, 어떤 형태로 해석되는지를 이미 결정짓고 있다.

4) 사물과 어떤 것에 대한 의식 - 초월론적 자아

내 사무실 탁자 위에는 녹차 통이 하나 놓여있다. 박사 과정에 있는 대학원생이 강의 시간 전에 내게 준 것이다. 학생은 왜 내게 이 녹차를 주었을까? 생각해 보니, 학생이 다녀온 통역에 관해 물어보고 칭찬한 것이 학생의 마음을 움직였고, 그것이 녹차라는 선물로 되돌아와 탁자에 놓이게 된 것 같다. 녹차 속에 녹차 자체뿐 아니라 다른 것들이 들어있는 셈이다. 결국 녹차 하나만 떼어내어 이야기한다는 것 자체가 무리임을 알 수 있다. 이렇듯 모든 사물에는 그것이 얽혀 있는 그것만의 고유한 그물망의 사물세계가 형성되어 있다.

하나의 사물이 존재하는 것은 그저 어디에 단순히 있는 것이 아니라 그것의 거기 있음 자체가 다 하나의 사건인 셈이다. 모든 사물이 다 그렇다. '어떤 것'은 단순한 사물이 아니라 사태고 사건이다. 그것은 그것이 가지고 있는 사이의 그물망이다. 그것은 어느 곳에 놓여 공간적인 배치 속에, 시간적인 얽힘 속에, 사람과의 관계 속에 있게 된다. 사물[객관·객체]은 그것 나름대로 다양한 사이의 그물망 속에서 우리에게 주어진다. 그러니까 어떤 것이 주어지고 인식될 때는 그것이 가지고 있는 다양한 사이의 그물망이 함께 주어지는 셈이다. 마찬가지로 내가 지닌 다양한 사이의 그물망이 그것을 의식하는 내 인식에도 영향을 미친다. 지금까지 철학에서는, 특히

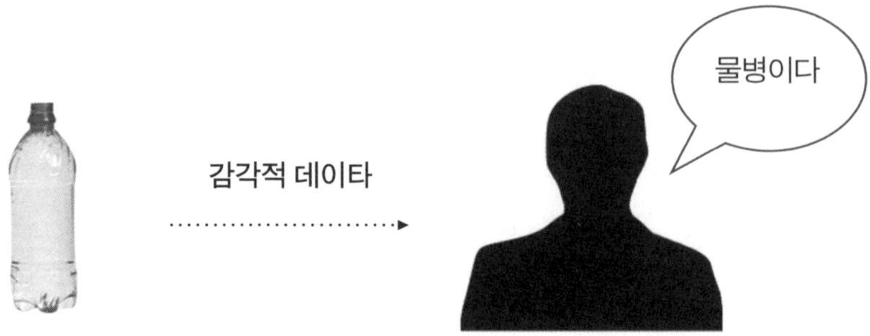

<그림 34> 감각적 데이터를 통한 사물의 인식

현상학에서는 의식하는 나를 아주 추상적인 자아인 '초월론적 자아'라고 이름했다.

녹차가 담긴 컵을 직면하는 내게 무슨 일이 일어나고 있는가? 내 지각 속에 주어지는 이러저러한 감각적 자료, 색깔과 이미지, 이러저러한 재질과 형태 등이 동시적으로 내게 주어지고 나는 그 모든 것을 받아들이면서 녹차가 든 컵이라고 생각한다. 내가 가지고 있는 컵에 대한 의식이 지향성이며, 내 머릿속과 의식 속에서 일어나고 있는 사건이 곧 현상인 셈이다. 이런 식으로 다양한 감각적인 데이터를 녹차가 든 컵으로 받아들이는 것, 그것이 일종의 지향성이고 현상이다.

철학은 그렇게 받아들이는 주체로서의 자아를 초월론적인 자아라고 명명한다. 녹차가 담긴 이 컵을 바라보면서 모두가 같은 것을 지각하고 의식하게 되는 것도 바로 이 공통의 초월론적 자아 때문이라고 말한다. 그래서 우리가 똑같은 것을 보며 지각하고 의식하여 공통의 주제에 대해 대화할 수 있다. 만일 나 혼자만 지각하고 의식한다면 소통이 불가능한 유아론적 고독에 빠질 수밖에 없다.

그래서 철학은 초월론적인 자아를 상정해서 우리는 모두 초월론적 자아 안에서 일치하고 있다고 말한다.

2. 홀로주체에서 서로주체로

1) 생활세계 속의 서로주체

철학은 이 초월론적인 자아가 현상을 다 똑같은 현상으로 받아들이게끔 해준다고 주장한다. 내가 컵과 일대일로 마주 앉아 있다고 하더라도 모든 인류의 의식을 하나로 묶고 있는 초월론적[인식적] 자아가 있기 때문에 나도 다른 사람이 지각하듯 그렇게 이 컵을 지각한다고 확신하는 것이다. 어떻게 그렇게 확신할 수 있는가? 그것은 모든 인간이 생물학적으로 똑같은 구조로 되어있고, 같은 환경 속에 비슷한 생활세계를 만들어 생활하고 있어 동일하게 지각하고 똑같이 의식한다고 전제하며 내리는 결론이다. 그러나 인간이 생물학적으로 비슷하게 구조되어 있다 하더라도 서로 다른 환경 속에서 몇 만 년, 몇 천 년을 살아오면서 만들어온 풍습과 관습, 윤리 도덕과 가치의식이 다른데 어떻게 똑같은 의식구조를 가진 초월론적 자아를 말할 수 있는지 의심스러워진다. 그래서 하나의 단일한 초월론적 자아를 말할 수 없고, 역사와 문화에 따라 다르게 형성된 생활세계가 있는 만큼 다양한 숫자의 초월론적 자아들을 이야기해야 하는 것이 아니냐는 반론들이 제기된다. 이런 이유로 현상학이 해석학과 만나 현상학적 해석학의 방향으로 전개된다.

해석학적 상황에 관해 이야기하면, 더는 사물과 주체의 일대일

<그림 35> 객관과 의식의 만남으로서의 현상

대응이 아니라 사태 속의 사물과 상황 속의 주체가 서로서로 얽혀 있는 그물망 속에서 만나는 상태가 된다. 이제는 혼자 외롭게 사물[대상]을 마주하고 있는 '홀로주체'가 아니라 나와 역사와 문화를 공유하는 수많은 주체가 동참하는 '서로주체'를 상정하게 된다. 바야흐로 주체의 시대를 지나 상호주체[서로주체]의 시대에 들어서게 되는 것이다. '어떤 것'이라고 하는 객관[객체]의 세계가 있는가 하면 '의식'이라고 하는 서로주체들의 세계가 있고, 이 둘의 세계가 만나는 접속지대인 현상이 있다. 결국 '어떤 것'은 끊임없는 사태와 사건 속에 있고, 그것을 마주하고 있는 '나'도 이미 어떤 특정한 공동체에 속해 있다. 그리고 이 공동체에는 어떤 것을 볼 때 그것을 '무엇으로' 받아들이게끔 하는 약속된 규율이 있다. 그것을 요즘 용어로 이야기한다면 '코드'라 할 수 있다. 하이데거는 <존재와 시간>에서 이런 현상을 '해석학적 로서-구조'로 설명하고 있다.[2)]

2) 앞선 이해와 해석학적 '로서'

내가 여기 이 컵을 들어 보이면 아무 말을 하지 않아도 사람들은 벌써 그것을 '컵'으로 받아들인다. 즉 여기 이 '어떤 것[실재 사물의

---

2) 이기상, 『쉽게 풀어 쓴 하이데거의 생애와 사상 그리고 그 영향』, 누멘, 2010, 170쪽.

컵]'을 생각 속의 '어떤 것[언어로서의 컵]'으로 받아들이는 것이다. 이렇듯 우리가 공동으로 사는 생활세계에는 어떤 것[사물/사태/사건]을 어떤 것[기호/상징/언어]으로 받아들이게 하는 사회적 규약이 있다. 그것을 '삶의 문법'이라고 말한다. 어떤 것을 대할 때 우리는 백지상태에서 그것을 만나는 것이 아니다. 컵을 보았을 때 형태와 재질을 보고 색깔을 본 후 종합해서 '그래 저것은 컵이구나' 하는 게 아니라 보는 순간 컵으로 우리에게 덮쳐오는 것이다. 예를 들어 어스름한 시골 저녁 길을 가다가 길에 있는 뱀을 보고 깜짝 놀라 한 발짝 뒤로 물러서 놀란 가슴을 쓸어내린다. 자세히 살펴 뱀이 아니라 새끼줄임을 확인한다. 이렇게 지각의 상황에서는 해석학적 ~로서가 마치 선입견처럼 우리를 덮쳐온다. 그래서 유명한 해석학자 한스 게오르크 가다머는 아예 하이데거의 '해석학적 ~로서'를 '앞선-판단(Vor-urteil, 선입견)이라고 이름하였다.

<그림 36> 마르틴 하이데거
(독일, 1889-1976)

우리의 인식이라는 것이 이런 식으로 전개된다. 하이데거는 이것을 '앞선-이해'라고 이름한다. 우리의 모든 이해는 이미 어떤 이해의 지평 속에서 전개된다는 이야기다. 우리는 이미 통용되는 이해의 지평 속에서 사물/사태/사건들을 대하게 되기 때문에 그 속에서 어떤 것을 어떤 것으로 보도록 구조되어 있다는 말이다. 우리의 일상 속에서 벌어지는 이러한 '해석학적 로서'와 구별하여 하이데거는 '서술적 로서'를 이야기한다. '해석학적 로서'가 일상 중 우리에게 무의식적으로 덮쳐오는 삶의 문법이라면, '서술적 로서'는 이 일상의 '해석학적 로서'를 학문적 차원에서 분명하고 명확하게 규정지어 서술하는 것이다. 말을 하거나 글을 쓰면서 언어로 명확하게 어떤 것으로 서술해나가는 것이 '서술적 로서'다. 그래서 '해석학적 로서'를 '언어 이전의 로서'라고 이야기한다.

'어떤 것에 대한 의식'이라고 할 때 이것은 아직 언어적 의사소통이 이루어지기 이전의 상황을 이야기하는 것이다. 의사소통을 하기 이전부터 우리는 어떤 것을 어떤 것으로 말하고 이야기할지 이미 알고 있다. 다시 말해 이미 사회적으로 삶의 문법 또는 코드의 차원에서 우리의 의식이 규정되어 있다. 하이데거는 이것을 '해석학적 지평'이라고 했는데 요즘은 그것이 '코드'라 불린다.

여기서 우리가 명심해야 할 것은 이러한 해석학적 지평 또는 코드가 언어 이전의 것이라는 점이다. 다시 말하면, 언어를 모델 삼아 이 구조를 설명하게 되면 무리가 따른다는 말이다. 몸짓, 기호, 상징, 제도 등이 다 객체와 주체의 만남의 장에서 작용하고 있다. 20세기 들어 철학에서는 '언어학적 전환'이 이루어져 언어의 중요성을 깨닫게 되어, 언어가 모델이 되어 많은 현상을 그 틀에서 해석하고 풀이하게 된다. 그러나 현시대는 몸짓, 기호, 상징, 제도 등등을 다 아우를 수 있는 더 넓은 모델을 필요로 한다. 바로 여기에 '코드'라는 개념이 적합한 모델로 등장하게 된다.

3) 해석학적 지평과 문화적 코드

우리가 어떤 자연의 세계나 사물의 세계를 만날 때 그것을 이렇게 저렇게 해석해서 받아들이자 하는 보이지 않는 암묵적인 약속의 규율이 있다. 이것을 '코드'라 부르고자 한다.

물론 이 코드의 대부분은 언어로 되어 있고, 언어로 설명된다. 그래서 현상이라는 것도 우선은 언어에 의해 주어지고, 언어로 규정되고 설명되고 해석된다. 그렇기 때문에 우리는 언어로 된 규정이 무엇인지 모르는 것을 만났을 때 말문이 막히고 설명할 길을 못 찾아 당황하게 된다. 우리 사회에는 오랜 역사와 문화를 통해 축적된 경험과 지식들을 총괄해서 어떤 것을 만났을 때 그것을 어떤 것으로 받아들여 인식하고 활용할지를 규정하고 정해주는 사회적 규약이 있다. 그것이 개개인에게는 '이미-본-적이-있음'이라는 경험의 '앞선-구조'로 작용한다. 이런 식의 앞서 규정하는 해석의 코드가 우리 사회에 존재하지 않으면 개개인의 경험은 혼란에 빠지게 된다. 그렇기 때문에 해석의 지평은 언어에 의해서 풀어헤쳐지고 규정되어 모든 사람이 활용할 수 있는 것으로 제공되며, 주로 학문의 차원에서 이행되고 있다.

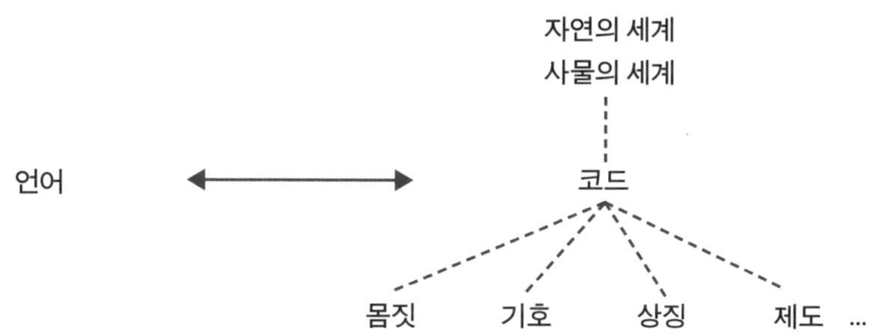

<그림 37> 언어-코드-세계의 상관 관계

3. 학문[과학]과 방법의 세 가지 연관성

학문[또는 과학]과 방법은 뗄 수 없는 연관 속에 있다. 학문[과학]은 어떤 분야나 대상에 대한 체계적인 연구[배움]나 그런 지식을 의미한다. 방법은 그런 학문의 목적인 지식을 얻기 위해 사유와 인식이 거쳐 가는 이치를 체계적으로 정립하여 놓는 것을 말한다. 체계적인 이론으로서의 학문[과학]은 그 대상에 대한 합리적인 탐구방식인 방법을 반드시 갖추어야 한다. 그래서 학문에 대한 논의[학문론]에서 방법에 대한 논의[방법론]는 필수적이다. 학문론의 역사는 잘 들여다보면 방법론의 역사이기도 하다.

좁은 의미로 볼 때 과학은 어떤 분야나 대상에 대한 지식이다. 여기서 '어떤 분야나 대상'은 존재하는 어떤 것을 지칭하며, 실재하는 대상의 다양한 본질과 속성 등이 관심의 초점이 된다. '~에 대한 지식'은 그 대상에 대한 연구자의 탐구 활동과 그로 인한 성과물을 말하며, 대상에 대한 다양한 인식론적 접근방식과 경험방식이 문제가 된다. '어떤 분야나 대상'을 존재론적 연관성, '~에 대한 지식'을 인식론적 연관성이라 부를 수 있다.

여기에 추가되는 중요한 요소가 진리(검증)론적 연관성이다. 과학은 대상에 대한 이러저러한 지식이 아니라 '참된 지식'이다. 과학은 대상에 대한 자신의 지식이 참되다는 것을 증명해야 하며, 대상에 대한 지식을 어떻게 합당한 방식으로 얻었는지를 논리적[이론적]으로 변론할 수 있어야 한다. 과학의 방법론도 이 세 차원과 밀접한 연관이 있다.

방법론(Methodology, 方法論)은 말 그대로 '방법에 대한 논의', '방법에 대한 이론'이다. 방법(Method, 方法)이라는 단어는 그리스어의 meta(따르다)와 hodos(길)에서 유래한다. 그래서 method는 그 의미상 어떤 목적을 달성하기 위해 일정하게 따라야 하는 길을 뜻한다. 행동이나 기술, 예술이나 과학은 각기 그것들이 추구하는 목적을 따르지 않으면 안 되는 길, 즉 방법이 있다.

각각의 대상 분야에서 그 대상에 관한 지식을 얻기 위해 사유가 거쳐야 하는 이치를 체계적으로 정리하여 세우는 것이 방법론이다. 방법론이 개개의 대상에 따라 변화하는 기법(技法)이나 절차와 같은 개별적인 방법에 관심을 두지 않고 수많은 대상과 연관된 보편타당성 있는 주장을 내세우려 하기 때문에 특정의 방법론이 정립되며 그를 둘러싼 논쟁이 펼쳐진다. '대상에 대한 참된 지식'에 대한 이론적 연구[학문론, 과학론]와 그 대상에 이르는 방법[길]에 대한 체계적 논의[방법론]는 동전의 양면처럼 맞붙어 있다. 이렇듯 학문의 역사에서 과학론과 방법론은 뗄 수 없는 연관 속에서 전개되어 왔다.

방법론은 대상에 대한 참된 지식[진리]을 얻기 위한 합리적인 방법에 관한 이론이다. 논증이나 실험에서, 주제 설정이나 현상분석에서 그리고 체계 구축에서도 학문[과학]의 방법은 방법론이라는 형태로 치밀하게 논의되어 왔다. 특히 서양 근대 철학에서는 인간의 인식 능력에 대한 물음이 사물의 존재 구조에 대한 물음에 대응한다는 인식론적 전제, 즉 방법논리와 대상논리의 구조적 대응이라는 전제 아래에서 근대의 독특한 방법론을 전개하였다. 이러한 시각에서 근대의 대표적인 철학자들은 인간의 인식 능력에 대해 깊은 관심을 표했다.

<그림 38> 프랜시스 베이컨(영국, 1561-1626), 르네 데카르트(프랑스, 1569-1650), 고트프리트 라이프니츠(독일, 1646-1716), 임마누엘 칸트(독일, 1742-1804)

방법론은 넓게 보아 논리학의 한 부분이라 할 수 있다. 플라톤의 대화편(對話篇)에는 소피스트의 방법과 소크라테스의 방법의 차이점에 관한 논의가 많이 나오며, 아리스토텔레스의 『형이상학(形而上學)』도 방법에 관한 이야기로부터 시작된다. 중세에는 신학적 방법과 철학적 방법의 차이점이 논의되었고, 동양에도 방법론에 대해 깊은 생각을 한 사상가가 많다. 근대에 들어 새로운 인식 방법으로 자연과학이 등장함에 따라, 많은 철학자가 이 새로운 학문방법의 성격을 탐구하고자 노력하였다. F. 베이컨, R. 데카르트, G.W.F. 라이프니츠, I. 칸트 등은 특히 방법론에 많은 관심을 쏟았다. 그러나 현대인이 '방법론'이라는 이름에 관심을 갖는 것은 주로 과학방법론이라 생각된다. 오늘날 방법론은 방법에 관한 연구나 과학이기보다는 어떤 대상을 인식하거나 연구하기 위한 방법이라는 의미로 주로 쓰인다.

이런 시각으로 고대 그리스의 학문론과 방법론을 요약해보자.

존재하는 모든 것에 관심을 갖고 그 근원을 밝히려는 고대 그리스의 학문으로서의 철학은 인간의 로고스에, 즉 이성 능력에 의지했고 자연[우주]의 법칙과 원리를 꿰뚫어 파악하는 관조[테오리아,

theoria, 사변]의 방식을 선호했다. 구체적이고 개별적인, 시공간적이고 변화하는 현상이 아닌 그 밑바탕과 본질을 이루고 있는 실체가 철학[학문]의 주제와 대상이라고 보았다. 그것은 감각적 경험으로는 접근할 수 없는 형이상학적인 것으로서 전체를 파악하고 가능 근거를 밝혀내는 이성을 필요로 한다. 그래서 학문으로서의 철학은 이성학문이며 사변철학일 수밖에 없다. 이러한 학문관에서 최고의 학문은 모든 존재자의 존재 근거이며 원인, 최고의 존재자인 신(神)을 관조하는 신학(神學)이다. 그리고 그것에 이르는 방법론적인 길은 순수이성의 능력인 관조, 사변, 이론[테오리아]이다. 고대 그리스의 학문론에서 학문의 대상은 존재자, 존재자의 본질이며 그 방법은 관조적, 사변적, 이론적 사유다. 이것을 우리는 실체적 패러다임이라 부른다.

플라톤과 아리스토텔레스에게 그 바탕이 되는 본질학으로서의 학문은 순수한 관조[테오리아]다. 즉 학문이 인식을 추구하는 것은 진리를 위한 진리에 의해 이끌려간다고 강조한다. 그러나 본질적인 존재를 순수하게 정신적으로 직관하는 것으로서의 테오리아[관조]의 뜻이 변하여, 근대 초기에 학문 그 자체가 목적으로 되는 일은 사라져버리고 말았다. 이론에 의해서 물음이 제기되고, 이론에 꼭 들어맞는 것이어야 하는 현실은 [사람들의] 지배하려는 욕구에 내맡겨져 있다는 뜻으로, 이론은 현실을 가장 잘 해명하는 도구가 된다.[3)]

---

3) 막스 뮐러·알로이스 할더, 『철학소사전』, 강성위 옮김, 이문출판사, 1988, 356쪽.

4. 존재론적 방법과 인식론적 방법

방법과 방법론의 'Method'는 그리스어로 'meta hodos'에서 나온 것으로, '길을 따라서' 라는 의미다. 존재자를 다루는 존재론적 방법은 다른 것이 아니라, 존재자 자체 안에서 인식하는 사람을 위해서 이미 펼쳐져 있는 진리에로의 길을 제시하는 것이다. 존재자 자체가 스스로를 내보이며 존재하고 있는 그대로 그렇게 인식하는 사람은 올바르게 받아들이기만 하면 된다. 그렇기에 대상이 어떤가에 따라서 방법도 달라지고, 대상에 따라서 진리도 달라지고, 학문도 달라진다. 이처럼 모든 것은 존재자 중심이다. 방법은 대상에 상응해야 하며 대상에 자신을 맞춰야 한다. 이것이 존재론적인 방법이다. 방법은 그 대상에로 향해야 하는 것이지 그 역이 아니다.

고·중세에서 제일철학은 신에 대한 학문인 신학이었다. 고·중세에는 진리의 등급이 있었는데, 그것은 존재자의 등급에 준한다. 학문의 등급도 마찬가지다. 예를 들어 광물이라는 존재자의 진리는 식물 존재자의 진리와는 다르다. 식물의 진리와 동물의 진리가 다르고, 동물의 진리와 인간의 진리가 또 다르다. 인간의 진리와 천사의 진리가 다르고, 천사의 진리와 신의 진리가 다르다. 이 시기 존재하는 모든 것에는 위계질서로 잘 짜인 진리의 등급이 있었고, 진리의 최고 등급에 있는 것은 신이다. 그러기에 최고의 학문은 신학이었으며, 고·중세에서의 제일철학은 신학이었다. 그리고 형이상학도 신학이었다.

이것이 근대로 오면서 달라진다. 인간이 존재자 가운데서 존재자의 밖으로 나오면서 진리도 존재자의 등급이 아닌 다른 것으로 바뀐다. 이제 진리의 등급에서 기본이 되는 것은 [인식의] 확실성이다. 데카르트는 진리의 기준을 존재자의 등급이 아니라 인식의 확실성으로 바꾸어 버린다. 데카르트의 위대함은 바로 이렇게 진리의 기준을 바꾸어 버린 데에 있다. 그전까지 통용되던 진리의 기준은 성서에 나타나 있는 것이었다. 데카르트는 그런 계시의 진리가 아닌 이성으로 알아들을 수 있는 기준을 찾는다.

<그림 39> 존재의 대사슬 (Great Chain of Being)

신은 계시로만 자신을 알려주고 있지 않다. 창조를 통해 자연 속에 자신의 법을 심어 놓았기 때문에 자연 속에서도 신의 뜻을 읽어낼 수 있다. 자연은 우리가 읽어내야 할 신의 책이다. 신이 자연 현실을 통해 보여주려는 바를 자연의 책을 읽고 알아내야 한다. 가장 확실한 진리는 "나는 사유한다. 그러므로 나는 존재한다"이다. 데카르트는 진리의 등급[기준]을 존재자의 위계질서에 따라 나누려 들지 않는다. 진리의 등급은 신만이 알고 있는 것으로 우리의 인식으로는 이를 수 없는 초월의 차원이다. 우리는 초월의 차원의 아니라 우리의 인식이 도달할 수 있는 것에서 진리의 기준을 확보해야 하며, 인식의 확실성에 따라 진리의 정도를 가늠할 수 있을 따름이다.

이러한 변화에 따라 제일철학도 달라진다. 고·중세에서 제일철학이었던 신학은 인식론에게 자리를 내주어야 했고, 인간의 인식 능력에 관한 학문인 인식론이 제일철학이 되었다. 근대 유명철학자들의 작품들은 한결같이 인간의 인식 능력에 관한 책들이다. 데카르트의 『성찰』을 위시로 하여, 칸트의 『순수 이성 비판』, 로크의 『인간 지성에 관한 에세이』등이 다 그렇다.

이것을 주체와 객체의 도식으로 본다면, 고·중세 때는 있는 그대로의 객체에 우리가 도달하는 것이 중요했다. 객체가 자기 자신을 드러내는 대로 인간은 그것을 수용하기만 하면 되었다. 눈을 크게 뜨고 그것을 수동적으로 잘 관찰하라. 이것이 근대로 오면 역으로 바뀐다. 우리는 우리가 인식의 그물망을 던져서 그 그물망 안에 들어오는 것만을 받아들여 인식하고 있다. 즉 주체 중심이 된다.

근대에 들어서서 사유의 패러다임이 바뀐다. 존재자를 실체와 속성의 관점에서 더는 보지 않고 인간 인식의 대상으로 보는 인식론적 패러다임이 등장한다. 이제는 인식의 관점에서 존재하는 모든 것을 인식하는 주체와 인식되는 객체로 나누어 고찰하게 된다. 인식하는 주체에 대한 학문으로 인식론, 인간지성[오성]론이 최고의 학문으로 등장해 신학을 대치하고, 인식 객체[대상]로서의 자연과 자연 사물에 대해 탐구하는 다양한 자연과학이 뒤따른다. 그리고 이러한 학문의 대상들을 다루는 능력으로 관조와 사변의 이성 능력이 아닌 성찰, 반성, 관찰, 분석, 종합, 비판을 앞세우는 인식 능력, 통찰력, 지성[오성]이 전면에 부각된다. 수학적 방법론과 '명석판명한 지각'을 지식의 기준으로 생각하던 근대적 진리 이해가 성립되면서 모든 것을 분류하고 검증하는 체계에서 학문의 패러다임이 정립된다. 근대의 학문은 학문 일반의 내적 방법론에 치중하면서 그 진리 검증의 시금석을 실제성에서 찾고 실증적인 학문적 결과와 그러한 지식 체계를 학문으로 이해한다. 이런 사고는 19세기에 이르러 그 방법론의 관점에 따라 학문(scientia)을 마침내 '과학(science)'으로 규정하게 되었다.[4)]

근대 초기까지만 해도 자연에 대한 지식(scientia naturalis)과 자연에 대한 철학(philosophia naturalis)은 개념상 명확히 구별되지 않았다. 단지 방법론에서, 가령 개념 규정과 가설 그리고 검증 체제 및 수학적 측정과 실험 등의 기능에서만 차이를 지녔다. 과학적 학문 방법론으로 바뀌는 일은 베이컨이나 데카르트의 시도에서 시작되어, 결국 학문 체계의 변화까지 초래하기에 이른다. 그것은 경험적-귀납적 방법에 근거한 영국 경험론과 분석과 종합 및 범주-연역적 방법론의 합리주의로 대별되는 근대 학문 체계의 시작을 알리는 것이었다.

5. 현대의 학문론과 방법론

1) 사유하는 홀로주체에서 말하는 서로주체로

근대의 인식론적 사유 틀에서는 초월론적[선험적] 주체 또는 자아가 핵심 개념의 자리에 있었다. 여기에서 '초월론적'은 "대상을 구성하는"이라는 의미를 띠고 있으며, '초월[선험]철학'은 "대상의

4) 신승환, <학문>, 『우리말 철학사전 5. 사랑/세계/철학』, 지식산업사, 2007, 319~350쪽 참조.

경험과 인식을 가능케 하는 조건에 대해 탐구하는 철학"을 의미한다. 주체는 범주라는 인식의 틀을 갖고서 대상을 구성한다. 그리고 더 이상 그저 사물을 마주하여 수동적으로 주어지는 자료를 받아들이며 대상을 인식하는 것이 아니라 적극적으로 인식의 그물망을 던져 대상을 건져 올린다.

이렇게 능동적으로 대상을 구성하는 주체를 우리는 '초월론적 자아'라고 부른다. 이것이 칸트가 말하는 코페르니쿠스적 전환이다. 대상이 움직이는 것이 아니라 우리가 움직이는 것이다. 우리가 대상을 덮친다. 초월론적인 주체에서는 인간의 능동성이 매우 강조된다. 이러한 인간 중심적 사유 태도는 자연에 대한 정복자적인 태도, 식민지 정책, 끊임없는 정보의 축적에 따른 대상의 소유와 지배로 이어진다.

19세기에 들어서면서 서양인들은 유럽과는 다른 문화권을 알게 되고 거기에서는 유럽과는 다른 언어와 사유방식, 생활양식이 펼쳐지고 있음을 보게 된다. 처음에는 문화적으로 뒤진 다른 문화권을 선교자적인 자세로 계몽시키려고 시도한다. 그러다 유럽 내에서도 문화적인 차이에 따라서 인식의 틀이 조금씩이나마 차이가 나는 것을 발견하게 된다. 그러면서 절대적인 주체에 대한 회의가 커가기 시작한다.

현대에 들어서면서 철학자들은 더 이상 하나의 절대 주체를 상정할 수 없음을 절감한다. 주체가 여럿임을 인정하지 않을 수 없게 된다. 그래서 현대에서는 상호주체가 중요한 철학의 문제로 급부상하게 된다. 근대에서 '사유하는 홀로-주체'가 철학적으로 모든 것을 주도해 나갔다면 현대는 그 자리를 신체를 가진 주체들인 '말하는

[의사소통하는] 서로-주체'가 떠맡게 된다. 사유하는 홀로주체처럼 정신적인 측면만 강조하면 이성적이고 보편적인 어떤 것을 찾을 수 있을지는 모르지만, 구체적인 생활세계에서 다른 사람과 더불어 역사를 일구어내며 시간을 살아가는 인간의 생생한 삶의 경험은 배제된다. 이런 식으로 인간의 구체성, 신체성이 논의의 장 안으로 들어오면, 그 신체들이 열어주는 다양한 세계를 하나로 아우르는 하나의 주체만을 생각하는 것은 힘들게 된다. 하나의 주체, 하나의 자아를 이야기할 때에는 그 밑바탕에 모든 사람이 하나의 세계 안에서 똑같은 이성의 능력을 갖고 하나의 문화를 형성해나가며, 불편 없이 하나의 언어로 소통하여 하나의 진리 속에 살고 있다는 것을 전제하고 있기 때문이다.

육체의 발견으로 초월론적 자아는 신체를 가진 유한한 주체 내지는 자아로 변한다. 그렇게 되면 더 이상 하나의 절대적인 주체를 이야기할 수 없게 된다. 육체의 수만큼이나 많은 주체를 상정해야 하며, 주체 사이의 교통[소통]이 철학에서 중요한 문제로 주목받는다. 주체는 이제 '상호주관성'의 관점 아래에서 그 타당성을 입증해야 한다. 이렇게 주체가 초월론적인 자아에서 신체적인 자아로 바뀌게 되면 근대처럼 주체가 세계를 구성한다고 얘기할 수 없게 되고, 오히려 구성되는 것은 주체라고 말해야 한다.

절대적인 주체가 이제는 구성된 주체가 된다. 지금까지는 주체가 대상을 구성한다고 했지만, 이제는 사물이, 환경이, 문화가, 사회가 주체를 구성한다. 개인의 오만이 극에 이르렀었지만, 알고 보니 개인이란 환경에 의해 만들어지는 가련한 존재라는 것이 드러났다. 그리하여 마침내는 "주체의 죽음"을 이야기하는 단계에까지 오게 된다.

초월론적 자아와 같은 절대 주체란 없다. 오히려 모든 것을 보이지 않게 조종하고 있는 그런 "주체"를 상정한다면, 그것은 더는 개인이 아니라 일종의 권력이며 무의식이다. 인간은 거시권력뿐 아니라 미시권력에 의해서도 조종되고 통제된다. 우리는 우리가 원하는 것을 행하는 것으로 생각하지만, 우리가 원하는 것도 보이지 않게 조종 받고 있다는 것을 모르고 있다. 우리의 욕망, 본능 등이 이미 무언가에 의해서 프로그래밍 되고 있다. 우리는 마치 우리가 우리의 주인이 되어서 무언가 한다고 생각하는데, 사실은 그게 아니다.

절대 중심, 절대 주체가 해체되며 대두되는 것은 자연히 다중심, 다극화, 다원화다. 이제는 하나의 주체가 아닌 여러 개의 주체를 인정해야 한다. 우리는 문화다원주의시대를 살고 있다. 이것이 20세기의 문화적인 배경이다. 20세기 말에는 포스트모더니즘이라는 흐름이 등장하여 인간 중심, 이성[로고스] 중심을 해체하고 새로운 사유의 패러다임을 찾고 있다.

2) 과학주의의 출현

헤겔은 사변으로 도달할 수 있는 최고의 학문체계를 완성했다. 헤겔의 철학 대상을 벗어날 수 있는 것은 아무것도 없었다. 그는 절대정신[신], 절대정신의 자기외화[소외]로서의 우주와 자연, 그리고 절대정신의 의식화로서의 종교, 예술, 학문, 철학 등 존재하는 모든 것을 자신의 체계 속에 질서 있게 배치해 화려한 이성의 상아탑을 완성했다. 그런데 키르케고르가 지적했듯이 현실은 이성이 생각한 대로 흘러가지 않았다. 헤겔은 사변의 궁전 옆에 있는 자그마한 개집에서 살아야 했다.

<그림 40> 헤겔(독일, 1770-1831)

헤겔의 사후 학문의 판도는 헤겔이 펼쳐놓은 것과 정반대 방향으로 전환되었다. 학문계에서는 오직 하나의 외침만 있었다. "사변이 아닌 경험을!" 그리고 이러한 시대 분위기를 대변하는 사상적 흐름이 봇물 터지듯 터져 나온다. 과학을 전면에 앞세워 과학적인 것만이 현실을 제대로 파악하고 인간을 위해 유용하게 변화시켜 나갈 수 있음을 주장하는 과학 만능을 표방하는 과학주의가 그것이다.

과학주의는 과학을 최고의 인식 형태로 간주하고 원리적으로는 모든 문제가 과학에 의해 해결될 수 있다고 주장하는 태도다. 과학 지식의 확장이 물질적인 행복을 보장할 뿐 아니라, 미학적, 도덕적 그리고 정치적인 계몽주의의 발달 토대가 된다고 본다. 구체적으로는 인간의 모든 내면적인 문제나 사회적인 문제가 자연과학과 동일한 방법에 의해서 정밀하게 인식되고 해결될 수 있다고 하는 독단적인 방법론적 자연주의 주장으로 나타나는 경우가 많다.[5] 과학주의의 출현은 학문의 주제와 방법을 둘러싼 학문론과 방법론 논쟁을 불러일으켰다.

---

5) 임석진 외 편저, 『철학사전』, 중원문화, 2009.

과학의 대상 문제와 관련해서 '현실'은 항상 중요한 관심의 초점이 되었다. 학문의 대상은 현실이다. 철학의 대상도 존재하는 것의 전체인 현실이다. 그런데 근대로 들어오면서 현실 중에서도 '자연현실'은 자연과학의 독점물이 되어버린다. 그래서 철학은 자연 현실이 아닌 다른 곳에서 자신의 학문적 주제와 대상을 찾아 나서기 시작했다. 학문이 학문이기 위해서는 충족시켜야 할 조건이 있다. 그 학문에서 다루고 있는 대상 영역이 있어야 하고 그 대상 영역을 다루는 독특한 방법이 확보되어야 한다. 대상 영역과 방법이 없으면 학문이 될 수 없다.

자연과학은 자연을 자신의 학문적 대상으로 삼는다. 그전에는 철학도 자연을 자신의 탐구대상으로 삼았다. 그러나 근대에 들어서서 철학은 자연을 자신의 대상으로 주장하려면 과학에 맞서 자신의 독특한 학문적 방법을 정당화해야 했다. 과학은 자연을 수량화시키고 계량화시켜 반복 가능하고 제작 가능하고 생산 가능한 것으로 만들어 경험적인 방법을 통해 검증할 수 있는 것으로 만들어 버린다. 그리고 이렇게 검증 가능한 방법을 확보한 학문만이 진정한 학문이라고 주장한다. 자연과학은 자연의 영역을 전부 자신들의 학문 영역이라고 선언한다. 철학은 자연의 영역을 과학에 빼앗기고 그것에 대해 더는 권리를 주장할 수 없다는 것을 깨닫자 다른 대상영역을 찾아 나선다. 그래서 발견한 것이 심리 현실이고 논리 현실이며 역사 현실이다.[6)]

근대말의 이러한 과학 중심적 시대분위기를 타고 등장한 학파의 하나가 실증주의다. '실증주의(Positivismus)'라는 낱말에는 라틴어

---

6) 이기상, 『철학노트』, 까치, 2002, 167쪽 참조.

'포지툼(positum)'이 들어 있다. '포지툼'은 주어져 있는 것, 또는 정립되어 있는 것이다. 여기에서 주어져 있는 것은 감각에 주어져 있는 것을 말한다. 즉 감각적인 경험에 주어져 있는 것이다. 감각적인 경험에 주어져 있는 것만 인정하는 것이 실증주의다. 감각에 주어져 있는 것만 감각적인 경험에 의해 검증이 가능하다.

실증주의에 맞서 철학은 경험적인 자연 현실 외에도 심리 현실, 논리 현실, 역사 현실이 있으며, 그것이 철학의 대상이라고 주장한다. 그러면서 매번 자신이 여전히 근본학문임을 선언한다. 따라서 심리 현실을 다루는 심리학이 근본학문임을 입증해야 했고, 논리 현실을 다루는 논리학이 근본학문임을, 그리고 역사 현실을 다루는 역사학문이 근본학문임을 입증해야 했다. 19세기 이러한 학문의 대두는 궁지에 몰린 철학이 자신의 생존영역을 확보하기 위해 버둥거린 몸부림에 크게 힘입고 있는 셈이다.

철학의 근본학문으로 세상의 선을 본 심리학이 얼마 지나지 않아 경험적인 방법을 도입한 나름의 독특한 심리학을 발전시킨다. 경험적인 관찰과 자료에 의존한 경험심리학이 가능함을 보여주자, 기존의 심리학은 자신을 이와 차별화하기 위해 이성심리학이라 이름하였다. 이것이 브렌타노(Franz Brentano, 1838~1917)[7] 류의 심리학이다. 그는 후설의 스승이다. 그런데 후설이 자신의 학문은 심리학이 아니라 현상학이라고 천명하면서부터 이성심리학은 설자리가 없어졌다. 역사 현실을 다룬다는 역사학도 비슷한 과정을 거쳐 역

7) 브렌타노는 '지향성'이라는 스콜라철학의 개념을 끌어들여 연상(聯想) 심리학을 극복하고, 그의 제자 후설이 심리주의를 극복하고 현상학의 길을 열도록 해주었다.

사과학이 되고, 논리 현실을 다룬다는 논리학도 비슷한 과정을 거쳐 논리연산학이 된다. 이렇게 철학이 버둥거리며 자신의 영역으로 삼으려 했던 현실들이 과학화의 추세 속에 다 과학의 손아귀로 들어가고 철학은 거듭 빈털터리가 되는 듯 싶었다.

실증주의의 등장으로 불붙게 된 학문론 또는 과학론에 대한 논쟁은 학문[과학]의 방법론에 대한 논쟁으로 비화되었다. 과학적인 방법론을 갖추어야만 명실공히 과학[학문]이 될 수 있다는 과학주의적 주장이 학문계의 대세로 자리 잡으면서, 그에 대한 반발 역시 들끓게 만들었다. 이러한 시대적인 분위기를 니체는 한 마디로 이렇게 표현했다. "우리들의 19세기를 특징짓는 것은 과학의 승리가 아니라 과학에 대한 과학적 방법의 승리다"

6. 미디어 현실과 커뮤니케이션[소통]학의 필요성

21세기에 들어서면서 디지털 기술공학이 열어주는 미디어 혁명으로 인해 세상은 무섭게 변해가고 있다. 이제 현실은, 맥루한이 천명했듯이 세계는 미디어에 의해 구성된다. 현실은 온갖 첨단 미디어기기에 의해 우리에게 배달되고, 학계도 새로운 흐름을 감지해왔다. 미디어학과 커뮤니케이션학은 이런 변화를 반영한 대표적인 사례일 것이다. 문화콘텐츠학의 태동은 이런 현실과 그 궤를 같이한다 할 것이다. 그래서 우리는 문화콘텐츠학의 자리매김도 이러한 시대적 상황을 고려하여 전개되어야 한다고 본다. 미디어 현실에 대한 커뮤니케이션적 접근 방법이라는 큰 틀에서 문화콘텐츠학을 보자는 것이 우리의 제안이다. 다시 말해 문화콘텐츠학을 소통학의 관점에서 접근해서 그 연구 영역과 연구 방법론을 규명해나가자는 것이다. 그것이 문화콘텐츠학이 자연스럽게 학문으로서의 위상을 갖춰나갈 수 있는 방법이라고 생각한다.

소통의 문화콘텐츠학에서 '소통'을 어떻게 해석하고 사용할 것인지는 학문에 대한 연구 과정에서 더 자세히 다루어져야 할 것이다. 소통은 완성된 것이 아니라 이념으로 추구하면서 그 가능성을 지속해서 실험해야 하는 하나의 주제다. 따라서 이것은 많은 철학적, 경험적 논의가 필요하다. 여기에서는 우선적으로 개념의 영역과 범위만을 검토해 보도록 한다.

지금까지 문화콘텐츠학에서는 미디어를 도구로 이용하는 소통만을 생각해 왔다. 미디어가 콘텐츠의 내용과 표현을 담고 있으니 미디어를 통해 소통에 접근해보려는 것이다. 오늘날은 소통을 미디어와 분리해서 생각할 수 없는 불가분의 관계를 갖고 있음이 틀림없다. 그러나 [앞으로 살펴보겠지만] 미디어에 의존한 소통은 매우 종속적이며 협소한 측면이 있다. 미디어 기술이 소통의 방식을 다양하게 구현하지만, 인간에 의해 의미가 해석되고 가치가 부여된다는 측면에서 소통의 본질과 가치를 미디어가 전적으로 결정하는 것은 아니다.

만약 소통의 문화콘텐츠학이 인간과 미디어 사이의 관계 형성을 목적으로 하는 학문이라면 지금의 협소한 의미는 아무런 문제가 없을 것이다. 그러나 소통의 문화콘텐츠학은 인간과 미디어의 일대일 소통을 위한 학문이 결코 아니다. 그것은 인간과 인간은 물론 다양한 대상들 사이에서 더 나은 삶을 위한 문화적 소통을 기획하는 학문이다. 따라서 '소통'이 미디어를 통해 규정되는 것이 아니라, '소통'을 통해 미디어의 역할을 탐색해야 한다. 소통을 통해 미디어를 활용할 방법을 모색해야 하는 것이다.

우리는 문화콘텐츠학과 관련된 연구에서 '소통'의 의미를 새롭게 해석한다. 우리는 문화콘텐츠학에서의 '소통'을 단순한 미디어적 소통에 한정하지 않고 물리적 소통, 생물학적 소통, 언표적 소통까지 확장한다.

> "넓은 의미의 소통은 힘과 정보의 교류, 보존, 축적, 확산이다. 소통의 양식에 따라 소통의 주체는 분자(원자), 세포, 몸, 마음, 정신, 영혼이 될 수가 있다. 정보는 다양한 차원에서 전개되는데 그 교류 방식과 상대에 따라 물리정보, 유전정보, 감각정보, 언어정보, 직관정보로 분류될 수 있다. 소통을 넓은 의미에서 본다면, 자연적인 지향까지도 포함해서 힘과 정보의 교류 전체를 소통이라고 할 수 있다. 좁은 의미의 소통은 물리정보와 유전정보를 바탕으로 해서 기호와 상징에 의해 이루어진다. 인간의 소통은 크게 언어적 소통과 비언어적 소통으로 구분될 수 있다. 언어적 소통은 상호작용으로서 대화와 담론으로 분류될 수 있다. 플루서에 따르면, 대화는 다양하게 존재하는 정보를 새로운 정보로 합성하는 방법이다. 담론은 자연에 엔트로피적 작용으로부터 정보를 보존하기 위해 사용 가능한 정보를 분배하는 방법이다."[8)]

---

8) 이기상, <지구촌 시대 문화인의 소통>, 『상상과 증명, 그리고 소통』, 이덕환 엮음, 서강대학교출판부, 2013, 211쪽.

현재 문화콘텐츠를 디지털 콘텐츠와 동일한 것으로 보는 경향이 있다. 디지털 미디어의 등장과 함께 문화콘텐츠라는 용어도 등장했기 때문이다. 그러나 이것은 소통이라는 측면에서는 부분일 뿐이다. 위의 내용은 소통에 대한 관심을 미디어를 포함한 더 넓은 영역에까지 확장시켜 해석한다.[9] 소통이 삶을 이루는 운동이라고 한다면, 소통이 그저 디지털 미디어만을 매개로 문화콘텐츠를 주고받는 것으로 보는 것은 매우 한정된 접근이다. 우리의 소통에 따르면, 힘과 정보를 담고 소통을 가능하게 하는 매개체는 모두 미디어다. 우리는 힘과 정보를 담고 소통을 가능하게 하는 매개체를 모두 미디어로 간주한다. 즉 모든 존재하는 것이 소통할 수 있게 하는 모든 것을 미디어라고 말할 수 있다. 인간의 경험은 미디어를 통한 힘과 정보의 상호 소통이라고 볼 수 있다. 그러므로 디지털 미디어에 의한 소통은 힘과 정보에 의한 소통의 한 형태일 뿐이다.

그동안 문화콘텐츠 연구에서는 디지털 콘텐츠의 생산과 유통을 소통으로 중요하게 간주하려는 경향이 지배적이었다. 그러다 보니 문화콘텐츠 연구의 관심이 디지털 미디어에 집중될 수밖에 없었다.[10] 그런데 힘과 정보를 소통하게 만드는 모든 매개체를 미디어

---

9) 우리가 비록 일차적으로 미디어를 통해 소통하면서 이것에만 집중하지만 실제 인간과 세계 사이의 소통은 물리화학적 소통, 생물학적 소통, 언표적 소통의 범위까지 아우르고 있다. 요즘 4D를 활용하면서 영상 외에 인간의 다양한 감각을 자극하는 물리화학적 내용물을 문화콘텐츠에 활용하는 것을 보면 이미 소통을 디지털미디어의 시각적 요소로 한정적으로 생각하는 것은 제한적인 접근이라고 볼 수 있다.

10) 도미니크 볼통은 기술이 인간을 해방시킬 것이라고 생각하면서 정보의 생산과 유통에만 신경 쓴 나머지 오히려 인간의 이념, 이데올로기, 문화의 공존은 제대로 고려하지 않았다고 한다. 그러므로 소통이 필요한 시기에 더욱더 불통이 초래된다는 것이 그의 주장이다. 도미니크 볼통, 『불통의 시대 소통을

로 본다면, 문화콘텐츠학은 인간의 소통으로 물리적, 생물학적, 언표적 차원의 소통까지 포괄할 수 있게 된다. 즉 기술적·물질적·의미론적 차원은 물론, 눈에 보이지 않는 비가시적인 차원까지 삶과 관련한 연구의 범위에 들어오게 된다.

제러미 리프킨(Jeremy Rifkin)과 에드워드 홀(Edward T. Hall)도 인간의 소통을 생물학적 차원을 포괄하여 넓게 접근하고 있다. 그들은 인간의 소통을 도구적으로 보지 않고 생명의 본질로 이해한다. 두 사람은 소통의 본질과 가치를 선택적이고 부수적인 것으로 다루지 않고 생명, 즉 인간의 삶이며 목적으로 다룬다. 그들은 '소통'이 스스로 반생명적인 사유의 도식을 만들어 특정한 영역에 스스로 갇혀 고정되어 버리는 것은 오히려 소통과 거리가 먼 결과를 초래할 수도 있다고 우려한다.[11] 소통의 문화콘텐츠학에서 규정하는 소통은 그 자체를 인간의 삶이며 목적으로 볼 수 있다. 소통은 인간을 포함한 모든 존재의 본질적 가치를 따르는 것이다. 이것이 '소통의 문화콘텐츠학'의 사상적 토대라고 할 수 있다. 따라서 소통의 문화콘텐츠학은 디지털 미디어를 포함한 다양한 미디어적 소통은 물론, 인간을 포함한 다양한 존재들 사이의 물리적, 생물학적, 언표적 차원을 두루 포괄하여 막히지 않고 잘 통하는 방법론을 연구하는 것을 하나의 목표로 삼을 수 있다.

소통의 문화콘텐츠학은 사회적 요구를 통해 그 학문적 의의를 마련할 수 있다. 이것은 소통의 문화콘텐츠학에서 말하는 '소통'이

읽다』, 살림, 2011 참조.

11) 제러미 리프킨, 『공감의 시대』, 이경남 옮김, 민음사, 2010 참조; 에드워드 홀, 『문화를 넘어서』, 최효선 옮김, 한길사, 2000 참조.

우리 사회에 절실히 필요한지를 확인하는 것으로부터 출발한다. 현재 우리 사회는 여기저기 그야말로 '소통'이 화두다. 계층, 이념, 종교, 지역, 세대, 노사, 남녀 간 갈등의 불협화음은 국가적 문제를 넘어 국제적 문제로 등장한 지 오래다. 문제는 이러한 갈등이 지엽적인 문제가 아니라 국가적으로는 경제, 정치, 산업에까지 좋지 않은 영향을 끼친다는 것이고, 국제적으로도 불안한 긴장과 위협을 높인다는 점에서 심각한 문제라 할 수 있다. 그래서 국가와 국제사회는 갈등의 문제를 다각적으로 해결하고 관리하기 위해 다양한 방안을 강구하고 있다. 요즘 텔레비전 방송에서도 갈등과 대립의 문제를 중요하게 다루는 프로그램들이 늘어나고 있다. EBS에서 방영했던 <용서>는 "화해를 위한 노력을 통해 인간의 본성과 심리의 메커니즘을 밝히고, 진정한 용서에 이르는 길을 제시"[12]하겠다는 목표로 마련된 프로그램이다. 이 프로그램은 갈등이 생겨 원만한 관계에 다가서지 못하는 사람이 낯선 곳을 여행함으로써 자신을 돌아보고 깨달음을 얻어 화해를 이루어보자는 내용이다. 결국, 화해가 묵은 갈등을 없애고 인간의 소통을 회복시킨다는 생각이 프로그램 기획의 밑바탕을 이룬다. 소통이 인간의 관계 회복에서 중요한 목표와 수단인 것이다.

반대로 소통이 원만하게 이루어지지 않으면 심각한 문제가 발생하기도 한다. 디지털 미디어의 잘못된 소통 방법이 자살률을 높인다는 연구 결과가 있다. 이 연구는 자살을 방송의 내용으로 다루는 언론들이 자살에 대한 보도를 어떻게 하느냐에 따라, 그것을 접하는 시청자들이 자살의 충동을 강하게 느끼기도 한다는 것을 다

12) 참조 EBS <용서> 홈페이지. http://home.ebs.co.kr/forgive/main

양한 사례를 통해 증명한다. 특히 영향력 있는 인사나 연예인의 자살은 시청자들의 상황과 기분에 따라 더 크게 영향을 줄 수 있어 모방 자살까지 부른다. 그래서 방송은 사실을 보도하더라도 시청자들의 입장을 최대한 고려하여 자극적이지 않은 내용으로 전달해야 한다.[13] 시청자를 생각하지 않는 미디어 소통은 그 의도가 무엇이든 불행하고 잘못된 결과로 이어지기도 한다. 미디어 소통 역시 상황과 맥락을 중요하게 고려해야 한다.

소통의 문화콘텐츠학은 사회적 당면과제로 나타나는 다양한 불통의 현상을 연구의 과제로 삼을 수 있다. 왜냐하면 문화콘텐츠는 미디어를 통해 경제, 정치, 사회 등 여러 다양한 현실의 모습을 반영할 뿐만 아니라 다시 이것들에 영향을 주기 때문이다. 소통의 문화콘텐츠학은 문화콘텐츠를 매개로 우리의 현실을 이루는 정치, 경제, 사회의 문제들을 살피고 더 나은 실천을 모색하는 데 도움을 줄 수 있다. 경제적 영역에서는 생산과 소비, 정치적 영역에서는 비판과 대안, 사회적 영역에서는 분리와 결속에 대한 문제를 문화콘텐츠를 매개로 접근할 수 있다.

소통의 문화콘텐츠학은 연구자에게 마땅히 연구할 만한 가치가 있다는 점을 통해 학문적 의의를 마련할 수 있다. 이것은 연구자가 생각하는 문제와 학문이 다루려고 하는 문제가 일치하는 것[문제의 동일성]과 실제로 뚜렷한 개념과 유용한 방법론을 제공하는 것[방법의 유용성]으로 그 의의를 확보한다.

---

13) 참조 EBS <다큐프라임> 《33분마다 떠나는 사람들. 1부 파파게노 이펙트》 홈페이지. http://www.ebs.co.kr/replay/show?prodId=348&lectId=10147239

먼저 소통의 문화콘텐츠학이 연구자에게 학문으로서 중요한지에 대해 물음을 던질 수 있다. 이것은 연구자가 해결하고자 하는 문제가 곧 학문이 해결하고자 하는 문제의 영역인지에 대한 물음이다. 만약 연구자가 자연현상에 대한 궁금증을 과학적으로 해결하고 싶다면 자연과학을 통해 문제에 접근할 수 있고, 사회현상에 대해 궁금하다면 사회과학을 통해 문제에 접근할 수 있다. 연구자가 문화콘텐츠를 통해 관계와 소통을 이해하고 모색하며, 나아가 삶의 의미와 방향을 찾고자 한다면 소통의 문화콘텐츠학이 길잡이가 될 수 있다. 아직 문화콘텐츠학이 온전히 정립되지는 못했지만, 지금도 문화콘텐츠를 교육하는 학교 기관과 관련 학회의 활동은 꾸준히 이어지고 있고, 관련 연구 성과들도 축적되고 있다. 이것은 소통으로서의 문화콘텐츠에 대한 관심이 그만큼 증가하고 있다는 방증으로 볼 수 있다. 또한 문화콘텐츠학이 문화콘텐츠와 이것을 연구하는 연구자들에게 여전히 중요한 관심사임도 알 수 있다. 그러나 연구자와 학문이 해결하고자 하는 문제가 동일하다 하더라도 학문은 연구자에게 유용한 방법론과 이론적 토대를 제공해야 한다. 다시 말해 연구자가 연구의 정당성을 얻기 위해서는 문제 해결에 유용한 이론적 내용이 있어야 한다. 마찬가지로 문화콘텐츠학이 소통을 지향한다면 소통과 공감의 방법론과 개념이 있어야 한다. 그래야만 학문의 유용성이 확보되고 타 학문과 구별되는 독자성을 얻을 수 있다. 지금까지 문화콘텐츠 연구자들은 타 학문과 다른 연구 방법론을 개발하고자 노력해 왔다.[14] 그러나 이러한

14) 박기수의 경우도 문화콘텐츠에서 내용의 소재가 되는 이야기들을 미디어에 맞게 콘텐츠화하여 소통할 수 있는 방법으로서 스토리텔링 연구방법론의

연구 방법론이 학문의 전체적인 체계를 구현하면서 각각의 기능과 위상을 가지고 있는 것은 아니다. 그럼에도 학문의 필요성과 독자성에 대한 요구를 대변하고 있다는 점에서는 학문적 정당성이 확보될 가능성은 열려 있다고 하겠다.

개발을 진행해 왔다. 문학에서 해오던 방법을 그대로 답습하는 것이 아니라 미디어와 문화콘텐츠의 특성을 고려하여 차별성 있는 방법론을 마련하고자 한다. 박기수, 「문화콘텐츠 스토리텔링의 생산적 논의를 위한 네 가지 접근법」, 『한국언어문화』제32집, 한국언어문화학회, 2007 참조.

제9장

소통의 문화콘텐츠학의 시대적 필요성

1. 지구촌 시대의 지구 운명공동체

1) 지구 생명 공동체

탈근대인 지구촌 시대 문화의 세기에는 근대와는 다른 삶의 문법과 인식론적 패러다임이 요구된다. 주객의 이분법적 인식론적 패러다임과 우승열패의 원칙 아래 약한 자에 대한 강한 자의 통치와 지배가 당연시되던 투쟁과 경쟁의 삶의 방식이 바뀌어야 한다. 탈근대의 새로운 삶의 원칙은 지구 위 모든 존재자가 운명의 공동체 일원이 되어 만들어가는, 함께 더불어 살아나가며 서로 돕고 배려하는 공생과 상생이다. 중요한 것은 통제와 계몽이 아니라 소통과 공감이다.

황금만능주의와 물질 중심의 가치관 속에 경제적인 부의 축적을 보장하는 경제성장을 유일한 목적으로 삼아온 인간 중심의 경제지상주의는 지구 생명 중심의 생명 경제로 탈바꿈되어야 한다. 이제는 몸집만을 키우는 생물학적 성장이 아닌 인간학적 성숙을 목표로 삼아야 한다. 성숙한 삶의 자세와 느림과 여유 안에서 다른 사람과 더불어 문화적 삶을 향유하는 성숙한 시민으로 거듭나야 한다. 성숙한 인간은 빵만을 위한 삶을 영위하지 않는다. 남의 어려움을 수수방관하지 않고 우리의 일상이 여유 속의 놀이와 축제가 되도록 애쓴다.

제레미 리프킨이 『유러피안 드림』에서 이야기한 것도 이러한 맥락이다.[1] 아메리카 드림은 경쟁 중심이기 때문에 잘난 놈들은 잘살고, 못난 놈들은 그들을 영웅시하고 우상시하면서 잘난 놈들이 던져주는 떡고물이나 얻어먹으며 만족한다고 말한다. 리프킨은 그런 식으로는 희망이 없다고 하면서 유러피안 드림을 대안으로 제시한다. 유럽 사람들은 약자를 보듬고 그들에게 최소한의 인간적인 삶의 조건을 만들어 준다. 느리지만 함께 가려고 노력하는 삶의 모습에서 희망을 본 것이다. 유러피안 드림은 무조건적인 경제 성장이 아니라 삶의 질을 중요시하는 문화적 가치의 차원이다.

지구 생명이라는 차원에서 생명의 패러다임을 찾아가는 것은 다른 문화권은 물론이고 다른 생명체, 생명의 조건인 물, 공기와 같은 무기물까지도 끌어안는 것이다. 지구가 살아있어야만 우리가 산다는 것이다. 따라서 경제도 국가경제가 아니라 지구경제가 된다. 지구경제를 우리말로 하면 지구 살림살이다. '살림살이'는 경제(經濟)의 우리말이다. 경제란 모든 것을 살리는 생활이다. 우리는 진작부터 경제를 서로 더불어 살리면서, 살림을 습관화해 나가는 것으로 본 것이다. 이렇게 지구 생명공동체를 지향하면 강한 자, 가진 자, 잘난 사람, 지식인 또는 엘리트들이 약한 자, 없는 자, 못난 사람, 무식한 사람을 상대로 명령하고 지시하고 가르치며 선도해나가는 계몽적인 태도 대신 다른 사람의 입장에서 생각하는 역지사지의 배려 차원의 태도를 취한다. 그래서 진즉에 리스본 그룹은 『경쟁의

---

1) 제러미 리프킨, 『유러피언 드림. 아메리칸 드림의 몰락과 세계의 미래』, 이원기 옮김, 민음사, 2005.

한계』라는 보고서를 통해 경쟁으로는 희망이 없다고 말했다.[2] 경쟁은 갈등을 낳고, 갈등은 투쟁을 낳고, 투쟁은 테러를 낳고, 테러는 반테러를 낳는 악순환이 끊임없이 이어진다. 이것이 경쟁 논리의 끝이다. 이제 우리는 경쟁의 논리가 아닌 살림의 논리로 가야 한다. 살림의 논리에서 중요한 것은 관용과 배려, 이해다. 나만 옳고, 진리의 편에 서 있다는 생각을 버리고, 상대방의 다름과 차이를 인정하면서 관용 속에 평화롭게 공존해 나가는 길을 모색해야 한다. 이렇게 될 때, 시기와 모함, 무시와 멸시가 판치는 경쟁사회는 배려와 이해 속에 공감대를 찾아 공존·공생하는 생명공동체가 될 것이다.

2) 문화 다양성과 일리(一理)의 철학

근대를 주체의 시대라고 한다. 주체를 홀로주체라고 한다면, 지금 우리가 사는 시대는 관계의 시대이고, 서로주체 또는 상호주체의 시대다. 이제는 홀로주체의 입장에서 개인 또는 개인이 속해 있는 문화권의 지식과 정보만이 진리임을 주장하며 선포하는 계몽적 자세에서 벗어나, 서로주체의 시각에서 상대방의 세계관과 가치관을 인정하고 이해하면서 공생과 상생의 방법을 찾아가야 한다.

진리의 문제는 곧 종교의 문제다. 그리스도교와 이슬람의 갈등도 결국 진리의 문제다. 진리의 문제는 곧 신(神)의 문제다. 누구의 신이 옳으냐를 놓고 피를 보며 싸우고 있는 것이다. 사실, 누가 진리를 주장하는지에 대한 판단은 신의 영역이다. 인간의 능력으로는 알 수 없다. 따라서 문화 다양성, 종교 다양성의 시대에 살아나

2) 리스본 그룹, 『경쟁의 한계』, 채수환 옮김, 바다출판사, 2000.

<그림 41> 한스 큉(스위스, 1928)

갈 수 있는 길은 상대방의 주장에 일리(一理)가 있다고 인정하는 자세다. 너도 일리가 있고 나도 일리가 있어서 진리의 어떤 면을 같이 공유하고 있다는 점을 인정해야 한다. 한스 큉은 종교 평화 없이는 세계 평화도 없다고 주장했다.[3] 오늘날 세계 평화가 없는 것은 종교 간의 대화가 없기 때문이라고 그는 말한다. 이제는 절대적인 초월론적 관점에서가 아니라 상호주관적인 이해 속에서 상대방의 시각도 의미가 있음을 인정하고 존중해주는 관용의 정신을 보일 수 있어야 한다. 따라서 '진리다', '아니다'라고 할 것이 아니라 '너의 주장에도 일리가 있어'라는 점을 인정하고 공존해야 한다. 이제는 유일한 진리를 나만 알고 있다는 태도 대신, 그 유일한 진리를 향해 서로 함께 의미 있는 발걸음으로 다가가고 있음을 인정해야 한다. 그럴 경우 우리 모두의 문화적 행위와 표현은 강자의 자기과시가 아닌 우리 모두의 자기표현이 될 수 있다. 따라서 높은 자의 위치에서 상대방을 평가하며 판단 내리기에 앞서 상대방의 입장에서 상대방을 이해하며 인정하고 칭찬하는 성숙한 인간의 모습을 보여야 한다.

지구촌 시대 문화의 세기의 가장 큰 적은 획일화(uniform)다. 문화 다원성과 문화 다양성이 풍요로운 사회의 전제인 것처럼 다양화

---

3) 한스 큉, 『세계윤리구상』, 안명옥 옮김, 분도출판사, 2001.

(multiform)가 행복지수로 평가되어야 한다. 탈근대를 주장하는 정신분석학자 가타리(Félix Guattari)는 '플리(Pli, 주름)'라는 표현을 사용한다. 예를 들어 부채를 접으면 주름은 하나다. 이것은 심플(simple)이다. 그러나 부채를 펼치면 멀티플(multiple)이 된다. 이것이 주름의 논리다. 같은 논리를 문화적 차원으로 끌어들이면, 이제까지는 문화를 하나로 통합해서 획일화하려 했다. 그러나 문화는 본래 다양한 것이기 때문에 펼쳐야 한다. 펼쳐진 문화의 다양함, 즉 멀티플이 어떻게 자기의 꽃을 피우고 그 다양성이 전체와 어울려서 전체를 보다 나은 상태로 이끌어 가는지가 중요한 관심사가 되고 있다. 원인과 결과의 연결고리만을 찾고, 기능과 효율의 도구적 합리성 속에서 전체를 설명하는 이론적인 태도만이 합리적이고 과학적인 자세라는 생각은 접어야 한다. 인간에게는 지성과 이성적인 차원 외에도 감성과 영성적인 차원이 있음을 잊지 말아야 한다.

<그림 42> 펠릭스 가타리(프랑스, 1930-1992)

탈근대 문화의 세기는 우리가 그동안 등한히 했던 감성과 영성이 꽃피는 예술과 종교의 시대가 될 것이다. 또 이 모든 능력을 아우르는 공감의 능력이 문화적 존재로서의 인간다움을 가늠하는 잣대가 될 것이다. 그러므로 인간 모두가 자신의 독특함을 마음껏 발휘해 자신만의 독특한 색깔을 발산해서 다른 사람의 공감을 사고, 전체와 조화를 이루는 울림과 어울림의 공동체를 만들어 가야

할 것이다. 문화콘텐츠는 이러한 시대사적 배경 속에서 등장하였다. 문화의 세기에는 문화 다양성이 보호되고, 문화적 가치가 새로운 시금석이 되어야 하며, 인간도 감성과 지성, 이성과 영성을 고루 갖춘 공감의 인간으로 훈육되어야 한다. 이런 점에서 볼 때 콘텐츠를 왜 문화라는 스펙트럼에서 이해해야 하는지 알 수 있을 것이다.

3) 문화간 통합(通合) : 소통과 어울림

문화의 시대를 살아가는 현대인에게 지식의 대통합과 함께 중요한 과제로 떠오른 것이 문화 간의 통합이다. 다양한 민족과 계층, 세대 간의 통합이 중요한 문제로 부각되고 있다. 정부에서 운영하는 사회통합위원회 홈페이지에는 사회통합을 세 가지 차원으로 분류하고 있다. 세 가지는 정치적 통합(Social intergration), 경제적 통합(Social inclusion), 문화적 통합(Social cohesion)이다.

<그림 43> 사회통합의 세 가지 차원(사회통합위원회)

정치적 통합은 전근대적인 통합의 형태다. 통합(intergration)이라는 개념은 주류에 편입시킨다는 의미가 강하다. 따라서 정치적 통합은 자칫 개인의 사회규범 수용이라는 획일성을 강조하는 부정적 의미로 인식될 수도 있다. 미국이나 중국에서 사용하는 동화정책

이 여기에 해당된다. 중국의 경우 처음에는 소수민족에게 자율권을 주다가 일정 기간이 지나면 주류에 통합될 것을 요구한다. 주류 문화권에 통합되지 않고서는 성공할 수도 없다. 주류 문화에 흡수 통합되는 과정에서 소수민족의 문화적인 정체성은 차츰차츰 사라지게 된다. 이것이 정치적 통합의 문제점이다.

경제적 통합은 사회적 약자를 고려한 포용을 뜻한다. 개인이나 집단이 삶의 수준을 높일 기회를 막는 제도적 제약들을 제거하는 것이다. 빈곤과 실업을 포함한 사회적 위협으로부터 국민을 보호한다. 그러나 사회적 약자를 보호한다는 것은 결국 동정의 차원이다. 그들을 동등하게 인격적으로 대하는 배려는 부족하다.

문화적 통합은 다양한 문화권의 공존에서 생기는 문화적 갈등을 해결하기 위한 통합 정책이다. 다양한 특성을 가진 구성원들이 공동체에 대한 소속감을 느끼고 공동의 비전을 공유하며 긍정적인 관계를 유지하는 국민적 결집력을 지칭한다. 문화적 정체성을 가지고 내가 어느 집단에 속해 있는지가 중요하고, 나와 관심사를 공유하는 조그만 집단, 동아리 등에 속하면서 삶의 의미를 느끼는 것이 중요하다.

만화가 이원복은 한·중·일 삼국의 문화를 통한 사회통합의 차이점에 대해 다음과 같이 이야기한다.[4] 예전에는 일류(日流)도, 중류(中流)도 있었는데 지금은 한류(韓流)만 남았다. 그 이유는 각국의 근대화 과정 때문이라는 것이다. 중국의 근대화는 서양에 의해 굴욕적으로 시작되었다. 따라서 중국은 서양 문화에 대한 거부반응

---

4) 이원복, <한국인의 독특한 의식구조와 소통의 문제>, 『문화는 소통이다』, 철학과현실사, 2012, 275~309쪽.

이 매우 커서 글로벌라이제이션(Globalization) 차원에서 문화를 수용할 여유를 갖지 못한다. 일본은 일찍부터 아시아를 벗어나 유럽에 편입하면서 자신의 문화적인 정체성을 잃어버렸다. 2차 대전 이후 다시 본래의 문화 정체성을 찾으려 애써오고 있지만 일류(日流)가 존속하지는 못했다. 그렇다면 한류는 어떻게 지속될 수 있었을까? 이원복은 한국인의 글로벌마인드(Global Mind)와 글로벌믹스(Global Mix)에 원인이 있다고 말한다. 다양한 문화를 비빔밥처럼 하나로 만들어서 창의적으로 만들어내는 그런 것, 그것이 바로 한류다. 한국 사람은 일본에 대한 거부반응은 있지만, 일본을 통해서 받아들인 근대화 자체에 대해선 거부반응이 없다. 또한 근대화를 거치면서 유럽문화, 서양문화를 긍정적으로 받아들이려 적극적으로 노력한 것과 주체적으로 수용한 것 등을 한국 사람의 글로벌마인드로 본다. 한국의 문화적인 전통 역시 끊임없이 융합·조화·화합을 시도해 왔다. 이러한 글로벌믹스의 문화적인 성향 때문에 한류가 동아시아에서 공감대를 얻고, 나아가 유럽과 미국까지 공감대를 형성할 수 있는 토대라는 것이다.

이것이 바로 문화적인 통합(通合)이다. 개개인의 독특함을 인정하고 촉진하면서 개개인 모두를 아우르고 얼러 개개인의 울림이 전체 속에 조화를 이루는 어울림이 되도록 노력하는 것, 그것이 진정한 문화적 통합이라고 할 수 있다.

4) 과학과 영성 : 바이오(Bio) 대 젠(Zen)

서양과 미국에서 요즘 잘 나가는 것 중의 하나가 '영성상품'이다. 한국에서는 '침대는 과학이다'라는 광고처럼 과학을 앞세운 상품이 유행인데 반해, 서양에서는 'Zen(선, 禪)'을 내세운 상품들이 불티나게 팔린다. 숭산 스님의 제자인 현각 스님은 불교에 관심을 갖고 있는 사람들이 미국만 해도 천만이 넘는다고 말한다. 유럽에서는 틱낫한 스님이 인기를 끌고 있다고 한다. 명상, 선, 치유 등이 정신적인 황폐감 속에서 방황하고 있는 현대인들을 위한 구원의 끈으로 관심을 끌고 있다. 이제 개인의 구원도 어떤 기존의 종교에 맡기지 않고 나 자신의 신념에 맡기는 것이다. 자기의 구원도 자기가 책임을 지는 것이다.

삶을 디자인하는 것에는 이런 종교적인 차원, 영성적인 차원도 포함된다. 그런데 디자인에는 무엇보다도 감성적인 차원이 중요하다. 자본주의적 소비주의에 의해 가슴이 뻥 뚫려버린 현대인들은 그 허전함을 메우기 위해 감성적, 영성적인 차원에서도 치유의 길을 찾는다. 종교까지도 소비의 욕망으로 타락하게 만든 자본주의는 많은 사람을 기존의 종교로부터 발을 돌리게 만든다. 이런 실망감이 개인들로 하여금 스스로 구원의 길을 찾게 한다. 개인들은 이제 감성과 영성이 어우러진 형태의 구원과 치유에 관심을 갖게 된다. 이런 시대적인 추세에 발맞추어 미국에서 성공하고 있는 사례로 단학과 뇌과학을 연결해서 새로운 차원의 명상과학을 창안한 '단학열풍'을 들 수 있다. 단학의 창시자인 이승헌은 2000년 『힐링 소사이어티(Healing Society)』라는 저서를 출간해 단박에 베스트셀러가 되며 미국인들의 관심을 받는다.[5] 그는 워싱턴DC를 비롯해 뉴욕, 애틀랜타, 샌프란시스코 등 미국 10여개 지방정부가 '이승헌의 날'을 잇따라 지정할 정도로 뇌 교육 분야에서 권위를 인정받고

5) 이승헌, 『힐링 소사이어티(Healing Society)』, 한문화, 2013.

있다. 그는 감성, 지성[과학] 그리고 영성을 아우르는 통합적 치유 프로그램을 만들었다.

2. 리프킨의 공감인 : 호모 엠파티쿠스(homo empathicus)

인간을 문화적 존재로서 공감인으로 규정하고, 공감을 감성, 지성[이성], 영성의 통합적 능력으로 풀이한 사람이 있으니 바로 제러미 리프킨이다. 그는 최근의 저서 『공감의 시대』에서 인류의 문명을 커뮤니케이션과 엔트로피의 변증법적인 상호 역학관계 속에서 펼쳐지는 생존과 공존, 그리고 발전의 사건으로 보았다.[6] 이러한 문명의 밑바탕에는 도구의 발견, 기술의 발달, 생산의 효율화, 커뮤니케이션의 확장, 조직과 제도의 합리화, 학문[과학]의 발전, 의식의 심화 등이 보이지 않는 상호작용 속에 보다 나은 미래를 향한 여정을 마련하고 있다. 리프킨은 문명의 발전을 이루어내는 인간의 능력을 이성에 한정해서 보려는 것은 매우 근시안적이라고 지적한다. 인류의 문명을 제대로 설명하기 위해서는 인간의 이성적 능력 외에도 감성적 능력과 영성적 능력까지 고려해야 하며, 이 능력들을 병렬적으로 나열해서는 안 되며 그 세 능력을 아우르는 통합적 능력을 핵심축으로 산정해야 한다. 그것을 리프킨은 '공감'이라 이름한다. 그래서 인류의 문명은 '공감적 문명'이라는 이름을 얻게 되고, 인간도 '공감인(호모 엠파티쿠스, homo empathicus)'이라는 명칭을 받게 된다.

---

6) 제러미 리프킨, 『공감의 시대』, 이경남 옮김, 민음사, 2010.

리프킨은 정보 통신의 발달로 커뮤니케이션이 전 지구를 신경망처럼 휘감아 지구 위의 모든 사람이 정보의 그물망 속에 서로 이웃하여 사는 코스모폴리탄 시대인 현금(現今)은 또한 극도의 엔트로피 증가로 지구 전체가 파멸의 위기에 놓이게 되는 시점이라고 지적한다. 이 문제를 해결할 수 있는 길은 인간의 공감력을 극대화하여 생물권 의식 속에서 지구 위의 모든 자연 사물, 생명체, 인간들이 함께 평화로이 공존하도록 연대감과 유대감을 공고히 하는 것뿐이다. 리프킨은 인류의 문명은 공감의 문명으로서 인간의 공감력이 씨앗의 상태에서 싹이 터 잎을 맺고 줄기를 형성하고 가지를 치며 꽃을 피어내는 공감력 증대의 역사로 본다. 그래서 지금 우리가 사는 현대는 우리가 가진 공감력으로 승부를 걸어야 하는 '공감의 시대'이다.

리프킨은 이 책에서 공감이 진화해 온 과정과 특성을 분석하여, 엔트로피의 증가가 불러온 인류의 위기를 극복할 방법을 모색한다. 그는 생물학과 인식과학 분야의 지식을 이용하여 인간 본성에 대한 물음을 다시 던지고 있으며, 인간을 이기적이고 공격적이며 물질적이라고 주장해 온 오래된 견해에 의문을 제기한다. 그에게 인간의 기본적인 본질은 '공감'이다. 공감은 엔트로피와 역설적인 관계에 있다. 새로운 에너지 기술과 제도가 만들어 낸 커뮤니케이션의 확장은 지구적인 소통을 가능하게 했지만, 이는 더 많은 에너지 소비와 그로 인한 환경의 지속성 약화를 초래하고 있다. 즉 공감의식이 확대되는 과정에서 지구의 건강은 악화되고 있는 것이다. 지금도 진행되고 있는 급속한 기후변화로 인한 생태파괴는 인간에게 지구의 모든 생명체와 더불어 생존하고자 하는 의지가 있는지를 확인하는 물음을 던지고 있다.

리프킨은 인간의 본질적인 감정을 '공감'이라고 말한다. 그리고 공감능력은 모든 인간에게 볼 수 있는 보편적 조건으로, 인간의 친척인 영장류와 포유류의 조상에까지 연결된다고 말한다. 그는 '공감'을 인간에게만 한정 지어 특수화하지 않고 다른 생명 종으로까지 관련성을 확대하면서 공감의 보편성을 확보하고자 한다. 리프킨은 공감 능력을 모든 인간에게서 볼 수 있는 보편적 조건임을 강조한다. 예를 들어 공감적 고통(empathic distress: 남의 고통을 자신의 고통처럼 느끼는 상태를 일컫는 심리학 용어)은 인간의 친척인 영장류, 그리고 포유류의 조상에까지 연결된다. 생물학자나 인식과학자들이 새끼에게 젖을 물리는 포유류에서 원시적 형태의 공감을 발견하게 된 것은 극히 최근의 일이다. 그들은 영장류나 인간이 공감할 수 있는 것은 뇌의 신피질이 발달했기 때문이라고 분석한다.

리프킨은 공감보다 앞서 나온 단어가 '동정(sympathy)'이었다고 지적한다. 여기에서 동정은 다른 사람의 곤경을 보고 측은함을 느끼는 감정을 의미한다. 공감은 동정과 정서적으로는 공통점을 갖고 있지만, 실제 둘은 전혀 다른 내용을 가지고 있다. 리프킨은 '공감'이라는 용어가 1872년 로베르트 피셔의 미학에서 사용된 독일어 'Einfühlung(감정이입)'에서 유래되었다고 설명한다. 감정이입은 관찰자가 흠모하거나 관조하는 물체에 자신의 감성을 투사하는 방법을 설명하는 용어로, 실제로는 예술 작품을 감상하고 즐기는 원리를 밝히기 위해 만들어진 것이었다.

독일의 철학자이자 역사가인 빌헬름 딜타이는 이 미학 용어를 빌려와 정신 과정을 설명하는 데 사용했다. 그에게 감정이입은 다른 사람의 입장이 되어 그들이 어떻게 느끼고 생각하는지 이해하는 것을 의미했다. 1909년 미국의 E. B. 티치너는 'Einfühlung'을 '공감(emphathy)'으로 번역했다.[7] 티치너의 일차적 관심사는 내성(內省, introspection)의 핵심 개념이 무엇이냐 하는 문제였다. 내성은 자신의 내적 느낌, 감정, 생각을 탐구하여 자신의 정체성과 자아를 형성하는 것에 대해 개인적 이해를 얻어 내는 방법이다. "공감의 '감(感, pathy)'은 다른 사람이 겪는 고통의 정서적 상태로 들어가 그들의 고통을 자신의 고통인 것처럼 느끼는 것을 뜻한다"고 말한다. 여기에서 알 수 있는 것은 수동적인 입장을 의미하는 동정과 달리 공감은 적극적인 참여를 의미하여 관찰자가 기꺼이 다른 사람 경험의 일부가 되어 그들의 경험에 대한 느낌을 공유한다는 의미를 갖게 되었다는 점이다.

공감은 상대방과 일정한 거리를 유지한 채 객관적으로 상대를 관찰하는 행동이 아니라, 상대방의 마음을 나의 마음과 같이 깊이 헤아리는 것이다. 이것은 상대방의 감정을 마치 나의 마음과 같이 체험하고자 하는 시도라 할 수 있다. 그렇다고 자신의 느낌과 생각을 모두 버리고 상대방을 받아들이는 것으로 보면 문제가 될 수 있다. 공감은 자신의 입장으로 상대방의 존재가 거부감 없이 밀려들어와 나의 내부에서 '어울림'의 공명이 형성되는 것이다. 따라서 공감은 한 사람의 개인적인 이해 차원을 넘어 서로 다른 집단과 문화

---

7) 공감은 그리스 말 empatheia에서 왔다. empatheia의 em은 'in', 'into', 'within'의 뜻을 가지고 있으며, 라틴어의 pathos는 '고통', '열정'을 뜻한다. empathy는 다른 사람의 고통이나 열정을 내 안에서 느끼는 것으로서 동아시아적 의미로는 '이심전심(以心傳心)', '직지인심(直指人心)'이 empathy에 해당한다.

를 이해하고 받아들이는 기능을 수행할 가능성도 내포한다고 할 수 있다.

3. 공감적 소통과 공감의 문명

공감은 다른 사람의 입장과 처지를 이해하고자 노력하는 것으로부터 출발한다. 남을 이해하기 위해서는 자신을 상대방의 입장에 놓고 상대방의 정서적 상태로 들어가야 한다. 비록 일대일의 완벽한 일치는 불가능하더라도 상대방 감정, 느낌, 생각 등을 적극적으로 탐구해야 한다. 탐구하는 과정에서 상대방에 대한 관계의 강도는 더 강해진다. 그렇다고 자신을 버리고 전적으로 상대에 몰입하는 것은 아니다. 오히려 자신의 정체성과 개인에 대한 이해를 얻어낼 수 있는 방법이라고 봐야 한다.

리프킨은 공감에는 감정적 반응과 실천적 반응이 뒤따른다고 말한다. 호모 엠파티쿠스는 다른 사람들의 고통을 덜어 주어야 할 필요를 인식하며, 또 마땅히 도움이 될 만한 행동을 한다. 공감은 인식적인 차원에만 머무르는 것을 넘어 어떤 결과를 만들어 내려는 의지적 행동적 요소로 이행되어 나갈 수 있다고 본다.

그렇다면 오늘날 왜 인식적인 차원과 실천적인 차원을 함께 갖는 '공감'에 주목해야 하는가? 리프킨은 사용 가능한 에너지와 기술, 그리고 이러한 기술에 의한 새로운 커뮤니케이션의 혁명이 만들어 내는 문명화 과정에서 성숙한 공감 본능을 확대하여 공감-엔트로피의 딜레마를 벗어나야 한다고 말한다. 그래야만 지속가능한 삶과 생물권의 균형을 찾을 수 있다는 것이다. 인간에겐 고립감을 극복하기 위해 끊임없이 다른 사람과의 유대감을 추구해가며 보다 복잡한 사회적 구조를 만들어 내려는 경향이 있다. 우리의 여정은 인간의 이러한 경향과 우주를 지배하는 에너지 법칙이 만나는 교차로에서 시작한다. 인류사의 근간을 이루는 변증법은 공감을 확장하고 엔트로피를 증가시키는 것 사이에 놓인 끊임없는 피드백[되먹임]의 고리이다.

리프킨은 인류의 문명은 공감의 능력이 바탕이 되어 전개되는 커뮤니케이션과 에너지 사용의 상호역학적 작용 속에서 역사적 흐름과 더불어 각기 다른 커뮤니케이션 수단과 에너지 기술을 발전시켰고, 또 그것은 그 시대의 독특한 문화의식과 기술 문명을 배태시켰음에 주목한다. 그리고 이러한 문명의 발달과 더불어 인간의 공감 능력도 확장되고 심화되면서 공감이 지구촌의 운명을 가늠할 현재에 이르렀음을 강조한다. 리프킨은 에너지와 커뮤니케이션의 혁명이 현실 세계를 바꿀 뿐 아니라 인간의 의식까지도 변화시킨다고 말하면서 공감의 문명에서 펼쳐진 이 흔적들을 좇아가며 기술한다. 수렵 채취가 주축을 이루던 문명의 단계인 그림 구술문화시대에는 신화적 의식이 팽배했다. 농경이 핵심 생산기술이던 단계에는 문자문화가 꽃을 피웠고 유일신을 숭배하는 신학적 의식이 자리 잡았다. 인쇄술과 각종 기계기술이 발달하며 상업이 성하던 인쇄문화의 시대에는 계몽적 의식이 널리 퍼졌다. 석탄과 증기기관이 발명되고 전신, 전화가 등장한 1차 산업혁명 시기는 전자문화 시대로서 심리적 의식이 퍼져나가는 시기였다. 컴퓨터, 인터넷, 스마트폰, 디지털 기술이 등장한 제2차 산업혁명의 시기인 지금은 그물망

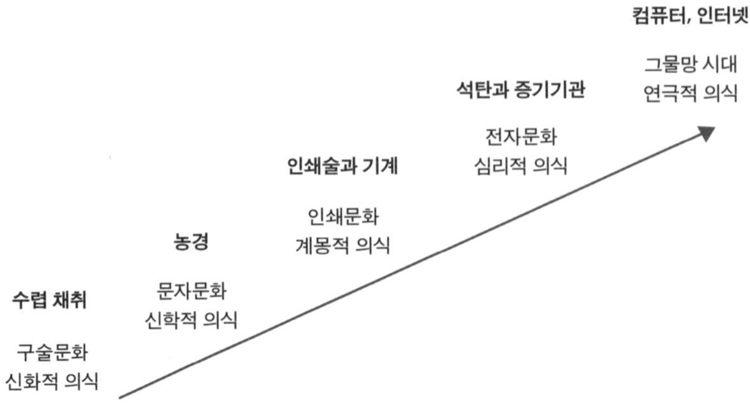

<그림 44> 커뮤니케이션과 에너지 사용의 상호역학적 작용

[네트워크] 시대로서 연극적 의식이 자리 잡기 시작하는 시기이다.

이렇게 리프킨은 에너지 기술의 제도적 관리가 어떤 커뮤니케이션의 변화를 이끌었고, 이것이 또한 어떻게 사회적 현실과 개인의 역할에 변화를 주었는지를 살펴본다. 그리고 이것이 인간의 의식을 어떻게 바꾸어놓았는지를 고찰한다. 이 모든 것의 밑바탕에는 공감이 작용하고 있다. 리프킨이 서술하는 공감의 문명은 공감인(호모 엠파티쿠스)이 자신의 공감 능력을 확장 심화시켜온 공감 능력 발달의 문명이다. 그것은 또한 인간의 의식과 커뮤니케이션 방식, 그리고 에너지 제도[열역학 법칙]가 어우러져 만들어내는 공감적 소통 성과의 문명이다.

4. 전자 시대 미디어가 구성하는 현실

매체학자 마샬 맥루한은 기술과 도구를 매체[미디어]의 차원에서 새롭게 해석한다.[8] 이것이 맥루한의 창의성이다. 미디어를 전면에 내세운 그의 '미디어학'이 던지는 획기적인 메시지는 크게 두 가지다. 하나는 '미디어는 메시지'라는 주장이고, 다른 하나는 '미디어는 인간의 확장'이라는 주장이다. 이 두 주장이 내놓는 중요한 귀결은 '미디어는 세계관의 정립'이라는 철학이다. 이것은 지금껏 어느 누구도 생각지 못한 귀결로, 그때까지 미디어에 대해서 가지고 있던 일반적인 생각을 완전히 뒤집는 발언이었다. 1960년대 이런 주장이 나왔을 때 많은 사람이 의아해하며 수긍하지 않았다. 그러나 미디어의 시대라고 불리고 있는 지금 그의 말은 고전과 경전이 되었다. 맥루한은 시대를 앞서가는 예언자적 혜안을 가졌고, 이 점이 그를 매체사상가의 반열에까지 올려놓았다.

앞서 제시한 맥루한의 두 가지 명제는 새로운 미디어 개념과 커뮤니케이션을 둘러싼 새로운 담론을 대변한다. 그것은 구텐베르크 은하계 시대를 끝내고 새로운 시대에 걸맞은 새로운 담론을 모색해야 한다는 이야기다. 그 시대의 패러다임은 활판 인쇄술에 맞춰져 있었기에 기계주의 패턴을 띠고 있다. 그러나 우리가 사는 시대는 전자 시대이며 뉴미디어 시대로서 더 이상 구시대 활판 인쇄술의 패러다임이 통할 수 없다. 기계적인 패러다임으로 생각하면 미디어[기술]는 도구의 확장으로 인간 신체의 확장이다. 손을 편하게 하려고 손의 기능을 염두에 두고 도끼를 만들거나 청소도구를 만

8) 마샬 맥루한, 『미디어의 이해』, 김성기·이한우 옮김, 민음사, 2002.

들기에 기술, 도구, 미디어는 인간의 신체를 확장한 것이다. 이렇게 활판 인쇄술의 패러다임은 인간의 신체에 맞는 도구들을 발달시켜 오다가 한 단계 더 나아가 인간의 뇌 기능까지 대신하는 기계인 컴퓨터를 발명하는 전자 시대에 진입한다. 500년 동안의 활판 인쇄술 및 기계론의 시대 이후 인간은 인간 상호의존의 새로운 형식과 구조를 만들어내는 전기 시대로 움직여간다. 전자 시대로 오면 뇌와 중추신경이 이어지면서, 신체 특정 부위의 기능을 확장 개선시키는 발달이 아니라 인간 전체를 염두에 둔 확장에 관심의 초점이 모아진다. 그래서 맥루한은 전자 시대의 미디어는 '인간 몸의 확장'이 아니라 곧 '인간의 확장'이라고 주장한다.

어떤 기술, 어떤 미디어를 쓰는가에 따라 인간의 감각과 지각 기능이 확장되고, 지각의 방식과 형태가 결정되며 지각의 균형이 새로이 잡힌다. 그로 인해 주변세계에 대응하는 인간의 적응방식이 달라지고 인간관계에서의 상호행위도 변하게 된다. 사회적 실천의 형식도 바뀌며, 사회적인 구조도 달라진다. 그리고 결과적으로는 세계관도 변한다. 이렇게 기술이, 미디어가 사회를 보이지 않게 바꾸고, 현실과 세상을 보는 세계관을 변화시킨다. 만약 새로운 미디어인 텔레비전을 이해하기 원한다면, 그것의 내용을 분석할 것이 아니라 이 미디어의 논리 자체를 다루어야 하고, 더불어 이 미디어가 사회 속에서 나타내는 효과를 연구해야 하는 시대가 되었다. 그런데 지금까지 학자들은 이런 측면을 완전히 무시하고 사회, 세상을 변화시키는 것은 관념이고 정신이라고 주장했다. 기술과 미디어를 너무 우습게 본 것이다. 앞의 예에서도 보았듯이 어떤 기술(도구)을 쓰느냐 — 돌도끼냐 쇠도끼냐 — 에 따라 사회의 구조가 달라지고, 생각하는 방식이 변한다. 이점을 본 것이 맥루한의 뛰어난 통찰력이다.

인간은 미디어를 통해서 자신을 확장하고, 가능성을 넓힐 수 있다. 그런데 아이러니하게도 인간은 확장된 자신에게 관심을 두기보다 자기 자신을 확장한 그것, 즉 자기 자신의 확장인 미디어에 사로잡히게 된다. 우리 자신의 확장이 우리를 감각 마비 상태에 빠뜨리는 데는 생리학적 이유들이 충분히 있다. 한스 세리에나 아돌프 요나스 같은 의학자들은 병든 때든 건강한 때든 자신을 확장하는 것은 모두 균형을 유지하려는 시도라고 주장한다. 생리학적 의사들은 자신을 확장하는 것은 모두 '자기 단절'이라고 주장한다. 균형을 유지해야 하기 때문에 자기 확장은 동시에 자기 단절을 야기한다.[9)]

미디어가 인간 특정 신체의 확장이 아닌 인간 전체의 확장일 때는 여기에 따르는 인간의 자기 마비도 전체적인 차원에서 벌어진다. 전자 시대의 미디어는 중추신경적 인간의 확장인 만큼 거기에 따르는 인간의 자기 마비는 전신 마비에 해당하는 수준이다. 완전히 신경을 마비시켜 의식이 되지 않게 만들어서 무의식이 되도록 만드는 것이다. 그래서 현대의 미디어가 무서운 것이다. 미디어는 자신의 영향력을 감추어 의식하지 못하도록 한다. 미디어 시대인 현대에 사람들은 이유 모를 불안과 권태, 두려움을 느낀다.

결론적으로 맥루한은 우리 자신의 확장으로서의 모든 미디어가 변형력을 가진 새로운 시각과 의식을 제공하는 데 기여한다고 말한다. 오늘날에는 감각의 비율을 의식의 조건에 근접할 정도로 프로그램화하는 것이 가능해졌다. 그래서 이것은 곧 우리의 의식을

---

9) 마샬 맥루한, 앞의 책, 83쪽 참조.

확장하는 것이 된다. 우리의 중추신경 조직이 전자기 기술로 확장되거나 번역되었기 때문에, 우리의 의식을 컴퓨터의 세계로 번역하는 작업은 (질적으로 구별되는 것이 아니라) 단지 그보다 조금 높은 단계에 지나지 않는다. 따라서 적어도 우리는 오락의 세계에 대한 나르시스적 환상 때문에 마비나 착란을 일으키지 않게끔 현명한 방식으로 의식을 프로그램화할 수 있어야 한다.

5. 커뮤니케이션학의 등장

고대 그리스 시대에서 18세기에 이르기까지 커뮤니케이션에 대한 연구는 주로 스피치를 통해 다른 사람을 설득시키는 기술에 초점이 맞추어져 있어, 수사학(rhetoric)이라는 이름으로 불렸다. 18세기 민주주의의 발전으로 영국, 프랑스, 미국 등지에서 수사학은 재조명을 받게 된다. 산업혁명으로 중산층의 비율이 높아지고 역할이 커지자 인간 커뮤니케이션 연구에 대한 관심이 일반인들에게까지 확장된다. 중산층에 합류할 기회를 얻은 농민들과 노동자들은 상류사회에서 자신을 품위 있게 표현하는 기술을 배울 필요를 느끼게 되었다.

이러한 필요에 맞추어 웅변술(elocution)이 등장하게 된다. 19세기 후반 상인이나 전문 직업인, 혹은 전문 직업인의 배우자 등은 중산층으로 생활하기 위해 웅변술을 배우고, 자기 생각을 품위 있게 표현하는 기술을 익히기 위해 개인 교습을 받았다. 이에 부응하여 미국 대학교는 전통 수사학 강의를 영어학과에 소속시켜, 주로 논증이나 논술을 글로 쓰게 하는 데 중점을 두었다. 그리고 웅변학에서는 구술 커뮤니케이션에만 초점을 맞추어 교육하였다.[10]

이렇게 19세기 유럽과 미국에서는 웅변술이라는 이름 아래, 스피치를 할 때 사용하는 음성, 발음, 그리고 동작을 효율적으로 사용하는 방법에 대한 연구가 활발히 전개되었다. 20세기 초에 들어서서 공공 연설을 연구하는 학자들이 자신들의 연구 영역을 영어학(English)과 구별하여 말하기(spoken communication)에 중점을 둔 스피치(speech)라고 명명했다. 이렇게 해서 스피치학이 등장한다.

대인 커뮤니케이션, 대중 커뮤니케이션, 그리고 지속적이고 상호적인 과정으로서의 커뮤니케이션 현상에 대한 본격적인 연구는 20세기에 들어와서야 전개된다. 20세기 초 수사학은 민주주의 발전에 힘입어 새로운 사회적 위상을 획득하게 된다. 그와 더불어 인간 커뮤니케이션 연구의 영역이 확장되어 과학적 연구까지 포함하게 되었으나 하나의 통합된 연구 영역을 이루기에는 여러 가지로 미숙했다. 20세기 초 미국의 대학들은 대규모로 성장하면서 조직 개편을 하게 되었는데, 당시 새롭게 떠오르고 있었던 인문과학의 영향과 학자들 사이에 일어나고 있었던 전문화, 특수화 추세가 대학의 조직 개편에 큰 역할을 했다. 대학들은 학자들의 전문 영역이 세분되는 추세에 맞추어 학자들의 전문성과 그에 따른 학문 영역에 기초하여 학과를 개설했다. 하나의 학문적 영역에 하나의 학과가 대응하는 식이었다. 학자들은 자신들이 어느 학문 영역에 속하는지를 정하고, 자신들이 속한 학문 영역 내에서 학술지를 통하여 연구

10) 마이클 듀스·메리 브라운, 『플라톤의 그림자. 인간 커뮤니케이션의 역사』, 여은호·박경우 옮김, 커뮤니케이션북스, 2012, 52쪽.

결과를 발표하고 학문적 견해를 서로 나누며 토론하게 되었다. 이때 스피치학은 영어학과 속에서 영어를 통한 구술적, 기술적 커뮤니케이션 교육으로서 독점적인 지위를 쟁취해서 독립적인 학과로 발돋움하게 된다. 고전 수사학을 바탕으로 한 20세기의 학문이 스피치학이며, 민주주의 사회의 시민이 지녀야 하는 중요한 자질을 연구하는 학문적 영역이라는 사회적 의의를 강조했다.[11] 장구한 커뮤니케이션 연구 역사에도 불구하고 20세기 초 근대적 학문 영역으로서의 커뮤니케이션학은 여전히 생소한 개념이었다. 커뮤니케이션 학자들이 전문 학회를 처음 설립한 것은 1910년이고, 전국적인 조직을 형성한 것은 1914년이며, 점차 독자적인 학과로 발전하기 시작한 것은 1915년과 1930년 사이의 일이었다.[12] 20세기 초에 들어서서 커뮤니케이션학의 근본적인 물음들이 본격적으로 제기된다. 커뮤니케이션 연구의 학술 영역은 정확히 무엇인가? 커뮤니케이션의 연구 방법을 설정하기 위해서는 근본적으로 어떠한 원칙을 고려해야 하는가? 이에 대한 대답은 크게 두 부류로 나뉘었다. 일련의 커뮤니케이션학자들은 고전 수사학 전통에 입각해서 공공연설에 중점을 둔 스피치 연구를 주요 연구 대상으로 설정했다. 다른 측 학자들은 커뮤니케이션을 사회학, 심리학 등의 사회과학과 접목하여 '말하기'라는 인간 행동에 대한 과학적인 연구에 중점을 두었다.

1915년 구술적 커뮤니케이션(spoken communication) 연구를 위해 모인 일련의 학자들이 자신들의 학문 영역을 스피치학으로 결정함

11) 마이클 듀스·메리 브라운, 같은 책, 54쪽.
12) 앞의 책, 61쪽.

으로써 스피치학이 근대적 학문 영역으로서의 커뮤니케이션 연구를 지칭하는 첫 명칭이 되었다. 그 후 미국스피치학회가 결성되고, 스피치학과, 스피치 및 연극학과가 개설된다.[13] 이런 분위기에 맞추어 인간 커뮤니케이션 자체에 대한 관심도 커지면서 수사학적인 관점만으로는 커뮤니케이션 현상을 다 포괄할 수 없다는 지적이 나온다. 커뮤니케이션학자 에드윈 블랙(Edwin Black)은 새로운 관점에서 커뮤니케이션 연구가 새로운 방법론을 추구해야 한다고 주장하며 세 가지 이유를 제시한다. 그중 핵심이 되는 사항은 스피치가 인간 커뮤니케이션의 극히 일부에 지나지 않는다는 점이다. 그래서 스피치를 인간 커뮤니케이션의 중심적인 측면으로 볼 수 없다는 이야기다. 방법론의 차원에서도 스피치 혹은 여타 메시지에 의한 커뮤니케이션 효과를 조사하기 위해서는 수사학적 비평보다는 사회과학이 훨씬 더 우월한 방법을 제공한다고 지적한다. 설문 조사를 통해 청중의 반응을 과학적으로 분석하는 것을 예로 들 수 있다.

1965년 이후 커뮤니케이션 과정에 대한 사회과학적 연구가 활발하게 이루어졌다. 사회과학적 연구는 매스미디어의 메시지와 대인 커뮤니케이션을 주요 연구 주제로 삼았다. 반면 비평적 연구는 매스미디어를 통해 전달되는 메시지의 의미와 문화적 영향력을 해석하는 데 더 중점을 두었다. 이론적 접근보다는 실용적 기술에 관심을 두었던 커뮤니케이션 학자들은 특정한 상황에서 이루어지는 커뮤니케이션 과정, 예컨대 조직 운영, 소그룹 문제 해결, 정치 캠페인 등에 기존의 커뮤니케이션 연구를 응용하는 작업을 시도하기도 했다.

---

13) 앞의 책, 64쪽.

여기에 시카고학파의 사회학자들은 커뮤니케이션을 '상징적 상호작용'으로 보고, 찰스 다윈의 진화론에 입각하여 인간의 비언어적 커뮤니케이션에 대한 연구를 발전시켰다. 드디어 학자들이 비언어적 커뮤니케이션이 인간 커뮤니케이션에서 중요한 역할을 차지한다는 사실에 관심을 두기 시작한 것이다. 지그문트 프로이트는 인간 행동의 원인을 개인의 무의식에 두고 있다. 프로이트는 자신의 이론을 정립하는 과정에서 과학적 방법이 아닌 심층 사례 분석을 사용했지만, 그의 정신분석이론은 커뮤니케이션이론 연구에 많은 영향을 미쳤다. 이렇게 다윈과 프로이트의 이론은 인간 행동과 사회를 연구하는 학문적 시각에 혁명적인 변화를 가져왔다.[14)]

1970년대에 이르러서 매스 커뮤니케이션을 연구하는 학자들은 미디어의 영향력이 복합적 변인으로 결정된다는 점을 인식하게 되었다. 그들은 뉴스 미디어의 의제 설정 기능, 혹은 사회적 네트워크의 영향이나 수용자가 인식하는 사회적 지지도, 혹은 미디어에 대한 반복 노출 등의 매개 변인을 중심으로 미디어의 영향력을 연구하였다. 그리고 대중 홍보 캠페인의 영향력, 미디어가 수용자의 사고와 태도, 혹은 행동에 미치는 영향, 수용자와 미디어 정보원 사이에 일어나는 홍보의 흐름, 반복적 노출에 의한 장기적 영향 등에 대해서도 학문적 연구를 전개해 나갔다.

오늘날 커뮤니케이션 연구는 언어적 커뮤니케이션의 범위를 벗어나 인간의 근본적인 욕구와 목적 추구와 연관 짓고 있다. "우리는 커뮤니케이션을 통해 정보나 생각 혹은 감정을 나누고, 서로에게 영향력을 행사하며, 인간관계를 형성하며, 활동을 일으키고, 필

14) 앞의 책, 102~103쪽.

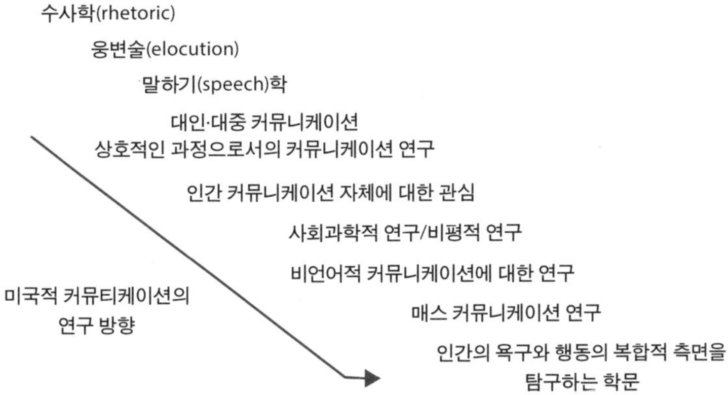

<그림 45> 커뮤니케이션학의 연구 흐름

요한 상품과 서비스를 획득하고, 자기표현과 오락을 즐기며, 문명 사회의 기반이 되는 문화를 창조하고 유지한다."[15]

커뮤니케이션학은 이제 다양한 학문적 접근을 활용하여 인간의 욕구와 행동의 복합적 측면을 탐구하는 학문이 되었다. 미국에서만 30개가 넘는 학술지에서 커뮤니케이션에 대한 연구 결과를 정기적으로 발표하고 있다. 1500여 개의 대학교에 커뮤니케이션학과 혹은 스피치학과가 개설되었고, 100여 개의 커뮤니케이션 박사학위 과정이 운영되고 있다.[16]

미국의 커뮤니케이션 교과과정을 살펴보면 인문학적 전통과 사회과학적 전통, 그리고 실용적 접근과 이론적 접근이 놀라울 정도로 균형을 이루고 있다. 현대의 많은 커뮤니케이션 교수가 오늘날에도 여전히 '아레테(arete)'라는 고대 소피스트의 정신을 계승하고

15) 앞의 책, 1쪽.
16) 앞의 책, 129쪽.

있다. 이들은 학생들에게 개인적인 삶이나 공적인 영역에서 성공하기 위한 필수적인 기술과 지식을 전수하고 있다.

6. 플루서의 소통학(Kommunikologie)

미국적 커뮤니케이션에 대한 연구와는 다른 방향으로 커뮤니케이션에 대해 접근한 학자가 있었는데, 빌렘 플루서(Vilem Flusser)다. 그는 커뮤니케이션 현상에 주목하며 그것을 인간의 근본적인 본질과 연관시킨다. 즉 인간을 소통하는 존재로 본 것이다. 그에 의하면 산다는 것 자체가 소통하는 것이다. 플루서는 뉴미디어 시대의 제일학문은 소통학(Kommunikologie)이라고 주장한다.[17)]

플루서는 1920년 체코에서 유대인으로 태어나 나치의 박해를 피해 브라질로 건너와서 독학하다가 상파울루 대학 커뮤니케이션 담당 교수가 된다. 1972년 브라질 군사정권의 탄압에 프랑스로 망명하고, 이후 마르세유와 악셀 프로방스 등 프랑스와 독일의 주요 대학에서 강의하면서 미디어와 테크놀로지에 의한 인간 문화의 패러다임 교체를 필생의 과제로 연구했다. 1991년 교통사고로 사망해서 프라하 유태인 묘지에 카프카와 나란히 묻혔다. 이것이 플루서에 대한 간단한 소개다. 이 사람의 소통학(코무니콜로기)의 밑바탕에는 "인간은 죽음을 향한 존재다, 인간은 죽음으로 단죄 받은 존재다"라는 인간관이 깔려 있다. 이것은 하이데거의 인간 현존재에 대

17) 빌렘 플루서, 『코무니콜로기. 코드를 통해 본 커뮤니케이션의 역사와 이론 및 철학』, 김성재 옮김, 커뮤니케이션북스, 2001.

한 규정으로 하이데거 철학의 영향을 받은 것을 알 수 있다. 플루서가 펼치는 소통론에서 소통[커뮤니케이션]은 자연 속 사물들 사이에서 전개되는 힘과 정보 이동 같은 자연적 소통이 아닌 문화적 소통이다. 문화는 자연에 인위적인 개입을 가해서 자연을 변화시키는 모든 행위와 그 산물이다. 다시 말해 자연의 엔트로피를 거스른 투쟁이라 할 수 있다. 죽을 수밖에 없는 인간이 자연의 엔트로피를 거슬러서 벌이는 투쟁이 곧 문화적 소통이라 할 수 있다. 죽음에 대한 두려움에서 도피하려고 만들어낸 것이 설화, 신화, 경전, 그리고 온갖 종류의 기록물들이다.

인간은 자연적인 상태에서 보면 태어나는 순간 죽음을 향해 가는 죽을 수밖에 없는 생물학적 존재인데, 다른 생물체와는 달리 그 운명을 그냥 순순히 받아들이지 않고 이러한 자연적인 엔트로피 과정에 반항하며 어떻게 하면 그 굴레를 벗어날까 온갖 노력을 기울인다. 그것이 바로 문화적 소통으로 나타나며, 대표적인 것이 기록이다. 자연물들 중 기록할 수 있는 존재는 인간 외에는 없다. 모든 자연적인 존재들은 자연의 과정에서 생겨나거나 태어나서 자기의 에너지를 사르며 존재하다가 죽거나 형태를 달리해 사라진다. 인간만이 유일하게 그런 과정에 승복하지 않고 반엔트로피적으로 자신의 삶을 기록해서 더 늘리고 확장하고 알리려고 한다. 살아있는 동안에도 인간은 죽음의 두려움과 불안, 외로움을 떨쳐내기 위해 다른 사람들과 소통하며 다른 사물들과도 소통한다. 이러한 인간의 소통에는 언어적 소통과 비언어적 소통이 있다. 비언어적 소통은 언어가 아닌 생물학적 기관을 사용하는 소통을 말하는데, 이런 소통은 인간이 아닌 다른 동물들도 하고 있다.

플루서가 관심을 가진 것은 인간만이 하는 언어적 소통이다. 모든 소통은 다 상호작용이다. 언어적 소통은 언어, 상징, 기호를 사용하면서 벌이는 상호작용이다. 이것은 크게 두 가지 유형의 소통이 가능한데, 대화와 담론이 그것이다. 대화는 다양한 차원과 형태로 존재하는 정보를 새로운 정보로 합성하는 방식이다. 대화를 통해 새로운 정보를 구성해서 창출해낸다는 데 대화의 독특함이 있다. 담론은 자연의 엔트로피적 작용으로부터 정보의 손실을 막기 위해 정보를 보존해서 유지하기 위한 활동이다. 즉 정보를 복제하고 저장하며 분배하고 확산하는 반엔트로피적 방식이다. 대화는 다시 두 가지 유형으로 크게 나뉠 수 있는데, 하나는 원형대화이고, 다른 하나는 망형대화다. 원형극장과 같은 배치 속에서 전개되는 것이 원형대화이고, 그물망과 같은 연결망 속에서 펼쳐지는 것이 망형대화다. 반면 담론은 극장형, 피라미드형, 나무형, 원형극장형 네 가지 유형으로 대별된다.

우리의 관심을 끄는 것은 대화와 담론의 차이로, 대화는 새로운 정보를 창출하고, 담론은 정보를 저장, 분배, 확산하는 점이 다르다. 또 대화와 담론에는 그것이 전개되는 다양한 패턴이 있는데 그것은 역사를 통해서 일정한 유형으로 발전되어 왔고, 또 어떤 유형이 어떤 유형과 연결되어 다른 유형으로 변하도록 유도한다. 이런 다양한 유형의 전개 뒤에는 어떤 권력 구조와 제도가 체제를 유지하고 있었는지가 중요 요인으로 전제되어 있다.

플루서는 이런 식으로 소통에 관해 이야기하며 소통의 기본적인 구성인자를 표현하기 위한 전문적인 용어를 도입한다. '코무니케메(Konnunikeme)'가 그것이다. 생물학적인 차원에서의 기본적인 구성인자를 '진(gen)'이라고 하고, 문화적인 차원에서는 그것을 '밈(meme)'이라고 하듯이 인간의 문화적인 소통에서의 기본적인 구성인자를 코무니케메라고 지칭한다. 플루서는 한 세대의 기억 속에 들어 있는 정보들을 다음 세대의 기억 속으로 중계하는 것을 허용하는 과정이 인간 소통의 핵심적인 질문이 될 수 있다고 하였다. 소통론[코무니콜로기]에서 코무니케메는 기본적인 문제 제기라고 할 수 있으며, 이는 소통 분자들의 변화를 주시한다.

코무니케메는 명령법, 원망법, 직설법 세 가지가 있다.[18] 언어적 의사소통을 생각하면 이해하기 쉽다. 명령형인 '~해라!'가 명령법이고, '나는 ~을 하고 싶다'는 원망법이다. 사실 그대로를 서술하는 것은 직설법이다. 플루서는 이것이 인간의 개체 발달과 연관이 있다고 본다. 어렸을 때 의사소통의 기저를 이루는 것은 명령법이다. 아니 인간 의사소통의 대부분은 명령형으로 이루어져 있다. 『천개의 고원』에서 들뢰즈와 가타리도 인간 의사소통의 원형은 명령형이라고 말하고 있다.

우리가 프로그램화하는 메시지들을 코무니케메로 분해하면, 우리는 많은 양의 메시지들이 명령법들로 이루어져 있음을 확인할 수 있다. 교통 신호 코드가 좋은 예다. 소통학(코무니콜로기)의 가장 중요한 과제 중 하나는 대중매체에서 메시지들의 명령법적 특징을 폭로하는 것이다. 명령법의 소통학(코무니콜로기)적 분석은 메시지의 고찰로 만족할 수 없고, 메시지의 모든 중계 뒤에 숨은 마지막 송

---

18) 웃으면서 이를 닦는 여자의 그림은 명령법이고, 코트다쥐르(Cote d'Azur)의 풍경을 담은 그림 엽서는 원망법이며, 남십자성의 별자리는 직설법이다. 빌렘 플루서, 『코무니콜로기』, 김성재 옮김, 커뮤니케이션북스, 2001, 330쪽.

신자를 찾아내는 시도를 해야 한다. 이것은 어려운 과제다. 왜냐하면, 사슬은 길고 모세관과 같은 가지들의 안개 속에서 송신자가 사라지기 때문이다.[19]

하지만 대중매체는 전통적인 매체들보다 비교적 쉽게 마지막 송신자를 확인할 수 있다. 대중매체는 소비 태도의 모델들인 명령법들을 중계한다. 이는 가치중립적인 태도를 취하는 것을 선호한다. 그 이유는 인류가 '선과 악의 저편'에 도달해서가 아니라, 소비 태도의 모델들에 의해 광범위하게 프로그램화되어 있기 때문이다. 대중매체는 이렇게 특수한 방식으로 명령적이기 때문에 탈정치화하고, 탈윤리화하며, 탈가치화한다. 대중매체는 인류를 탈역사적으로, 가치중립적인 태도를 갖도록, 특히 스스로는 소비 모델에 따라 태도를 취하지 않는 송신자들의 이해관계 속에서 프로그램화한다.

플루서는 의미론적 기준을 채택하면 이런 소통의 방식을 중개된 정보에 따라서 세 가지 주류로 분류할 수 있다고 말한다. 직설법에서는 실제적 정보가 매개되고, 원망법에서는 미학[감성]적 정보가 교류되며, 명령법에서는 규범적 정보가 전달된다. 이렇게 세 가지의 코무니케메에 의해서 소통되는 정보는 세 가지 형태로 분류될 수 있다. 플루서는 커뮤니케이션을 인간 행위의 가장 핵심에 놓고 인간의 역사적 발달도 바로 이 커뮤니케이션에 의해 전개되어 왔다고 말한다. 그리고 20세기 후반 가장 중요한 학문은 이러한 커뮤니케이션에 대한 학문적 연구인 코무니콜로기[소통학]이라고 주장한다.

플루서는 '코무니콜로기'라고 부르는 커뮤니케이션 이론의 근간

19) 앞의 책, 337쪽.

을 이루고 있는 대화와 담론, 정보, 상징과 코드를 그만의 독특한 시각으로 관찰한다. 그가 다룬 핵심 주제는 문자문화[역사]의 붕괴다. 그의 많은 저서는 '역사의 위기'를 거론하고 있다. 그러나 그는 비관론자라기보다는 탈역사 시대의 코드인 '기술적 형상'의 미래 전망을 제시함으로써 '디지털 사상가'라는 명성을 누리고 있다. 그의 세계관, 인간관 그리고 사회를 보는 시각의 중심에는 항상 커뮤니케이션이라는 주제가 자리 잡고 있다. 그래서 그는 커뮤니케이션 철학자 또는 이론가로 추앙받고 있다.

제10장

소통의 현실과 인간(사이-존재) - 소통의 경험과 검증

1. 현실에 대한 관점의 변천과 학문론

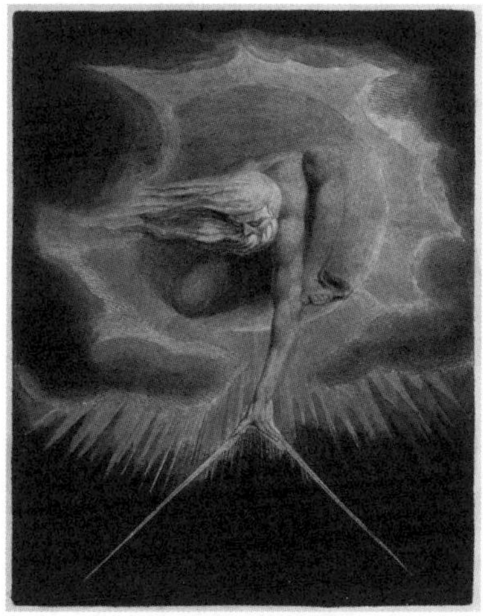

<그림 46> 태초에
(윌리엄 블레이크, 1794)

뉴미디어 시대인 오늘날 존재하는 것을 보는 관점이 예전과는 완연히 다르다. 서양 고·중세에 존재하는 것은 모두 신에 의해 창조된 피조물이었다. 신은 존재하는 모든 것의 제일 원인으로서 존재 그 자체였고, 존재자는 신의 이데아[이념]가 밖으로 구현되어 구체적인 사물들로 실재하게 된 실재(existentia)의 경우들이다. 세상은 창조된 현실이었고, 신의 섭리에 의해 잘 짜맞춰져 운영되는 곳이었다. 광물, 식물, 동물, 인간, 천사, 신으로 위계질서가 잡힌 존재자의 본질과 속성을 탐구하는 것이 학문의 몫이었다. 여기에서 제일 학문은 당연히 최고의 존재자를 찾아 연구하는 신학이었다.

오랜 기간의 종교전쟁을 거치면서 사람들은 오직 신학적으로만 세상을 보는 것에 문제가 있음을 깨닫기 시작한다. 특정한 종교, 특정한 교파의 신적 계시와 경전에 대한 해석이 서로 판이한 경우 판단 기준을 어디에서 찾아야 하는지 문제가 대두되었고, 같은 구절을 놓고도 해석이 분분하다면 그것은 관점과 시각의 문제라는 생각이 고개를 들었다. 이로부터 세상을 신의 이념이 구현되는 섭리의 마당이라는 신학적인 전제로 보지 않고, 있는 그대로의 자연 현실에서 출발하는 학문적 운동이 전개되어 나온다. 신이 세상을 창조했다. 그러나 신은 이 창조된 세상을 인간에게 위임하였다. 위임받은 인간이 해야 할 일은 신이 자연 속에 원칙과 원리로 숨겨놓은 진리를 파헤치는 것이다. 이제는 자연 현실의 존재 의미를 해석하는 것이 아니라 자연 현상을 관찰하고 검증해 인간에게 자연을 정복하고 지배하는 힘을 주는 자연[철]학이 제일 학문이며 "모든 학문의 위대한 어머니"다(프랜시스 베이컨). 우리가 사는 세상은 아직 쓰이지 않은 텍스트나 다름없다. 우선 세계 자체를 이해하는 것이 급선무다. 이런 세계에 관한 한 우리에게 필요한 사람은 주석가가 아니라 저자(auctor, author)이다(데카르트). 있는 그대로의 자연 현실을 올바로 탐구하기 위해서 우리가 믿고 기댈 곳은 오직 우리 자신의 인식 능력, 즉 합리적인 인간정신[기억, 상상력, 추리]뿐이다. 근대에서 모든 지식은 인간의 지식이며, 그것을 보편적 지식으로 규정한다. 자연 현실은 인간 지식의 대상이 되어 인간의 필요에 부응한다. 그렇게 자연 현실은 대상 또는 객체가 되고, 그것을 정복하고 지배하는 인간은 주체가 되어 신이 누리던 지위를 찬탈한다. 인식된 현실로서의 자연 현실만이 의미가 있다.

근대 후반으로 오면서 관찰과 검증을 앞세우는 실증주의적 방법으로는 제대로 접근할 수 없는 현실[현상]들이 있음이 발견된다.

역사 현실, 심리 현실, 사회 현실이 그것이다. 이 분야를 다루는 학문이 역사학, 심리학 또는 정신분석학, 사회학으로 등장한다. 여기에 인간의 언어 현상과 문화 현상에 대한 관심이 증폭되면서 언어학과 문화학이 대두된다. 그리고 이러한 영역에 대한 방법론 논쟁이 불붙으면서 사회학 방법론 논쟁, 이데올로기-해석학 논쟁, 구조주의 논쟁들이 학문계를 뜨겁게 달군다.

독자적인 학문 영역과 방법론을 찾기 위해 자연 현실과는 구별되는 다른 현실을 내세우며 거기에 걸맞은 연구 방법론을 모색해오는 과정에서 학자들은 다시 한 번 통합된 관점과 시각이 필요함을 느낀다. 현실 전체에 대한 새로운 해석이 요구된다는 것을 깨닫기 시작했다. 인간의 관점으로부터 자유로운 자연 현실에 대한 논의 그 자체가 불가능하다는 이야기가 힘을 얻기 시작하며, 상대성 원리, 불확정성 원리 등이 등장해 새로운 관점과 해석의 방향을 제시한다. 현상, 의미, 구조, 기호, 상징 등의 개념들이 부각되면서 더 이상 객체[객관]와 주체[주관]를 무 자르듯 확실하게 구별할 수 없다는 견해들이 힘을 받는다.

세계가 처음에는 인간이 없는 우주와 자연으로 시작되었지만, 인간이 등장하기 시작된 후부터 자연과 우주는 더 이상 예전의 있던 그대로의 자연과 우주가 아니다. 자연은 인간에 의해 해석되고 변형되었다. 자연 자체로서의 자연 현실을 이야기하는 것이 더는 의미가 없다. 인간이 존재한 이후로 자연과 우주는 인간에 의해 형이상학적으로 개념이 잡히고 다양하게 의미가 부여되면서, 인간의 욕망과 요구에 맞추어 해석되며 변조되었다. 이런 시각에서 볼 때 이제 자연은, 따라서 현실은 어떤 형태로든 의미가 부여된 현실이다. 그것은 다른 말로 매개된 현실이라고 할 수 있다.

20세기 후반 들어 서로 주체가 강조되면서 기호, 언어, 상징에 의해 매개되는 현실이 많은 사람의 관심을 끈다. 그것을 기호론적 전환 또는 언어론적 전환이라 부르기도 하고, 매체 자체에 강조점을 찍어 영상적 전환 또는 미디어적 전환이라 이름하기도 한다. 이런 관점의 대전환이 인류의 역사와 문화를 새롭게 보기를 요구한다.

어떤 미디어로 현실을 매개하면서 대처하며 살았는가에 따라 인간의 역사와 문화의 자취가 달라지고, 그런 역사와 문화를 일궈낸 주체의 정신과 의식도 다르다. 그리고 삶의 방식과 양태인 사회구조도 다를 수밖에 없다. 인간이 매개현상 또는 매개행위에 관심을 두는 것은 자연스러운 일로, 그것은 바로 '커뮤니케이션(소통)'으로 나타난다. 20세기 후반 등장한 미디어학, 커뮤니케이션학, 소통학(코무니콜로기)은 이러한 현상에 대한 학술적 동향의 표출로 볼 수 있다. 이제 '소통'의 관점에서 새롭게 학문론과 방법론을 정리해야 할 시기가 되었다. 우리가 사는 삶을 소통의 현실로 보고, 현실과 관계 맺는 인식과 실천 행위를 소통의 경험 행위로 접근하는 새로운 학문론과 방법론이 요구되는 시점이다.

2. 소통은 사이-존재인 인간의 사이하기

앞에서 서양에서의 커뮤니케이션학 또는 소통학의 출현에 대해서 살펴보았다. 여기서는 서양과는 다른 문화적 맥락에서 펼쳐져 온 동아시아 또는 한국에서의 '소통'의 의미와 차원, 구조와 경험

[행위]에 대해 살펴보자. 서구의 커뮤니케이션과는 다른 문화적 맥락에서 형성되어 온 우리 특유의 커뮤니케이션 개념을 정리하고, 그 밑바탕에 깔린 인간관을 살펴보도록 하자. 그리고 이러한 인간관과 문화적 맥락에서 결과 무늬를 얻어 형성된 '소통'의 일상적 의미를 정리하고, 일상에서 펼쳐지는 소통의 경험 또는 행위들을 체계적으로 재구성해보자. 아울러 그것이 어떤 인간관을 전제하고 있으며, 그 인간관의 어떤 본질적 차원이 소통의 근본 의미를 틀 짓고 있는지 알아보자.

1) 소통의 의미

일상적으로 쓰이는 '소통'에 대한 사전적 정의를 알아보자. 소통(疏通)은 '막힌 것이 트이다', '뚫리다'를 의미하는 '소(疏)'와 '통하다', '오가다', '왕래하다', '트이다', '보급되다', '걷다'를 의미하는 '통(通)' 자가 합쳐져 만들어진 낱말이다. 그 뜻은 첫째 막히지 않고서 통함, 둘째 생각하는 바가 서로 통함, 셋째 도리(道理)와 조리(條理)에 밝음, 넷째 덮이거나 막힌 것을 열어 트이게 함을 의미한다.[1] 유의어로는 교류, 교통, 왕래, 상통의 단어들이 있다.[2] 국립국어원도 '소통'을 첫째, '막히지 아니하고 잘 통함'과 둘째, '뜻이 서로 통하여 오해가 없음'으로 정의하고 있다.[3]

일상적 의미에서 가장 눈에 띄는 것은 '막힌 것[곳]을 뚫어 통하게 하다'는 의미다. 막힌 것[곳]이 없는 상태란 무엇인가? 그것은 아

1) 이승희, 『국어대사전』, 민중서림, 2004, 3553쪽.
2) 서울대학교 국어교육 연구소, 『넓은 풀이 우리말 유의어 대사전』, (주)낱말 어휘 정보처리 연구소, 2010, 474쪽.
3) 네이버 사전(국립국어원 제공)

무것도 없는 텅 빈 허공일 것이다. 빈 탕 한 데[무(無)/공(空)허(虛)]에는 아무런 장애가 없으니 환히 열려 있을 것이다. 그것은 아무것도 없는 텅 빈 허공, 아무런 장애가 없어 막힌 곳 없이 환히 열려 있는 빈 공간일 것이다. 은유해 보자면 우주 공간으로 간주되는 하늘처럼 막힌 것이 없는 뻥 뚫린 공간일 것이다. 존재하는 모든 것들은 무(無)가 아닌 가, 테두리, 또는 막이 없는 어떤 형태와 형상[꼴]을 갖추고 있으므로 이미 막혀 있다고 할 수 있다. 막이 있는 것은 어떤 형태로건 막힌 것이며, 따라서 모든 존재자는 본질적으로 막혀 있는 것이다.

존재자와 소통하기 위해서는 우선 각각의 존재자를 존재자로서 다른 것과 경계 짓고 있는 이 막을 허물어야 한다. 이것이 우리말 '소통'에서 우리가 제일 먼저 유의해야 할 점이다. 이는 존재자가 존재적 또는 물리적 막을 뚫고 서로 힘과 정보를 주고받아야 함을 의미한다. 막힌 것을 뚫고 터서 오고감, 즉 통섭(通涉)과 교류(交流)가 가능하도록 해야 한다. 그렇게 물리적 막을 제거하고 물리적 거리를 없애야 서로 가까워질 수 있다.

여기에서 우리는 소통의 두 번째 중요한 의미를 유추해낼 수 있다. '거리 없앰'이 그것이다. 거리, 즉 서먹함과 낯섦을 없애 친근한 것으로 만든다는 의미가 담겨 있다. 친근해지기 위해서 거쳐야 할 첫 번째 단계가 바로 이 거리 없앰이다. 친근해진 징표로 우리는 '말을 트고' '술을 터서', '말동무'가 되고 '술동무'가 된다. 서로 통함의 단계다. 우선 몸과 맘이 통한다.

이렇게 길이 열려야 본격적으로 서로 오가며 교류하여 서로를 알게 된다. 통섭(通涉)과 교류(交流)를 통해 상대방과 그의 주변 세계를 알게 되고, 자신과 자신의 삶의 세계를 알리게 되면서 서로가 통하게 된다. 몸을 통해 다양한 몸짓, 동작의 친밀한 상호작용[행동 연쇄]이 펼쳐진다[악수, 껴안기, 볼대기, 볼비비기 등]. 친밀한 몸짓 속에 서로를 믿는 교감(交感)이 피어나고, 서로서로를 믿는 가운데 친밀함과 신뢰를 쌓아가는 교제(交際)가 이루어진다. 그렇게 맘이 통하기 시작하면서 상대방을 배려하고 아끼고 좋아하고 사랑하게 되고, 깊어져 정을 통하게 되고 살을 섞고 피도 섞게 된다. 그렇게 해서 가정을 이루고 친족을 이룬다. 한 걸음 나아가 뜻이 통하면 생각과 이념, 목적과 목표를 같이 하는 사람끼리 모임을 만들고 단체를 만들고 공동체를 만들어나간다. 좀 더 나아가 얼이 통하면 생사를 초월해 초자연적인 힘과의 일치를 추구하며, 새로운 차원의 삶을 찾아 나선다. 이렇게 막힌 것이 뚫려 거리감이 없어지며 서로 통하게 되면서 이쪽과 저쪽이 어울리고 이편과 저편이 어울리며 어울림의 범위가 넓어져 간다. 서로 통하며 어울리는 소통과 화합의 과정을 우리는 통합(通合)이라 말할 수 있다.

우리는 소통 현상을 기호화하면서 자연과 그 속의 생명체를 모델로 삼았다. 기(氣)와 혈(血)의 원활한 소통을 이야기하며 맥락과 상황을 강조하는 것은 유기체를 모델로 삼아 그것이 살아가는 데 필요한 생태환경을 고려하였기 때문이다. 이렇듯 우리는 '소통 현상'에서 만나는 대상과의 소통과, 동료와 하는 소통을 구조적으로 함께 포함시켜 소통에 대해 전체적으로 고찰하였다. 동아시아 전통에는 관계론적이고 그물망적인 사고방식이 생활 속에 깊이 뿌리내리고 있었다.

2) 소통의 경험

이제 소통의 경험이 어떻게 펼쳐지는지 살펴보자.

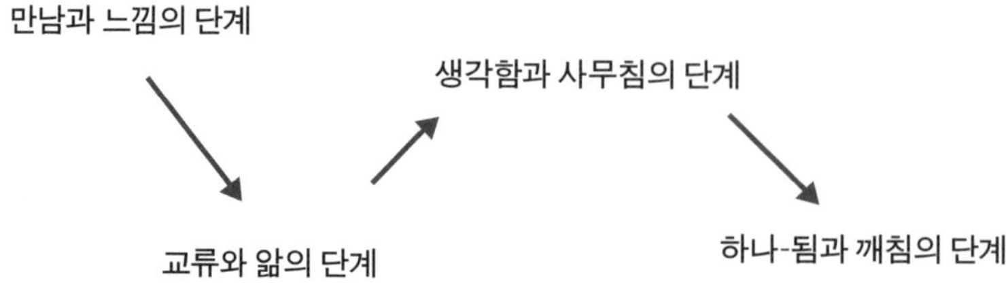

<그림 47> 소통의 경험

(1) 만남과 느낌의 단계

소통은 나의 막[경계]을 두드리는 자극으로 시작된다. 그렇게 해서 나는 나의 밖에 있는 어떤 것과 만나게 된다. 맨 처음에는 만남이라는 사건이 있다. 나의 경계에 무엇인가 와서 닿는다. 내 몸은 외부적인 것의 침입에 반응한다. 그것을 우리는 느낌이라고 한다. 나는 나의 밖의 기운[힘, 에너지, 정보]의 흐름을 몸으로 느끼며 거기에 반응한다. 그것이 무엇이건 나는 내게 가해오는 힘을 받으며 무언가 당하고 있음을 느낀다. 나는 감각으로 외부의 자극을 감지하며 낯설음을 경험한다. 그 낯설음이 강력해서 당함의 강도가 크면 아픔을 느끼게 되고, 그것이 오래 지속되면 아픔은 앓음이 된다. 그리고 이 앓음은 몸에 각인되며, 차츰 앎이 되어 반응 방법을 모색하게 한다. 몸통은 기(氣)와 힘의 유통(流通)[4]에 느낌으로 반응한다. 사람은 자신이 부딪혀서 겪게 된 것을 다른 사람과 어떤 형태

4) 유통: 1) 공기 따위가 막힘이 없이 흘러 통함. 2) 화폐나 물품 따위가 세상에서 널리 쓰임.

와 방식으로건 소통해 나누어 가지려 노력한다.

우리는 느낌을 두 가지 방식으로 고찰할 수 있다. 첫째, 사람은 몸의 안에서 비롯하는 고픔, 풀림, 막힘, 뚫림, 찌름, 쑤심, 멍함, 띵함과 같은 것을 느낀다. 이런 느낌들을 좋은 것과 싫은 것, 기쁜 것과 슬픈 것, 괴로운 것과 즐거운 것 따위로 나누어 가지거나 버리는 잣대로 삼는다. 둘째, 사람은 몸의 밖에 있는 것을 만남으로써 닿음, 맡음, 봄, 들음과 같은 것이 있음을 느낀다. 이런 느낌들을 좋은 것과 싫은 것, 기쁜 것과 슬픈 것, 괴로운 것과 즐거운 것 따위로 나누어서 가지거나 버리는 잣대로 삼는다.[5)]

(2) 교류와 앎의 단계

나는 느끼면서 가해오는 자극에 대처하려고 시도하면서 나의 상태를 점검하고 몸과 마음을 추스른다. 외부적인 것의 막을 열어 헤쳐 그것을 몸과 마음으로 소통하려는 것이다. 감각하고 있는 것과 소통하면서 감각(感覺)은 지각(知覺)이 된다. 반응하는 내 느낌을 살펴보면서 느낌은 기분이 된다. 이렇게 외부의 것과 몸과 마음으로 소통하는 방식은 맛봄이다. 봄이긴 하지만 아직 맛보기 차원의 봄이다. 외부적인 것의 자극[감각]에 대응하여 가장 기본적인 데이터를 추려 거기에 대처해 나간다. 외부의 것과 교통(交通)[6)]한다.

외부의 자극에 대처하고, 그것을 대상화하고 그것에 대한 나의 기분을 정리한다. 이제 나는 나에게 어떤 느낌이 들게 한 대상이 내

---

5) 최봉영, 『한국인에게 나는 누구인가』, 지식산업사, 2012, 73쪽.

6) 교통: 1) 자동차·기차·배·비행기 따위를 이용하여 사람이 오고 가거나, 짐을 실어 나르는 일. 2) 서로 오고 감. 또는 소식이나 정보를 주고받음. 3) 나라 사이에 관계를 맺어 오고가고 함.

밖에 있음을 알게 된다. 사람이 어떤 느낌을 갖게 되면, 느낌을 대상으로 삼아 느낌이 있음을 알게 된다. 이때는 느낌이라는 대상이 있음을 아는 것에 그치기 때문에 느낌이 비롯하는 바탕에 대해서는 알지 못한다. 사람은 느낌이라는 대상이 있음을 알게 됨으로써, 그러한 느낌이 비롯하는 바탕에 대한 앎을 만들어나간다. 사람이 일반적으로 앎이라고 말하는 것은 느낌이 비롯하는 바탕에 대한 앎을 말하다.[7]

이제 대상을 좀 더 알게 됨으로써 그 자극[낯섦]에 대한 적절한 대응방식을 터득하게 된다. 이제는 단순한 감각이나 지각이 아닌 인식과 통각의 상태에 이른 것이다. 이제는 단순히 보거나 듣거나 하는 것이 아니라 알아보고, 알아듣는다. 무엇인지 알아내고, 알아차려, 알아서 하게 된다. 한국말에서 '알다'는 '알'과 뿌리를 같이하는 말이라고 할 수 있다. 알은 낱알, 씨알, 알짜, 알맹이 따위에서 볼 수 있듯이 낱으로 있는 어떤 것을 가리킨다. '알다'는 사람이 낱으로 있는 어떤 것을 대상으로 삼아서 그것의 겉이나 속을 알아차리는 것을 말한다.

(3) 생각함과 사무침의 단계

이러한 앎에서 사람은 몸과 마음과 머리로 소통하는 셈이다. 여기에서 상통(相通)[8]과 융통(融通)[9]이 펼쳐진다. 내가 만난 대상을 자

---

7) 최봉영, 앞의 책, 76쪽.

8) 상통: 1) 서로 막힘이 없이 길이 트임. 2) 서로 마음과 뜻이 통함. 3) 서로 어떠한 일에 공통되는 부분이 있음.

9) 융통: 1) 금전, 물품 따위를 돌려씀. 2) 그때그때의 사정과 형편을 보아 일을 처리함. 또는 일의 형편에 따라 적절하게 처리하는 재주가 있음.

세히 알게 되면서 대상에 대한 자리매김이 전개되는 것은 생각[사유, 사고]의 차원이다. '생각하다'는 어떤 것을 어떤 것으로 규정지어 그렇게 여기는 것이다. '여기다'의 옛말은 '넉이다/너기다/녀기다'로 '넋'과 '넉이다'는 뿌리를 같이하는 것으로 볼 수 있다. 사람은 넋을 바탕으로 어떤 것을 어떤 것으로 여긴다.[10)]

사람이 넋[정신]을 바탕으로 어떤 것을 어떤 것으로 여기는 것에는 두 가지 마음이 있다. 하나는 지각하는 마음으로써 감각 자료를 바탕으로 어떤 것을 어떤 것으로서 여기는 것이고, 다른 하나는 생각하는 마음으로 언어 자료를 바탕으로 어떤 것을 어떤 것으로서 여기는 것이다. 사람은 지각하는 마음으로 여기는 것을 터전으로 삼아, 생각하는 마음으로 여기는 단계로 넘어감으로써 지각의 세계에서는 볼 수 없는 온갖 것을 새롭게 여길 수 있게 된다.

머리와 정신으로 소통하는 생각의 차원에서 우리는 만나는 사물에 대해 정통(精通)[11)]하고 도통(道通)[12)]하게 된다. 그러기 위해서 사물/사태/사건을 분석/종합/정리하고 추리/해석/판단한다. 인간 서로가 경험한 것을 공통(共通)[13)]으로 통용되도록 정리하여 사물/사태/사건 등 세계에 대한 보통(普通)[14)]의 규정을 만들어 사물에 대한 지식의 자리매김을 꾀한다.

그 다음은 마음과 정신과 얼로써 교류하여 소통하는 사무침의

---

10) 최봉영, 앞의 책, 133쪽.
11) 정통: 어떤 사물에 대하여 깊고 자세히 통하여 앎.
12) 도통하다: 1) 사물의 이치를 깨달아 통하다. 2) 어떤 일을 잘 알거나 잘하다.
13) 공통: 둘 또는 그 이상의 여럿 사이에 두루 통하고 관계됨.
14) 보통: 1) 특별하지 아니하고 흔히 볼 수 있어 평범함. 또는 뛰어나지도 열등하지도 아니한 중간 정도. 2) <의학> 어떤 병이 뚜렷한 특징을 드러내지 않고 일반적인 증상을 나타내는 성질.

단계가 있다. 사무침은 '깊이 스며들거나 멀리까지 미침'을 뜻한다. '사무치다'의 옛말은 'ᄉᆞᄆᆞᆾ다' 또는 'ᄉᆞᄆᆞᆽ다'인데, 이는 '통(通)'의 번역어로 주로 쓰였다. 그 뜻은 '멀리까지 미치거나 깊이 꿰뚫다'이다. '통달(通達)ᄋᆞᆫ ᄉᆞᄆᆞᄎᆞᆯ씨라'는 보기 말에서 '사무침'은 '막힘없이 환히 아는 정도의 소통 상태'를 말한다. 사무침에는 앎의 뜻 말고, 다다름과 꿰뚫음[투명성]의 의미도 있다. '달(達) ᄉᆞᄆᆞᄎᆞᆯ 달'이나 '투(透) ᄉᆞᄆᆞᄎᆞ 투'의 예문이 증거가 될 수 있다. 게다가 사무침은 '끝까지 이어짐'의 특징도 나타낸다. 사무침은 단순한 앎의 차원을 넘어 삶 전체에로 넓혀지는 소통 능력을 말한다. 사무침은 서로의 마음과 환경과 사정까지 속속들이 깊이 미루어 헤아리는 것, 즉 말이나 글로써 드러난 것과 그 드러난 것을 통해 짐작할 수 있는 숨겨진 것을 한데 아울러 생각하는 것을 일컫는다. 사무침은 머리와 가슴 그리고 마음까지 미치는 소통성을 말한다. 그렇기 때문에 사무침에서는 기분이나 감정이 강조될 수밖에 없다.[15] 이렇게 소통이 사무침의 단계에 이르게 되면 신통(神通)[16]하고 영통(靈通)[17]한 상태로서 서로의 뜻이나 생각뿐 아니라 느낌이나 기분과 같은 것까지 함께 나눌 수 있게 된다. 사무침은 서로를 흐뭇하게 하고, 함께 나눌 수 있게 해 준다. 감동과 감탄의 공감의 탄성이 터져 나오고 감화와 감명의 어울림의 물결이 일렁인다.

---

15) 구연상, <글쓰기와 사무침>, 『우리말로 학문하기의 고마움』, 우리말로 학문하기 모임 편, 채륜, 2009, 196쪽.

16) 신통하다: 1) 신기할 정도로 묘하다. 2) 효험이 빠르고 훌륭하다. 3) 신묘하게 아는 것이 깊고 통달하다.

17) 영통하다: [동사] 신령스럽게 서로 잘 통하다. [형용사] 솜씨가 감쪽같고 능통하다.

(4) 하나-됨과 깨침의 단계

얼로써 통하는 깨침의 단계에 이르면 나는 나 자신을 깨고 비워 텅 빈 상태에서 모든 것과 화합하는 깨달음의 경지에 이르게 된다. 그래서 땅과 통하고 하늘과 통하고 역사와 통하고 다른 사람들과 통하는 사통팔달(四通八達)[18]의 상태에 도달하게 된다. 이 단계가 최고도의 소통 상태이다. 얼로써 통[靈通]하며, 그로써 한얼과도 소통하여 두루 막힘이 없이 모든 것에 통해 미치는 신통방통(神通旁通)[19]한 상태이다. 이런 상태를 우리말로 '깨끗한' 경지라고 이름한다. 나의 벽[막]과 모든 것들의 벽[막]이 모두[끝까지] 깨져 막힘이 없이 투명한 경지다. 모든 것을 두루 가로질러[관통(貫通)[20]하여] 자기를 비운 거울 놀이 같은 어울림[통합(通合)] 속에 모든 것들은 융화와 융합을 거쳐 서로서로 조화와 합일에 이르게 된다. 그렇게 되면 만사형통(萬事亨通)[21]의 경지에 이르게 되어 우주의 기운이 온누리에 대통(大通)[22]하여 모든 것이 평화롭게 될 것이다.

3) 인간이 여는 소통의 차원

뉴미디어 시대는 미디어가 소통 기능의 대부분을 맡고 있어 미디어를 떠난 소통을 생각할 수 없을 정도다. 그러다 보니 미디어를 통해 온갖 소통거리가 우리의 관심을 장악하는데, 정작 소통은 제대

---

18) 사통팔달: 도로나 교통망, 통신망 따위가 이리저리 사방으로 통함.
19) 방통: 자세하고 분명하게 앎. 신통방통하다: [형용사] 매우 대견하고 칭찬해 줄 만하다.
20) 관통: 1) 꿰뚫어서 통함. 2) 처음부터 끝까지 일관함.
21) 만사형통 : 모든 것이 뜻대로 잘됨. 형통: 모든 일이 뜻과 같이 잘되어 감.
22) 대통: 어떤 일이나 운수가 크게 트임.

<그림 48> 소통의 목적

로 이루어지지 않는 기이한 상황이 전개된다. 미디어 시대는 불통이 본격적인 문제로 부각된다. 미디어가 결국은 소통을 위한 미디어임을 감안해 소통의 목적에 관심을 가져야 할 때다.

소통 그 자체를 놓고 볼 때, 소통의 목적은 정보의 수집, 전달, 공유를 통해 더 나은 삶의 여건을 조성하려는 데 있다고 일반적으로 이야기할 수 있다. 그런데 정보라는 관점에서 이런 이야기는 굉장히 무미건조한 이야기이고, 어디에나 적용되는 추상적인 이야기다. 어떤 형태로든 정보의 수집, 전달, 공유는 일어나고 있기 때문에 이것만으로 소통의 목적을 잡기에는 너무 협소하다. 좀 더 구체적인 소통의 목적이 필요하다. 이 경우 우선적으로 고독감 극복을 꼽을 수 있다. 인간은 죽을 수밖에 없는 존재로 죽음 앞에 혼자 서있는 것을 가장 불안해한다. 그래서 고독감을 극복하기 위해서 누군가와, 그게 안 되면 무엇인가와 소통을 해야만 제정신으로 살 수 있다. 다음으로 신뢰 조성을 들 수 있다. 이것은 사회성과 연관된 것이다. 인간은 신뢰를 조성해서 다른 사람들과 긴밀한 관계를 형성하려고 시도하고, 그것으로 사회적 결속을 공고히 하려고 한다. 그 다음은 좀 더 적극적인 차원에서 자기 구현, 자기표현이 소통의 목적이 될 수 있다. 재미, 편리함, 멋스러움을 추구하는 것도 목적이 될 수 있다.

한 걸음 더 나아가 우리는 소통의 목적을 좀 더 넓게 잡을 수도 있다. 필자는 인간을 사이에 있는 존재, 사이-존재로 보며 이것을 감성, 지성, 이성, 영성의 차원으로 나누었다.[23] 인간은 사이에 있는 존재로서 사이를 잇기 위해, 사이하기 위해, 사이를 맺기 위해 존재한다고 보는데, 소통의 목적은 궁극적으로는 이것과 맞닿아 있는 셈이다. 이렇게 볼 때 감성의 차원에서 소통의 목적은 재미, 즐거움, 편안함, 맛있음, 멋스러움, 균형, 오감 만족 등이 될 수 있다. 이런 쪽으로 진행되는 것이 에스테틱(Esthetic)이고, 낱말의 의미로는 감성학이다. 때로는 '감성미학'으로도 번역된다. 어쨌든 이것은 기술과 예술과 미학이 서로 어우러지는 것으로, 기능, 효능, 성능, 조화, 융화, 오감, 육감, 미감 등이 강조된다. 홀로 있으면서 감성적으로 여유로움을 즐기고, 남들과 더불어 공존하고 공생하면서 서로를 인정하는 상호인정의 차원이 강조된다고 할 수 있다.

지성 차원에서의 소통의 목적은 흔히 얘기하는 사회성이 강조된다. 관계, 습관, 관습, 풍습, 도덕, 윤리, 책임감, 자유, 평등, 인권, 사회정의 등의 개인의 권리, 그리고 질서, 관용, 공생, 상생, 공감, 배려, 협동, 협업 같은 사회적 교류와 교섭이 다양한 소통의 목적으로 등장한다. 정치적인 것, 경제적인 것, 사회적인 것을 이 차원의 소통에서 찾아볼 수 있다. 함께함의 즐거움, 한 마디로 어울림의 차원이 여기에 속한다. 그래서 행복과 평화가 강조된다. 감성의 차원이 존재의 차원이라고 한다면, 지성은 당위의 차원이다. 무엇을 해야 하

---

23) 이기상, <문화는 소통이다. 문화 다양성 시대의 소통과 공감>, 『문화는 소통이다』, 엄정식 외, 철학과 현실사, 2012, 15~75쪽.

는가 하는 차원이다. 다시 말해 인간다움을 추구하는 차원이다.

때-사이를 잇는 이성의 차원에서는 의식이 강조된다. 의식, 자기 의식, 반성, 성찰, 기억, 기록, 역사, 전통, 문화, 학습, 교육, 지식, 정보, 이론, 체계, 학문, 지평, 시간 의식, 공간 의식, 잠재의식, 무의식 등과 같은 자기 성찰의 차원, 이론의 차원이 여기에 속한다. 이 차원에서는 역사와 과학, 학문, 철학, 이론 등이 가능한 학문 영역으로 등장하며, 존재와 당위가 아니라 가능성[잠재성]이 문제가 된다. 할 수 있음, 잠재, 이념, 목적, 의미 설정이 중요한 화두로 등장한다.

영성의 차원에서는 초월, 종교, 신, 의미, 무의미, 희망, 절망, 초의식, 초능력, 탈경계, 탈지역, 가로지르기, 그물망, 죽음 등이 소통의 목적을 위한 중요한 주제로 등장한다. 종교, 영성, 선(禪), 명상 등이 중요한 화두로 등장하며, 희망이 중요 관심사가 된다, 칸트는 이렇게 이야기했다. “나는 무엇을 알 수 있는가. [나는 무엇을 할 수 있는가] 나는 무엇을 해야 하는가. 나는 무엇을 희망해도 좋은가.” 마지막 희망이 종교의 차원이다. 그러면서 칸트는 이 세 가지가 “인간이란 무엇인가”라는 물음으로 귀결된다고 말한다. 인간의 인식, 행위, 윤리, 종교 등이 중요한 차원이라는 말이다.

4) 소통의 기본 구조 ‘사이’, ‘사이하다’

이해의 지평에서 소통 현상을 정리해 볼 때 그것과 연관된 중요한 인간의 정의는 “사이-존재(Inter-esse)”라고 할 수 있다. 여기서 핵심 개념으로 ‘사이’가 부각된다. 우리말 ‘사이’의 의미를 알아보자.

국어사전을 보면 우리말 ‘사이’는 명사로서 첫 번째 의미는 이때에서 저때까지의 ‘동안’, 즉 시간의 틈을 뜻하며, 두 번째는 ‘두 물건의 가운데', 세 번째 의미는 장소의 가운데 난 틈, '틈 사이'를 뜻한다. 한편, 동사 '사이하다'는 '사이에 두다. 사이에 들어서서 서로를 맺어주다, 중매하다, 중개하다'의 의미를 지닌다.[24] "우리 애인 사이할까?" "그러지 말고 친구 사이하자"와 같이 사이하자는 말은 생활에서도 자주 쓰이는 말이다. '사이가 뜨다'라는 표현도 있다. 이것은 '일정한 거리가 있다. 동안이 오래다, 서로 사이가 좋지 않다'는 의미다. 반대로 '사이가 좋다'는 표현은 '서로 사귀는 관계가 좋다'는 뜻이고, '사이를 두다'라고 하면 '일정한 거리나 시간을 두다'라는 뜻을 의미한다. 또한 '사이가 없다'는 것은 '허물없이 가깝게 지내다'를 가리킨다.

낱말 풀이에서 보듯이 '사이'는 ① 때-사이, ② 장소의 가운데로서의 사이, 즉 빔-사이, ③ 물건이나 사람의 사이, ④ 틈, ⑤ 관계, ⑥ 아우름 등을 가리킨다. "너와 나 사이"와 같은 표현에서는 '개인으로서의 나와 너의 관계'라는 의미와 함께 '개인으로서의 너와 나의 다름과 차이'라는 뜻도 포함되어 있다. '우리 사이'라는 표현은 너와 나 모두를 아우르는 더 높은 차원의 포괄성을 가리킨다. 특히 '사이'의 동사형인 '사이하다'에 "사이에 들어서서 서로를 맺어주다. 중매하다. 중개하다"라는 의미가 있는 것에 주목할 필요가 있다. 사람은 사이-존재로서 사이하는 존재이기 때문이다.[25] 이런 어원적 맥락에서 인간을 '사이에-있음'으로 규정할 경우 그것이 지시하

24) 남영신 엮음, 『국어사전』, 성안당, 1999, 1137쪽.

25) 인간을 사이에-있음으로 규정한 철학자로 키르케고르를 들 수 있다. 그는 인간을 '중간-존재'라는 의미로 'inter-esse'라 칭했다. 그에 의하면 인간은 무한과 유한 사이에, 영원과 시간 사이에, 보편과 개별 사이에, 영혼과 육체 사이에 존재하며 그 둘을 종합해야 하는 중간-존재이다.

는 의미는 아래와 같다.[26)]

장(場)의 가운데, 공간 속에, 빔-사이에 있다. 때와 때 사이에, 즉 시간 속에 있다. 사물과 사물 사이에, 사람과 사람 사이에 있다. 모든 존재하는 것을 아우르는 전체 속에 있다. 하늘땅 사이에 있다. 시간과 공간 그리고 인간의 차원을 모두 포괄하여 모든 존재하는 것을 감싸고 있는 장[지평, 우주]의 가운데 있다. 그것들에 둘러싸여 있다. 포함되어 있다. 시간과 공간 그리고 인간 개개의 차원 안에 놓여 있다. 그 개개의 차원에서 그 속에 존재하는 것과 연결되어 있으며 그것들과 교류, 소통하며 관계를 맺는다. 사이는 그 사이를 거리가 아닌 가까움으로 만들면서 존재함을 뜻한다. 사이는 개별자로서의 인간의 독특함[아름다움]을 인정하기에 서로의 사이를 존중한다. 아름과 아름의 사이를, 즉 너와 나 사이를 포괄하는 지평적인 사이가 있다. 그것이 우리 사이다. 아름들은 사이로 연결된 그물망으로서의 전체 사이에 자기를 맞추어 나가야 한다. 그래야 다른 아름들을 울리고 떨리게 하여 전체 속에 어우러져서 어울림을 이뤄나갈 수 있다.

사람은 사이 속에서 사이로서 사이좋게 사이를 만들며 존재한다. 이것을 '사이하다'라고 표현한다. 즉 "사이에 들어서서 서로를 맺어주고 중매하고 중개한다". '사이하다'는 무엇보다도 '통하다'를 뜻한다. 개개 차원의 사이와 지평의 사이에 들어서서 그 사이가 통하게 함을 말한다. 그것은 '소통(疏通)하다'이다. 확 트이게 해서 서로서로 잘 통하게 함이다. '사이하다'는 '관여하다', '참여하다'를 뜻

---

26) 이기상, <지구촌 시대 문화인의 소통>, 『상상과 증명, 그리고 소통』, 이덕환 엮음, 서강대학교출판부, 2013, 191~233쪽.

한다. '사이하다'는 '관계를 맺다', '서로를 이어주다', '가깝게 만들어주다'를 뜻하고, '중매하다', '중재하다', '중개하다'를 의미한다. 미디어의 시대에 어울리는 미디어적 존재를 특징짓는 핵심적인 개념으로 '사이하다'를 택할 수 있다.

이 규정은 사물, 도구, 기계, 컴퓨터, 미디어, 작품, 사람, 민족, 나라, 문화, 세계 등과 같이 모여 결성된 구성체로서 존재[자] — 실체든 주체든 — 그 자체에서 눈을 돌려 그것들의 '사이'에 주목한다.[27] 존재자는 그것이 그 자체로 홀로 있을 때는 본래의 위력을 다 발휘하지 못한다. 다른 것들과 만나 그것들과 소통하고 교류하며 맞부딪칠 때 그 힘이 몇 배로 배가 되어 발산된다. 원자와 원자의 충돌과 융합에서 발산되는 엄청난 에너지를 생각해보라.

사이는 그 자체로 있음이 아닌 서로 다른 두 존재자의 만남과 교류를 중요한 본질적 차원으로 보는 시각이다. 사이에서 만남, 소통, 관용, 상호작용, 상호인정, 공존, 공생, 공감, 상생, 교류, 교제, 교감, 유대, 연대, 연합, 통섭, 융합, 통합, 조화, 화합, 어울림 같은 사건들이 벌어진다. 사이 존재는 사이를 지향하며 추구한다. 그래서 사이를 그리워하고 기대하며 기다리고 갈망하고 소망하고 희망한다. 실체의 시대를 지나 주체의 시대를 거쳐 우리는 상호주체의 시대인 현대를 살고 있다. 이 상호주체의 시대에서 강조되는 것이 바로 '사이' 아닌가! 이는 곧 사이의 시대이다. 이 사이에서 힘의 갈등과 충

---

27) 오늘날 특히나 중요한 것은 기계와 사람 사이의 만남과 교류인 인터페이스(interface)인 것은 놀랄 만한 일이 아니다. 소통에서 가장 중요한 것은 얼굴과 얼굴을 마주대하는 만남이다. 인간과 인간의 면대면의 만남인 인터페이스가 이제는 확대되어 인간과 기계, 기계와 기계, 기계와 사물, 인간-기계-사물의 소통적 만남으로 외연이 커졌다.

돌, 집합, 이종교배, 융합, 통합이 이루어지며 변화와 변환이 전개된다.[28] 문화는 사이존재로서의 인간이 자연, 사물[사태, 사건], 인간[사회, 민족, 나라], 역사[세계, 우주], 신적인 것[신성]과 소통하는 행위와 그에 따라 지어지고 꾸며지는 산물이다.

3. 대상으로서 문화콘텐츠 인식 과정

이제 이러한 소통에 대한 이해를 바탕으로 해서 우리가 대상으로서의 문화콘텐츠를 어떻게 인식하고 있는지 그 과정을 알아보며 그 독특한 면을 끄집어내 보도록 하자.

1) 대상의 인식 과정

문화콘텐츠가 의미와 가치를 갖는 것은 그것이 인간에게 경험되고 해석되기 때문이다. 인간은 주어진 대상을 무의식적 또는 감각적으로만 받아들이지 않는다. 똑같은 그릇에 담긴 음식이라도 배고플 때와 그렇지 않을 때 이것을 보고 드는 감정과 생각이 다르듯이 각각의 대상은 다양한 조건들 속에 다르게 경험된다. 자신이 사는 환경, 살아왔던 배경에 따라서도 다르게 받아들이기도 하고, 시간과 공간에 따라 대상을 다르게 인식하기도 하며, 나이에 따라, 남녀에 따라, 문화권에 따라 대상을 다르게 인식한다. 어떤 한국 드라마가 서양 문화권에 비해 동아시아와 중앙아시아에서 특히 공감을

28) 문화학자 김용석은 21세기를 '사이'의 문화세기라고 지칭한다. 김용석, 『문화적인 것과 인간적인 것』, 푸른숲, 2000, 125쪽.

자아내는 것도 이와 같다. 대상을 인식하는 인식 형식이 선험적으로 다르기 때문이다.

사람들은 자신이 속한 사회의 문화 코드 같은 문화적 틀을 통해 대상을 받아들이고, 이 문화적 틀에 따라 받아들인 감각은 저마다 다른 사유로 나타난다.[29] 아래의 [그림 49]과 같이 인간은 감각과 함께 사유로 어떠한 대상을 경험한다.

인간의 문화콘텐츠 인식 과정이 독특한 것은 육체적 자극을 감각적 영역을 통해 받아들이지만, 이것이 그저 육체적인 자극으로만 남아있는 것이 아니라는 점이다. 인간 경험의 독특함은 육체적인 자극을 사유의 영역으로 길어 올려 인식하는 경험 방식에 있다.

김영기는 대상을 경험하여 인식하는 차원을 감각과 함께 사유의 영역을 감각, 마음, 이성으로 구분하여 설명한다. 여기에서 감각은 오감으로 받아들여지는 몸의 차원이다. 그런데 인간은 무조건 모든 대상을 몸의 감각으로 받아들이지 않는다. 수많은 정보를 심리적 작용, 즉 지성적인 마음으로 선별하여 받아들인다. 감각 에너지를 낭비하지 않으려는 의도에서 이러한 원리가 작용하는 것이다.

---

29) 칸트에 의하면 인간의 경험은 마음이 단순히 외부의 세계를 반영하는 것이 아니다. 마음의 활동에 의해 외부의 세계가 구현된다고 본다. 인간이 선험적으로 대상을 파악하는 인식 형식에서 외부의 경험을 이 주관적인 인식 형식과 결합시켜 경험하고 인식한다는 것이다. 우리가 외부 세계를 있는 그대로 감각을 통해 받아들이는 것이 아니라는 것이다. 인식을 결정하는 인식 형식에서 감각과 인식 형식이 결합하여 그것으로 우리가 인식한다는 것이다. 이 인식 형식은 시간과 공간이라는 인식주관의 작동이다. 왜 특정한 시간과 공간에 따라 인간이 대상을 다르게 경험하는지 알 수 있다. 우리는 인식 형식의 바깥에 있는 실재 대상에 해당하는 물자체(物自體)를 아무런 거름망 없이 받아들이는 것은 아니다. 임마누엘 칸트, 『순수이성비판1』/『순수이성비판2』, 백종현 옮김, 아카넷, 2006 참조.

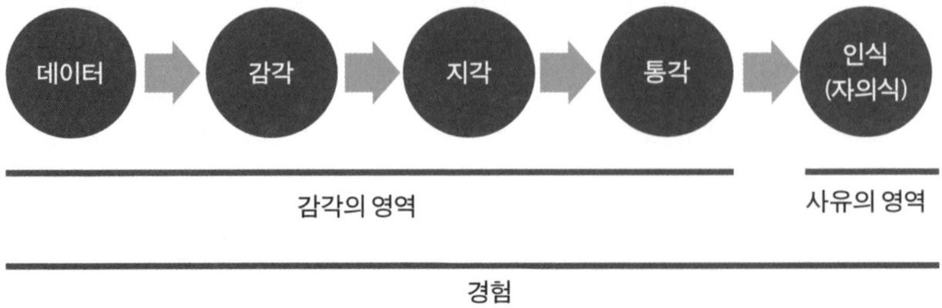

<그림 49> 감각과 사유를 통한 인식 과정

무엇인가를 유심히 보면서 관심이 생기는 것과 더 나아가 감동을 느끼면서 마음과 마음을 나누는 것은 인간이 감각과는 다른 지성적인 마음의 차원을 가지고 있기 때문이다. 또한 대상에 대한 경험은 마음의 심미적인 차원과는 다른 정신의 이성에 의한 사고를 통해 경험되기도 한다. 어떠한 대상의 기능과 목적이 정확히 경험으로 전달될 수 있는 것은 바로 정신의 이성이 있기 때문이다. 사용환경을 고려해 뾰족한 형태의 빗살무늬를 만든 것을 예로 들 수 있다. 인간은 대상을 기능 속에서 분석, 종합, 이해하면서 정신으로서 대상을 경험한다. 이와 같이 감각으로서의 몸, 지성으로서의 마음, 이성으로서의 정신이 문화콘텐츠에 대한 경험적 인식의 중층적인 층위를 이룬다고 볼 수 있다.[30)]

소흥렬은 몸, 마음, 정신과 함께 영혼까지 고려하여 인간의 중층적인 경험의 소통을 설명한다. 그는 인간 개체가 세포, 몸, 마음, 정신, 영혼을 이루는 유전정보, 감각정보, 언어정보, 직관 정보들과 유기적인 상태로 관계하면서 다층적인 경험을 한다고 생각한다. 동물과 다르게 인간은 마음과 정신 그리고 영혼에 이르는 경험을 할

30) 김영기, 『The Contents』, 이-디자인, 2002, 186~192쪽 참조.

수 있다고 보는 것이다. 여기에서 정신은 종교인, 예술가, 철학자의 직관에 의해 새로운 깨우침의 얼로 추상화, 일반화, 상징화되어 나타난다.[31] 종교인은 신적 직관의 힘으로 말씀[계시]에 도달하고, 학자는 지적 직관의 힘으로 지식에 도달하고, 예술가는 감각적 직관의 힘으로 예술에 도달한다. 그리고 모든 사람은 세포, 몸, 마음, 정신, 영혼에서 비롯되는 이성·지성·감성·영성이 어우러진 문화적 직관의 힘으로 문화적 삶에 동참할 수 있다.

이런 다층적인 경험은 또한 상상력의 조건이기도 하다. 인간은 빔[공간]-사이, 시간[때]-사이, 사람-사이, 하늘-땅-사이에 존재하고 있기 때문에 이러한 네 가지 차원 속에서 상상력의 지평이 다양하게 확장된다고 볼 수 있다. 즉 몸의 눈, 맘의 눈, 정신의 눈, 얼의 눈을 가지고 육체적으로 보고, 관계적으로 보고, 역사적으로 보고, 상상하며 본다고 할 수 있다.[32] 우리는 인간이 이러한 차원의 눈을 가지고 문화적 존재로서 지어내고 꾸며낸 모든 것을 문화콘텐츠로 볼 수 있다.[33]

앞의 내용을 종합해 보면, 우리는 문화콘텐츠를 몸, 마음, 정신, 얼의 차원에서 경험하고 상상한다고 할 수 있다. 각각의 차원은 인간에게 독특한 경험을 제공함으로써 동시에 다양한 경험적 차이를 불러와 매우 다른 수용 양상으로 전개된다.

---

31) 소흥렬, 『문화적 자연주의』, 소나무, 1996, 9~15쪽 참조.

32) 이기상, 「영상문화시대와 통합(通合)적 상상력」, 『기호학연구』제27권, 한국기호학회, 2010, 369~370쪽 참조.

33) 이기상, 「문화콘텐츠학의 이념과 방향」, 『인문콘텐츠』제23호, 인문콘텐츠학회, 2011, 29쪽 참조.

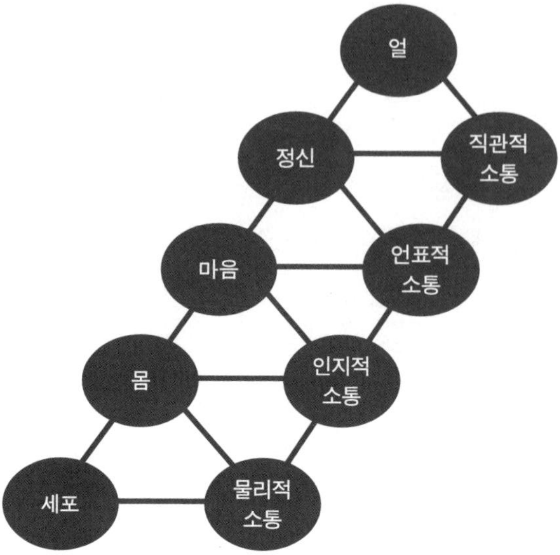

<그림 50> 소통의 중층적 구조

2) 문화콘텐츠 인식 과정

그렇다면 이제는 소통의 문화콘텐츠가 몸, 마음, 정신, 얼에서 각각 어떻게 경험되는지 살펴봐야 한다. 우리말의 쓰임을 통해 문화콘텐츠가 몸, 마음, 정신, 얼에 어떻게 경험되는지 정리해 본다. 인간은 몸의 감각기관을 통해 문화콘텐츠를 '느끼고[느끼다]', 몸의 감각을 통해 느낀 것을 바탕으로 마음으로 받아들였을 때 이것이 무엇인지 '보고[보다]', '알게[알다]' 된다. 마음으로 무엇을 보고, 알게 되면, 정신에 이르러서는 이것을 무엇으로 '여기게[생각하다]' 된다. 몸[느끼다]에서 마음[보다, 알다]을 거쳐 정신[생각하다]에 이르는 문화콘텐츠의 경험방식이다. 그러나 이것이 정신에 이르러 끝나는 것은 아니다. 정신에 이르러 생각이 맺고 풀리고, 풀리고

[표 5] 인간의 경험과 소통

몸	마음	정신	얼
오감으로 수용	느끼며 아는 것	생각하면서 사무치는 것	사무친 것을 깨우치는 것
감각[감지]	감정[기분]	분석, 종합, 이해	감화, 융합, 깨우침
물리적 소통	인지적 소통	언표적 소통	직관적 소통

맺히기를 '사무치게[사무치다]'[34] 반복하면 얼에 이르러 헤아릴 수 없이 번뜩이는 '깨침[깨치다]'을 얻게 된다. 이와 같이 생각하고, 사무치고, 깨치는 것은 감각의 영역과 사유의 영역이 함께 융합될 때 가능하다.

한 개인에게 소통의 문화콘텐츠는 '생각할 거리', '사무칠 거리', '깨우칠 거리'가 되어 욕망을 자극한다.[35] 아래의 사진을 통해 몸,

34) "사무침은 말이나 글을 통해 서로의 뜻이나 생각을 함께 나누는 것뿐만 아니라 느낌이나 기분과 같은 것까지 함께하는 방식의 소통을 말하기 때문이다. 사무침은 서로의 마음과 환경과 사정까지 속속들이 깊이 미루어 헤아리는 것. 즉 말이나 글로써 드러난 것과 그 드러난 것을 통해 짐작할 수 있는 숨겨진 것을 한데 아울러 생각하는 것을 일컫는다. 사무침은 머리와 가슴까지 미치는 소통성을 말한다. 사무침의 반대는 먹먹함이다. 먹먹한 말은 우리를 먹통으로 만든다. 먹먹함은 먹어 버린 상태 또는 삼켜 버린 상태, 따라서 밖으로 나오지 않아 그 정체를 제대로 알 수 없는 상태, 그러므로 말의 경우에는 그 뜻을 도무지 알아 첼 수 없는 말을 들었을 때의 상태를 나타낸다." 구연상, 「글쓰기의 목적과 사무침」, 『철학과 문화』 제17집, 철학과문화연구소, 2008, 1쪽.

35) 최봉영은 한국인이 생성하고 실현하는 욕망에는 크게 세 가지가 있다고 본다. 하고 싶음, 되고 싶음, 답고 싶음이다. 첫째, 하고 싶음에서 주체는 낱낱의 행위에서 얻는 재미를 목적으로 삼는다. 이 때 주체는 재미를 얻을 수 있는 가장 쉬운 방법을 찾는다. 낱낱의 행위를 넘어서는 더 이상의 목표가 존재하지 않기 때문에 주체는 하고 싶은 대로 할 뿐이다. 둘째, 되고 싶음에서 주체는 어떤 것을 하는 것에 머무르지 않고 어떤 것이 되는 것을 목표로 삼는다. 즉, 주체는 사람, 부모, 형, 학생, 과장, 사장 등과 같은 사회적 자격을 가짐으

마음, 정신, 얼에서 어떻게 물리적 소통, 인지적 소통, 언표적 소통, 직관적 소통이 일어날 수 있는지를 분석해 보자.

아래의 사진을 처음 볼 때 사람들은 몸의 감각기관의 하나인 눈으로 시각정보로 받아들인다. 다양한 색의 시각적인 데이터를 물리적 힘과 정보로 감지한다. 이후 사람들은 이것에서 특정한 대상들을 본다. 보고 싶은 대로 총 머리를 보기도 하고, 총에 달린 탄창을 보기도 하고 그것도 아니면 총으로 누군가를 조준하고 있는 군인을 보기도 한다. 마음이 이끄는 대로 다양한 요소를 보면서 그것이 무엇인지 인지하는 가운데 여러 가지 기분을 느끼게 된다. 사람에 따라 총이 등장한 배경, 군인이 무언가를 조준하는 이유, 왜 그 무엇은 군인의 총에 겨누어질 수밖에 없는지 등등 다양한 배경과 원인을 분석하고 종합하면서 이해하고자 한다. 그리고 사진에 담긴 이미지를 언표적인 기호로 받아들여 각각의 관계를 부분적 또는 전체적으로 파악해보려 시도하게 된다. 이와 같이 사람들은 하나의 사진을 통해 물리적·인지적·언표적으로 소통한다.

로써 부모, 형, 학생, 과장, 사장 등과 같은 사람이 되는 것을 목적으로 삼는다. 셋째, 답고 싶음에서 주체는 어떤 것이 되는 것에 머무르지 않고 '나'라는 존재를 실현하는 것을 목표로 삼는다. 이를 위해서 주체는 존재가 무엇인지 알아내야 하고, 그것의 실현에 필요한 바람직한 방법을 찾고 따라야 한다. 한국인에게 아름다움이란 답고 싶음에 이르려는 욕망을 말한다. 이렇게 사람이 욕망을 가지고 있는 것은 '보다 좋은 상태'나 '더욱 나은 상태'를 꿈꿀 수 있기 때문이다. 사람은 눈앞에 놓인 '이것'을 넘어서 '더욱 좋은 것', '더욱 나은 것'을 생각할 수 있기 때문에 '가장 좋은 것'에 생각이 미치고 실현하게 된다. 최봉영, 「한국인에게 아름다움은 무엇인가」, 『정신문화연구』제31권 제4호, 한국학중앙연구원, 2008, 201~202쪽.

<그림 51> 이제석의 평면 반전 광고 <뿌린 대로 거두리라>
이제석 광고연구소 홈페이지(http://www.jeski.org)

아래의 사진을 위의 사진과 비교해 보자.

<그림 52> 이제석의 원형 반전 광고 <뿌린 대로 거두리라>
이제석 광고연구소 홈페이지(http://www.jeski.org)

[그림 51]과 [그림 52]는 물질적으로 똑같은 포스터를 담고 있는 사진이다. 하나는 평면에 펼쳐진 형태이고, 다른 것은 원형으로 벽기둥에 붙은 형태일 뿐 동일한 포스터다. 그럼에도 불구하고 옆의 사진은 앞의 사진과 다른 경험을 제공한다. 사람들은 눈을 통해 사진의 시각 데이터를 물리적 정보로 받아들이면서 마음이 이끄는 대로 군인이나 총부리, 또는 벽기둥을 볼 수 있고, 총과 군인이 등장한 배경을 분석하고 종합하면서 이해하고자 할 수도 있다. 그러나 총부리가 동그란 원을 그리며 되돌아와 결국 제자리에서 무엇인가를 겨냥하고 있는 군인을 다시 겨냥하는 것을 보면서 평면 포스터 사진을 볼 때는 경험할 수 없었던 다른 인식을 가지게 된다. 자신이 겨눈 총부리가 다시 자기에게 돌아오는 것을 보면서, 자신이 만드는 행위가 결국 자신에게 되돌아온다는 생각을 하게 된다. 결국 가해자는 다시 피해자가 될 수 있음을 깨닫게 만드는 것이다.

이 사진은 이제석이 반전 광고를 위해 제작한 작품이다. 미국과 이슬람권의 갈등과 보복의 악순환을 보면서, 동아시아의 윤회처럼, 결국 모든 행위와 결과는 제자리로 되돌아온다는 것을 말과 행동보다는 직관적으로 보여주려고 시도했다. 그래서 같은 포스터를 서로 다르게 이용해 의도적으로 다른 경험적 인식을 하도록 만든 것이다.[36)]

이처럼 인간은 물리적 소통, 인지적 소통, 언표적 소통, 직관적 소통을 통해 다양한 차원의 경험을 한다. 우리는 문화콘텐츠의 경험을 개인은 물론 집단이 이루는 사회적 차원의 경험으로 확장해 접근할 필요가 있다. 서로 다른 사회적 구성원들 사이에서 문화콘텐

---

36) 이제석, 『광고천재 이제석』, 학고재, 2011, 169쪽 참조.

츠가 어떻게 경험되는지 연구될 때 소통의 사회적 의미와 가치를 드러낼 수 있기 때문이다.

3) 소통의 문화콘텐츠의 경험

소통의 문화콘텐츠는 개인적 차원에서는 몸·마음·정신·얼로 경험되고 인식된다. 그리고 사회적 차원에서는 문화적 총체성과 다면성을 담고 있는 내용물로서 경험된다. 우리가 경험하는 소통의 문화콘텐츠는 현실적인 실체로서 다양한 주제와 의미의 상징체계이면서, 동시에 도구이고 사물이다. 문화콘텐츠에는 사회적인 차원에서 그것이 그렇게 드러나고 수용되는 상황 내지는 목적이 담겨 있다. 그렇지만 우리는 이러한 점을 제대로 느끼지 못한다. 왜냐하면 그것은 미디어를 통해서 매개되는 경험이기 때문이다. 노르베르트 볼츠(Norbert Bolz)는 특히 디지털 미디어에 의해 매개된 현실에서 인간은 무감각하기까지 하다고 지적한다. 그에 의하면 디지털 미디어 현실에서 인간은 언어(text)에 기반을 두지 않는 합리성을 추구한다. 그저 매체 안에서 눈으로 디지털 미디어가 제공하는 세계를 그 이미지 안에서 파악하고자 한다. 디지털 미디어는 미디어가 만든 현실을 인간에게 주입하려는 특징이 있다.[37] 미디어는 단순한

---

37) 마샬 맥루한은 미디어가 인간의 현실과 역사를 구성해 왔다고 주장한다. 그는 인간의 감각비율과 지각패턴의 변화가 기술의 변화이고 이것이 경험의 변화와 인식의 변화를 불러왔다고 한다. 그래서 맥루한은 인간의 의지와 아무런 상관없이 미디어에 모든 것을 맡겼을 때 중추신경계가 마비되어 미디어의 노예가 될 수 있다고 경고했다. 『미디어의 이해』는 기술이 인간의 감각과 지각의 패턴을 바꾸고 이것이 다시 인간의 경험으로 이어져 인식을 결정한다는 내용을 다룬다. 마샬 맥루한, 『미디어의 이해』, 김성기·이한우 옮김, 민음사, 2009 참조.

매개적 도구가 아니다. 오히려 미디어는 단절과 마취에 가깝다.

현재 디지털 미디어가 구성하는 현실은 인간 경험의 확장이라는 이름 아래 벌어지는 의미도 방향성도 없는 정보의 밀물과 같다. 정보가 넘치는 현실 속에서 더 월등한 능력을 갖춰 더 잘 소통하려는 의도들이 덧붙여지면서 관심의 부하가 생겨난다. 경제학자이자 컴퓨터과학자인 허버트 사이먼(Herbert Alexander Simon)은 이러한 문제를 해결하기 위해 '관심관리(Attention Management)'가 필요하다고 말한다. 그는 정보 과잉과 관심 결핍이 의미의 구축으로 나타난다고 본다.[38] 이제 미디어의 소통은 인간을 단절하고 마취시키는 것이 아니라 인간에게 도움이 되는 인간적인 방향으로 전환되어야 한다. 정보와 같은 문화콘텐츠가 무한히 넘치는 미디어 공간에서 인간에게 필요한 은유를 생산해야 한다.

도미니크 볼통(Dominique Wolton)은 이러한 흐름 속에서 이제는 정보와 지식, 그것의 경험만으로는 부족하다고 말하며 문화적인 틀을 더 중요하게 취급해야 한다고 말한다. 불협화음과 갈등을 극복하기 위해 다른 문화에 더욱 주의를 기울여야 한다는 것이다. 이것이 문화적 다양성의 가장 큰 목적, 즉 정체성과 타자성 사이의 관계인 문화공존의 조직화이다.[39] 정보와 지식을 지금까지 힘과 경쟁의 척도로 보았다면, 앞으로는 협력과 공존의 척도로 보아야 한다. 문화콘텐츠가 한 개인의 경험을 넘어 사회적으로 가치 있고 원활한 소통을 만들게끔 여기에 맞는 다양한 경험적 요소 및 층위들

---

38) Herbert Alexander Simon, *Administrative Behavior*, 4th ed, New York, 2000, p.241.

39) 도미니크 볼통, 『불통의 시대 소통을 읽다』, 살림, 2011, 111쪽 참조.

을 논의해야 한다. 소통의 문화콘텐츠가 인류의 공통 기반인 문화적 생활세계의 지평을 확대할 수 있는 경험에 대해 진지한 논의를 펼쳐야 할 시점이다. 가장 먼저는 문화콘텐츠가 사회적 차원에서 문화적 배경을 통해 코드화, 탈코드화, 재코드화되는 과정과 방식을 주목해 볼 수 있다.

현실적으로 문화콘텐츠는 의미와 가치를 만들며 연속적으로 변화하는 내용물이면서도 동시에 과정이다. 이 과정에서 나타나는 차이들이 인간과 인간, 인간과 대상 사이에서 동질성과 이질성을 만들어 낸다. 따라서 문화콘텐츠는 고정체가 아니다. 다양한 가치와 의미의 변화를 만드는 매개물이고, 그것 자체가 변화하는 가치와 의미 체계라고 볼 수 있다. 그러므로 문화콘텐츠학에서는 가치와 의미를 만들고 변화의 토대가 되는 코드화, 탈코드화, 재코드화 방식과 과정을 주목해 볼 수 있다. 만약 소통의 문화콘텐츠를 몸·마음·정신·얼의 소통을 통해 의미와 가치가 코드화, 재코드화, 탈코드화되면서 인간과 대상 사이를 이어주는 경험의 과정과 내용물로서의 모든 것으로 볼 수 있다면, 문화콘텐츠가 기술과 산업 또는 매체로 환원되지 않고 현실에서 갖는 기능과 방향으로 그 관심이 모아질 수 있을 것이다.

4. 학문적 소통의 검증: 공지성(공론장) 그리고 검증 또는 반증 원리

어떤 특정한 학문[과학]이 학문임을 입증하기 위해서는 탐구하려는 연구 주제와 분야에 대한 확립과 그것을 다루는 방법론을 확정해야 한다. 아울러 이것들이 제대로 전개되고 있는지를 검토할 수 있는 검증방식을 제시해야 한다. 지금까지 소통학으로의 문화콘텐츠학을 정립하면서 학문의 주제와 방법에 대한 이야기는 많이 하였으니, 검증방식이 어떻게 진행되어야 하는지 대충의 방향과 윤곽에 대해 살펴보기로 하자.

싸이의 <강남스타일>이 2015년 6월 22억5천만의 조회 수를 기록했다고 한다. 많은 이의 심금을 울린 영화 <국제시장>은 관람객 수 1천4백만을 넘겨 역대 2위를 기록했다. 역대 1위의 기록은 관객 1천7백만이 든 2014년 개봉 영화 <명량>이다. 천만 이상의 사람들이 영화를 통해 소통하며 공감한 영화가 지금까지 12편이 있다고 한다. 이렇게 관객몰이에 성공한 영화를 '킬러콘텐츠'라고 부른다. 그것은 그야말로 소통과 공감에서 성공한 대표적인 사례이기도 하다. 위처럼 소통에 관해 많은 양적인 지표들이 활용되기도 한다. 사회과학의 등장으로 인해 학술계에서는 이런 통계, 즉 계량화가 주요한 현상에 대한 확인 방법으로 활용되고 있다. 커뮤니케이션학에서도 여론조사, 설문조사, 의견수렴 등 다양한 방법으로 소통과 공감의 정도를 측정하고 있다. 여기서는 소통학의 관점에서 다른 검증의 방식을 살펴보기로 하자.

1) 이성학문 또는 합리론의 검증 방안 : 공지성과 공론장

근대의 학자들은 자신들의 주장에 대해 어떤 소통방식을 택했고 그것이 어떤 식으로 검증되기를 바랐을까? 예를 들어 '근본적 회의'라는 방법론을 들고 나와 기존의 모든 원리와 원칙을 폐기한 데카르트는 어떤 방식으로 자신의 주장을 변론했고 그것에 대한 검증방법으로 무엇을 제안했는가?

근대 사유는 그리스도교의 신앙과 그때까지의 지식이 쓸모없다는 경험에서 출발했으며 새로운 방식으로 자신을 정당화하려고 시도했다. 근대 사유는 오직 반성 외에는 다른 어떤 것의 도움을 받지 않겠다는 각오로 시작한다. 이렇게 등장한 추상화 과정의 반성 형식이 근대의 프로그램이 된다. 데카르트에 의하면, 이성의 문화를 고안한다는 것은 먼저 자기 자신을 지배한다는 것을 뜻한다. 이제 모든 반성의 출발점은 주체로 옮겨진다. 전통문화 속의 공동체적 요소는 관습적인 커뮤니케이션 형태들과 더불어 근본적으로 거부되기에 이른다.[40] 이것이 데카르트가 이룩한 '개인의 발견'이다.

주체는 외부의 매개된 권위에서 벗어나 스스로의 힘으로 보편적인 의미와 타당성을 구축해내야 한다. 세계의 매개에 유용한 것을 스스로 설득력 있게 획득해야만 한다. 이렇게 근대정신은 이중부정을 통해, 즉 신체적 자기를 부정하고 사회집단 안에서 자신의 위치를 부정함으로써 자신의 성숙을 지향한다. 추상은 세계에 대해 '근대적인 합리적 태도를 취하라'는 새로운 요구를 정당화하는 방법론적인 명령이자 이상이다. 존재하는 것에 대한 방법적 회의는 감각의 세계를 파괴하고 역사적 전통을 부정한다.

---

40) 프랑크 하르트만, 『미디어 철학』, 이상엽 옮김, 북코리아 2008, 40쪽.

데카르트는 신체와 정신의 관계를 정보 전달의 문제로 보았다.[41] 신체적 지각은 매개된 인상이지만, 정신적 능력과 느낌[의지, 지각, 인식 등]은 내재적이기 때문에 매개 없이 직접 주어져 있는 것이다. 오직 순수한 합리적 사유만이 명석 판명한 생각을 보장하고, 사유하는 자아의 원리를 정당화한다. 따라서 인지적으로 확실한, 매개되지 않은 현실이 존재한다. 즉 순수 정신, 철학을 이끌어가는 순수 정신이 존재한다.

데카르트는 이성의 올바른 사용 방법을 공표하고 시험 삼아 자신의 미완성 저술들에서 그러한 방법론으로 과학을 수행했다. 이렇게 해서 그가 시도한 확실성의 추구는 성공하게 된다. 여기서 원칙으로 요구된 것은 훗날 칸트가 철학적으로 체계화한 인식론적 아프리오리(선험)와 다르지 않다. 달리 말해 경험에서 유래하지는 않지만, 그렇다고 경험의 틀을 넘어서지도 않는 하나의 확실한 지식이 존재하는 것이다. 기하학 형식과 수학공식, 자연법칙을 이러한 것들의 예로 들 수 있다. 이제 존재하는 것을 확실성의 영역 안으로 옮겨놓을 수 있게 되었다. 확실성의 경계 안에서의 이성적인 관찰과 논의를 다른 말로 공론장과 공지성이라 할 수 있다.

데카르트는 '인생의 짧음'과 이로부터 기인하는 '관찰의 부족함'으로 인해 인간의 지식이 일시적이고 불확실하다고 본다. "내가 생각하기에, 이 두 개의 방해물에 대항하기 위한 수단으로 공론장보다 더 나은 것은 없다."[42] 그는 거기에서 학문적 연구의 공지성을 보며 그런 요구 속에서 연구와 해석의 공동체 기본원칙들은 표현

41) 프랑크 하르트만, 앞의 책, 49쪽.
42) 앞의 책, 60쪽.

한다. 이런 의도 속에 그는 출판을 통해 주관적 인식 능력을 맥락화하는 담론문화를 추구하게 된다.

데카르트는 주권적이고 자립적인 저자로서 계몽된 시민 대중을 자신의 수신인이며 독자로 삼고 있다. 그는 학술적 권위의 틀로 그의 진술의 타당성 범위를 제한할 성직자들이나 스콜라학자들만을 수신인이며 독자로 생각한 것이 아니다. 그는 의식적으로 광범위한 대중을 위해 글을 썼는데, 그가 대중의 언어로 글을 썼다는 사실이 이를 증명한다. "내가 장차 내 스승의 언어인 라틴어가 아니라 내 나라 언어인 프랑스어로 글을 쓴다면, 이것은 완전히 순수한 자연적인 이성만을 사용하는 사람들이 예전의 지식만을 믿는 사람들보다 훨씬 잘 나의 의견을 판단할 것이라고 내가 희망하기 때문이다……."[43]

데카르트가 자신의 주장을 방어하는 능력을 믿었다고 한다면, 칸트는 진리를 정립하는 이성 능력이 [논증의] 공론장과 확고하게 결부되어 있다고 보았다. 계몽주의의 핵심적인 인식론적 물음은 "이성적 진리는 근본적으로 어떻게 구성될 수 있는가"이다. 그런데 이 물음은 그 자체로 이미 전통의 권위와 정전(正典)의 권력에 도전한다. 칸트가 이렇게 공지성을 절대적으로 지지하는 가운데 이성의 공적 사용을 요구하는 것은 자유로운 의견 표현의 권리를 요구하는 것과 결부된다고 볼 수 있다.[44] 칸트는 이성의 공적 사용이 학자들의 의견 표명 속에서, 다시 말해 자신들의 주장을 변론하며 학술적 지식을 보완해 가는 가운데 학문의 공지성을 형성해 간다고

43) 앞의 책, 62쪽.
44) 앞의 책, 89쪽.

보았다.

칸트는 이성의 공적 사용은 언제나 자유롭게 존재해야 하지만, 사적인 것에 대해서는 적당한 제한을 받아들일 수 있다고 생각했다. 그리고 이러한 제한이 계몽주의의 진보를 심각하게 방해하지는 않는다고 보았다. 그렇게 계몽주의는 인류의 집단적 진보의 관점 속에 나타나게 된다. 칸트에 의하면 이성의 공적 사용은 합리적 논증의 특성을 신뢰하는 조건 속에서, 그리고 지배적인 정치권력과의 밀접한 관계[이 경우는 프로이센의 프리드리히 2세] 속에서 보장된다고 하는데, 이것은 그가 속했던 시대적 상황에서 이해해야 할 부분이다.

칸트는 그의 글 <계몽이란 무엇인가?>에서 이렇게 말한다. “자신의 이성의 공적 사용은 언제나 자유로워야 한다. 오직 이것만이 인간들의 계몽을 실현할 수 있다. …… 그러나 내가 고유한 이성의 공적 사용으로 이해하고 있는 것은 누군가가 학자로서 자신의 독자 세계의 대중들 앞에서 이성을 사용하는 것이다.”[45]

칸트는 지식, 교육, 추상적 인식이 아니라 사회정치적인 갈등의 해결이 중요시되는 경우에는 시종일관 공지성을 공적인 권리의 초월적 원리로 제시했다. “다른 사람의 권리와 관련된 행위의 준칙이 공지성과 합치되지 않는다면, 어떤 행위이든지 간에 그 행위는 정당하지 않다.”(『영구평화론』)[46] 이러한 원칙은 권리와 정치를 제약한다. 공지성의 원리는 ‘이성존재’로 하여금 고립되어 행동하는 것이 아니라 자율적인 규칙을 따르는 사회정치적 담론 지평에서 행동하

---

45) 앞의 책, 90쪽.
46) 앞의 책, 92쪽.

도록 한다. 여기에 바로 시민적 주권성이 자리하는 것이다.

이성이 현실을 구성하는 힘으로서 중요시되는 경우 텍스트는 이성 관철의 결정적 미디어로서 독보적인 위치를 차지한다. 텍스트의 세계는 즉각적으로 존재의 새로운 질서를 보증한다. 다시 말해 텍스트의 세계는 이성을 구체적으로 실현함으로써 전통적인 정신의 권위와 관계를 끊는 형태이다. 텍스트의 세계는 계몽주의자의 사유에 의해 인위적으로 창조된 세계이고, 종교적인 계시 신앙이 감각과 이성의 협연에 기반을 둔 인식에 의해 대체된 세계이다. 감각과 이성의 협연에 기반을 둔 인식은 자율적으로 소유된다. 인간의 지식은 문화적으로 전승된 세계에서 생겨난다.[47)]

2) 경험과학의 검증 또는 반증 원리

이성의 학문이 아닌 경험의 학문을 주장하는 경험론학자들의 학문론, 방법론, 검증론은 당연히 경험에 초점이 맞추어져 있다. 경험철학의 아버지로 통하는 프랜시스 베이컨의 학문 방법론에 대한 논의는 그의 저서 『신기관(Novum Organum)』에서 펼쳐진다. 베이컨은 아리스토텔레스의 삼단논법을 중심으로 한 연역논리학을 근거 없는 사설이라고 폄하하였다. 그리고 아리스토텔레스의 『논리학(Organon)』을 대체하는 새로운 학문 방법론을 제시한다는 의미에서 자신의 저서에 "신기관"이라는 이름을 붙였다. 그는 이 책에서 "역사와 자료의 수집은 체계적으로 정리되어 궁극적으로 모든 자연현상을 포괄하는 질서 있는 공리체계를 세우는 데 사용되어야 한다"고 주장한다.

---

47) 앞의 책, 99쪽.

베이컨은 과학적 증명을 위한 자신의 고유한 방법으로서 귀납법을 제안한다. 베이컨은 실험과 관찰에서 얻은 사실로부터 일반적인 원리를 찾아내는 과학적 방법을 귀납법이라고 말한다. 그는 과학을 자연에 대한 수동적인 관찰이 아니라고 주장하면서, 우리가 행해야 하는 실험은 자연의 원리를 밝히기 위한 빛을 밝혀주는 실험이어야 하고, 또 원리가 작동하여 생산적인 결과를 낼 수 있는 열매를 맺는 실험이어야 한다고 주장한다.

<그림 53> 프랜시스 베이컨
(영국, 1561-1626)

이러한 경험철학의 주장을 이어받은 철학사조가 실증주의다. 실증주의는 어떤 사실이나 현상의 배후에 초월적인 존재나 형이상학적인 원인을 상정하는 것에 반대하고, 오직 경험적으로 주어진 사실에만 인식의 대상을 제한한다. 그리고 사실들 사이에 성립하는 관계들을 있는 그대로 관찰하여 그 자체로 해명하려고 한다. 이렇게 해서 실증주의는 근대 자연과학의 방법과 성과에 기초해 자연과학의 방법론을 물리적 세계만이 아니라 사회적·정신[심리]적·역사적 현상에까지 확대해 통일적으로 설명하려고 시도한다.

실증주의를 철학의 한 경향으로 자리 잡게 한 사람은 콩트(Auguste Comte)다. 콩트 사상의 가장 커다란 특징은 과학에 대한 신뢰이다. 그는 자연과학에서 사용되는 실증적 연구 방법이 인간과 사회 현상에 대한 탐구에도 적용될 수 있으며, 그래야 한다고 여겼다. 실증적 과학이 '형이상학적이며 오직 사물의 본질에만 주의를 기울이는' 철학을 대신해야 한다고 여겼으며, 과학의 방법을 인간 지식의 원천으로 인정하는 태도를 실증주의(Positivism)라고 이름했다. 콩트는 과학이란 수학에 기초한다고 파악하고, 천문학, 물리학, 화학 그리고 생물학으로 발전이 이루어지며, 사회학으로 귀결이 된다고 하였다.

<그림 54> 오귀스트 콩트
(프랑스, 1798-1857)

콩트의 사상은 이른바 '비엔나학파(Wiener Kreis)'라고 불리는 독일 실증주의 학파의 발달에 영향을 끼쳤다. 1920년대에 나타난 이들의 사상을 '신실증주의(Neo-Positivism)' 혹은 '논리실증주의(Logical Positivism)'라고 부른다. 이들은 형이상학을 거부하고 과학을 주창한 콩트의 입장을 계승하여 철학에서의 엄밀한 과학적 태도를 강조한다. 이들의 사상은 분석철학(Analytic Philosophy)의 발달에 영향을 끼쳤다. 이들은 "과학으로 풀 수 없는 수수께끼는 없다"며 과학지상주의를 외친다.

신실증주의의 대표주자는 루돌프 카르납[48]이다. 그는 비트겐슈

48) 카르납(Rudolf Carnap)은 논리실증주의 또는 신실증주의 학파의 대표적인 철학자이다. 그는 철학을 '과학의 논리학'으로 대체하려고 한다. 그에 의하면 과학의 논리학은 이상적인 언어, 즉 형식적이고 정확한 언어를 만드는 데에 공헌해야 한다.

타인 초기 사상의 영향을 받았다. 비트겐슈타인의 영향을 받은 사람들이 비엔나학파를 형성한다. 카르납이 주장한 방법론이 바로 그 유명한 '검증이론(Verifikationstheorie)'[49]이다. 그에 의하면 경험으로 검증될 수 있는 것만이 진리다. 그가 주장한 것 중의 하나가 검증원리다. 이것은 일종의 의미 비판에 대한 주장인데, 경험으로 검증되는 것만이 의미 있다는 주장이다.

카르납의 검증의 원리 주장에 대해 반기를 들며 반증의 원리를 주장한 사람이 있는데 그가 칼 포퍼다.[50] 칼 포퍼는 최초의 저서 『탐구의 논리』(1934)에서, 과학(지식)은 합리적인 가설의 제기와 그 반증[비판]을 통하여 시행착오적(試行錯誤的)으로 성장한다는 '비판적 합리주의'의 인식론을 제창하였다. 그 후 그는 이러한 기본사상을 바탕으로 사회과학론·역사론·인간론 등을 전개하였는데, '오류[실수]로부터 배움'으로써 진리에 접근한다는 그의 생각은 현대의 지성적 세계에 매우 폭넓은 영향을 미쳤다.

합리주의가 주장하는 이성은 크게 두 종류로 나뉠 수 있다. 하나는 좁은 의미로 우리의 감각 경험과는 구별되는, 개념적 인식을 수행할 수 있는 특수한 지적 능력을 가리킨다. 반면에 넓은 의미의 이성은 감각 경험을 포괄하는 일반적인 지적 능력을 의미한다.

---

49) '검증하다'를 뜻하는 'verification'은 라틴어 verum + facere 가 합성된 단어로서 '참인 것으로 만듦'을 의미한다. 참인 것으로 입증함을 뜻한다.

50) 칼 포퍼(Karl Raimund Popper)는 모든 학문(과학)에 통용되는 통합적인 탐구의 논리를 주창한 철학자이다. 따라서 그는 사회과학에 따로 할당된 방법론은 있을 수 없다고 주장하며 "인간은 오류로부터 배울 수 있다"라는 말을 했다. "검증"이란 라틴어 verificatio에 뿌리말을 두고 있다. "반증"은 falsificatio를 우리말로 옮긴 것이다. 하나는 진리인 것을 증명하여야 함을 강조하고, 또 하나는 거짓인 것을 증명하여야 함을 강조한다.

좁은 의미의 이성은 경험의 한계를 넘어 진리를 파악하거나 그것으로부터 추가적인 결론을 도출해내려고 한다. 좁은 의미의 이성을 주장하는 철학자들 — 데카르트와 같은 합리론자들 — 은 인간이 이성의 힘으로 명석하고 판명한 관념을 가질 수 있으며, 이를 통해 사물의 본질을 통찰할 수 있다고 생각한다. 이들은 특히 신의 존재나 의지의 자유, 영혼의 불멸성 등을 이성적 논증을 통해 증명할 수 있다고 생각한다. 그리고 이런 이성의 권능은 완전무결하므로 추호의 의심도 없는 절대적 진리를 확립할 수 있다고 믿는다. 이런 이성을 주장하는 입장을 사람들은 절대적 합리주의나 독단적 합리주의라 부른다.

이와는 다르게 넓은 의미의 이성은 기본적으로 근거 있는 신념을 확립하고자 하는 지적 능력으로 이해될 수 있다. 이때의 이성은 참된 신념과 거짓된 신념을 합당한 근거에 의해 구별할 수 있는 능력이다. 따라서 이 이성은 맹목적인 신념이나 권위와 대립된다. 인간은 때로 편견이나 미신에 사로잡혀 혹은 권위에 맹목적으로 복종함으로써 아무런 근거 없는 신념을 가질 수도 있는데, 이것은 이성[합리]적 태도가 아니다.

이성[합리]적 태도란 어떤 신념을 그 나름의 합당한 근거가 있을 때만 받아들이는 태도이다. 이런 관점에서 보면 과학이란 이성[합리]적 활동의 과정이며 그 결과라고 할 수 있다. 그렇다고 이런 이성이 절대적으로 확실한 진리를 확립할 수 있는 것은 아니다. 확립된 지식체계는 언제나 비판의 대상이 되며, 새로운 탐구의 길은 어느 때든 열려 있다. 비판적 합리주의는 이런 넓은 의미의 이성에 기

반을 두고 있다.[51)]

포퍼의 '실제론적·합리론적' 입장의 장점은 그것이 과학 내에서의 가설과 이론의 중요성을 인정하고, 과학적 지식 변화의 중요성을 인정한다는 점이다. 따라서 그것은 또한 학문이 언제나 비판에 열려 있어야 한다고 강조한다. 이러한 입장 때문에 그의 학문적 노선은 '비판적 합리주의'라고 불리기도 한다. 그러나 포퍼와 그의 추종자들이 이러한 방법론을 자연과학이 아닌 사회과학을 포함해 모든 과학에 적용되어야 한다고 주장하는 바람에 사회과학의 방법론 논쟁이 펼쳐지게 된다.

3) 소통학의 검증 방안 : 이해[관용], 공존, 상생, 공감

간략하게 다양한 철학사조의 학문[과학] 검증 방법을 살펴보면서 얻을 수 있는 결론은 다음과 같다.

검증 방법은 학문의 연구 주제[대상론]와 방법론과 밀접하게 연관되어 있다. 연구 주제를 경험 이전의 선험적 원리와 원칙을 탐구하는 것으로 잡는 이성학문의 경우는 인간의 보편적 이성 능력이 주제에 대해 소통할 수 있는 창구이다. 인간 이성이 참과 거짓, 옳고 그름을 판단할 수 있기 때문에 학자들의 연구 성과물에 대해 이성적 논의[공론장]를 거쳐 보편적인 지식을 축적하고 확장해서 공지성을 확보해나갈 수 있다. 이렇게 인류는 개인으로서는 수행하기 어려운 계몽을 집단으로 실천해나가며 진보하고 진화할 수 있다.

그러나 경험론 학자들에게는 이러한 학문론과 방법론 그리고 그

---

51) 이한구, 『지식의 성장』, 살림출판사, 2004 참조.

검증방식은 근거가 제시될 수 없는 꿈같은 이야기들일 뿐이다. 경험을 자연에 대한 유일한 통로로 인정하고 있는 경험론 학자들에게 이성은 상상이나 환상에 가까운 주제들을 떠벌이고 있는 셈이다. 경험론자들은 과학의 주제를 우리의 감각적 경험이 확인할 수 있는 것에 한정하기를 바란다. 그래서 이들은 경험으로 검증될 수 있는 지식만을 인정한다. 이러한 인간의 인식 능력을 경험론자들은 이성(Reason, ratio)이 아닌 지성(Understanding)이라 이름하기를 원한다. 이로써 이성이냐 지성이냐 하는 인식 능력을 둘러싼 논쟁이 벌어지고, 그 성과물인 학문적 성과물의 검증방식에 대한 논쟁도 펼쳐진다. 검증에 대한 논쟁이 전개되면서 다시금 과학[학문]론에 대한 논의도 불이 붙는다. 과학은 결국 사실[사태]에 바탕을 두고 있는 근거가 제시된 명제들의 체계다. 과학적 명제가 어떠해야 하는가에 관한 근본적인 논쟁들이 재개된다. 실증주의자들은 감각적 경험으로 검증 가능한 명제들만이 참이고, 따라서 과학적 명제들은 이렇게 검증된 참인 명제의 전체[합]이다. 여기에 포퍼 계열의 학자들이 반기를 든다. 이들은 과학의 명제들이 구체적인 개별 사실[사태]에 대한 단칭명제가 아니라 동일한 종류의 모든 개별 사례들을 포괄하는 보편적인 전칭명제임에 주목한다. 과학의 귀납법은 몇 개의 사례를 관찰한 뒤 거기에서부터 보편적인 원리들을 추론해낸다. 실재하는 모든 사례를 다 관찰하며 검증할 수는 없다. 과학은 검증원리를 갖고서는 한 발짝도 뗄 수 없다. 반증의 사례가 없다면 일단 그 가설은 받아들일 수 있는 것으로 간주하고 연구를 진행하자는 것이 반증론자들의 주장이다.

의미 비판에서 시작된 검증/반증의 논쟁은 결국 어떤 사안에 대해 절대적으로 확신할 수 있는 의미를 보증해주는 비판 기준은 없다는 결론에 이른다. 의미는 상대적이다. 이성과 지성의 영역에서도 모두가 인정하는 절대적 또는 보편적 의미[진리]가 없다면 그 영역을 벗어난다는 감성과 영성의 영역에서는 말할 것도 없다. 감성의 영역에서는 무엇보다도 공감능력이 중요하다. 그러면 영성의 차원인 종교에서는 어떠한가? 지금 지구촌에서 벌어지는 국지전쟁, 테러와 반테러의 악순환은 종교적인 갈등에서 빚어지고 있다. 경전과 교리를 둘러싼 싸움에 경전과 교리가 판관이 될 수 없다. 신의 이름으로 벌어지는 싸움에 다른 대안이 있을 수 없다. 여기에서는 차이와 다름을 인정하고 받아들이는 이해와 관용, 공존과 상생이 대안이 될 수밖에 없다.

종교다원주의 시대를 살고 있는 현대인들에게는 이성과 지성, 감성과 영성 어느 한 쪽만을 절대적인 것으로 내세우는 소통의 방식은 위험하다. 이 넷의 통합적 소통을 계발해서 새로운 시대에 걸맞은 소통의 문화를 이룩해야 한다. 첨단 미디어의 발달로 인해 미디어가 현실을 규정하는 시대의 흐름도 현실을 소통의 관점에서 새롭게 고찰할 것을 요구하고 있다. 소통의 관점에서 학문론, 방법론, 검증론을 새롭게 자리매김해야 할 시점이다.

제11장

소통학으로서 문화콘텐츠학 자리매김 시도

문화콘텐츠학의 학문적 체계를 정립하기 위해서는 학문으로서 문화콘텐츠학이 '왜 필요한 것인지', '무엇을 다루어야 하는지', '어떻게 다루어야 하는지'에 대한 논의가 필요하다. 궁극적으로 이러한 논의가 지속해서 이어질 때 학문적 정체성이 제대로 확립될 수 있다.

1. 목적론 : 학문적 필요성과 문화적 실천

1) 소통의 문화콘텐츠학의 학문적 필요성

목적론은 왜 학문이 필요한 것인지에 대한 물음이다. 따라서 소통의 문화콘텐츠학의 목적론은 학문으로서 문화콘텐츠학이 '왜 필요한 것인가'에 대한 물음이고, 학문이 추구해야 할 방향에 대한 탐색이다. 여기에 대한 물음은 학문적 문제와 현실적 문제에서 다양하게 제기되는 상황들을 구분하여 접근할 수 있다.

소통의 문화콘텐츠학의 학문적 체계에 대한 학문적 요구와 현실적 요구를 충족할 수 있도록 목적론을 전개할 필요가 있다. 우선 소통의 문화콘텐츠학의 학문적 필요성은 근대 학문 체계가 가지고 있는 취약성과 한계에 대한 반성으로부터 출발할 수 있다. 근대 학문의 체계는 세계를 쪼개고 쪼개면서 미시적으로 연구 대상에 접근해 간다. 문화도 마찬가지다. 문화를 세계적인 범위에서 총괄하여 논의하지 않고 분할하고, 차등화하고, 대립되게 만들어 접근한다.

조동일은 문화 연구와 관련하여 대학이 문화를 세부 영역으로 나누고 다시 국적에 따라 갈라 놓고는 문화에 대한 총체적이고 거시적인 이해를 학문의 소관이 아닌 것으로 여겨 그저 기본적인 상식 수준에서만 논의하며, 대중적인 관심사로만 삼고 있다고 비판한다. 특히 선진국이라고 하는 나라들도 그들의 문화가 세계적인 가치를 가지고 다른 나라에 널리 받아들여져 세계를 단일화해야 한다고 믿어, 그들의 문화학을 넘어선 세계의 문화학을 만들어야 할 필요가 없다고 여겼다.[1] 따라서 학문적으로 문화에 대한 이해가 근대적 사고의 틀, 즉 유럽 선진국 중심의 제국주의적 발상에 갇혀 있기에 근대의 학문적 방법과 개념을 빌려다 그대로 쓸 수밖에 없는 상황이다.

이제는 다른 여러 지역의 다양한 문화를 아울러서 논의하는 학문적 체계가 필요하다. 한국 문화는 물론, 동아시아 문화, 아프리카 문화, 유럽 문화, 남미 문화 등을 포괄하는 새로운 문화학이 마련되어야 한다. 근대적 학문 체계가 가지고 있는 대안으로 포괄적이고 수평적이고 조화를 이루는 문화를 위한 새로운 기본 원리들이 제시되어야 한다.

소통의 문화콘텐츠학은 특히 문화와 밀접하다. 문화에 관한, 문화를 위한 학문적 성격을 갖는다. 따라서 소통의 문화콘텐츠학 방

---

1) 조동일, 『인문학문의 사명』, 서울대학교출판부, 1997, 84쪽 참조.

법론은 근대 학문의 방법론적 한계와 문화제국주의적 발상의 한계를 뛰어넘을 수 있는 논리를 바탕으로 그 체계를 구성해야 한다. 소통의 문화콘텐츠학 연구는 새로운 시대에 희망을 주는 학문의 패러다임을 제시하면서 기존의 학문이 가지고 있는 한계를 극복해야 한다. 이를 위해서는 소통의 문화콘텐츠학을 이루는 이념과 방향이라 할 수 있는 '소통'에 대한 학문적 의미가 분명해져야 한다. 소통의 문화콘텐츠학과 커뮤니케이션학의 차이를 비교하여 소통의 문화콘텐츠학의 학문적 의미를 살펴볼 필요가 있다. 왜냐하면 커뮤니케이션학(communication science)이 이미 '소통(communication)'에 관한 학문적 사유와 실천을 제공하고 있어, 소통의 문화콘텐츠학이 또다시 소통(疏通)을 연구해야 한다는 주장에 반론이 제기될 수도 있기 때문이다.

소통의 문화콘텐츠학과 커뮤니케이션학은 동일하거나 유사한 학문으로 보일 수 있다. 그러나 이것은 커뮤니케이션학에서 연구하는 'communication'과 문화콘텐츠학에서 연구하는 '소통(疏通)'을 동일하게 보는 것에 기인한다. 'communication'과 '소통'이 모두 사전적으로 '막힘없이 통함'이라는 뜻을 가지고 있어 의미가 동일한 것으로 볼 수도 있다. 용어에 대한 사전 풀이를 통해서 본다면 'communication'을 연구하는 커뮤니케이션학과 '소통'을 연구하는 소통의 문화콘텐츠학이 같은 학문이 아니냐고 반문할 수도 있다. 그러나 학문의 이념, 방향, 대상, 방법, 체계 등 학문의 사유와 실천의 목적, 대상, 방법이 전혀 다르다면 동일한 학문이라 말할 수는 없을 것이다.

커뮤니케이션학과 문화콘텐츠학에서 쓰고 있는 'communication'과 '소통'은 본질적으로 구분된다. 이것은 커뮤니케이션학이 전개되어 온 맥락 속에서 학문을 이루는 관점과 기능을 자세히 살펴보면서 확인할 수 있다. 존 피스크(John Fiske)는 커뮤니케이션을 문화 생존의 핵심이라고 말하면서 서구 커뮤니케이션학의 역사가 크게 두 가지 흐름으로 전개되었다고 주장한다.

첫 번째 연구 흐름의 커뮤니케이션학은 'communication'을 '메시지의 전달(transmission of messages)'로 인식한다. 이 입장은 송신자와 수신자가 어떠한 방식으로 메시지를 부호화하고 해독하는지, 또 전달자는 커뮤니케이션의 채널 및 미디어를 어떠한 방식으로 이용하는지에 관심을 둔다. 주로 커뮤니케이션의 효율성과 정확성의 문제에 관심이 있다. 이러한 입장은 커뮤니케이션을 어떤 사람이 다른 사람의 행동이나 정신에 영향을 미치는 하나의 과정으로 정의한다. 송신자가 의도한 것과 다른 효과가 나타났거나 의도한 만큼의 효과를 얻지 못했을 때 커뮤니케이션이 실패한 것으로 표현한다. 실패가 일어난 이유를 분석하기 위해 커뮤니케이션 과정의 각 단계를 고찰하게 된다. 존 피스크는 이러한 연구 경향을 보이는 입장을 '과정학파(process school)'라고 불렀다. 다른 연구 흐름의 커뮤니케이션학은 커뮤니케이션을 의미의 생산과 교환(production and exchange of meanings)이라고 본다. 이 입장은 메시지 혹은 텍스트가 의미를 만들어내기 위해서 어떻게 사람들과 상호작용을 하는지에 주목한다. 즉, 우리 문화 안에서 커뮤니케이션 텍스트가 어떤 역할을 하는지에 관심을 둔다. 이 입장은 의미 작용(signification)과 같은 용어를 사용하며, 오해가 발생한 상황을 반드시 커뮤니케이션 실패로 간주하지 않는다. 이유는 그 오해가 송신자와 수신자 사이의 문화적 차이에 기인할 수도 있기 때문이다. 이 관점의 커뮤니케이션은 텍스트 연구와 문화 연구를 의미하며, 주요한 연구 방법은 기호학이다. 존 피스크는 이러한 연구 경향을 '기호학파(semiotics school)'라고 불렀다.[2] 이러한 커뮤니케이션 연구의 두 가지 경향에서 과정학파는 사회과학, 특히 심리학과 사회학에서 체계화되었고, 커뮤니케이션 행위(act)를 중점적으로 연구하는 경향이 있다. 반면 기호학파는 언어학과 예술 분야에서 체계화되었고, 커뮤니케이션의 결과물(work)을 중점적으로 연구한다.[3]

존 피스크가 설명한 커뮤니케이션학의 연구 흐름을 엠 그리핀(Em Griffin)은 보다 세분된 연구 지형으로 설명한다. 그가 연구한 커뮤니케이션 이론의 지형을 보면 커뮤니케이션 연구는 사회심리학적 연구 전통, 사이버네틱스 연구 전통, 수사학적 연구 전통, 기호학적 연구 전통, 사회문화적 연구 전통, 비판적 연구 전통, 현상학적 연구 전통으로 구분될 수 있다.

사회심리학적 연구 전통은 '어떤 사람을 변화시키기 위해 우리가 무엇을 할 수 있는가?'라는 물음을 통해 타인에 대한 영향으로서 커뮤니케이션에 접근하는 연구 전통이다. 사이버네틱스 연구 전통은 '어떻게 하면 원래의 정보를 잡음에 의한 손상을 받지 않고 수신자에게 그대로 전달할 수 있을까?'라는 물음을 통해 '정보' 그 자체를 궁극의 가치로 보고 정보처리 과정으로의 커뮤니케이션에 접근하는 전통이다. 수사학적 연구 전통은 발화자가 '어떻게 하면

2) 존 피스크, 『커뮤니케이션학이란 무엇인가』, 강태완·김선남 옮김, 커뮤니케이션북스, 2001, 23쪽.

3) 존 피스크, 앞의 책, 24쪽.

자신의 의도대로 공중의 행위를 끌어낼 수 있을까?'라는 물음을 통해 상대의 감정을 움직여 설득할 방법을 모색한다. 즉, 기교 있는 공중 연설로서의 커뮤니케이션에 접근한다. 기호학적 연구 전통은 비언어적 표상과 이미지에 관심을 갖고 '어떤 이데올로기적 의미를 내포하고 있을까?'라는 물음을 통해 기호가 의미를 매개하고 더 나아가 창출하는 방식에 관심을 갖는다. 사회문화적 연구 전통은 언어의 상대성에 기반을 두고 커뮤니케이션 과정을 통해 문화가 생산되거나 재생산된다고 본다. 사회적 실재를 창조하는 커뮤니케이션을 통해 '어떻게 문화적 격차가 생산되는가?'에 관심을 둔다. 비판적 연구 전통은 이전의 모든 역사가 고통의 불공평한 분배로 특징지어졌다고 보고 '커뮤니케이션이 어떻게 억압에 대한 민감성을 둔화시키면서 계급 간 불평등한 현실을 재생산하는가?'에 관심을 가지고 있다. 불공정한 담론에 대한 성찰적 기능으로서 커뮤니케이션에 접근하는 것이다. 마지막으로 현상적 연구 전통이 있다. 자신의 주관적 경험에 관한 사람들의 해석을 강조하면서 상대가 '진정 원하는 것은 무엇인가?'라는 물음을 통해 조건 없이 타인에게 다가가 진정으로 이해하고자 한다. 커뮤니케이션을 자아와 타자에 대한 경험으로 이해한다.[4] 이처럼 커뮤니케이션학의 연구 전통은 연구자들의 관점과 접근 방식에 따라 여러 흐름으로 전개되고 있다. 그리고 그 연구 경향은 커뮤니케이션의 본질을 무엇으로 보는가에 따라 근본적으로 다르게 형성됨을 알 수 있다. 이렇게 커뮤니케이션의 본질을 다양하게 파악할 수 있는 것은 우리가 그만큼 커

4) 엠 그리핀, 『커뮤니케이션 이론』, 김동윤 옮김, 커뮤니케이션북스, 2009, 31~49쪽.

뮤니케이션이라는 과정을 통해서 다양한 활동을 하기 때문이다.

존 피스크와 엠 그리핀의 내용을 종합해보면, 커뮤니케이션학은 다음과 같은 특징을 가지고 있다. 가장 먼저 커뮤니케이션학은 메시지를 통한 상호작용을 연구하는 학문이다. 여기에서는 '메시지'와 '커뮤니케이션'을 어떻게 규정하느냐가 학문의 성격을 규정하므로, 메시지와 커뮤니케이션을 어떻게 인식하고 있는지를 파악하는 것이 필요하다.

서구의 커뮤니케이션학에서 인식하고 있는 'communication'은 '의견(message)'의 전달과 이것에 관련된 활동으로서의 의사소통(意思疏通)을 말한다.[5] 의견이 메시지이고, 의견을 주고받는 것이 커뮤니케이션이다. 의견을 주고받는 과정과 결과를 연구하는 것이 서구 커뮤니케이션학(communication science) 지적 체계의 전통이다. 여기에서 의견은 논리적인 견해, 제안, 관점, 생각 등을 이성적으로 구성한 내용을 말한다. 내용이 논리적이어야만 더욱 설득력이 있

5) "커뮤니케이션(communication)은 한국사회에서 이미 외래어로 정착된 단어이다. 다른 나라말이었던 것이 국어처럼 쓰인다는 뜻으로, 그만큼 일상화된 표현이라 할 수 있다. 이를 달리 부를 만한 용어를 찾기 어려울 정도다. 하지만 이를 풀어 설명하다 보면, '의사소통(意思疏通)'이라는 간단한 대체 어구로 귀착된다. … 현대 커뮤니케이션 학문 분야를 이끌고 있는 학자 중 대표적 주자인 맥퀘일(McQuail)은 커뮤니케이션을 '의미의 주고받음' 또는 '메시지의 전달과 수용'이라고 풀이한다. 발화자(發話者), 발화자가 생성한 정보, 정보가 이동하는 통로, 통로를 통해 발화자의 정보를 받아들이는 수신자(受信者)가 커뮤니케이션을 구성하는 주요 인자가 된다. … 국립국어원 표준어사전에서도 커뮤니케이션을 '사람들끼리 서로 생각, 느낌 따위의 정보를 주고받는 일로서 말이나 글, 그 밖의 소리, 표정, 몸짓 따위로 이루어진다'고 설명하고 있다. 표준어사전은 이를 '의사소통' 등으로 순화할 수 있다고 덧붙인다." 이건호·최윤정 외, 『커뮤니케이션과 사회』, 이화출판, 2013, 17~18쪽.

게 상대방을 이해시켜서 행동에 변화를 줄 수 있기 때문이다.[6)]

<그림 55> 위르겐 하버마스(독일, 1929)

그렇다면 왜 소통에서 이성을 강조하는가? 위르겐 하버마스(Jürgen Habermas)는 소통에서 이성을 강조하는 것은 서구의 근대성과 깊은 관계가 있다고 본다. 근대성은 소통을 관리·통제하여 완전한 관리사회를 구현할 수 있다는 생각이다. 의사소통의 이성적 판단이 의견통합(consensus) 쪽으로 가야만 사회가 안정될 수 있기 때문이다. 그러나 반대로 이것이 이데올로기적으로 무장된 체계적 판단에 대한 대화를 위축시킨다는 문제가 있다. 하버마스도 인정하고 있듯이 미디어 현실에서 체계에 의존한 소통은 개인과 사회의 가치를 축소시킬 수 있다. 따라서 체계에 대한 무리한 의존보다는 내향적 심성의 발견과 잘 알려진 전통과 문화를 찾아내 개인은 물론 소수가 생활세계에 함께 공존할 수 있는 지혜를 모색해야 한다.[7)] 이성에만 권위를 부여하여 이성을 도구로 무엇인가를 포섭하려고 하는 것은 21세기가 원하는 소통이 아니다. 도구적 이성을 추종하는 커뮤니케이션학에 대

---

6) 커뮤니케이션학에서는 'communication'을 '누군가가 다른 사람에게 의견이나 생각을 전달하는 것'이라고 말한다. 그렇기 때문에 해럴드 라스웰(Harold Lasswell)은 커뮤니케이션을 통해 메시지를 전달하는 송신자가 효과적으로 수신자의 반응과 행동을 이끌어 내는 것에 주목했다. 커뮤니케이션학에서는 타인을 '나'의 의도와 목적을 위해서 이끌고 오는 것에 관심을 갖는다. 이상훈·김요한, 『커뮤니케이션의 이해와 활용』, 삼인, 2013, 15~17쪽 참조.

7) 조맹기, 『현대 커뮤니케이션 사상사』, 나남, 2009, 141~143쪽 참조.

안이 될 수 있는 새로운 방법을 마련해야 한다.[8)]

그러나 앞에서도 정리했듯 소통의 문화콘텐츠는 의견을 전달하는 기능만 가지고 있는 것은 아니다. 논리에 근거한 의견이 견해, 제안, 관점, 생각 등을 이성적으로 정확히 표현하여 상대방을 이해시키고 설득하여 행동에 변화를 주는 것에 목적을 두고 있다고 한다면, 소통의 문화콘텐츠는 의견을 포함한 여러 의미를 경험하는 가운데 상호 공감하는 것에 목적이 있다. 소통이 이성으로만 가능한 것도 아니고, 이성이 소통을 보장하는 것도 아니다. 오늘날 인류가 이성은 물론 감성, 지성, 영성과 같이 상호 공감의 배경이 되는 모든 소통의 차원들을 통해 관계를 맺고 있고 맺을 수 있다면, 소통은 커뮤니케이션학에서 말하는 메시지의 전달 동기와 효력성을 넘어서서 사고하는 것을 필요로 한다.

소통의 문화콘텐츠학에서의 소통은 내 의견(message)을 먼저 갖추고 나서 타인을 나에게 불러와 그 내용을 전달하는 것이 아니라, 먼저 타인에게 다가가서 그의 처지와 나의 입장을 함께 고려하면서 공유할 내용을 만들고 이를 통해 교감하려는 목적을 갖는다. 소통의 문화콘텐츠학은 소통을 도구로 보지 않고 목표로 본다. 인간과 인간 사이에서 몸, 마음, 정신, 얼이 서로 원만히 소통할 때 제대로 관계를 맺고 행복을 느끼게 된다면, 소통은 그 자체가 목적이 될 수 있다. 따라서 문화적 삶의 현실에서의 소통은 의견을 포함하여 더 넓은 차원의 소통을 가능하게 열어 놓는 것에 관심을 기울일

8) 최봉영과 구연상은 생각을 넘어 느낌, 기분, 심금을 울리는 사무침까지 포괄하여 다양한 차원의 인간소통을 분석한다. 최봉영, 『한국인에게 나는 누구인가』, 지식산업사, 2012 참조; 구연상, 「글쓰기의 목적과 사무침」, 『철학과 문화』제17집, 철학과문화연구소, 2008 참조.

수 있다. 이것이 소통을 화두로 삼는 문화콘텐츠학과 의사소통을 연구하는 커뮤니케이션학의 차이라고 말할 수 있다.

소통의 문화콘텐츠학은 문화콘텐츠를 경험의 인식 과정에서 분석한 것과 같이 몸, 마음, 정신, 얼이 복합적으로 작용하는 가운데 감성, 지성, 이성, 영성의 차원까지 고려한다. 우리가 콘텐츠를 통해 몸으로 재미와 흥을 느끼고, 마음으로 울고 웃으며, 정신과 얼로 그동안 생각하지 못했던 것에 사무치고 때때로 깨우칠 수 있는 것이 바로 소통의 문화콘텐츠 경험의 인식 과정이 이미 다양한 차원의 소통에 걸쳐 있다는 점을 보여준다. 소통의 문화콘텐츠학은 몸, 마음, 정신, 얼은 물론 그 밖에 인간이 관계 맺고 소통할 때 고려되어야 할 다양한 차원에 관심을 기울인다. 그동안 서양의 커뮤니케이션학에서 고려하지 않았던 감성, 지성, 영성의 영역까지 소통의 문화콘텐츠를 통해 분석하고 실천적으로 구성할 수 있는 방법을 탐색해 보자는 것이 소통의 문화콘텐츠학에서 추구하는 하나의 목표다.

현재 서양의 사상에 뿌리를 둔 커뮤니케이션학은 다른 문화권의 사람들이 왜 한류에 반응하고 호응하는지 그 현상을 제대로 설명하지 못한다. 그러나 더 중요한 문제는 커뮤니케이션학이 문화적 다양성을 유지하고 확대하기 위한 문화디자인의 방법을 제시하지 못한다는 것이다. 인류는 문화를 디자인하는 방식에 따라 삶의 방향이 달라진다. 따라서 문화적인 반성과 성찰에 기초하여 자연과 문화, 인간과 생명, 몸과 마음 등이 상호 조화를 이루고 공존할 수 있도록 새로운 학문을 현실에 맞게 마련해야 한다.[9]

---

9) 최봉영, 「21세기와 문화 디자인」, 『문화와 사람』 제2호, 한국문화심리학회,

앞서 소통의 문화콘텐츠학의 학문적 의미를 커뮤니케이션학과 비교하여 설명했지만, 그렇다고 이것의 의의가 타 학문들과 구별되는 변별점으로만 획득되는 것은 아니다. 커뮤니케이션학이 역사적 변천 과정에서도 문화적 실천의 가능성을 모색하기 위해 방법론적인 노력을 기울이고 있는 것처럼 소통의 문화콘텐츠학의 학문적 의의도 방법으로서의 연구, 역사로서의 연구, 실천으로서의 연구를 지속해서 수행하는 것으로부터 얻어질 수 있다. 소통의 문화콘텐츠학 연구도 그 체계에 적절한 학문적인 접근 방법이 필요하다.

2) 소통의 문화콘텐츠학의 문화적 실천

학문이 펼쳐지는 삶의 문화는 더 이상 어떠한 산물도 결과도 아니다. 소통의 문화콘텐츠학에서의 문화는 실천의 공간이다. 공존이 인류의 생존 조건이 된 지구촌 시대에는 문화적 실천을 뒷받침할 수 있는 학문이 절실히 필요하다. 문화콘텐츠학은 소통을 학문의 이념으로 삼아 학문과 학문, 학문과 실천의 사이를 매개하고 통합할 수 있는 학문적 수단이다. 실제적으로는 공간적 거리가 점점 무색해지는 세계를 소통의 관점에서 총괄하여 논의하는 것이 소통의 문화콘텐츠학이다. 이미 인문학, 사회과학, 기술공학, 예술학의 각 학문 영역들이 문화콘텐츠에 대한 관련 연구들을 진행하고 있으며, 지구적 차원에서 문화콘텐츠를 매개로 하는 수많은 행위가 벌어지고 있다. 문화를 총체적이고 거시적으로 이해하고 실천할 수 있는 학문이 요구될 수박에 없다.

소통의 문화콘텐츠학은 문화적인 실천으로 문화적인 어울림을

2000, 44~46쪽 참조.

만들기 위한 소통의 논리와 방법을 갖추고 인류의 공존에 도움을 준다. 그런데 이것은 우리의 문화를 깊이 이해하는 데서 시작할 수 있다. 소통의 출발은 나를 먼저 알아야 가능하기 때문이다. 그다음으로 동아시아 문화, 아시아 문화, 그 밖의 제3세계 문화, 유럽문화로 넓혀가면서 관계를 확장할 수 있다. 소통은 근본적으로 미디어를 통한 소통이다. 특히 디지털 미디어를 통한 소통은 그 과정에서 주고받는 내용이 참인지 거짓인지를 먼저 따지기보다는 그 과정 자체에서 느끼는 만족과 행복을 더 중시하는 경향이 있다. 문화콘텐츠가 지시하는 사물, 사건, 사태가 무엇인가에 대한 내용보다는 얼마나 빨리 필요한 내용을 얻을 수 있는가를 더 중시한다.[10] 그러나 우리가 더 잘 이해하고, 생각하고, 깨닫기 위해서는 소통의 내용이 맥락적 상황 속에서 지시하고 있는 사물, 사건, 사태가 무엇인지 제대로 알아야만 한다. 소통의 오해와 왜곡으로 인한 불통은 문화콘텐츠가 지시하고 있는 사물, 사건, 사태에 대한 몰이해 또는 그것에 대한 앎의 차이에서 오기 때문이다.

이처럼 소통의 문화콘텐츠학의 목적은 우선적으로 막힘없이 인간, 문화, 미디어를 두루 통하게 하여 모든 것과 서로 상통(相通)하는 데 있다. 이를 통해 소통은 복잡한 사회에서 자신의 정체성을 만들어가며 다양한 존재들과 어울려 문화적 공존을 이루고자 한

---

10) 니콜라스 카는 특히 웹에서 인간은 정보를 수집하는 데만 급급한 나머지 그 정보에 정신을 집중하고 새로운 창의력을 발휘할 여지가 없다고 주장한다. 그에 의하면 인터넷에서 글 읽는 방식에 대한 연구가 진행됐는데 그 결과 사람들은 'F' 패턴으로 읽는 경향이 드러냈다. 즉 화면에 새로운 정보가 뜨면 첫 두어 줄만 읽고 아래로 내려와 중간을 대충 훑고 페이지 밑바닥까지 내려온다는 것이다. 니콜라스 카, 『생각하지 않는 사람들』, 청림출판, 2011 참조.

다. 오늘날 인간의 정체성은 역사적으로 전승된 것으로만 고정되어 있는 것이 아니라, 다양한 대상과 관계 맺음을 통해 과정적으로 만들어진다. 소통의 문화콘텐츠학은 다양한 존재의 소리에 귀를 기울여 그들과 함께 삶의 의미와 방향을 찾는 데 도움을 줄 수 있어야 한다. 사람과 사람의 소통만을 문제로 보는 것이 아니라 사람과 자연의 소통에도 관심을 갖고 접근할 필요가 있다. 관계가 날로 중요해지는 현실에서 이제는 거의 모든 요소가 인간의 문화와 분리하여 생각할 수 없게 되었기 때문이다. 문화콘텐츠가 물리적·인지적·언표적·직관적 소통으로 경험된다고 보면 소통의 의도는 직접적으로 드러나 있지 않은, 보이지 않는 차원으로 감추어져 있다. 정보의 소통이 속도, 양, 정확성에 기준을 두는 것에 비해 문화콘텐츠의 소통은 경험, 이해, 관계의 확장에 기준을 둔다. 따라서 문화콘텐츠의 의도는 보이지 않는 차원에서 경험하고, 이해하고, 공유하고, 공감하고, 공존하기 위한 삶의 실천이다.

소통의 목적은 삶의 문제를 직시하고 해결하려는 대안적인 행동이다. 임대근은 21세기의 문제들이 환경-문화-기술의 관계에서 벌어진다고 보았다. '문화'는 목적으로서의 '환경'과 수단으로서의 '기술' 사이에 위치하여 환경적인 인간(homo oecologicus)과 기술적인 인간(homo technicus)의 이중적인 속성을 내포한다. 그러나 이 관계가 전도되어 목적으로서의 환경이 수단으로서의 환경이 되고, 수단으로서의 기술이 목적으로서의 기술이 되는 가치 전도의 사태가 나타나면서, 사회에 갈등과 충돌이 빚어진다. 경상남도 양산시 일대에서 벌어진 '천성산 도롱뇽 사건'과 제주도 강정마을의 해군

기지 건설을 위한 '구럼비바위 폭파 사건'이 여기에 해당한다.[11] 이러한 문제는 인간과 사회, 세계를 규정하고 유지하는 가장 기본적인 틀로서 제도적, 관습적, 이념적, 정서적으로 접근하면서 해결을 도모할 수 있다. 우리의 문화, 기술, 환경은 제도, 관습, 이념, 정서가 역사적이며, 현상적이고, 가변적이고, 구성적으로 얽혀 있기 때문이다.[12] 만약 문화콘텐츠가 학문과 현실 사이에서 새로운 의미작용을 파악하고 구성할 수 있다면 시간, 공간, 사람의 사이에서 벌어지는 소통의 수많은 문제에 긍정적인 대답이 될 수 있을 것이다.

소통의 문화콘텐츠학의 문화적인 실천은 문화적인 어울림을 통해 문화의 다양성을 유지하고 확대하는 데 목적이 있다. 생물종의 다양성이 생태계 유지에 필수조건이듯이, 문화의 다양성은 인간의 생존에 필수조건이다. 문화의 다양성을 살리려면 각각의 문화 그대로의 아름다움을 멋으로 표현할 수 있어야 한다. 소통의 멋은 그동안 소외되고, 핍박받고, 차별받았던 민중의 삶에 희망을 주는 것과 같다. 소통은 일방적인 강요가 아니기 때문이다. 오늘날 문화는 삶을 살아가는 사람들이 스스로 변화의 가능성을 만들어 낼 때 더욱 풍성해질 수 있다. 문화적 실천과 문화적 어울림은 인류의 더 나은 미래를 위한 적극적인 행동이다.

우리는 소통의 문화콘텐츠학을 통해 문화콘텐츠와 관련된 제반 문제들을 이해하고 대응해 나갈 수 있다. 문화콘텐츠학은 소통을 통해 인간의 본디 정체성을 잃지 않고 유지하면서 공감의 그물

---

11) 임대근, 「문화·환경·기술. 의미작용과 지식생산의 재구성」, 『문화+콘텐츠』창간호, 한국외국어대학교 글로벌문화콘텐츠연구센터, 2012, 18~23쪽 참조.
12) 앞의 책, 23~28쪽 참조.

망[13]을 조직할 수 있다. 이러한 공감의 그물망은 유희 요소로 뒤섞인 엔터테인먼트의 산업적 그물망이 아니다. 이것은 본래적 존재들이 자신들의 의미를 발산하는 '존재-의미의 그물망(Onto-Semantical Matrix)'[14]이다. 정치·경제·사회가 구성하는 각각의 제도, 관습, 이념, 정서들에 둘러싸여 자신을 버리고 타인의 시선으로 구성된 그물망이 아니라 존재의 의미를 인식하고 성찰하면서 새로운 문화적 논리와 실천을 모색하는 관계의 그물망이다.

소통의 문화콘텐츠학이 추구하는 지향은 문화적 어울림 속에서 체계의 문제를 극복하는 것이다. 체계가 문화를 결정하는 것이 아니라 문화가 체계에 의미 있는 방향을 제시해 줄 때 문화콘텐츠학은 하나의 문화적 기획이 될 수 있다. 구체적으로 문화를 이루는 다양한 체계들은 인간의 삶에 결정적인 영향을 주기 때문에 그 안에서 억압, 갈등, 폭력, 소외, 무관심, 희생 등이 불통의 문제로 야기된다. 따라서 우리는 소통의 반대편에 있는 비소통, 불통의 모든 현상을 문제시하고 대응해 나가는 것이 필요하다.

---

13) 제러미 리프킨은 공감적인 소통의 본능을 가지고 태어나는 인간의 소통 연결망이 증가하는 것은 복잡하고 다양한 세계를 구성하는 모든 관계에 대한 사람들의 인식이 향상되는 것이라고 본다. 특히 그에 의하면 오늘날의 젊은 세대들은 세상을 소유하고 쟁취하기 위한 창고가 아니라 접속해야 할 관계의 미로로 생각하기 시작했다. 바야흐로 인류는 앞으로 관계 속에서의 소통과 공감을 더욱 본질적인 삶의 문제로 인식하고 다룰 수밖에 없다. 제러미 리프킨, 『공감의 시대』, 이경남 옮김, 민음사, 2010, 735쪽.

14) 박이문, 『둥지의 철학』, 생각의 나무, 2010, 77~100쪽 참조.

2. 대상론 : 문화콘텐츠

1) 경험주체와 그 대상

대상론은 학문적 체계에서 무엇을 연구할 것인가에 대한 문제를 다룬다. 소통의 문화콘텐츠학의 학문적 체계를 정립하기 위해서는 무엇을 연구해야 하는가에 대한 논의가 이루어져야 한다. 학문에서 다루는 문화콘텐츠는 일종의 의미와 가치의 언어라고 생각해 볼 수 있다. 소통의 문화콘텐츠학은 소통의 관점에서 문화콘텐츠를 의미와 가치의 언어로 다루는 지적 체계이며 지적 활동이라 말할 수 있다. 그렇다면 학문의 언어로서 문화콘텐츠가 여느 다른 학문의 언어와 어떻게 다른지 규명할 필요가 있다.

과학의 언어는 수학이다. 수학은 숫자 체계로 구성된다. 이러한 숫자 체계는 엄밀성을 바탕으로 한 계수화, 정량화를 지향한다. 과학의 논리는 귀납논리다. 인문학의 언어는 텍스트[문자], 즉 일상 언어다. 일상 언어는 문자 체계로 구성된다. 문자 체계는 논리성을 바탕으로 이해 가능성으로서의 의미화를 지향한다. 인문학의 논리는 연역논리, 유비논리, 변증논리, 실천논리, 귀추논리 등이 있다. 문화콘텐츠 언어는 인간의 오감[청각, 시각, 후각, 미각, 촉각]에 해당하는 몸의 감각기관이 수용할 수 있도록 구성한 물질적 요소이며, 동시에 이를 토대로 마음, 정신, 얼이 작용할 수 있는 내용적 요소가 가미된 의미적 언어다. 문화콘텐츠는 감각 체계와 내용 체계가 서로 결합된 형태라고 할 수 있다. 그뿐만 아니라 이것은 문화를 이루는 다양한 가치 요소들이 얽혀 있는 문화적 구성물이다. 사회적 체계를 이루는 제도, 관습, 이념, 정서 등의 복합체로 볼 수도

과학의 언어	인문학의 언어	문화콘텐츠 언어
숫자	문자(일상언어)	물질적/내용적 요소의 의미적 언어
숫자체계	문자체계	감각체계+내용체계
계수화, 정량화	논리성, 의미화	경험화
귀납논리	연역논리, 유비논리, 변증논리, 실천논리, 귀추논리 등	소통논리, 공감논리

<그림 56> 학문의 언어와 체계 그리고 논리

있다. 문화콘텐츠는 문화 안에 존재하고, 더불어 문화콘텐츠는 문화를 만든다. 이러한 점에서 문화콘텐츠는 인간이 삶을 이루는 문화와 불가분의 관계에 있다.

여느 다른 학문에서 다루는 언어와 구분되는 문화콘텐츠가 고유한 학문적 체계에서 다루어지기 위해서는 그것을 보는 철학적인 토대가 필요하다. 특히 문화콘텐츠를 경험하는 인간을 어떻게 인식하고 규정할 것인지 연구하는 것은 학문적 토대를 세우는 데 매우 중요하다. 학문을 통한 시대적 의미의 실천은 구체적인 행위와 결과로 이어질 수 있는 철학적 토대가 있어야 한다. 학문적 체계에 맞는 인간의 '자기 이해'가 새롭게 해명되어야 하는 것이다. 따라서 문화콘텐츠학의 정립은 인간관, 자아관, 존재관을 시대에 맞게 고찰해 보는 것을 수반한다. 문화콘텐츠학이 소통을 지향하고자 한다면, 소통을 형성하고 결정하는 강력한 힘이 문화 안에서의 '자아 개념'과 '관계에 대한 이해'에 달려있다는 분명한 사실에 주목해야 한다. 즉 문화적 배경 속에서 우리가 인간을 어떻게 해석하는지가 중요하다. 왜냐하면 이것을 토대로 개인의 심리적 성향이 나타나고, 이것으로 소통의 방식이 결정되기 때문이다. 만약 한 개인이 독립적이고 개인주의적인 자아관을 가지고 있다면, 이러한 자기 이해가 심리에 반영되어 그 사람의 커뮤니케이션 상황과 목적을 결정한다. 그리고 이러한 커뮤니케이션이 결과적으로 한 개인의 자아정체성에 영향을 주게 된다. 다시 말해 자신과 타인을 어떻게 이해하고 행동하는지가 소통의 실제 상황을 만든다.[15)]

오늘날 인류가 '문화'에 거는 희망과 기대를 생각한다면 그것에 맞는 문화콘텐츠학의 철학적 토대로서 새로운 인간관이 필요하다. 인간이 자신을 어떻게 이해하고 규정하느냐가 문화콘텐츠의 의미와 가치를 결정하고, 더 나아가 학문의 이념과 방향도 결정하기 때문이다. 그렇다면 우리는 문화의 시대에 인간을 어떻게 이해하고 규정해야 있는가 하는 문제에 직면한다. 우리는 문화의 시대에 필요한 인간관으로 '관계론적', '그물망적' 모델로서 '사이-존재'의 인간관을 제시하고자 한다. 동아시아, 특히 우리나라는 인간을 홀로 독립된 존재로 인식한 것이 아니며, 세계를 구성하는 다양한 존재와 관계를 맺으면서 세계를 가꾸고 보듬으며 변형시켜온 우리만의 철학과 문법을 가지고 있다.

여기서 말하는 '사이'는 '빔-사이에-있음', '사람-사이에-있음', '때-사이에-있음', '하늘땅-사이에-있음'을 말한다.[16)] 이것에는 '사이에 들어서 있음'이라고 하는 정적인 상태와 '사이에 있으면서 관계를 맺고 연결'하려는 움직임의 동적인 상태가 함께 나타나 있다. 그

15) 김민선, 『인간 커뮤니케이션, 비서구적 관점』, 범기수·박기순·우지수 옮김, 커뮤니케이션북스, 2009, 35~36쪽 참조.

16) 이기상, 「지구촌 시대와 한국인의 문화 가치. 한국 문화콘텐츠의 지구화 가능성 모색」, 『글로벌문화콘텐츠』창간호, 글로벌문화콘텐츠학회, 2008, 223~227쪽.

저 '사이에 있음'을 강조하는 것이 아니라 사이에 있음으로써 그 사이에서 관계를 맺어주며 소통하는 운동성이 '사이'의 의미에 담겨 있다.[17] 이렇게 다양한 사이에서 소통하는 인간은 '생물학적[몸] 눈'으로만 세계를 보는 것이 아니다. 때 사이를 잇는 '정신의 눈', 물건과 사람 사이를 잇는 '마음의 눈', 보이지 않으면서도 존재하는 것들을 잇는 '얼의 눈'을 통해 상상하며 소통하도록 이끈다.[18]

이러한 관계론적 인간관은 소통을 강조하는 문화콘텐츠학의 철학적 기반으로 다루어질 수 있다. 다양한 관계를 아울러야 하는 시대적 상황 속에서 한국인의 인간관에 바탕을 둔 사상이 학문적 실천의 근본 토대가 될 수 있다. 학문적 체계를 마련하기 위해서는 자주적인 입장을 가지고 우리의 생활세계에 결과 무늬로 새겨져 있는 삶의 지혜를 학문의 사상으로 길어 올려야 한다. 따라서 문화콘텐츠학의 학문적 체계에 대한 연구에서 주체성을 잃지 않는 것은 무엇보다도 중요하다. 주체성 없이 서양의 이론을 그대로 가져와 적용하려 하거나 사상을 빌려와 학문적 체계로 구현하려 한다면 문화콘텐츠학의 학문 활동은 시작부터 삶의 연유를 잃어버리게 된다.

문화콘텐츠는 학문적 체계에서 다루어지는 연구 대상으로서 실

---

17) '있음'은 두 가지로 설명된다. 하나는 드러나는 것으로 '나타나 있음'이다. 누구에게 ~로서 나타나는 경우가 그것이다. 그리고 다른 하나는 자신을 사르며 '되고 있음'이다. 어떠한 지향과 과정을 통해 지속적으로 현재 상태를 넘어 다른 무엇으로 되어가고 있는 상태를 가리킨다. 이기상, 『다석과 함께 여는 우리말 철학』, 지식산업사, 2008, 332~336쪽 참조.

18) 이기상, 「영상문화시대와 통합(通合)적 상상력」, 『기호학연구』제27권, 한국기호학회, 2010, 369~370쪽.

재적인 존재양식을 고찰할 필요가 있다. 문화콘텐츠의 실재성[19]을 어떻게 규명하는지에 따라 그것의 의미와 접근 방법이 다양해질 수 있다. 여기에서의 실재성은 존재양식의 하나이다. 구연상은 정보를 실재성으로 규정하였다. 문화콘텐츠 또한 정보와 마찬가지로 미디어를 통해 현실에 실재하는 것으로 규정할 수 있다. 서양에서는 실재성을 눈앞의 사물이 존재하는 방식을 기준으로 파악했다. 존재해석의 하나로 눈앞에 있는 것의 실재성으로 어떤 것의 존재를 규정한 것이다. 그러나 문화는 눈앞에 보이지 않는 비가시적 차원까지 염두에 두면서 그것의 실재성을 파악해야 한다. 문화콘텐츠 역시 그것이 어떤 대상으로 사람들을 만나는 것인지 눈앞에 보이는 차원과 보이지 않는 차원을 동시에 해명할 수 있어야 한다.[20] 이것은 문화콘텐츠가 자신을 통해 무엇인가 다른 것을 드러내 보이는 차원이 있기 때문이다.

문화콘텐츠를 통해 감각으로 느끼고, 뜻을 이해하고, 마음을 나누고, 보이지 않는 차원까지 도달할 수 있는 것은 바로 소통의 문화콘텐츠가 몸, 마음, 정신, 얼을 움직이는 무엇인가의 배경을 가

---

19) "하이데거에 따르자면, 인간은 실존(Existenz)하고, 도구는 손안에 있으며(Zuhandensein), 사물은 눈앞에 있고(Vorhandensein), 이념이나 가치는 타당하며(Geltung), 작품은 진리의 발생사건(das Geschenis der Wahrheit)으로서 있다. 이와 같이 존재자의 존재 방식은 상이하게 규정된다." 구연상, 『매체 정보란 무엇인가』, 살림, 2004, 36~37쪽.

20) 문화코드가 강조되는 것은 문화콘텐츠가 문화적 성격을 구성하는 문화코드를 담고 있기 때문이다. 이와 같은 관점을 기초로 서술된 책으로는 다음과 같은 책을 참고할 수 있다. 일레인 볼드윈 외, 『문화코드, 어떻게 읽을 것인가』, 조애리·강문순 외 옮김, 한울아카데미, 2008; 박치완·김평수 외, 『문화콘텐츠와 문화코드』, 한국외국어대학교출판부, 2011; 박치완·김성수 외, 『글로컬문화콘텐츠 어떻게 그리고 왜』, 한국외국어대학교출판부, 2009.

지고 있으면서 사람에게 이르러 그 내용을 드러내기 때문이다. 이 점이 문화콘텐츠를 '부호·문자·도형·색채·음성·음향·이미지 및 영상 등[이들의 복합체를 포함한다]의 자료 또는 정보'로만, 즉 물질성으로만 파악할 수 없는 이유다. 문화콘텐츠에는 물질적인 차원과 함께 맥락성[상황성]이 함께 포함되어 있다. 눈에 드러난 그대로 이것을 문화콘텐츠의 전부라고 생각하고 객관적인 조건이라고 보아서는 안 된다. 물질적으로 존재하는 것의 이면에서 물질적 차원을 궁극적으로 형성하고 결정하고 변화시키는 맥락적인 상황도 고려해야 한다.

2) 문화콘텐츠와 정보-지식-지혜

정보, 지식, 지혜의 서로 다른 실재성을 고찰해보자. 이들 각각은 물질성에 차이가 없다. 이들 모두 부호·문자·도형·색채·음성·음향·이미지 및 영상 등으로 복합적으로 구성되어 미디어를 통해 전달되고, 그것을 우리가 감각기관을 통해 수용한다. 즉 물질성으로 정보, 지식, 지혜를 구분하는 것은 큰 의미가 없으며, 각각의 맥락성[상황성]에 주목해 볼 필요가 있다.

문화콘텐츠의 맥락성을 이해하기 위해 네이단 셔도로프(Nathan Shedroff)의 논의를 참고할 수 있다.[21] 그는 지식정보의 생산과 소비를 데이터-정보-지식-지혜의 관계 모형으로 설명한다.[22] 여기에서 주목할 수 있는 것은 데이터-정보-지식-지혜로 이어지는 맥락적인

21) Nathan Shedroff, *Experience Design*, NewRiders-Publishing, 2001 참조.
22) 참조 experience design. http://www.nathan.com/thoughts/unified/3.html

관계다.

김상헌은 네이단 셔도로프의 모형을 문화콘텐츠 산업과 접목하여 분석을 시도한다. 그에 의하면 자료(Data)는 가장 아래 단계로서 정보의 전단계이다. 자료는 의미상 재료 또는 자료, 논거를 의미하고 결론을 내리는 근거가 되는 사실이나 참고 자료를 말한다. 문화산업의 관점에서는 문화콘텐츠로 활용하기 위한 재료를 자료라 할 수 있다. 문화유산에 담긴 원형적이고 활용성을 잠재한 역사·학문·문화적 요소들이 문화콘텐츠를 활용하기 위한 자료가 된다. 이것은 하나의 기초자료이며, 문화콘텐츠로 활용하기 위한 원자재라고 볼 수 있다. 정보는 자료에 의미와 가치를 부여해 조직화하고 변화시킨 것으로써 형태와 형식을 지닌다. 자료와 다르게 그 자체로 의미가 있고, 생산자와 소비자의 관점에 따라 다르게 전달될 수 있다. 둘의 차이는 자료는 가공되지 않은 것이고, 정보는 가공, 재생산, 파생, 확장된 것이다. 문화콘텐츠의 입장에서 본다면, 정보는 활용성과 잠재성이 있는 문화적 요소들을 1차 가공한 형태로서 자료에 의미와 가치를 부여한 것이다. 그에 의하면 지식은 모든 경험의 복합적 산물이다. 즉 정보가 쌓여서 엮인 형태와 형식이라고 할 수 있다.

문화콘텐츠가 바로 지식과 같다. 수용자의 경험적 측면을 고려하여 정보를 엮어 지식으로 수용할 수 있도록 재가공한 것이라고 할 수 있다. 문화콘텐츠는 정보를 활용하여 산업화한 것이다.[23] 자료-정보-지식-지혜의 관계가 생산자와 소비자의 관계에서 구조적으로 설명된다.

---

23) 김상헌, 「데이터, 정보, 지식, 콘텐츠」, 『인문콘텐츠』제27호, 인문콘텐츠학회, 2012, 212~213쪽 참조.

네이단 셔도로프는 생산자(Producers)에서 소비자(Consumers)에 이르는 과정에서 정보가 지식과 지혜로 발전해 갈수록 일반(Global)적인 형태에서 지역(Local)적인 형태를 거쳐 개인(personal)적인 형태로 수렴된다고 보았다. 즉 그는 데이터-정보-지식[콘텐츠]-지혜의 관계를 개인적 차원으로 수렴되는 과정으로 고찰했다. 데이터, 정보, 지식 그리고 마지막으로 지혜에 이르는 과정에서 생산자와 소비자 양쪽 모두는 아무런 연관 관계를 맺지 못한다. 데이터가 지혜에 이르는 과정에서 사람과 사람은 관계성을 획득하지 못하고 한 개인으로서 각각의 데이터, 정보, 지식, 지혜와 관계를 갖는다. 그는 생산자와 소비자가 만나는 곳은 지식과 지혜의 영역이 아닌 정보의 영역이라고 본다. 지혜의 중요성보다는 정보에 더욱 가치를 두고 정보의 축적 및 제공을 강조하기 위해 데이터, 정보, 지식, 지혜의 관계를 설명한다. 문화적인 관점에서 데이터, 정보, 지식, 지혜의 관계와 이들 각각이 공동체에 주는 의미가 생략되어 있다.

창조지식을 강조하는 지식경영에서도 데이터, 정보, 지식을 문화적 관점에서 인식하지 않는다. 크라우스 노스(Klaus North)는 '지식의 계단 모형'으로 지식경영의 전략적 과제와 조작적 과제, 그리고 지식과 정보를 시장과 관련하여 효율적으로 개인의 행동과 연결하기 위해 데이터, 정보, 지식의 관계를 설명한다.[24] 경영의 관점에서 데이터, 정보, 지식의 관계를 살피는 것이다. 그는 더 많은 데이터, 정보, 지식이 쌓여 밑바탕을 이루고 이것이 인간의 능력과 행위로

---

24) 한스 디터 퀴블러, 『지식사회의 신화. 정보, 미디어와 지식의 사회변동』, 이남복 옮김, 한울, 2008, 174쪽 참조.

이어져 결국 올바른 행동으로 연결될 수 있는 역량이 되고, 이러한 역량이 축적되어 다른 사람보다 앞서는 개인의 경쟁능력이 된다고 본다.

한스 디터 퀴블러(Hans-Dieter Kübler)에 의하면 이러한 생각은 "기술과 지식에 대한 신화"[25]에 기인한다. 도구적 맥락으로 비교적 단순하게 각각의 개념과 관계를 구성하여 기술적으로 작업할 수 있다는 생각을 지니고 자료, 정보, 지식을 구분하여 관계를 설정하는 것이다. 지식이 구체적으로 무엇을 의미하는지 그리고 어떻게 구성되는지 고찰하지 않고, 근대 국민 경제와 혁신적 기업을 위한 유용한 자원으로 쓰기 위해 이와 같은 식으로 각각의 관계를 설정했다는 것이다. 여기에서의 지식은 "문제를 해결하기 위해 사람들이 투입하는 지식, 능력, 숙련도"와 같은 것이고, 자료와 정보는 지식이 생성되는 '원자재'로 설명된다.[26] 데이터, 정보, 지식의 의미와 관계가 개인의 능력 향상을 위해 환원되는 구조이다.

네이단 셔도로프와 크라우스 노스는 공통적으로 데이터, 정보, 지식의 관계를 '개인(Personal)'의 소비 또는 능력으로 보고 접근한다. 데이터, 정보, 지식의 맥락성이 개인적 차원의 소비 증대와 능력 향상에 맞춰져 의미가 부여되고 있다. 이러한 접근은 경제학, 경영학, 지식정보학에 의미 있는 해석을 제공할 것이다. 그러나 한편으로 이것은 이들 학문이 만들어 놓은 하나의 '신화'라는 점을 간과해서는 안 된다. 앞에서 살펴본 데이터, 정보, 지식의 의미와 관계는 모두 기존 학문이 만들어 놓은 의미 체계다. 이러한 의미 체계

25) 한스 디터 퀴블러, 앞의 책, 174쪽 재인용.
26) 앞의 책, 173쪽 참조.

가 '정보사회', '지식사회'라는 구체적인 신화를 만든다.

홍성태는 '지식사회'를 인간의 정신세계에 대해서까지 자본의 논리를 강요하는 사회라고 말한다. 이러한 사회는 돈이 지식의 가치를 규정한다. 돈이 되지 않으면 지식이 될 수 없다. 문화 산업은 돈이 되는 문화만을 집중적으로 육성하는 산업이고, 문화가 훌륭한 돈벌이가 될 수 있다는 것에 관심을 두지 훌륭한 문화가 있어야 한다는 것에는 관심이 없다.[27]

우리는 신화가 만들어 놓은 현실 속에서 지식과 문화가 생산되고 수용되는 장소들에서 무슨 일이 일어나는지 이해할 필요가 있다. 그래서 눈앞에 실재하는 물질성의 데이터, 정보, 지식이 다른 학문 영역에서는 맥락적[상황적]으로 어떻게 표현되고 이해되고 있는지를 미리 살펴보았던 것이다. 문화콘텐츠학은 기존의 학문과 다른 시각으로 문화콘텐츠의 맥락성을 결정하고 물질성을 구성해야 한다. 경제학, 경영학에서 접근하는 시각을 통해 문화콘텐츠에 접근해서는 안 된다. 성장과 발전을 우선하는 경제적 논리의 창조지식은 문화콘텐츠가 신지식인으로 이르는 지름길이라 주장할 수도 있다. 그러나 새로운 학문적 체계로서 소통의 문화콘텐츠학은 경영학, 경제학과 같은 기존학문의 부속적 기능으로 편제될 수 없는 고유한 관점과 기능을 가지고 있어야 한다. 소통이 문화콘텐츠학의 이념이라면 정보와 지식으로서의 문화콘텐츠가 아닌 문화적 의미와 가치로서의 문화콘텐츠로 인식되어야 한다. 한 개인에게서도 문화콘텐츠가 중요하지만, 공동체에서도 문화콘텐츠는 중요하다. 더불어 개인과 공동체의 관계에서도 문화콘텐츠가 중요하다. 따라서

27) 홍성태, 『지식사회 비판』, 문화과학사, 2005, 229~232쪽 참조.

소통의 문화콘텐츠학은 문화콘텐츠에 대한 적절한 맥락성을 새롭게 확립해야 한다. 문화콘텐츠의 소통을 위해 정보, 지식, 지혜의 관계에 새롭게 접근해 본다. 소통을 염두에 두고 문화콘텐츠를 인식할 때 정보, 지식, 지혜의 관계는 다음과 같이 설명될 수 있을 것이다. 지식은 정보를 새롭게 현실화한 것이고, 지혜도 지식을 새롭게 현실화한 것이다. 지식의 입장에서 정보는 아직 잠재적이고, 지혜의 입장에서 지식은 아직 잠재적이다. 이러한 잠재적 상태가 이성, 지성, 감성, 영성에 의해 다양하게 현실화된다. 문화가 변화 가능성과 비가시적 차원을 가지고 있다면 이것은 문화콘텐츠를 통해 이러한 잠재적 상태가 상황에 의해 다르게 현실화되기 때문으로 해석할 수 있다. 우리가 정보, 지식, 지혜를 해석할 수 있는 것은 현실화에 영향을 주는 맥락적인 상황 때문이다. 정보, 지식, 지혜는 보이게 또는 보이지 않게 사물, 사건, 사태를 지시하고 있어, 이것을 파악하는 것이 중요하다. 잠재적인 상태에서 정보, 지식, 지혜를 드러내도록 이끄는 사물, 사건, 사태를 중요하게 고려해야 한다.

문화콘텐츠는 정보, 지식, 지혜가 서로 얽혀 미디어를 통해 표현된 내용이다. 경우에 따라서는 정보, 지식, 지혜[28) 각각의 그 자체가 문화콘텐츠가 되기도 한다. 사물, 사건, 사태가 어떻게 정보, 지식, 지혜와 관련될 수 있는지 아래의 표의 사례를 통해 정리해 보았다.

---

28) 소통의 문화콘텐츠학에서 '지혜'는 도구적인 성격으로서 지식이 가지고 있는 능력[~을 할 수 있음]의 이치를 깨닫고 여기에 맞게 정황과 다양한 관계를 고려하여 처리, 적용하는 능력을 말한다. 구체적으로 시간, 공간, 사람의 관계 등 다양한 차원을 고려한 생활세계에 의미 있는 능력의 사용이라고 말할 수 있다. 다양한 소통연관을 속에서 지식의 적합성, 실용성, 효용성, 효율성은 물론 지식의 멋스러움을 발견하여 사람들과 소통하는 것이 소통의 문화콘텐츠학에서의 지혜가 가지고 있는 의미와 기능이라고 볼 수 있다.

[표 6] 소통의 문화콘텐츠학에서 접근하는 정보·지식·지혜

구분	정보	지식	지혜
사물	책상	공부할 수 있는 도구	친구와 열심히 공부하면서 때로는 함께 고민도 나누는 자리
사건	5.16	1961년 5월 16일 군사 쿠데타가 일어난 날	힘없는 사람들을 위해서는 되풀이되지 말아야 하는 우리의 아픈 역사
사태	추석	명절놀이를 할 수 있는 날	온 가족이 모여 정과 사랑을 나누는 뜻깊은 자리
내용	표시	사실[~을 할 수 있음]	이념[~을 위해 ~을 할 수 있음]
지향성	표시 지향	논리 지향 [과학적 세계관]	경험 지향 [인문학적 세계관]

소통을 위한 문화콘텐츠에서는 정보와 지식을 '무엇을 위해', '어떻게' 사용해야 하는지가 중요하다. 소통에서 정보와 지식은 양날의 칼과 같다. 정보와 지식을 배타적인 욕망으로 무분별하고 무가치하게 소비해야 하는가, 아니면 새로운 삶의 대안과 희망으로 인류를 위해 가치 있게 사용할 것인가에 따라 그 결과와 가치가 달라진다.

정보, 지식, 지혜의 관계에서 소통의 문화콘텐츠학은 정보를 다루는 지식, 지식을 다루는 지혜를 발견하는 학문이다. 문화콘텐츠는 지혜를 구성하기 위한 정보와 지식을 추구하지만, 반대로 문화콘텐츠학은 정보와 지식을 다루기 위한 지혜를 필요로 한다.

3) 문화콘텐츠의 다양한 차원

문화콘텐츠학의 학문적 체계를 위한 대상론은 연구 대상으로서

문화콘텐츠를 연구하는 것을 말한다. 문화콘텐츠학의 학문적 체계에 관한 연구에서 대상론으로서 문화콘텐츠의 본질을 고찰하는 이유 중의 하나는 문화콘텐츠를 이루는 다양한 차원을 확인하면서, 그것이 주는 의미와 가치를 파악하기 위해서다. 우리는 문화콘텐츠가 다음과 같은 차원을 두루 관통하고 있다고 본다.[29)]

문화콘텐츠는 기술적 차원, 매체적 차원, 예술적 차원, 합리적 기능적 차원, 가치적 규범적 차원, 문화 유지 보존의 차원[기억과 재현의 차원], 자기구현의 차원[표현과 활동의 차원], 학습적 차원[배움과 전달의 차원]과 같은 다양한 차원을 두루 관통하기 때문에 수많은 의미와 가치를 생산한다.

문화콘텐츠가 주는 가치를 먼저 개인적 가치, 문화적 가치, 사회적 가치, 경제적 가치, 예술적 가치, 학습적 가치 등으로 구분해 볼 수 있다. 개인적 가치는 소통의 문화콘텐츠가 한 개인에게 재미, 즐거움, 만족감, 행복감을 주면서 나아가 개인의 정체성을 만들도록 돕는 가치를 말한다. 유희와 놀이라는 기능을 포함하여 생각하고 깨우치는 기능적 성격도 가지고 있다. 문화적 가치는 지역, 국가, 민족, 문화권 등 역사적 경험을 공유하는 집단들이 유무형의 유산은 물론 여러 가치를 전승하면서 얻게 되는 가치이다. 삶을 살아가는 이유와 목표를 주고, 더 나은 삶의 목표를 설정하도록 돕는다. 사회적 가치는 함께 공유하며 공감하는 과정에서 공동체 구성의 역할을 수행하는 가치를 말한다. 문화콘텐츠의 내용과 의미를 여럿이 더불어 공감하면서 사회적 유대감을 형성하는 기능이다. 경제

29) 이기상, 「문화콘텐츠 학의 이념과 방향. 소통과 공감의 학」, 『인문콘텐츠』제23호, 인문콘텐츠학회, 2011, 30~31쪽 참조.

[표 7] 소통의 문화콘텐츠의 차원

차원	내용
기술적 차원	우리가 몸담고 있는 자연을 편안한 삶의 둥지로 만들려는 인간의 몸짓은 다 기술적 차원의 문화적 활동이다.
매체적 차원	인간의 모든 사고, 인식, 행위가 다 상징과 기호에 의해 매개되는 인식론적 틀 안에서 일어나는 한 우리는 매체적 차원에 주목해야 한다.
예술적 차원	문화콘텐츠에는 어떤 필요나 목적에도 매이지 않는 그 자체를 위해 추구되어 만들어지고 꾸며지는 예술적 차원이 있다. 아름다움 그 자체를 위한 자체목적의 계기가 있다. 감성의 멋을 살리는 미학적 차원이 있다.
합리적 기능적 차원	개인의 삶과 공동체의 생활을 보다 원활하게 꾸려나가기 위해 노력하는 인간의 문화적 행위에는 기능과 효율성을 염두에 두는 합리적이고 기능적인 차원이 있다.
가치적 규범적 차원	인간의 모든 의미 부여와 목표 설정에는 그가 추구하고 있는 가치와 규범이 그 밑바탕에 깔려 있다.
문화 유지 보존의 차원 : 기억과 재현의 차원	주어진 시간을 사는 유한한 인간은 즐겁거나 슬펐던 자신의 과거를 기억하고 재현하면서 삶의 의미를 재확인하는 의식적[ritual] 행위를 한다. 공동체적인 차원에서는 이것이 전통문화의 보전과 재현[축제]으로 나타난다.
자기구현의 차원 : 표현과 활동의 차원	사람 사이에서 사물과 사건, 일과 세계에 대해 소통하며 사는 인간은 다른 사람 앞에서 자기 생각을 표현하며 남의 인정을 받으려 한다. 인간은 이렇게 자기표현과 자기전시 속에서 자기구현을 하며 보람을 찾는다.
학습적 차원 : 배움과 전달의 차원	인간은 지식과 정보의 습득, 보존, 전달, 확산을 통해 자신의 문화를 후대에 전수한다.

적 가치는 문화콘텐츠를 통해 파생되는 재화적 가치로 물질적 토대를 풍성하게 만드는 역할을 한다. 예술적 가치는 생물학적 욕구의 충족을 넘어 심미적 가치를 추구하는 본질적 특성을 통해 아름다움을 추구하는 가운데 얻게 되는 가치를 말한다. 학습적 가치는 문화콘텐츠를 정보와 지식으로서 비교, 분석, 종합, 비판하는 과정

을 통해 이전의 지식 의미와 가치를 평가하고 더 나아가 새로운 지식과 실천의 배경이 되는 가치를 말한다.

한편, 소통의 문화콘텐츠는 소통의 도구, 목적, 주제, 대상, 공간, 수용 등에 따라 서로 다른 범주들로 분류해 볼 수 있다. 소통의 도구에 따른 분류는 소통이 이루어지는 기술적 방식에 따른 분류를, 소통의 목적에 따른 분류는 소통이 추구하는 가치에 따른 분류를 말한다. 소통의 주제에 따른 분류는 다루고자 하는 내용이 무엇인가에 의한 분류이고, 소통의 대상에 따른 분류는 누구를 위한 소통인가에 따른 분류이며, 소통의 공간에 따른 분류는 소통이 펼쳐지는 영역이 어디인가에 따른 분류다. 마지막으로는 소통이 어떻게 수용되느냐에 따라 문화콘텐츠를 분류할 수 있다.

[표 8] 소통의 문화콘텐츠의 분류

분류	내용
소통의 도구	문화콘텐츠가 표현되고 전달되는 기술 매체에 따른 분류
소통의 목적	문화콘텐츠가 추구하는 가치 목적에 따른 분류
소통의 주제	문화콘텐츠가 소통으로 다루는 내용의 주제에 따른 분류
소통의 대상	문화콘텐츠가 소통하고자 하는 대상에 따른 분류
소통의 공간	문화콘텐츠가 펼쳐지는 공간 영역에 따른 분류
소통의 수용	문화콘텐츠가 수용되는 방식과 양식에 따른 분류

이처럼 소통의 문화콘텐츠는 다양한 차원을 가지고 있어서, 현실 속에서 여러 의미와 가치를 빚어낸다. 그러므로 소통의 문화콘텐츠학 학문적 체계는 학문과 삶을 연결하는 방식으로 마련되어야 한다. 이를 위해 문화콘텐츠가 우리에게 어떠한 의미가 있고 가

치를 줄 수 있는지 탐구해야 한다. 소통의 문화콘텐츠학의 학문적 체계는 이념적인 추상으로 그 체계를 완성하는 것이 아니라, 삶으로부터 만들어지고 다시 삶을 위해 구현되는 사유와 실천 속에서 정립되어야 한다.

3. 방법론 : 소통 현실과 공감의 방법론

방법론은 어떻게 연구할 것인가에 대한 문제를 다루는 것이다. 소통의 문화콘텐츠학 역시 이 학문의 연구 대상인 문화콘텐츠를 어떻게 연구해야 하는가에 대한 논의를 방법론에서 다루어야 할 것이다.

소통의 문화콘텐츠학의 방법론은 자연과학, 인문과학, 사회과학과에서 이루어지는 방법론과는 다른 성격의 방법론이다. 자연과학은 자신의 연구 대상인 자연 현실을 가설과 검증을 통해 '설명'한다. 사변이 아닌 경험을 통해 자연 현실의 모든 것을 실증적으로 설명할 수 있다고 보고, 학문의 방법론을 검증 가능한 자연 현실에 대한 '설명'으로 채택한다. 인문과학은 자신의 연구 대상인 정신 현실을 이해하고 해석한다. 인간의 의식에 나타나는 사실은 자연과학과 같이 검증 가능한 영역이 아니기 때문에 실증적으로 설명할 수 있는 영역이 아니라고 본다. 따라서 인문과학은 검증 가능성을 거부하고, 설명이 아닌 '이해'를 학문의 방법으로 삼는다. 사회과학은 사회 현실을 연구 대상으로 삼아 이미 정해진 전제를 의심하고 '비판'한다. 인간이 사는 사회에서는 이데올로기가 인간을 알게 모르게 억

압하고 지배하고 있기 때문에 무의식적으로 받아들이고 있는 이데올로기적 전제를 비판하는 것이 사회과학의 방법론이다.[30)]

문화콘텐츠학에서 방법론으로 다루는 현실은 자연 현실, 정신 현실, 사회 현실과 다른 소통 현실이다. 이 소통 현실은 소통의 연관으로 운동하는 공감의 현실이다. 소통의 현실이 인간과 문화를 구성하고 결정하는 방식을 살피고, 더 나은 삶을 기획하는 것에 문화콘텐츠 방법론에 대한 연구의 의의가 있다.

소통의 문화콘텐츠학의 방법론 연구는 문화콘텐츠를 만들고 변

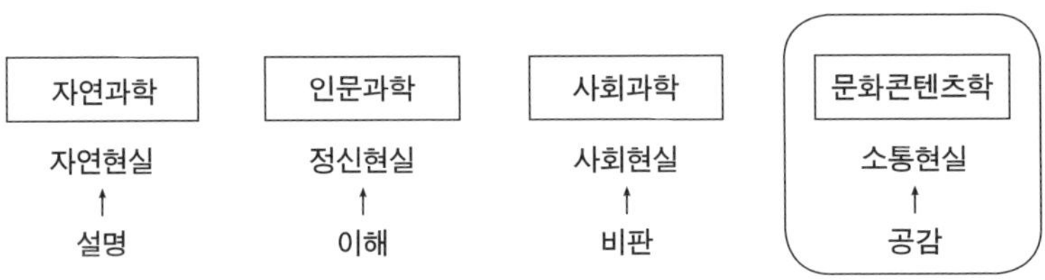

<그림 57> 학문에서 다루는 현실과 접근 방식

화시키고 소멸시키는 모든 관련된 요소들을 소통 연관으로 다룰 때 가능하다. 소통 연관은 문화콘텐츠와 관련된 우리의 생활세계를 소통의 연관구조로 인식하는 새로운 태도를 가지고 세계를 바라보는 것을 말한다. 인간이 일상적인 세계를 소통의 세계로 인식하는 태도를 취할 때 그에 상응하는 경험의 세계가 눈앞에 펼쳐진다. 우리가 소통의 관점과 태도를 취할 때, 문화콘텐츠를 포함한 우리의 삶을 소통의 연관으로 탐구할 수 있다.[31)] 문화콘텐츠학의 방

30) 다양한 학문의 방법론의 역사와 특징에 대한 내용은 다음의 책을 참고할 수 있다. 소광희 외, 『현대의 학문 체계』, 민음사, 1994.

31) "우리가 어떤 대상을 연구함에 있어 취하는 관점을 우리는 '태도'라 부를 수 있다. 이 경우 태도는 주체가 세계 전체를 어떻게 대하느냐 하는 방식을 뜻

법론 연구는 문화콘텐츠가 만들어져 유지되고, 확산되고 소멸되는 모든 과정을 소통의 그물망으로 보고 이 그물망의 연관을 이루는 모든 관련된 요소들을 적합한 방법들로 다루려는 것이다. 소통의 문화콘텐츠학의 방법론은 넓게 보면 어떻게 소통하고 있는가와 어떻게 소통할 것인가에 대한 문제로 생각해 볼 수 있다.

먼저 문화콘텐츠를 소통의 현실에서 주고받는 하나의 소통거리로 보고, 그것이 우리의 삶에 나타나고 운동하는 모습을 분석한다. 이것을 문화콘텐츠의 분석론이라 볼 수 있다. 다음으로는 소통거리로서 문화콘텐츠를 통해 소통에 참여하는 사람들의 경험을 디자인하는 것을 생각해 볼 수 있다. 이는 소통을 위한 문화콘텐츠 생성론으로, 인간이 상호 원활한 소통을 하기 위해서 어떠한 경험을 적절한 방법으로 상대방에게 제공하는 과정이라고 볼 수 있다. 즉 문화콘텐츠 생성론은 문화콘텐츠를 물질적으로 만들고, 감성적으로 짓고, 통합적으로 꾸미고, 이상(理想)적으로 그리는 방법이다. 앞서 언급했듯이 몸, 마음, 정신, 얼을 통합적으로 아우르는 상상력을 통해 소통의 과정과 내용을 마련하는 작업인 것이다. 세부적으로 문화콘텐츠의 기획론, 제작론, 활용론 등 문화콘텐츠를 만들고 향유

한다. 주체가 세계에 대해 어떤 하나의 태도를 취하게 되면 그것은 그에게 그러한 태도에 따라 나름의 고유한 방식으로 경험된다. 그리고 주체가 어느 하나의 태도로부터 다른 태도로 이행하게 되면 어떤 방식으로 경험되던 세계가 다른 방식으로 경험되게 된다. 이처럼 주체가 세계에 대해 다양한 태도를 취함에 따라 세계는 다양한 방식으로 주체에게 현출한다. 그리고 이처럼 세계가 다양한 방식으로 주체에게 현출함에 따라 세계에 있는 개별적인 대상도 다양한 모습으로 우리에게 드러나게 된다." 이남인, 「인문학과 자연과학은 어떻게 만날 수 있는가? - 통섭 개념에 대한 비판을 토대로 삼아」, 『철학연구』 제87집, 철학연구회, 2009, 284~285쪽.

하기 위한 전체적인 작업이 여기에 해당한다고 볼 수 있다.

학문적 체계를 위한 방법론 연구는 소통을 통한 구체적인 경험을 해석하고 기획하는 방법의 연구가 되어야 한다. 이를 위해서는 소통의 과정을 인식할 수 있어야 한다. 소통의 과정을 인식할 수 있을 때, 그 과정에 따라 요구되는 방법들에 대한 세부적인 논의가 가능하다.

<그림 58> 소통의 과정

소통의 과정은 '막힘없이 통함-거리를 없앰-교감(交感)-신뢰감-친밀감-통합(通合)'으로 구분하여 설명할 수 있다.

가장 먼저 소통은 막힘없이 통하는 것을 바탕으로 대상과 대상 사이의 '거리-없앰'을 한다. 이럴 경우 서로 다른 대상은 전보다 쉽게 서로 통하며 오고 갈 수 있다. 소통에 참여하는 사람들은 이 과정을 통해 서로 교감을 하게 되고, 교감이 지속적으로 이루어지면 신뢰감이 생긴다. 그리고 이러한 신뢰감은 친밀감으로 이어져 궁극적으로 서로 이해하고 인정하고 공감하는 '통합(通合)'을 이룰 수 있다.

사회 공동체의 입장에서 소통은 잡담을 주고받으며 욕망을 충족하기 위한 정보의 교환으로 끝나지 않는다. 서로 자유롭게 왕래하며 이해하고 공감하면서, 개인은 전체를 위해 기여하고 전체는 개인을 위해 배려하는 평화와 공존의 통합(通合)을 소통의 과정에서 이루어 낼 수 있다. 따라서 소통의 문화콘텐츠학의 학문적 체계에서 방법론에 대한 연구는 소통의 과정에 대한 인식을 바탕으로 개인과 사회에 접근할 수 있는 실제적이고 실천적인 방법론적 모색이다. 소외와 갈등으로 빚어지는 불통의 현실에서는 몸, 마음, 정신, 얼이 두루 잘 통(通)하면서 공감하고 어울리는 통합(通合)의 방법론이 요구된다. 하지만 현실은 제도와 관습과 같은 구조들이 상호 복잡하게 관계를 맺고 작용하는 중첩적인 영역이기도 하다. 인간의 문화를 구성하는 다양한 구조적 체계들은 역사적으로 형성된 산물이면서, 동시에 한 문화를 이끌어가는 토대라고도 말할 수 있다. 이런 점에서 소통의 문화콘텐츠학의 방법론에 대한 연구는 통시적이고 공시적인 관점에서 접근해야 한다.

통시적인 관점에서의 접근은 문화콘텐츠를 전통적인 생활 방식 안에서 형성된 의미와 가치 체계로 보는 방식이다. 그리고 공시적인 관점에서의 접근은 문화의 혼융을 가능하게 하는 서로 다른 문화들의 영향을 고려하면서 문화콘텐츠에 접근하는 방식이다. 예를 들어 설명하자면, 하나의 문화콘텐츠를 우리가 살아온 전통적인 생활 방식에 따라 하나의 의미 체계로 설명하는 논리와 공시적으로 접촉되고 있는 의미 체계를 설명하는 논리를 구분하여 살펴보는 것이다. 문화콘텐츠는 통시적인 변화와 공시적인 변화에 따라 역동적으로 변화하는 특성이 있다. 역사적인 흐름과 공간적인 접변에 따라 문화의 패러다임이 변하듯, 문화콘텐츠 또한 시간과 공간의 영향 아래에 있다. 이 둘의 변화 과정 속에서 문화콘텐츠의 의미와 가치도 변화한다. 그러므로 소통의 문화콘텐츠학의 방법론 연구는 통시적이고 공시적인 힘과 접촉에 개입하여 문화콘텐츠의 정체성을 이해하고 구성하는 바탕이 된다. 이것은 사회를 하나의 생명과 같은 유기체로 보고 사회의 항상성과 운동성의 유지에 소통을 중요한 기능의 하나로 보는 관점이다.[32)]

소통의 문화콘텐츠를 만드는 과정에서는 통시적인 관점과 공시적인 관점이 조화를 이루어 기술적인 표현으로 나타난다. 플루서는 기술적인 형상은 철학적인 손과 기술적인 손을 동시에 필요로 한다고 보았다.[33)] 여기에는 통시적이고 공시적인 관점을 가능하게 만드는 인문학적 능력과 미디어를 통해 형태적인 표현을 구현하는 기술적인 능력 모두가 기술적 형상으로서 문화콘텐츠에 필요하다는 의미가 담겨 있다. 인간에게 문화콘텐츠가 하나의 의미와 가치가 될 수 있는 것은 이것이 기술미디어에 담기는 일종의 언어미디어[기호, 상징, 코드] 또는 문화미디어[흥, 정, 끼, 한, 얼]이기 때문이다. 현재 우리나라는 지속 가능한 한류의 발전 기반을 조성하기 위해 2012년부터 한국문화유전자 포럼을 열어 한국인의 문화유전자를 발굴하기 위한 시도를 하고 있다. 새로운 한류 문화의 성공을 이어갈 수 있는 우리의 근본적인 매력들을 찾아보자는 것이다. 우리의 흥, 정, 끼, 한, 얼, 어울림, 열정, 정(情), 예의, 해학 등이 가지고 있는 매력을 기호·상징·코드화해서 기술미디어에 담아 세계와 공유하려는 토대 연구를 시도하고 있다.[34)]

32) 김영기는 문화콘텐츠를 사회의 유기체론적 입장에서 보면 "사회적 균형과 자정 능력을 행사하는 것이고, 집단 사회적 주체를 존속시키려는 자각의 노력이며, 흩어질 수도 있는 사회 구성원들을 모으는 항상성(homeostasis)의 작용"이라고 보았다. 김영기, 『The Contents』, 이-디자인, 2002, 53쪽.

33) 빌렘 플루서, 『코무니콜로기』, 김성재 옮김, 커뮤니케이션북스, 2006 참조.

34) "2012년 4월 문화체육관광부와 한국국학진흥원이 한길리서치에 의뢰해 한국 문화 관련 대학교수와 연구원 등 전문가 100인을 대상으로 심층 설문조

이처럼 문화콘텐츠학의 방법론에 대한 연구는 우리의 문화를 형성하고 있는 심층적인 요소들 중에서도 보이지 않게 존재하는 요소들을 발견하여 이것을 소통하고 공감할 수 있도록 가치화하는 능력을 뒷받침한다. 따라서 문화콘텐츠학의 방법론을 연구하기 위해서는 직접적인 삶의 경험으로부터 사유를 시작하여 실천의 가능성까지 함께 고려해야 한다.

소통의 문화콘텐츠학의 학문적 체계를 정립하기 위해서는 그 체계의 정당성을 이루는 목적론, 대상론, 방법론에 대한 연구를 반드시 진행해야 한다. 문화콘텐츠학이 왜 필요하고 어떤 방향으로 나아가야 하는지, 구체적으로 무엇을 다루어야 하는지, 어떤 방법이 필요한지에 대한 문제들을 정리해야 한다. 소통의 문화콘텐츠학은 문화적 실천과 문화적 어울림이라는 목적을 가지고 문화콘텐츠를 연구 대상으로 삼는다. 그러므로 소통연관 속에서 연구 대상을 파악하면서 공감의 방법론으로 분석하고 구현하는 것이 연구의 방법이 될 수 있다. 이처럼 문화콘텐츠를 장르와 매체로 구분하지 않고 하나의 대상으로 인식할 때 통합적인 관점에서 관련된 문제들에 대처할 수 있다. 무조건 문화콘텐츠에서 기술이 중요하고 산업이 중

사를 실시하고 그 결과를 바탕으로 다시 일반인 1000명을 대상으로 전화 설문조사를 실시한 결과, 전문가들은 2012년 주목할 한국인의 문화유전자로 자연스러움[12.3%], 역동성/열정[12,2], 흥/신명[12.0%] 등을 높게 평가했고, 예의[10.4%], 여유[7.8%], 끈기[6.8%], 어울림/조화[6.1%], 한[4.9%], 공동체 문화[4.7%], 발효/숙성[4.2%]등이 그 뒤를 이었다. 이에 비해 일반인들은 예의[20.2%]를 가장 높게 평가했으며, 끈기[17.2%], 공동체 문화[11.2%], 역동성/열정[10.4%], 어울림/조화[8.4%], 흥/신명[7.9%], 한[5.1%], 자연스러움[3.5%], 발효/숙성[2.7%], 여유[1.6%]를 선택했다." 주영하 외, 『한국인의 문화유전자』, 한국국학진흥원 엮음, 아모르문디, 2012, 6~7쪽.

요하고 매체가 중요하다는 전제로 학문적 체계에 대한 문제에 접근하면 적절한 해답을 얻을 수 없다. 문화콘텐츠학은 학문으로서 내재적 가치를 확보하기 위해서 문화콘텐츠를 하나의 대상으로서 고찰하고 필요한 방법을 마련하여 학문의 이념을 실천할 때 비로소 다른 학문과 변별력을 갖는 학문적 체계로 구현될 수 있다.

4. 소통의 문화콘텐츠학 구조

지금까지 소통의 문화콘텐츠학의 필요성, 문화콘텐츠가 소통으로 경험되면서 인식되는 과정과 학문적 기반으로서 목적론, 대상론, 방법론을 살펴보았다. 그러나 학문적 체계를 정립하기 위해서는 학문의 연구 대상과 방법을 포괄하는 학문 그 자체에 대한 인식과 성찰이 더불어 필요하다.

문화콘텐츠학에 대한 기존의 연구들은 학문적 체계의 기반에 대한 연구가 미흡했다. 학문적 체계에 대한 연구 대신 학문 실천을 위한 조건들에 대한 탐색이 학문 연구의 중심을 이뤘고, 문화콘텐츠학의 학문적 토대를 제대로 구축하지 못했다. 그 결과, 학문의 사유와 실천을 하나의 이념으로 통일하지 못하고, 다양한 연구들을 하나의 체계로 종합할 수 없었다. 문화콘텐츠학의 학문론이 별도로 필요한 이유가 여기에 있다. 철학 없는 실천은 밑천 없는 재주와 같다. 문화콘텐츠학을 분과학문으로 정립하기 위해서는 학문적 체계에 대한 연구가 관련 내용을 종합하고 비판하는 것을 넘어 이념의 제시까지 이루어질 수 있어야 한다. 그래야만 학문의 구조가 학문을 실천하는 구체적이고 현실적인 담론들로 채워질 수 있다.

소통의 문화콘텐츠학은 문화콘텐츠가 연구 대상이다. 이제는 소통연관을 다루는 소통의 방법론으로 문화콘텐츠와 관련된 문제를 이해하고 문화적 실천을 기획하면서 이에 알맞은 문화적 어울림을 추구한다. 구체적인 문화콘텐츠학의 구조는 이에 맞게 현실적으로 실천할 수 있는 체계로 구현되어야 하며, 학문적 체계의 기반으로 다룬 목적론, 대상론, 방법론을 토대로 학문 실천을 위한 연구가 필요하다. 소통의 문화콘텐츠학의 학문적 체계의 기반에 관한 연구를 바탕으로 학문적 체계의 구현을 위한 실천을 모색할 때다. 소통의 문화콘텐츠학의 실천을 위한 연구의 구조는 넓게 학(學) 연구, 메타 연구, 방법론 연구, 교육 연구, 기반 요소 연구들의 유기적인 관계를 통해 이루어질 수 있을 것이다. 문화콘텐츠학에 대한 관련 연구는 학문 영역과 분야에 대한 연구, 이념과 지향에 대한 연구, 유형과 현황에 대한 연구, 개념에 대한 연구, 기획·제작·활용·분석·세계화의 방법에 대한 연구 그리고 교육에 대한 연구로 크게 구분할 수 있다. 이를 소통의 문화콘텐츠학 이념과 방향에 맞춰 그 체계의 구조를 아래의 [그림 59]와 같이 재구성해 보았다.

지금껏 문화콘텐츠학의 연구 분야에 대한 논의는 실천적인 방법을 모색하는 방향으로 접근하지 못했다. 문화콘텐츠학 연구는 지금껏 문화콘텐츠학에 필요한 조건들이 무엇인지를 확인하고, 그 조건에 맞게 분류를 설정하고 구분할 수 있는지를 더욱 중요하게 생각했다. 그래서 문화콘텐츠학에 필요한 연구 분야를 이론, 정책, 제도, 분석, 기획, 기술, 경제, 경영 등으로 구분하여 다양한 방식으로 조합하는 가운데 필요한 내용을 각 영역이 분할하여 담당하는 방식

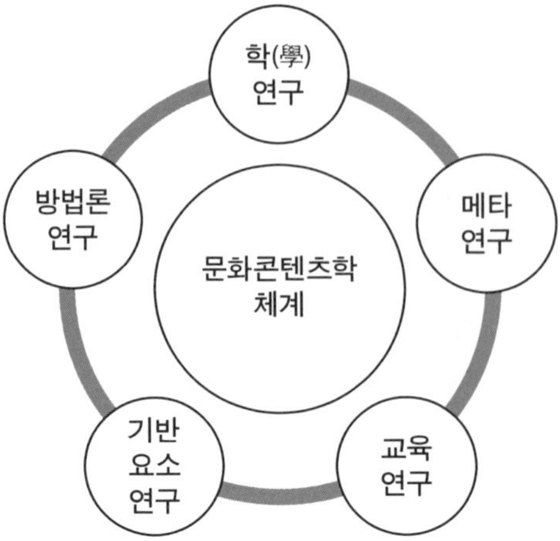

<그림 59> 소통의 문화콘텐츠학 학문 체계의 구조

으로 접근했던 것이다.[35] 그러나 기존 개별 학문을 문화콘텐츠학의 학문적 체계로 그대로 가져오는 방식으로는 하나의 학문을 제대로 정립할 수 없다. 왜냐하면 이러한 방식은 관련 연구들을 유기적인 관계 속에서 심화해 나가지 못하는 치명적인 문제가 있기 때문이다. 기술적, 기능적인 필요에 의해 가져온 각각의 학문 지식은 문화콘텐츠의 의미와 가치의 총체성과 맥락성을 담보하지 못한다.

소통의 문화콘텐츠학은 다음의 [표 9]와 같이 각각의 연구 분류와 관련 범주들로 구성될 수 있다.

이중 소통의 문화콘텐츠학에 대한 연구는 '학(學) 연구'에 해당한다. '학' 연구는 학문의 이념과 방향, 학문 주체, 학문 대상, 학문 연구 방법, 학문 체계의 구조와 범주, 연구 영역 설정 등 '학'의 요

35) 박상천, 「문화콘텐츠학의 학문 영역과 연구 분야 설정에 관한 연구」, 『인문콘텐츠』제10호, 인문콘텐츠학회, 2007, 77~80쪽 참조.

[표 9] 소통의 문화콘텐츠학의 연구 분류와 범주

연구 분류		연구 범주
메타 연구		문화콘텐츠학, 기획, 제작, 활용, 분석을 포함한 방법론, 교육 및 기타 기반 요소에 관한 메타연구
학(學) 연구		학문의 이념과 방향, 학문 주체, 학문 대상, 학문 연구 방법, 학문 체계의 구조, 범주, 연구 영역 설정 등 '학'의 요소와 조건 등에 대한 연구
기반 요소 연구		문화콘텐츠 관련 기술, 제도, 정책, 산업, 경영 등에 대한 제언
방법론 연구	기획	문화콘텐츠 기획을 위한 문화적 토대 확인, 소재 발굴과 연출 등에 관한 연구
	제작	문화콘텐츠 실제적 제작을 위한 내용 구성과 표현 기술 등에 관한 연구
	활용	문화콘텐츠 보존, 유통, 확산 등에 관한 연구
	분석	문화콘텐츠와 관련된 모든 소통연관에 대한 종합, 비판 및 대안적 연구
교육 연구		학문체계의 구현과 실천을 위한 문화콘텐츠학 교육의 방향, 교육모델 및 프로그램 개발과 적용에 관한 연구

소와 조건 등에 대한 연구를 진행한다. 이러한 연구를 통해 학문의 목적, 대상, 방법들의 당위성에 대해 논의하고, 학문적 체계에 필요한 연구 영역들을 확인하고, 학문에 대한 요소와 조건들을 파악한다.

'학'에 대한 연구는 학에 대한 성찰을 기본적으로 내포한다. 이러한 점에서 문화콘텐츠학에 대한 관심이 경제적 논리를 차용해 필요한 연구 분야들을 확인하고 학문의 당위성을 구축하려는 암묵적인 동의로 점철되었던 것은 아닌지 되짚어 볼 필요가 있다. 그뿐만 아니라 성찰을 넘어서는 구체적인 대응이 요구되며, 문화콘텐츠학이 무엇인지, 왜 필요한 것인지, 무엇을 어떻게 다루어야 하는지에 대한 본질적인 논의로 문화콘텐츠학에 대한 연구를 시작할 필요가 있다. 학문의 이념이 마련되고 체계 기반에 대한 연구가 진행되면, 본격적으로 학문실천을 위한 연구가 가능하다. 소통의 문화콘텐츠학은 삶의 관계를 통해 학문적 실천을 모색해야 하며, 이것은 앞서 진행한 문화콘텐츠학의 목적론, 대상론, 방법론에서 실마리를 마련할 수 있다.

문화콘텐츠학이 현실과 더욱 구체적으로 만나는 연구 영역은 방법론 연구, 교육 연구, 기반 요소 연구라고 볼 수 있다. 특히 기획, 제작, 활용, 분석에 대한 방법론 연구는 현실과 괴리될 수 없는 영역이다. 연구자들은 소통의 문화콘텐츠의 기획, 제작, 활용, 분석을 위해 삶의 현실을 먼저 확인하고 여기에 필요한 지식을 강구한다.

먼저 기획을 통해서는 소통의 문화콘텐츠를 만들기 위한 문화적 토대를 확인하고 필요한 소재를 발굴한다. 누구에게, 무엇을, 왜 소통할 것인지에 대한 물음을 통해 다양한 탐구를 진행한다. 제작의 과정에서는 실제적인 제작을 위해 내용 구성과 표현 기술을 검토한다. 어떻게 표현하고 전달할 것인가에 대한 물음과 탐구를 진행한다. 활용을 위해서는 문화콘텐츠의 보존 및 확산 등을 연구한다. 문화콘텐츠가 때와 장소에 맞는 의미와 가치를 확보할 수 있도록 관련 방법들을 확인한다. 분석을 위해서는 문화콘텐츠와 관련된 모든 소통연관을 고찰하면서 관련된 내용을 종합 및 비판하고, 나아가 삶을 위한 새로운 대안들을 제시한다. 구체적으로 소통에 참여하는 주체인 '소통하미'[36], 소통을 이루는 맥락적 상황인 '소통상황'[37], 소통의 과정에서 내용을 매개하는 '소통매체'[38], 소통의

---

36) 소통의 과정에 참여하는 주체로서 소통거리를 주고받는다.
37) 소통이 이루어지는 맥락적인 상황을 의미한다. 소통의 과정을 좌우한다.
38) 소통의 내용으로서 소통거리가 전달되고 표현되는 매체를 말한다.

목적에 해당하는 '소통주제'[39]들이 이루는 소통의 배경, 얼개, 방향 등을 파악한다.

이 외에 문화콘텐츠와 관련된 기반 요소들을 위한 연구도 진행한다. 관련 기술, 제도, 정책, 산업, 경영 등을 살펴보고, 유관 단체 및 기관에 필요한 제언을 한다. 또 교육 현장에서 문화콘텐츠학 학문 체계를 구현하고 실천하기 위해 문화콘텐츠학 교육의 방향, 교육 모델 및 프로그램 개발과 적용에 관한 연구도 실시한다.

소통의 문화콘텐츠학 체계를 이루는 각각의 연구들은 그 분야에 맞는 개념과 방법을 끊임없이 현실에 맞게 수정하고 보완하기 위해서 메타연구를 진행한다. 이 과정을 통해 다양한 이념을 비교하고, 연구방법들을 비판적으로 종합하면서 발전하게 된다. 단, 메타연구에서 중요한 것은 학문이 사변적으로 나아가는 흐름을 경계하는 것이다. 소통의 문화콘텐츠학 구조에 대한 연구는 문화콘텐츠학의 학문적 기반에 대한 연구[목적론, 대상론, 방법론]를 바탕으로 학문의 구체적인 실천을 위한 연구를 진행하면서 학문의 구조를 확장하고 완성해 가는 것에 의의가 있다.

지금까지 소통의 문화콘텐츠학의 필요성과 소통으로서 문화콘텐츠가 인간에게 인식되는 과정 및 목적론, 대상론, 방법론을 고찰해 보았다. 이와 함께 학문적 기반과 학문 실천을 위한 소통의 문화콘텐츠학의 구조와 범주를 정리하였다. 이제는 이를 바탕으로 학문적 체계의 적용 가능성을 모색해보자.

---

39) 소통거리가 담고 있는 내용의 목적에 해당하며, 소통하미의 의도가 된다.

제12장

소통의 문화콘텐츠학 연구 방법론과 분류

문화콘텐츠학의 하위 연구 분야들은 전체적인 학문적 체계의 이념에 맞게 현실의 관계 속에서 서로 유기적으로 정립되지 못했다. 다르게는 그것 나름의 사유 방식과 실천 방식을 설명하지 못했다고 표현할 수 있다. 따라서 소통의 문화콘텐츠학 연구는 필요한 하위 연구 분야들을 확인하는 것을 넘어 문화콘텐츠 연구에서 제기될 수 있는 세부적인 문제를 해결할 별도의 관점과 기능을 확보하고, 현실의 실제적인 문제에 대한 적용에까지 두루 필요하다.

하나의 학문에서 서로 다른 각 하위 연구 분야들은 수직적, 수평적, 유기적인 형태로 서로 관계를 맺으며 제 기능을 수행한다. 소통의 문화콘텐츠학을 구성하는 각각의 하위 연구 분야들 역시 소통의 문화콘텐츠학의 학문적 체계에 맞게 저마다의 역할을 수행해야 한다. 그러기 위해서는 하위 연구 분야마다 나름의 관점과 실천 방법에 대한 연구가 필요하다. 학문을 이루는 하위 연구 분야의 방법들이 학문 전체의 얼개에 맞게 목적과 기능을 수행할 수 있도록 별도로 연구할 필요가 있는 것이다. 더불어 개별 연구 분야의 관계와 역할을 연구(또는 규명)하기 위해 각 하위 연구 분야들을 종합적으로 사유하는 방식이 요구된다.

문화콘텐츠의 기획, 제작, 활용, 분석에 대한 하위 연구들은 단계별로 순차적이기도 하고, 기능별로는 의존적이다. 그래서 이 연구들이 서로 유기적인 관계를 맺어 소통의 문화콘텐츠학의 학문적 체계와 결합할 필요가 있다. 기획, 제작, 활용, 분석에 대한 연구는 각각의 분야가 학문적 체계의 총체성을 이루는 일부분으로서 왜 필요하고, 무엇을 다루어야 하고, 어떤 방법이 필요한지를 묻고 답하면서 학문적 기반과 실천적 방법을 확보할 수 있다.

1. 기획론과 소통의 차림론

정창권은 "하나의 테마를 선정해서 각종 자료를 수집한 후, 시놉시스를 짜고 기획서를 작성하는 것까지"[1]가 문화콘텐츠 기획이라고 말한다. 이 말은 기획이 어떠한 콘텐츠를 만들기 위해 단순히 테마를 선정하는 것만이 아님을 알려준다. 콘텐츠의 개발과 제작, 판매 방안까지를 포함해 전체적인 계획을 수립하는 것이 기획이며, 이 단계에서 향후 나타날 수 있는 문제점들을 충분히 파악해야 좋은 작품이 나오고 실패율을 낮출 수 있다. 기획에서 해야 할 구체적인 작업은 테마 선정, 장르 설정, 자료 수집, 시놉시스 쓰기, 기획서 작성 등이며, 참신함과 독창성을 확보하기 위한 트렌드(trend) 파악, 멀티유즈성, 상업성, 공감성 등도 기획 과정에서 염두에 두어야 할 사항이다.

신광철은 문화콘텐츠 기획을 구체적으로 규정하지 않았다. 그러나 단군, 심청, 세시풍속, 전통음악의 문화콘텐츠화 방안에 대한 내

1) 정창권, 『문화콘텐츠학 강의. 쉽게 개발하기』, 커뮤니케이션북스, 2007, 24쪽 참조.

용을 제시하고 있는 부분들을 종합해 보면, 우리의 문화원형과 같은 인문학적인 주제 혹은 소재를 일차적으로 고찰하여 문화콘텐츠를 통해 향유할 수 있는 내용으로 정리하는 작업을 기획으로 본다고 할 수 있다. 그가 인문학적 소재의 중요성을 부각하는 것은 문화산업의 위상이 높아졌기 때문이다. 이것은 결국 미래산업의 신(新)동력이기 때문에[2] 소재로서의 문화원형을 강조할 수밖에 없다.

박장순은 삶에 여유와 웃음을 주고, 삶을 재밌고 즐거운 것으로 받아들이게 하는 것이 문화콘텐츠 기획이지만, 궁극적인 목적은 상업적 가치 창출이라고 말한다. 문화콘텐츠 제작은 투자이기 때문에 기획[자]은 제작자(producer)의 투자 보장에 초점을 맞추어야 한다. 따라서 이러한 기획에서 다루어야 할 작업의 첫 단계는 프로젝트의 실질적인 목표를 설정하는 것이다. 이 단계에서 문화콘텐츠의 궁극적 가치인 초(超)목표, 상업적 가치 창출을 위한 세부 목표를 세운다. 두 번째 단계에서는 목표를 달성하기 위한 세부 계획을 수립한다. 시장을 분석하고 시장의 문제를 풀어나갈 방책들을 세부 실천 계획에 담아야 한다. 세 번째 단계는 계획의 실행 단계로 기획자의 관리능력이 요구되는 과정이다. 프로젝트에 참여하는 수많은 스태프가 동일한 목표에 매진하도록 리더십(leadership)을 발휘하는 것을 말한다. 마지막 네 번째 단계는 프로젝트의 결산이다. 매출에 대한 결산은 물론 프로젝트 시행에 나타난 문제를 파악하고 사업에 대한 백서를 발간한다.[3]

위 연구자들의 내용을 살펴보면 기획론은 문화콘텐츠를 제작하

---

2) 신광철, 『문화콘텐츠학 입문』, 한신대학교출판부, 2009, 105쪽 참조.

3) 박장순, 『문화콘텐츠학 개론』, 커뮤니케이션북스, 2006, 162~163쪽 참조.

기 위한 준비 과정이면서, 문화콘텐츠에 대한 일종의 접근 태도와 방식이라는 점을 알 수 있다. 문화콘텐츠의 목적이 무엇이냐가 기획의 성격을 결정하는 것이다. 문화콘텐츠의 실패를 줄이기 위한 목적, 인문학적 소재를 향유하기 위한 목적, 상업적 가치를 창출하기 위한 목적 등 여러 가지 목적이 기획론의 토대가 되어 문화콘텐츠가 나아갈 방향을 제시한다. 그러나 이러한 기획의 관점은 문화콘텐츠 소통에 다소 부적합하다고 볼 수 있다. 소재의 활용과 상업적 가치의 창출이라는 기획 의도는 생산자의 입장만 강조할 수 있기 때문이다. 문화콘텐츠의 소통을 위한 기획은 쌍방향적인 기획이어야 한다. 기획에 관한 연구의 중요한 관건은 문화콘텐츠를 향유하는 상대방의 입장을 고려하는 것과 그들을 어떻게 이해할 것인가를 분명히 하는 것이다. 기획에 무엇이 필요한지는 이후의 문제다. 관계를 중시하는 기획은 생산자의 논리로만 점철될 수 없다. 여기에서 관계론적인 쌍방향 기획을 말하는 것은 생산자의 입장을 넘어서려는 단순한 의도가 아니다. 소통의 문화콘텐츠 기획론은 역사적인 시간의 축에서는 전통과 현대의 조화와 공존이고, 사회적인 공간의 축에서는 서로 다른 정체성의 만남이며 동시에 새로운 정체성의 모색이다. 인간은 시간과 공간이 만나는 현실의 사이에서 지속적인 역사를 만들기 위해 자기정체성을 끊임없이 성찰하고 새롭게 재구성한다. 문화콘텐츠를 기획하는 사람과 향유하는 사람은 단순히 문화콘텐츠를 생산하는 자와 소비하는 자로 존재하는 것이 아니라 문화콘텐츠를 통해 서로의 정체성을 확인하고, 집단적 공동체의 정체성을 함께 만들어가는 협력적 관계에 있다. 즉 이 둘은 역사에 대한 쌍방향적인 참여자인 것이다. 소통의 문화콘텐츠 기획은 시대를 통해 기획자와 향유자가 만나는 의미와 가치의 차림이 되어야 한다.

여기의 기획은 넓은 의미로는 어떤 일을 꾸미어 계획하는 것이라 볼 수 있다. 예를 들어 집짓기를 기획한다고 하면 건축주가 왜 집을 짓고자 하며, 어떻게 지을 것인지와 같은 내용을 여러 전문가와 협의하고 필요한 조사를 수행하면서 계획을 세우는 것이다. 집을 제대로 지을 수 있도록 차림의[4] 차림판[플랫폼, platform]을 구축하는 것이다.

이처럼 문화콘텐츠의 기획론에서는 소통의 차림판을 준비한다. 문화콘텐츠를 통해 왜 소통해야 하는지, 어떻게 소통할 수 있는지 고민하면서 사람들의 몸, 마음, 정신, 얼을 두루 아우르는 내용물을 준비하기 위해 기획하는 것이다. 문화콘텐츠를 본격적으로 제작될 수 있는 준비 단계이다.

---

4) 한국어대사전에서는 '차림'의 동사 '차리다'를 1) [사람이 음식이나 음식상을] 장만하여 갖추다. 2)[사람이 가게나 살림을] 필요한 것들을 갖추어 벌이다. 3) [사람이 정신이나 기운을] 진정하여 다잡다. 4) [사람이 예의나 격식을] 갖추어 겉으로 드러내다. 5) [사람이 준비나 방법을] 해야 할 일에 대비하여 갖추다. 6) [사람이 이익이나 욕심을] 채우거나 채우려 하다. 7) [사람이 일의 낌새를] 짐작으로 알게 되다라는 내용으로 나타나 있다. 조선말사전에서는 1) 어떤 잔치, 살림, 옷, 태도를 마련하고 갖추어 꾸미어 겉으로 나타내는 것. 2) 일정한 욕망을 채우는 것. 3) 분간하거나 집작하여 알아내는 것. 4) 스스로 깨닫거나 알게 되는 것. 5) 어떤 방법이나 대책을 세우거나 취하는 것으로 설명하고 있다. 여기에서 명사 '차림'은 차리는 것[과정] 또는 차린 모양새[결과]를 말한다. 『한국어대사전』, 고려대학교 민족문화연구원, 2009, 5997쪽; 문영호 외, 『조선말사전』, 과학백과사전출판사, 2004, 1110~1111쪽.

2. 차림의 사례 : 문화적 정체성을 통한 관광의 기획

소통의 차림판을 마련한 사례를 살펴보자. 이참[전, 한국관광공사 사장]은 관광에도 철학이 있어야 한다며, 창의적이고 생산적인 관광문화를 창출할 기준(방법론/자세)인 관광 문화콘텐츠 차림판을 구축했다. 그가 제시한 차림판은 '삼관오림'이다. 삼관오림은 관광산업을 업그레이드해 한국을 찾는 관광객에게 의미 있는 경험을 제공할 수 있는 기반인 세 가지 철학과 다섯 가지 전략을 일컫는다. 삼강오륜에서 따온 '삼관'은 관찰, 관심, 관계, '오림'은 떨림[흥분], 끌림[매력], 어울림[함께하는 즐거움], 울림[감동], 몸부림[신명]이다.

관광산업을 향상·발전시키고 잘 운영하려면 ① 사람들이 무엇을 원하는지, 무엇을 좋아하고 어떤 곳에 가고 싶어 하는지 같은 사람들의 마음을 우선 관찰해야 한다. 이것이 '관찰'이다. ② 관찰을 통해 사람들의 마음을 잘 파악했다면, 다음은 사람들의 마음을 움직이기 위한 방법을 찾아 관심을 끌어야 한다. ③ 사람들의 마음을 열고 관심 끌기에 성공했다면, 이제는 그것을 관계로 만들 수 있어야 한다. 이것이 그가 말하는 관광을 위한 관찰-관심-관계의 삼관이다.

관광을 매개로 사람들과 관계를 만들기 위해서는 우리만의 특별한 매력을 제공할 수 있는 힘이 있어야 한다. 이것이 '오림'이다. 그는 떨림[흥분], 끌림[매력], 어울림[함께하는 즐거움], 울림[감동], 몸부림[신명]의 다섯 가지 힘으로 한국 관광에 활력을 불어넣을 토대를 마련할 수 있다고 본다. 관광이 사람들의 몸, 마음, 정신, 얼에 다가갈 수 있어야 제대로 된 관광의 경험을 제공할 수 있다고 보는 것이다.

그는 우리나라가 이러한 힘을 충분히 갖고 있다고 보며, 이것이 이미 '기(氣), 홍(興), 정(情)'의 세 가지로 형태로 발현되고 있다고 말한다. 그에 따르면, '기(氣)'는 한국의 자연이 빚어내는 기운으로 우리의 성산(聖山)에 가면 지극히(충만하게) 느낄 수 있다. 성산의 정상 자욱한 구름 사이에 첩첩이 이루는 자연의 모습에서 신비를 느낄 수 있고, 한옥과 음식에서도 이러한 기(氣)가 느껴진다고 말한다. '홍(興)'은 우리 문화에 나타나는 익살스럽고 해악적이면서 흥겨운 특징이다. 우리나라의 가락, 북소리, 고궁을 지켜주는 해태에서 이러한 힘이 나온다. 대표적으로 홍을 느낄 수 있는 것이 세계인의 시선을 끌고 있는 K-POP(케이팝)으로, K-POP에 담겨있는 홍의 힘이 세계인에게 매력으로 다가온다. 마지막으로 '정[情]'은 우리의 이야기에서 찾을 수 있다. 목마른 나그네에게 마을의 아낙네가 물을 건네면서 급히 마셔 체하지 말라는 의미로 바가지에 버들잎 한 장을 띄웠다는 이야기 속에 타인을 배려하는 따뜻한 마음이 녹아 있다.[5] 그는 이러한 기(氣), 홍(興), 정(情)' 세 가지 코드가 세계인과 공감할 수 있는 우리의 근본적인 매력이며, 삼관오림의 철학과 방법을 통해 세계인과 소통할 수 있는 관광 문화콘텐츠를 구현할 수 있다고 본다.

우리가 눈여겨봐야 할 것은 그가 우리나라의 문화적 정체성에 주목하고, 그것을 구체적인 철학적 내용으로 정리하여, 관광 문화

---

5) 참조 <이코노믹 리뷰>, 《한국엔 氣·興·精 에너지 충만 삼관오림 실천하면 관광대국》. http://www.econovill.com/archives/2978

콘텐츠 제작을 위한 기획의 차림판으로 제시했다는 점이다. 문화콘텐츠의 소통을 위한 기획을 우리에 대한 주체적인 인식의 중심 잡기에서 출발한 것이다. 이는 가장 한국적이면서 세계적인 문화콘텐츠를 만들기 위한 기획은 우리의 삶에서 비롯되어야 함을 보여준다. 이러한 기획론을 수행하기 위해서는 두 가지 기반 요소가 필요하다. 그것은 주체성과 창조성이다. 주체성은 기획자가 사회적 존재로서, 변화하는 환경 속에서 스스로 능동적으로 생각하고 행동하려는 속성을 말한다. 자기 자신에 대해, 사물에 대해, 세계에 대해 자신의 눈으로 보고 판단하며 자신의 상황 속에서 마주치는 문제들을 스스로 풀려고 노력하는 주체적인 생활 태도와 사유 방식이다.[6] 이러한 주체성은 관계 맺음의 체험을 능동적으로 실천하는 기반이 된다. 그리고 창조성은 어떠한 문제를 능동적으로 해결하기 위한 과정과 결과의 바탕이 된다. 이참은 관광의 문화콘텐츠를 제대로 차리기 위해 주체성과 창조성을 발휘하여 그 결과로 나름의 기획론을 정리했다.

이렇게 보았을 때, 문화콘텐츠 기획론은 '문화 정체성 찾기'에 대한 연구라 할 수 있다. 이런 점에서 삶을 주체적으로 분석하여 여러 사람이 공감할 수 있는 창조적인 과정과 결과를 담아낼 수 있도록 '판[플랫폼]'을 마련하는 것이 기획론에서 하는 작업이다. 문화의 결과 무늬로 새겨진 문화 정체성을 찾아서 사람들의 몸, 마음, 정신, 얼과 소통할 수 있는 가치와 의미를 발견하는 것이다. 우리가 접하는 영화, 방송, 음악과 같은 각각의 문화콘텐츠는 지역과 사람에 따라 다르게 만들어져 왔음을 쉽게 알 수 있다. 예를 들어 미국 영화,

6) 이기상, 『이 땅에서 우리말로 철학하기』, 살림, 2003, 85쪽 참조.

한국 영화, 중국 영화, 인도 영화, 프랑스 영화를 각각 구분할 수 있는 것은 영화를 만드는 사람이 미국 또는 한국 국적을 가지고 있어서도 아니고 영화를 만드는 자본이 미국 또는 한국에서 투입되었기 때문도 아니다. 그것을 기획하고 만드는 사람이 지닌 문화 정체성이 모두 달라, 영화가 보여주는 문화적 문법과 지평이 그 영화가 만들어진 어떤 문화권이나 집단의 정체성을 담고 있기 때문이다.

우리가 오늘날 문화콘텐츠를 접하는 것은 지리적 경계와 역사적 시간을 넘어서는 경험이다. KBS에서 방영되고 있는 <한국인의 밥상>이라는 프로그램을 보면 하나의 문화콘텐츠가 시간의 면면한 흐름 속에서 지리적인 환경과 어떻게 연관되어 있는지 그 관계가 잘 나타난다. 이 프로그램은 각 지역에서 내려오는 한국인의 일상적인 밥상에 올라오는 음식을 소재로 매주 한 편의 다큐멘터리를 방영한다. 방송의 기획 의도를 보면 기획자는 '지리적 환경에 사람들의 숨결과 지혜가 어우러져 역사가 되고 문화로 응축된 것을 바로 그 지역의 대표 음식'으로 생각한다. 이러한 '대표 음식들의 숨겨진 이야기와 역사, 그리고 음식 문화'가 지금까지 한국인의 밥상에 녹아 있다고 본다.[7] 그렇다면 여기에서 필요한 것은 문화와 그 문화가 변해오는 과정에서 형성된 문화적 정체성을 통찰력 있게 파악하는 능력이다.

문화콘텐츠 기획에 관한 연구는 문화콘텐츠 기획을 위한 철학적 바탕을 갖추고, 관련된 대상을 탐색해 갈 수 있는 관점과 방법을 제공하는 것이 중요하다. 물론 그 방법론은 시대적 맥락과 현실적

---

7) 참조 KBS <한국인의 밥상> 홈페이지. http://www.kbs.co.kr/1tv/sisa/table/program/index.html

요구에 부합해야 한다. 따라서 문화콘텐츠 기획은 기획자가 현실과 구체적으로 만나는 지점으로, 문화콘텐츠가 구현되는 출발점이다. 문화콘텐츠 기획은 구체적으로 문화콘텐츠가 비롯되고 향유되는 공간의 문화 역사적 삶의 모습을 보고 거기에 요구되는 내용이 무엇인지 확인한다. 그리고 이를 바탕으로 소재를 수집하여 전달하려는 내용의 주제를 구성하고, 문화콘텐츠의 개념과 연출 구도를 설정하는 일련의 과정을 다룬다.

3. 제작론과 소통의 새김론

정창권은 문화콘텐츠 제작을 제작 과정을 포함한 방법으로 본다. 그는 원천소스를 가지고 대중과 접촉하기 위해 영화, 방송, 만화, 애니메이션, 게임, 공연, 전시, 출판 콘텐츠 등으로 제작하는 콘텐츠 각각의 제작 과정을 분리하여 그 방법을 제작론에서 정리해 다룬다.[8] 제작은 기획과 밀접한 관련을 맺는다. 기획자나 개발자가 문화콘텐츠 제작과 판매 방법에 대해 충분히 알고 있어야 관리하기가 편한 것은 물론, 체계적인 기획도 가능하기 때문이다. 그는 기술적인 트랜드를 익힌 제작 방법은 제작 과정에서 발생할 수 있는 시행착오를 줄여 문화콘텐츠 제작에 들어가는 시간과 비용을 절감하는 효과를 가져다준다고 말한다.

신광철은 기획론과 마찬가지로 구체적으로 제작론을 언급하지는 않는다. 그러나 책의 내용을 추론해 볼 때, 다양한 문화적 내용

8) 정창권, 앞의 책, 105~127쪽 참조.

을 기반으로 해서 뜻[의미=의지의 작동], 신바람[재미=감각적 쾌락], 멋[심미=정서적 울림]의 세 가지 가치를 아울러 사람들이 체험할 수 있도록 발현하는 작업을 제작론으로 보고 있다.[9]

박장순은 제작을 콘텐츠의 생산을 위한 일종의 투자[자] 개념으로 이해한다. 여기에서 투자란 이익을 남기기 위해 하는 행위이고, 제작은 이윤 추구를 위해 '기획, 협의(狹義)의 제작, 마케팅, 홍보, 유통, 소비' 등 문화콘텐츠 생산·유통·소비의 모든 과정을 총체적으로 관장하고 책임지는 포괄적인 생산 행위를 의미한다. 더불어 그는 콘텐츠 제작을 가능하게 하는 힘은 예산이기 때문에 제작자의 가장 큰 덕목은 자금동원력이라고 주장한다. 제작비의 규모는 만들고자 하는 문화콘텐츠의 장르와 성격, 소재와 내용, 목적과 용도, 제작자의 의지에 따라 얼마든지 달라진다고 본다. 문화콘텐츠 제작론은 "소재영역 현장에서 제작의 기본 원리를 찾아내고, 이를 통합적 관점에서 체계화해 제작의 승률을 높이는 데 기여하는 이론적 기반을 제공"[10]하는 역할을 담당한다.

앞 연구자들의 내용을 종합해 보면, 제작론은 만들고자 하는 것(내용)을 여러 요소를 고려하여 내용과 표현의 문화콘텐츠로 구현하는 과정이라고 볼 수 있다.[11] 제작에서는 시행착오를 줄여줄 기

---

9) 신광철, 앞의 책, 49쪽 참조.

10) 박장순, 앞의 책, 160~161쪽 참조.

11) 미디어를 통한 표현은 단순한 내용의 전달만은 아니다. 빌렘 플루서에 의하면 디지털 미디어에 나타나는 표현은 기술적 상상[내용과 표현의 결합]에 의한 형상인데 이것은 객관적이거나 기계적이지 않다고 말한다. 미디어를 통한 표현은 어떠한 내용을 있는 그대로 다른 사람에게 전달하는 것이 아니라 나와 타인 그리고 미디어 사이에서 이루어지는 타협이고 합의의 과정이라는 것이다. 그러므로 그는 미디어 현실에서 인간은 세계를 인식하기 위한 진리를

술적인 경향[트렌드] 파악과 장르에 따른 절차가 중시되기도 하고, 콘텐츠에 담길 내용이 사람들에게 발현되었을 때의 가치를 중요하게 인식할 수도 있고, 콘텐츠 제작을 뒷받침하는 비용과 투자를 절대적인 가치로 생각할 수도 있다. 그러나 이러한 모든 요소는 문화콘텐츠 제작을 뒷받침하거나 사전에 고려할 요소이지 제작 그 자체에 대한 규명이라고 할 수는 없다. 소통의 문화콘텐츠학에서 문화콘텐츠를 소통의 과정과 내용으로 접근한다면, 문화콘텐츠의 제작론은 일종의 '새김'[12]이라고 볼 수 있다.

일반적으로 제작은 재료를 써서 특정 기능과 내용을 가진 새로운 물건이나 작품을 만드는 것을 말한다. 예를 들어 집을 제작한다고 하면, 집을 짓는 사람이 사전에 기획한 의도와 내용을 필요한 재료와 재료를 다루는 기술을 통해 원하는 집의 모습으로 형태를 만드는 것이라 할 수 있다. 이렇게 본다면 제작은 여러 재료와 기술을 이용해 기능과 내용을 가시적인 결과물로 형태 짓고 새겨내는

찾는 것이 아니라, 타인과 세계 속에서 함께 살기 위한 진리를 찾는다고 말한다. 이러한 주장을 받아들인다면 문화콘텐츠의 제작은 단순한 기술의 사용이 아니라 내용과 표현의 맞물림을 통해 관계와 소통을 지향해 가는 과정이자 목적이라고 말할 수 있다. 빌렘 플루서, 『코무니콜로기』, 김성재 옮김, 커뮤니케이션북스, 2001, 228~231쪽 참조.

12) 한국어대사전에서 '새김'의 동사 '새기다'는 1) [사람이 물체에 글씨나 형상 따위를] 실로 박거나 날카로운 끝을 가진 도구로 조각하다. 2) [어떤 사람이 마음속에 다른 사람의 말을] 잊히지 않게 깊이 기억하다라는 뜻으로 표현되어 있다. 조선말사전에는 '새기다'를 1) 물체의 일정한 부분을 떼 내여 글자나 사물의 모양이 나타나게 하다. 2) 어떤 흔적을 남기다. 3) 잊혀지지 않게 깊이 기억하여두거나 마음에 간직하다. 4) 물이나 글의 뜻을 풀거나 설명하다. 5) 남의 말이나 대답을 이해하고 받아들이다로 설명하고 있다. 『한국어대사전』, 고려대학교 민족문화연구원, 2009, 3298~3299쪽; 문영호 외,『조선말사전』, 과학백과사전출판사, 2004, 881쪽.

작업이다. 마찬가지로 문화콘텐츠 제작은 앞서 진행한 기획 과정을 바탕으로 문화콘텐츠의 내용과 표현을 소통의 대상, 목적, 장소와 때에 맞게 조화롭게 의미를 새겨내는 작업이라고 말할 수 있다.

콘텐츠를 제작하기 위해서는 내용과 표현을 가시적으로 드러내는 새김이 필요하다. 이를 위해서는 기획 의도에 맞는 내용과 그것을 표현할 여러 기술적인 요소들과 언표적인 요소들을 적절히 결합해야 한다. 영화 제작에는 배우와 스텝은 물론 촬영 장비, 조명 장비, 음향 장비, 편집 장비, 운송 장비, 무대 장비와 같은 기술적인 요소들이 필요하다. 또 이러한 기술적인 요소들을 적절히 가동할 수 있는 시나리오, 대본, 촬영 일정표, 작업 매뉴얼 등의 언표적 요소들도 갖춰야 한다. 언표적 요소들은 기술적 요소들이 적절히 기능을 수행할 수 있도록 도와주는 약속 체계로, 문화콘텐츠와 관련된 기술은 언표적인 요소에 의해 그 기능이 정해지고 수행된다. 그러므로 문화콘텐츠 제작에 대한 연구는 이 둘을 적절히 다룰 수 있는 방법론적 토대를 제공해야 한다.

문화콘텐츠 제작에서 기술은 그것이 무엇을 위한 기술인가에 대한 물음을 통해 의미와 역할을 갖는다. 문화적 맥락 안에서 문화콘텐츠의 차림을 고려했다면, 문화콘텐츠를 제작하는 기술은 기계적 장치를 작동시키는 기술에 한정된 것이 아니라 몸으로 느끼고, 마음으로 경험하게 하고, 정신으로 생각하고 사무쳐, 얼로 깨우치는 데 기반이 되는 기술이라고 넓게 정의할 수 있다. 따라서 문화콘텐츠 제작의 문화적 함의는 문화적 소통을 위해 풍부한 기술과 상상력을 결합하여 현실에 다양한 의미를 직접 더해주는 데 있다고 볼 수 있다.

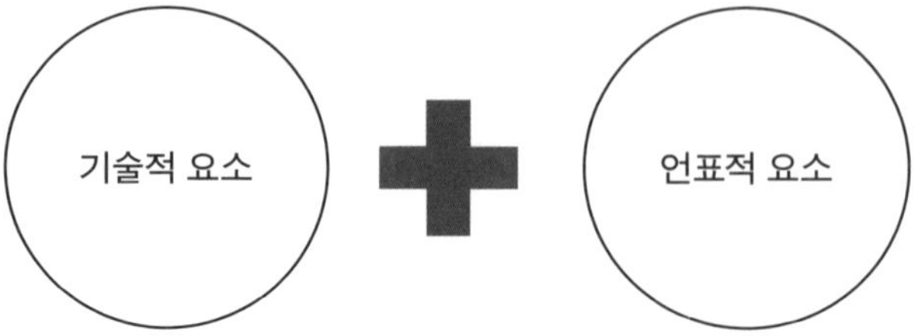

<그림 60> 새김의 제작을 위한 요소

이러한 측면에서 새김은 만들고, 짓고, 꾸미고, 그려서 소통할 수 있는 멋을 차려내기 위한 창의적인 기술을 말한다. 새김은 사람들에게 문화적 멋을 느끼도록 만들어 소통의 기회를 마련해 주는 작업이다. 쉽게는 법도[격식]에 맞는 새김, 분위기에 맞는 새김, 순서[과정]에 맞는 새김, 예의에 맞는 새김을 생각할 수 있다.[13] 그러나 이 시대는 이렇게 이미 코드화되고 형식화된 새김의 기술보다는 기존의 목적, 기능, 규칙, 규율에서 벗어나 창조적인 새로운 멋의 길을 트도록 도와주는 창조적인 새김이 더욱더 필요하다.[14] 기존의 맥락에서 벗어난 어떠한 내용을 멋으로 느낄 때 사람들은 재미와 홍미를 갖고 더욱 심취하게 된다. 즉, 기발한 문화적 끼가 새로운 삶의 변화를 위한 떨림, 몸부림, 울림, 어울림을 만들어 재미, 홍미, 심미, 탐미로 이어질 때 차이와 갈등을 넘어선 문화적인 어울

13) 최봉영, 『한국인에게 나는 누구인가』, 지식산업사, 2012, 124~143쪽 참조.
14) 들뢰즈는 이미 만들어진 고른판[패인판]에서 벗어나기 위해서는 새로운 탈주선을 만들 수 있어야 하는데 이것은 기존에 코드화 되어 있는 판에서 새로운 탈코드화를 만들 수 있을 때 가능한 것이라고 본다. 융합과 통합은 새로운 변화이고 탈코드화와 탈영토화로 진행될 수 있다. 질 들뢰즈·펠릭스 가타리, 『천 개의 고원』, 새물결, 2003 참조.

림을 이룰 수 있다. 감추어져 있거나, 있어도 주목하지 않았던 비가시적인 것을 새로운 멋으로 표현한다면 문화적인 다양성에 활력을 줄 수 있다. 새김의 제작은 문화에 생명력을 불어넣어 다채로운 삶을 멋으로 승화시켜 문화적인 조화와 융합을 만드는 작업이다. 따라서 문화콘텐츠 제작론은 기능적인 기술의 활용과 단련을 위한 내용만으로는 정리될 수 없다. 무엇을 왜 제작해야 하고, 어떻게 제작할지에 대한 물음을 통해 창조적인 과정을 뒷받침해야 한다.

4. 새김의 사례 : 탈코드화의 멋으로서 지식과 사물

대표적인 새김의 제작 사례의 하나로 EBS '지식채널e'를 들 수 있다. 이 프로그램은 우리가 현재 생각하는 지식 일반의 의미를 새롭게 조명하여 현실을 위한 지식의 가치가 무엇인지에 관해 물음을 던져 새로운 의미 정립을 시도한다. '지식채널e'는 모든 지식이 몰가치적인 것은 아니라고 보며, 어떠한 지식이든 그것을 받아들이는 사람의 가치관에 따라 방향성이 결정된다고 본다. 지식을 하나의 살아있는 메시지로 보는 것이다. 그래서 제작진은 "기계적인 객관성을 취하거나, 반대로 하나의 결론을 내리고 시청자를 설득하기보다는 최대한 다양하게 생각할 수 있는 '거리'를 던지고 시청자가 나름대로 '메시지'를 만들어 갈 수 있도록 하는 것에 프로그램의 목적"[15]을 두고, 지식을 입체적으로 접근할 수 있도록 화두를 던진

15) 참조 EBS <지식채널e> 홈페이지. http://home.ebs.co.kr/jisike/progIntroNew

다. 이 프로그램에서의 지식은 다른 사람을 계몽하고 설득하기 위한 내용 또는 개인적 경쟁력을 확보하기 위한 수단이 아니다. 오히려 사람들의 닫힌 시각을 열어주면서, 동시에 자신을 구속하던 기존의 지식에 물음을 던지게 해 '지식'에 대한 시각 자체를 변화시키는 데 목적이 있다. 다양한 지식 속에서 그 지식이 갖는 의미에 대해 진지하게 생각해 '지식'에 대해 메타 접근을 하도록 만드는 것이다. 이는 사람들이 생각하는 지식에 대한 이해의 맥락을 새롭게 전환하기 위해 지식에 대한 사람들의 믿음을 탈코드화한다고 볼 수 있다. 지식이라고 하는 대상을 입체적으로 조명하여 새로운 멋을 추구하는 것이다.

다른 사례는 KBS에서 방송하는 '문화 책갈피'라는 프로그램에서 다루는 '사물의 재발견'이다. '문화 책갈피'는 문화예술 분야를 경계나 고정관념 없이 새로운 시선으로 바라보는 문화 전문 프로그램으로 기획되었다. 음악, 미술, 연극, 뮤지컬, 사진, 건축, 디자인 등 다양한 문화예술 분야를 망라하여 새로운 시선으로 접근한다.[16] 이러한 기획 의도 아래에서 '사물의 재발견'은 우리가 일상적으로 아무런 생각 없이 마주하는 사물들의 의미를 새롭게 조명한다. 예를 들어 기원전 4세기 그리스의 벽화에 오늘날 여성들이 신고 있는 '하이힐'과 비슷한 신발을 남성들이 신고 있는데 이것이 어떻게 여성의 전유물이 되었는지 보여준다. 그런가 하면 작업이나 휴식을 위해 사용하는 '의자'가 과거에는 어떤 상징적 의미가 있었고, 현대에는 어떤 의미로 변화되었는지 추적하기도 한다. 이 프로

---

16) 참조 KBS <문화 책갈피> 홈페이지. http://www.kbs.co.kr/1tv/sisa/bookmark/about/index.html

그램은 과거로부터 오늘에 이르기까지 우리가 일상에서 알게 모르게 스쳐 지나가는 다양한 사물들의 의미를 재조명해 보여줌으로써 인간이 다양한 사물들과의 관계 속에서 새로운 멋을 추구하는 존재임을 깨닫게 한다. 이처럼 문화콘텐츠는 같은 소재를 사용하더라도 그것을 표현하는 기획자의 관점에 따라 새로운 의미와 가치를 내포한 공감의 내용을 통해 색다른 경험을 제공한다.

문화콘텐츠 제작론은 알게 모르게 존재하고, 보이게 또는 보이지 않게 존재하는 다양한 대상을 인간이 향유할 수 있는 소통의 내용과 표현의 멋으로 새기는 작업이다. 누구나 공감할 수 있는 멋을 추구하는 과정에서 문화는 끊임없이 코드화, 탈코드화, 재코드화된다. 이것이 문화가 생명력을 가지고 운동할 수 있는 이유이다. 이런 점에서 제작은 무엇인가를 만들어 표상화, 물질화하는 그 이상의 의미가 있다.

제작은 문화콘텐츠의 개념을 가능하게 하는 철학, 감각을 가능하게 하는 예술, 기능을 가능하게 하는 과학이 함께 일어나는 과정으로 결과물을 통해 구현된다. 들뢰즈의 논의를 응용한다면 문화콘텐츠의 제작은 문화콘텐츠를 이루고 경험하는 개념의 형태, 감각의 힘, 인식의 기능을 요구한다고 할 수 있다.[17] 따라서 문화콘텐

---

17) 위대한 작품이란 그것의 물질적 형상화에 있는 것이 아니라 작품에 나타난 '관(觀)'이 기존의 관념을 깨고 등장한 것에 있다. 위대한 작품은 기존의 생각을 깨고 등장한다. 들뢰즈는 인간의 사유를 철학, 예술, 과학의 세 가지의 교차와 얽힘으로 보았다. 그는 "철학은 개념들을 통하여 사건을 발현시키며, 예술은 감각들과 더불어 기념비들을 세우며, 과학은 기능들에 의하여 사물의 상태를 구축 한다"고 설명한다. 철학은 개념의 형태고, 예술은 감각의 힘이고, 과학은 인식의 기능이다. 이것은 서로 다른 성격의 사유이면서 동시에 무질서 속에서 질서로 나아가는 정신적인 직관 힘이다. 질 들뢰즈·펠리스 가

츠 제작은 철학, 예술, 과학의 사유와 실천이 직접 만나 기존의 관점을 새롭게 뚫고, 서로 다른 문화적 운동을 만드는 과정을 뒷받침할 수 있다.

5. 활용론과 소통의 돌림론

정창권은 문화콘텐츠 유통[판매]을 마케팅 전략, 마케팅론으로 설명한다. 문화콘텐츠 개발의 마지막 단계는 판매 단계인데, 이 단계는 문화콘텐츠를 널리 알려서 수익을 내는 것으로 홍보와 마케팅 등이 여기에 해당한다. 문화콘텐츠 마케팅의 특징은 하나의 소스[콘텐츠]를 다양하게 활용해서 부가가치를 올리는, 이른바 원 소스 멀티유즈(one source multi use, 한샘뭇씀) 전략을 펼치는 것이다. 그는 문화콘텐츠 마케팅을 '콘텐츠가 기획되는 단계부터 혹은 완성된 뒤, 소비자에게 널리 알리거나 시장을 확대하기 위해 행하는 모든 활동'이라고 규정하면서, 광고, 리서치[시장조사], 판매촉진 등을 포함할 수 있다고 말한다.[18)]

마케팅의 방법에는 인터넷 홈페이지 활용, 스타 마케팅, 길거리 광고, 지하철·버스 광고, 입소문 마케팅, 토탈 마케팅, 신비주의 마케팅, 연속·시리즈 광고 등이 있다.[19)] 하나의 문화콘텐츠[소스]가 나오면 그것을 다양한 장르에 접목해 고부가가치를 얻을 수 있어야

타리, 『철학이란 무엇인가』, 이정임·윤정임 옮김, 현대미학사, 1995, 287쪽.

18) 정창권, 『문화콘텐츠학 강의. 쉽게 개발하기』, 커뮤니케이션북스, 2007, 128~129쪽 참조.

19) 정창권, 앞의 책, 131~140쪽.

하는데, 이것이 원 소스 멀티유즈 마케팅 전략이다. 문화콘텐츠가 흥행에 성공한 것에 만족하지 않고 관련 상품들을 계속 개발하여 지속해서 관심과 이익을 창출해야 한다.[20] 그리고 문화콘텐츠의 모든 마케팅은 계층, 연령, 지역, 문화에 따라 차이가 있기 때문에 미리 소비자의 성향을 파악해 효과적이고 창의적인 방법으로 문화콘텐츠의 특성을 잘 살려내야 한다.

박장순은 문화콘텐츠학의 핵심을 유통론으로 본다. 그는 유통 시스템이 문화콘텐츠 사업화의 승패를 좌우하며, 한국의 문화콘텐츠 산업의 미래가 '유통'에 달려있다고 말한다. 그리고 이것이 문화콘텐츠 유통론을 문화콘텐츠학의 핵심 과제로 봐야 하는 이유라고 주장한다.[21]

그가 제시하는 유통론의 내용은 유통 구조론, 마케팅론, 콘텐츠 관리, 법과 제도·저작권이다. 문화콘텐츠 소재영역들은 독특한 형태의 유통 구조로 되어 있다. 유통 구조론은 이러한 유통 구조들이 상호 유기적으로 관계 설정을 할 수 있게끔 한다. 소재영역별로 나타나는 유통 구조를 연구해 이들이 공유할 수 있는 유통의 원리를 찾아내고, 이를 통합적으로 운영하는 시스템을 구축하여 유통의 커다란 망을 만드는 것이 그가 말하는 유통 구조론의 과제에 해당한다. 마케팅론은 문화콘텐츠 자체를 위한 마케팅과 문화콘텐츠 관련 파생상품 판매를 위한 마케팅으로 나누어 연구를 진행한다. 문화콘텐츠의 상업적 가치를 극대화할 수 있도록 최적화된 통합 마케팅 이론을 완성하는 것을 문화콘텐츠 마케팅론의 연구 목표

20) 정창권, 앞의 책, 151~152쪽 참조.
21) 박장순, 앞의 책, 189쪽 참조.

로 삼는다. 문화콘텐츠 관리론은 머티리얼[자료, material] 보관 관리와 머티리얼 판매권 관리로 나누어 다루어진다. 머티리얼 보관 관리는 문화콘텐츠를 체계적이고 장기적으로 보관하기 위한 DB화 작업을 말하고, 머티리얼 판매권 관리는 구매자의 이익을 보장해 주기 위해 세부 권리들을 나누어 분쟁의 소지를 최소화하는 작업이다. 마지막 법과 제도, 저작권에서는 문화콘텐츠 산업을 저작권 산업으로 보고, 방송권, 출판권, 비디오권, 음반권 등 특정 저작물이 갖는 다양한 권리를 판매해 수익을 창출할 수 있도록 법적인 권리를 보장하고 더 나아가 권리를 주장할 수 있는 내용을 다룬다.[22)]

정창권과 박장순이 설명하고 있는 유통론은 문화콘텐츠에 대한 권리 확보와 문화콘텐츠의 다각적인 활용을 통한 이윤의 극대화로 정리할 수 있다. 그러나 이러한 유통은 생산자 중심의 유통론에 가깝다. 유통을 통한 이윤의 극대화라는 논리는 문화적 관점에서의 쌍방향 소통이 아니라 생산자 중심의 배급에 초점을 맞춘다. 경제적인 이윤도 근본적으로는 상대방의 소통과 공감 없이 확보할 수 없다. 그런 점에서 수용자 중심의 관점을 유통 과정에서 확립하는 것이 필요하다.

소통의 이념에 맞게 소통의 문화콘텐츠학 연구에서는 문화콘텐츠 유통론에 대한 연구도 새롭게 시도해야 한다. 소통의 문화콘텐츠학에서 볼 때 문화콘텐츠의 유통[활용]은 '돌림'[23)]이라고 정의해

---

22) 박장순, 앞의 책, 190~199쪽 참조.

23) 한국어대사전에서 '돌림'의 동사 '돌리다'는 1) [사람이 관심이나 시선을 무엇으로] 의식적으로 향하다. 2) [사람이 신체의 일부나 탈것 따위를] 다른 쪽으로 틀어 방향을 바꾸다. 3) [사람이 물건이나 문서를] 다른 사람에게로 차례로 전하다. 4) [사람이 물건이나 문서를] 다른 사람에게 고루 나누어주다.

볼 수 있다. 기획을 통해 제작한 문화콘텐츠를 개인의 몸, 마음, 정신, 얼에 고루고루 통하게 하고, 나아가 다양한 사람들과 두루두루 통(通)하도록 할 방법을 연구하는 것을 새롭게 '문화콘텐츠 돌림의 활용론'이라고 부르고자 한다.

문화콘텐츠가 잘 돌려면 먼저 기획과 제작을 제대로 수행해야 한다. 그래야만 의도한 바를 문화콘텐츠의 내용에 담아 제대로 표현할 수 있고, 그것을 사람들이 제대로 경험할 수 있다. 이는 문화콘텐츠 활용의 전제 조건이다. 두 번째로는 문화콘텐츠를 건네며 돌릴 수 있는 힘과 정보가 필요하다. 이것이 무엇이고, 어떠한 내용과 가치가 있는지에 대한 정보를 다양한 방법으로 사람들에게 알릴 수 있어야 한다. 아무리 잘 만들었다 해도 사람들이 알지 못한다면 아무런 의미도 제공할 수 없다. 사람들이 접근할 수 있는 다양한 통로가 있어야 한다. 마지막으로 문화콘텐츠는 미디어를 통해 나와 개인과 집단을 가로지르면서 돌고 돌아야 한다. 개인에게는 몸·마음·정신·얼의 인식 과정을 자극하는 돌림이 있어야 하고, 개인과 개인이 어울리는 사회적 집단에게는 더 나은 삶의 변화 가능성을 만들어내기 위한 미래지향적인 돌림이어야 한다. 이 과정에서는 문화콘텐츠를 보존, 유통, 확산하는 촉매제가 필요하다.

---

5) [사람이 기계를] 제 기능을 내도록 움직이다. 6) [사람이 마음이나 생각을] 추슬러서 달리 고쳐먹다. 7) [어떤 책임이나 공로를 다른 사람에게] 넘기어 그의 몫으로 주장하거나 인정하다. 8) [사람이 돈을] 이런저런 방법으로 마련하거나 끌어대다. 9) [사람이 물체를] 일정한 축을 중심으로 하여 한 방향으로 움직이게 하다 등의 의미로 표현되어 있다. 명사형 '돌림'은 순서대로 돌아가는 일로 나와 있다. 조선말사전에서도 '돌림'은 차례대로 돌아가는 것으로 표현되어 있다. 『한국어대사전』, 고려대학교 민족문화연구원, 2009, 1659~1660쪽; 문영호 외, 『조선말사전』, 과학백과사전출판사, 2004, 365쪽.

6. 돌림의 사례 : 삶을 보여주고 이어주는 축제와 옛길

문화콘텐츠 돌림 사례는 순환적인 삶을 위한 실천들 속에서 발견할 수 있다. 가령, 지역의 삶의 질 향상을 고민하는 사람들은 지역 문화 발전을 위해 다양한 문화콘텐츠를 마련하려 노력한다. 지역이나 작은 공동체 단위 등 미시적인 삶의 단위와 현장에 활력을 불어넣을 방법으로 문화콘텐츠를 적극적으로 활용하려 한다. 지역과 마을 단위 공동체에서 기획해 만들어낸 작지만 창조적인 움직임이 삶의 다양한 영역에서 집단적인 창의성을 촉발하는 결과를 낳을 수 있다고 보는 것이다.[24] 이렇게 문화콘텐츠는 삶의 질을 개선하기 위한 실천적인 방법으로 주목받고 있다.

국내 많은 지역영화제 중 DMZ 국제다큐멘터리영화제는 지역적인 문제를 넘어 정치적·사회적 현실과 대면하게 한다. 전쟁이라는 극한 대립과 갈등의 현장인 DMZ(Demilitarized Zone)를 소통과 공존 가능성의 장소로 전환할 목적으로 생긴 이 영화제는 대립에서 상생의 씨앗을, 갈등에서 화해의 악수를 찾아내기 위해 평화와 소통을 주제로 하는 다큐멘터리 축제의 장을 마련하였다.[25] 이 영화제는 DMZ를 '모든 무장을 해제하고 마주 서야만 하는 곳, 그래서 진실한 대화를 시작할 수 있는 곳'으로 새롭게 규정한다. 이처럼 문화콘텐츠는 하나의 지역을 정치적 현실 및 사회적 현실이 만나고 뒤섞이는 공간으로 디자인하기도 한다. 다큐멘터리 문화콘텐츠가

---

24) 류웅재·강승묵·이영주, 『작은 문화콘텐츠 만들기』, 한울아카데미, 2011, 203쪽 참조.

25) 참조 <제5회 DMZ국제다큐멘터리영화제> 홈페이지. http://www.dmzdocs.com/about/dmzdocs.asp

현실 속에서 새로운 가능성으로 돌고 도는 것이다.

다른 사례는 충청북도 괴산에서 찾을 수 있다. 예전부터 괴산군은 대중교통으로 접근이 불편하여 외부인의 방문이 드물었을 뿐만 아니라 사람들을 끌어모을 만한 위락시설 단지도 별반 없었다. 그러다 보니 지역에 연고를 둔 사람이 아니면 특별히 찾지 않았고, 외부 사람들과 접촉하거나 소통하는 경우도 극히 드물었다. 그런 괴산에 요즘 많은 사람이 관심을 두고, 발을 딛는다. 이유는 빼어난 자연환경의 가치를 극대화한 관광 콘텐츠 덕분이다.

괴산군은 칠성면 외사리 사오랑 마을에서 산골 마을인 산막이 마을까지 연결되어 있던 총 10여 리 옛길을 산책길로 복원하였다. 환경 훼손을 최소화하며 산책길을 복원한 지역은 1957년 순수 국내 기술로 최초 준공한 괴산댐을 바로 옆으로 끼고 있는 곳이다. 사람의 발길이 거의 닿지 않아 자연 생태계가 고스란히 남아있는 지역으로, 괴산군의 상징이며 자랑이기도 한 곳이다. 이곳에 괴산군은 '산막이 옛길'을 만들어 자연이 주는 아름다움과 고마움을 사람들이 경험하도록 만들었다. 결과는 성공적이었다. 많은 외부인이 괴산군을 찾았고, 지역 사람들도 외부 사람들과 지역의 가치를 공유한다는 점에 많은 자부심을 느끼고 있다. 내가 가지고 있는 것을 다른 누군가와 함께 나누는 것이 얼마나 의미 있고 가치 있는지를 경험한 것이다. 성공은 또 다른 시도로 이어졌다. 산막이 옛길이 끝나는 지점부터 새로운 산책 코스를 개발해 '충청도 양반길'이라는 이름을 붙였다. 추가로 개방된 '충청도 양반길'은 '산막이 옛길'과 더불어 점점 충청도의 명소가 되고 있다.

문화콘텐츠로서 길은 물리적 경험 그 이상의 의미가 있다. 문화콘텐츠로서의 길은 자연과 역사를 이어주는 길이자, 지역 사람들과 다른 지역 사람들의 정서를 이어주는 길이다. 이와 같은 문화콘텐츠의 돌림은 사람과 자연의 돌림이면서, 지역의 역사와 정체성을 만드는 돌림이기도 하다. 그러므로 하나의 문화콘텐츠는 사람과 사람, 사람과 자연, 사람과 역사를 이어주는 돌림이다. 이러한 점에서 문화콘텐츠학 활용론의 연구는 그 내용과 목적에 맞는 관점과 방법을 별도로 확보해야 한다.

문화콘텐츠학에서 활용론은 시간, 공간, 사람의 사이를 가로질러 우리가 미처 인식하지 못했거나 돌보지 못한 문제들을 만나게 한다. 이것만 보더라도, 문화콘텐츠가 상업적 이윤을 창출하지 못한다고 해서 의미 없는 것이 아님을 알 수 있다. 사적 영역이 아닌 공공의 영역에서는 오히려 경제적 가치를 넘어선 다양한 가치들이 삶을 생명력 있게 숨 쉬게 하는 토대가 된다. 따라서 문화콘텐츠 활용론에 대한 연구 관점을 생산자 입장으로만 설정하거나, 그 목적을 경제적 가치로만 한정하는 것은 학문적 접근을 매우 제한하는 것이다. 소통의 문화콘텐츠학에서 활용론은 문화콘텐츠의 내용과 목적에 맞게 향유의 저변을 확대하는 것이다. 그리고 궁극적으로는 그렇게 하기 위해 관계의 그물망을 확대 조직하는 것이며, 이를 통해 삶을 더 나은 방향으로 개선하는 문화적 기획이자 실천이라 말할 수 있다.

7. 분석론과 소통의 되새김론

박장순은 문화콘텐츠 분석론을 감상비평(鑑賞批評)[26]으로 접근한다. 그는 문화콘텐츠의 아름다움을 이해하고 즐기는 것을 감상비평의 우선 과제로 보고, 서비스 주체들이 제공하는 재미와 즐거움이라는 소스를 통해 카타르시스를 음미하고 감상할 수 있다고 본다. 그러나 그는 감상비평이 그저 감상하고 평가하는 것에 머무르는 것이 아니라 문화콘텐츠의 새로운 지평을 열어가는 학문적 사명의 적극적인 수행에 그 역할이 있다고 말한다. 문화콘텐츠를 어떻게 감상할 것인가에 대한 문제부터, 대중 미학적인 접근을 통해 문화콘텐츠의 질적 향상과 산업화 등 문화콘텐츠 전반에 걸친 미래의 비전까지 학문적으로 탐구하는 것이 분석론의 영역이다. 분석이 문화콘텐츠의 방향에 의미 있는 답변을 제공할 수 있어야 한다.

우리가 문화콘텐츠를 분석할 수 있는 것은 문화콘텐츠 안에 소통으로서의 내용이 공감의 코드로 구성되어 있기 때문이다. 따라서 이것을 음미하고 감상하는 것을 넘어 여기에 담겨있는 내용을 생각하고 깨우쳐가며 그것이 지시하는 사물, 사건, 사태는 물론 소통의 내용, 목적, 방법, 계기, 방향, 이념에 대해서도 접근할 수 있다.

그렇다면 문화콘텐츠를 소통이라는 관점으로 분석해서 얻는 이점은 무엇인가? 소통의 문화콘텐츠학은 문화적인 실천을 통해 새로운 문화 만들기를 기획하는 학문적 특성이 있다. 문화콘텐츠를 소통으로 분석할 때 소통과 비소통의 사이에서 이것이 지닌 문화적 실천의 가치와 한계를 고찰할 수 있고, 더불어 또 다른 문화적

26) 박장순, 앞의 책, 208쪽.

실천에 도움을 줄 수 있다. 이를 위해서는 문화콘텐츠가 '소통의 언어'이고, 동시에 '소통의 운동'이라는 관점에서 분석을 진행할 필요가 있다. 문화콘텐츠가 삶의 현실을 소통으로서 어떻게 반영하고 구성하고 있는지 파악하는 것과 소통을 가능하게 만드는 힘을 함께 고찰할 때, 그 의미와 방향을 종합적으로 설명할 수 있다. 그리고 소통을 언어와 운동으로 고찰한 내용을 바탕으로 하여, 더 나은 삶의 문화를 기획하도록 실천의 '되새김'을 할 수 있다. 다시 말해 소통의 문화콘텐츠 분석은 더 나은 문화를 위한 소통의 '되새김'[27]이라고 할 수 있다. 구체적으로는 문화콘텐츠를 통해 파악할 수 있는 소통의 '터'[28][밑바탕으로서의 언어]와 '트임'[29][관계와 공

27) 한국어대사전에서 '되새김'의 동사 '되새기다'는 1) [사람이 무엇을] 자꾸 골똘히 생각하다. 2) [사람이 음식을] 입안에서 자꾸 씹다. 3) [소나 양 따위의 동물이 먹은 것을] 입으로 게워 내어 다시 씹다라는 내용으로 표현되어 있다. 조선말사전에서 '되새김'의 동사 '되새기다'는 1) 자꾸 내씹다. 2) 지난날에 마음에 깊이 새겨두었던 감정, 가르침, 교훈 등을 잊혀지지 않게 다시 마음속으로 깊이 새기며 간직하다. 3) 생각하고 또 생각하다로 정리되어 있다. 『한국어대사전』, 고려대학교 민족문화연구원, 2009, 1719쪽; 문영호 외, 『조선말사전』, 과학백과사전출판사, 2004, 416쪽.

28) 한국어대사전에서 '터'는 1) 건물이나 구조물 따위를 짓거나 조성할 자리. 2) 일을 이루는 밑바탕으로 나타나 있다. 조선말사전에서는 '터'를 1) 건설공사 같은 것을 할 때 쓰이는 땅. 2) 집터와 집자리를 이르는 말. 3) 생활과 활동의 토대나 사물현상이 발전할 수 있게 하는 기지나 밑천. 4) [단어만들기요소로 쓰여] '자리'나 '곳'을 나타낸다고 설명하고 있다. 『한국어대사전』, 고려대학교 민족문화연구원, 2009, 6480쪽; 문영호 외, 『조선말사전』, 과학백과사전출판사, 2004, 1224쪽.

29) 한국어대사전에서 '트임'의 동사 '트이다'는 1) [장소가] 막히거나 거치적거리는 것이 없게 되다. 2) [막혔던 것이] 뚫리거나 통하게 되다. 3) [사람의 마음이나 생각이] 어느 한쪽에 편향되지 않고 포용성이나 융통성이 있게 되다. 4) [사람이] 무엇을 알고 깨닫게 된다. 5) [관계나 거래 따위가] 맺어지거나 이루어지다. 6) [옷이] 사이가 벌어져 갈라지다. 7) [운수나 일 따위가] 좋아지거나 잘되어 가다로 설명하고 있다. 조서말대사전에서 '트임'의 동사 '트이다'는 1)

감을 가능하게 만드는 운동]을 분석하여 새로운 차림[기획]과 새김[제작]의 토대로 삼는다. 집으로 비유하면, 집이 '놓여 있고' 또한 '놓여 있게 만드는' 밑바탕으로서의 터와 그 터에 자리 잡은 집이 어떤 대상과 어떠한 관계 맺음 속에서 통[通]하고 있는지 살펴본다. 기존의 의미와 가치를 관찰하는 것이다. 즉 문화콘텐츠가 새겨져 있는 터와 트임을 살펴 더 나은 터와 트임을 위한 되새김을 시도하는 것이다. 우리는 문화콘텐츠로 소통에 대한 '터'와 '트임'을 살피는 과정에서 문화가 코드화, 탈코드화, 재코드화되는 방식과 과정을 분석할 수 있다. 이러한 분석으로 얻어지는 내용은 문화적 지평을 이루는 문화적 원리이다. 그런 면에서 문화콘텐츠 분석은 또 다른 실천의 대안으로서 자극을 줄 수 있는 연구라고도 볼 수 있다.

기호학(Semiotics)과 문화연구(Cultural Studies)는 비판적인 시각의 분석과 비평으로 문화콘텐츠의 이론적 기초를 제공해 왔다. 이렇게 의미 있는 해석을 비롯해 나름의 역할을 해 왔음에도 문화콘텐츠를 문화적인 실천으로 연결하는 역할은 충분하지 않았다.[30] 기존 문화 관련 연구에서 진행하는 문화콘텐츠에 대한 학문적 분석은 하나의 학문적 체계에서 또 다른 활동을 그 안에 담보하는 구조가 아니기 때문이다. 그러므로 문화콘텐츠학은 문화콘텐츠의 기획,

---

공간이나 물체가 시원하고 환하게 펴이다. 2) [어떤 목적이나 희망, 포부, 념원 같은 것을 실현할 전망이] 열리다. 3) [무엇을 인식하고 깨닫고 파악하는 지적인 능력이나 안목이] 발전하다. 4) [재수, 행운 같은 것이] 생기다로 표현되어 있다. 『한국어대사전』, 고려대학교 민족문화연구원, 2009, 6568~6569쪽; 문영호 외, 『조선말사전』, 과학백과사전출판사, 2004, 1242쪽.

30) 최봉영, 「21세기와 문화 디자인」, 『문화와 사람』제2호, 한국문화심리학회, 2000 참조; 신광현, 「'문화 연구'의 전개와 특징」, 『비평』통권4호, 생각의 나무, 2001 참조.

제작, 활용과 분석이 학문적인 체계 안에서 상호유기적인 관계를 형성하도록 연구될 때, 학문적 실천을 제대로 담보할 수 있다. 더불어 소통의 문화콘텐츠학은 학문적인 체계 내에서 문화콘텐츠[학]에 대한 분석을 기획, 제작, 활용으로 연결해 실천으로 갈무리하는 방식으로 연구할 수 있다. 더 나은 삶으로 발전(변화)할 수 가능성으로서의 문화적 실천은 그것을 가능하게 하는 문화적 토양이 사회에 이미 존재하고 있거나, 존재하게 할 수 있는 동력이 뒷받침되어야만 실현될 수 있다. 문화콘텐츠학 연구에서 이념과 방법을 다루는 결정적인 이유 중의 하나는 문화적 현실을 재영토화하기 위한 실천을 뒷받침하는 것이다. 또 동시에 그것을 가능하게 도와주는 문화적 토양을 비옥하게 만들기 위한 이유도 있다. 소통의 관점에서 문화적 '터'와 '트임'을 함께 고려할 때 문화콘텐츠학의 학문적 체계는 삶과 더욱 밀접한 관계에서 구체화될 수 있을 것이다.

8. 되새김의 사례 : 조총련 재일동포 모국 방문과 수단의 이태석 신부

소통의 되새김을 위해서 다음의 사례들을 통해 문화콘텐츠가 보여주는 소통의 터와 트임을 살펴보자.

KBS '다큐극장'에서 2013년 9월 28일 방영한 <30년 만의 귀향. 조총련 재일동포 모국방문>은 1975년 그해 추석에 있었던 조총련계 재일동포들이 모국을 방문한 사건을 방송으로 보여준다.[31] 가난

31) 참조 KBS <다큐극장> 홈페이지 http://www.kbs.co.kr/1tv/sisa/

과 징용으로 30년 넘게 조국을 떠나 일본에서 힘겨운 삶을 살면서, 그토록 그리던 부모·형제들을 조국이 분단된 지 25년이 흘러서야 처음으로 만나게 된 눈물과 감동의 이야기를 보여주었다. 한반도 분단과 함께 일본의 재일동포 사회는 남한과 북한의 체제를 지지하는 민단과 조총련으로 갈라져 대립과 반목이 이어졌고, 북한의 지원을 받던 조총련계 재일동포들은 조국을 20년 넘도록 방문할 수 없었다. 이런 이유로 이들의 조국 방문은 더욱 감격적으로 그려질 수밖에 없다. 그러나 이 행사에는 북한의 전폭적인 지원을 받는 조총련 세력을 꺾고 권력을 공고히 하려는 남한 정권의 의도가 숨어있다. 이에 따라 당시 모국방문사업은 분단의 대립과 갈등이 아픔과 고통으로 이어지는 사회 현실, 그리고 이런 사회 현실이 정권의 목적을 위해 활용되는 정치 현실을 드러내면서 둘 사이의 구조적 관계를 담는다. 방송은 조총련의 협박과 방해를 무릅쓰고 모국을 방문한 한 조총련 간부의 용기에 박수를 보내면서 삶에 지친 동포들에게 큰 행복과 희망을 안겨준 사건으로 미화하고 있지만, 조총련 재일동포들의 30년 만의 귀향을 마련한 모국방문사업이 우리 사회와 정치의 모순 속에서 기획된 사건이라는 것을 감추지는 못한다.

1975년 모국방문사업과 이 사건을 다룬 방송 프로그램은 사회와 정치가 가로지르고 있는 '터'를 토대로 한다. 이 프로그램을 보면 우리의 사회 현실과 정치 현실을 미디어가 어떻게 구성하면서 그리고 있는지 알 수 있다. 우리는 재일동포들이 고국을 그리워하며 살아생전 한 번도 만날 수 없을 것 같던 부모·형제를 만나는 과

---

docucinema/view/vod/2189554_66621.html

정에서 정치적 상황이 그어 놓은 분단의 갈등과 반목이 얼마나 깊은 상처로 남아 있는지 느끼게 된다. 또 정치적 논리만으로는 이해와 화해를 트여내 아픔을 치유하는 진정한 소통에 한계가 있음을 알게 된다. 따라서 우리는 분단에서 비롯된 아픔을 보듬고 치유하기 위한 소통의 가능성을 마련하기 위해 과거와 현재를 돌아보는 가운데 미래를 생각하게 된다.

다음으로 2010년 다큐멘터리로 만들어져 방송된 <울지마 톤즈>를 통해 소통의 터와 트임을 분석해 보자.[32] <울지마 톤즈>는 오랜 내전 속에서 분노와 증오, 가난과 질병으로 얼룩진 아프리카 수단 남쪽의 작은 마을인 톤즈에 자신의 삶을 바친 故 이태석 신부의 삶을 다룬다. 이야기의 배경이 되는 수단의 마을 톤즈는 세계에서 가장 키가 큰 딩카족이 사는 곳이다. 그들은 강인하고 용맹한 종족이기에 눈물을 보이는 것을 가장 큰 수치로 생각한다. 어떠한 일이 생겨도 눈물을 흘리지 않는 그들이 눈물을 흘렸다. 때로는 친구, 때로는 형제, 때로는 아버지로 생각했던 이태석 신부가 세상을 떠났기 때문이다. 피와 가난 그리고 질병으로 얼룩진 톤즈에 사랑을 심어준 소중한 존재가 마흔 여덟의 나이로 세상의 마지막 길을 떠났기 때문이다.

의대를 졸업한 故 이태석 신부는 어머니의 꿈이었고 집안의 희망이었다. 그랬던 그가 모든 것을 내려놓고 사제가 되어 세계에서 제일 가난한 톤즈를 찾았다. 이곳 사람들은 약이 없어서 질병을 치료하지도 못해 죽을 날만 기다리는 처지에 있는 소외되고 힘없는 사람들이었다. 故 이태석 신부는 이곳을 찾아 병원을 세워 사람들을

32) 참조 영화 <울지마 톤즈>, 구수환 감독, 2010년 개봉.

치료하고, 학교를 지어 어린이들을 가르쳤다. 몸이 아픈 사람들이 수백 킬로미터를 이삼일 동안 밤낮으로 걸어와 그를 찾았다. 배우려는 어린이와 청년들도 그를 찾았다. 톤즈 사람들의 눈높이에서 그들의 몸을 보살피고 정신을 보듬으며 소통한 것이다. 또한, 그는 병원과 학교를 세운 뒤 전쟁으로 피폐해진 그들의 마음에 기쁨과 희망의 불씨를 심어주고 어린아이들의 마음을 잡아주기 위해 밴드부를 만들었다. 총성이 울리는 자리를 악기들의 소리로 가득 메웠다. 그는 자신의 몸, 마음, 정신을 다해 톤즈 사람들의 몸, 마음, 정신을 돌보며 소통했다. 그곳 사람들의 마음에 희망을 심어주며 소통한 것이다. 이러한 일은 사람을 동정하는 것으로는 불가능하다. 故 이태석 신부는 어떻게 남들이 쉽게 하지 못하는 일을 할 수 있었던 것인가? 그가 그곳에서 후회 없이 살 수 있었던 것은 그곳 한센인을 통해 신(神)의 존재를 체험할 수 있었기 때문이다. 그래서 그는 오히려 그들에게 머리 숙여 감사한다고 말했다. 故 이태석 신부는 그들과 얼로 소통하며, 꿈을 현실로 만들어 갔던 것이다. 그와 톤즈 사람들이 하나가 될 수 있었던 것, 배가 고프고 몸이 아파도 눈물을 수치로 아는 사람들의 눈에 눈물이 흐르게 했던 것은 몸, 마음, 정신, 얼을 다해 소통했던 그의 헌신적인 사랑의 궤적이 있었기 때문이다. 故 이태석 신부와 톤즈 사람들의 삶, 이것을 담아낸 <울지마 톤즈>는 몸, 마음, 정신, 얼을 다한 소통을 '터'로 삼고 있다. 작은 물질적 변화보다 더 큰 내적인 성장이 소통을 통해 이루어졌다. 이러한 소통이 가치가 있는 것은 그가 떠난 후에도 그가 남긴 사랑이 톤즈 사람들의 마음속에 겹겹이 남아 있기 때문이다.

우리는 소통이 공감을 불러일으킨다는 사실을 아무런 조건 없이 같이 있어 주는 것, 어떠한 어려움 속에서도 같이 있어 주는 것으로 확인할 수 있다. 그것이 사랑을 키워내고 몸, 마음, 정신, 얼을 울리는 소통 가능성의 하나라는 것을 알게 된다. 말과 물질이 하지 못하는 것을, 눈에 보이지 않는 소통이 비가시적인 사랑을 통해 꽃으로 피워낸다. 그리고 이런 소통이 더 나은 삶의 의미를 트여낼 수 있다는 사실을 깨달을 수 있다. 즉, 소통의 문화콘텐츠학은 더 나은 현실을 위한 문화적 토대와 그것을 가능하게 하는 운동을 분석한다. 그리고 이를 토대로 새로운 문화적 실천을 기획한다. 이데올로기와 헤게모니가 우리 사회의 체계를 결정하는 것으로 보는데 그치지 않고, 소통을 통해 이데올로기와 헤게모니가 변화하는 것으로 볼 수도 있다.

만약 문화가 소통을 통해 우리의 현실에서 비롯되는 문제들을 극복하고 공감의 문화적 가치들을 실현할 수 있다면, 문화는 단순한 결과 또는 도구적 수단이 아니라 사회, 정치, 경제 등을 결정하는 주요한 실천이 될 수 있다. 그러므로 소통의 문화콘텐츠학의 하위 연구 분야들은 관념적으로 구현되는 것이 아니라 경험적으로 실험된다. 그 과정에서 각 하위 연구 분야의 연구는 소통의 이념과 방법에 맞게 다듬어지고 체계화된다.

제13장

문화의 세기를 위한 통합학문

1. 한국 문화의 지구지역화(Glocalization)와 문화콘텐츠학

근대화의 격동 속에 19세기 말에서 20세기 초 한반도의 한국인들에게 일어난 세계관의 변혁은 어떤 의미에서건 이 땅의 주체인 지식인과 민중들이 세기말의 위기에 함께 응전하여 일구어낸 필연적인 결과물이다. 그로부터 또 한 세기가 지났고, 우리는 다시 한번 대변혁의 파고를 맞고 있다. 최첨단 정보통신의 혁명으로 완전히 달라진 시간과 공간 의식 속에 지구 전체가 무서운 속도로 하나가 되어가는 지구화 시대에 살고 있다. 문화적 주체성과 정체성을 확립하지 못하면, 문화를 만들어가며 문화를 즐기는 문화적 존재가 되지 못하고 단순히 문화 소비자로 전락할 위기에 놓여 있다. 현대의 시대적 상황을 정확하게 인식하고 우리가 해야 할 것이 무엇인지, 어떤 존재로 우리 자신을 만들고 우리의 세계를 변화시켜 나갈지를 기획해야 한다. 그러기 위해서는 우리 안에 지닌 잠재력으로 어떤 것들이 있는지를 알아야 한다. 우리의 유래와 더불어, 우리 몸 안에 결과 무늬로 갈무리되어 우리에게 전해져온 한민족의 문화적 바탈을 제대로 읽어내어 그것을 창의적으로 재해석해서 현대의 인류가 필요로 하는 문화적 가치로 생산해내야 한다.

미래지향적인 문화를 기획할 때 우리는 지금까지의 문화 발전의 역사에서 교훈을 얻어야 한다. 이제는 소수의 지배계층이 이념을 제시하고 다른 사람들은 생각 없이 수동적으로 따르기만 하는 그런 문화의 전파와 확산은 없다. 현대에 들어서서 소위 고급문화와 대중문화의 구별은 의미가 없어졌고, 모든 사람에 의한, 모든 사람을 위한, 모든 사람의 문화가 있을 뿐이다. 이제는 문화가 인간의 인간됨을 이루는 인간 본성이라는 데에 이의를 제기할 사람은 없다. 문화를 한 민족의 생활 방식과 삶의 표현이라고 이해하고 있다는 점을 염두에 둘 때, 한국 문화 정체성의 바탈을 지금까지와는 다른 시각에서 찾아야 할 것이다. 지배계층이 기득권을 유지하기 위해 끊임없이 만들어내는 이념으로서의 문화가 아니라, 대다수의 한국 민중이 실제의 일상생활에서 드러내 보인 생활 방식과 삶의 표현에 주목해야 할 것이다. 그리고 그 안에 면면히 흐르는 한민족의 바탈을 읽어낼 수 있어야 한다.

이제부터 우리는 지구화라는 시대적인 큰 흐름을 염두에 두고, 반만년의 문화 전통을 유지해온 문화민족으로서, 어떻게 우리의 문화적 독특함을 살리고 한국문화를 꽃피워 지구촌 시민들이 향유할 수 있는 꽃으로 인류문화의 동산에 내놓을 수 있을지 궁리해 보아야 한다. 지구화 시대에 우리가 경계해야 할 최대의 적은 획일화다. 근대화의 기치를 높이 들고 전 세계의 계몽에 앞장섰던 서구문화가 이제는 문화 제국주의라는 의심의 눈초리를 받는 것도 그런 이유 때문이다. 지구촌 시대인 현대는 또한 <문화의 세기>로도 불린다. 정치, 경제, 사회 등의 우선순위에서 항상 뒷자리를 차지하던 '문화'가 중요한 핵심 요소로 등장했다. 이제는 '문화적 존재'로서의 인간이 주목받고 있다. 관용, 여유, 배려, 창의성, 독자성 등이 키워드로 대두되면서, 예술과 종교가 인간의 문화적 삶을 각인하는 분야로 관심의 한가운데 놓이게 된다. 이와 더불어 문화의 다양성이 중요한 관심사로 부각된다. 생물종의 다양성이 지속가능한 지구 생태계를 위한 필수조건이듯이, 문화의 다양성이 평화로운 인류의 공존을 위한 기본조건이다. 우리는 다양한 문화권에서 전수되어 내려오는 수많은 문화자산을 최대한 활용하여 현재 인류가 겪고 있는 문제들을 해결함으로써 더욱 나은 미래를 준비해야 한다.

이는 모든 분야에서 통합적인 시각을 필요로 한다. 문화의 세기가 요구하고 있는 문화적인 태도는 유연성 있는 통합적(通合的) 대처 방식이다. 넓은 의미의 문화 영역을 벗어날 수 있는 것은 아무것도 없다. 인간의 삶의 방식이 곧 문화다. 정치도 중요하고, 경제도 중요하고, 과학과 기술도 중요하다. 거기에 덧붙여 철학, 예술, 종교도 중요하다. 문화적인 자세는 이러한 인간의 다양한 분야들을 어느 한 분야로 축소 또는 환원시켜 획일화된 논리로 문제를 해결하려는 것을 거부한다. 과거 '제일 철학'의 자리에 이제 '통합(通合)학문'이 들어선다. 모든 개별적인 분야에서의 통합적인 시각과 그에 적합한 통합학문이 필요할 뿐 아니라, 이 모든 개별 분야를 아우르는 총체적인 전체에 대해서도 통합적인 시각과 통합학문이 요구된다. 현대는 인간, 자연/우주, 신에 대한 통합적인 시각과 통합학문이 절실하게 필요한 시점이다. 이를 위해 우리에게 필요한 것은 감성과 지성, 이성과 영성을 아우르는 통합적 상상력이다.[1] 문화콘텐츠학

1) 글쓴이는 이것을 <한울적 상상력>이라 이름하여 그 독특함을 밝힌 적이 있다. 이기상, 「The Era of Visual Culture and Communicative Imagination (영상문화시대와 통합(通合)적 상상력)」, 『*Image and Imagination. International Forum for Technology, Imagination and Future*(국제기호학

을 이러한 통합학문의 관점에서 고찰하는 것은 시대적 요청인 셈이다.

2. 문화적 지구화와 통합적 세계관

지구를 하나의 운명공동체라고 했을 때, 공동체 속 다양한 문화를 살아가는 사람들을 아우를 수 있는 가치는 무엇일까. 이어령은 "20세기가 전문가의 시대였다면, 21세기는 통합의 시대다. 이제 어느 것 하나만 잘하는 것으로 살아남기가 어렵다. 앞으로 지식 사회를 선도해갈 인재들은 전문가들이 간과한 지식 대통합을 통해 분야를 넘나드는 창조적 사고를 해야 한다"고 말한다.[2)]

고대와 중세가 존재 자체, 현실 자체를 존재의 대사슬이라는 큰 그림으로 제시했다면, 근대에는 이것이 무너지고 전문가의 시대가 된다. 진(眞)은 진대로, 선(善)은 선대로, 미(美)는 미대로, 과학은 과학대로, 기술은 기술대로 세분되기 시작한 것이다. 독일어에 'Fachidiot'이라는 말이 있다. 'Facharbeiter(전문가)'와 'Idiot(바보)'의 합성어로 '전문가 바보'라는 뜻이다. Fach는 원래 서랍이라는 뜻이다. 전문가란 각자의 서랍에 지식을 담는 사람이다. 문제는 서랍의 숫자는 엄청나게 늘어나는데, 서랍 간에 소통이 안 되는 것이다. 남의 서랍에 무엇이 있는지도 모르고 자기 서랍만 채우기에 급

회 학술대회)』, 한국기호학회, 3~25쪽. 『기호학 연구』제27집, 한국기호학회, 2010, 353~394쪽 참조.

2) 로버트 루트번스타인·미셸 루트번스타인, 『생각의 탄생』, 박종성 옮김, 에코의 서재. 2009. 추천의 말, 인용.

급한 사람이 바로 전문가 바보들이다. 자기 분야에서는 전문가인데, 다른 분야로 넘어가면 바보가 된다. 이것이 근대의 아이러니다.

탈근대는 통합의 시대다. 분화된 지식을 통합해야 한다. 여기서 중요한 것이 통합의 개념이다. 우리말로 통합은 소통과 어울림[화합]이다. 이것을 그대로 한자로 옮겨보면 통합(通合)이다. 현시대의 화두를 통합의 관점에서 바라보는 사람들은 많다. 그 대표적인 예가 에드워드 윌슨(Edward Osborne Wilson)과 켄 윌버(Kenneth Wilber)다.

1) 에드워드 윌슨의 '통섭(統攝)'

에드워드 윌슨이 주장한 통섭은 영어로 'Consilience'이다. Consilience는 윌슨 스스로 점핑 투게더(jumping together)라고 표현한 것처럼 '더불어 넘나 듦, 분야를 넘나 듦'을 뜻한다. 윌슨의 제자인 최재천은 큰 줄기 또는 실마리를 뜻하는 '통(統)'과 잡다 혹은 쥐다라는 뜻을 지닌 '섭(攝)'을 합쳐서 통섭(統攝)이라고 번역한다. 그에 따르면, 통섭은 '큰 줄기를 잡다, 모든 것을 다스리다, 총괄하여 관할한다'는 의미를 지닌다. 사물에 널리 통하는 원리로 학문의 큰 줄기를 잡는다는 개념이다.

윌슨은 학문의 경계를 허물고 일관된 이론의 실로 모두를 꿰는 범학문적 접근을 할 때가 됐다고 말한다. 범학문적 접근이란 Transdisciplinary, 즉 학제 간 연구를 뜻한다. 윌슨은 범학문적 접근을 통한 인문학과 과학의 성공적인 만남이 지식의 대통합으로 이어질 것이라고 주장한다. 그에 따르면 지식의 통일은 인과론적으로 이루어져야 한다. 왜냐하면, 현대 문명의 기본인 기술 발전을 가능하게 했던 것은 결국 세상이 어떻게 작동하는가에 대한 물질적

<그림 61> 에드워드 윌슨 (미국, 1929)

인 이해였다. 20세기 후반에 과학은 급격하게 발달했지만, 인문학자들은 과학을 잘 모른다. 과학을 모르면 통합은 불가능하다. 따라서 지식의 대통합은 자연과학의 입장에서 이루어져야 한다는 것이다. 자연과학적인 방법론을 사회과학과 인문학에도 적용해서 사회과학과 인문학도 자연과학 안으로 끌어들이려고 한다. 이것이 사회 생물학자 에드워드 윌슨이 주장하는 통섭의 개념이다.

윌슨의 가장 공격적인 비판 대상 중 하나가 바로 프로이트(Sigmund Freud)다. 프로이트의 저서 『꿈의 해석』은 꿈에서 나타난 인간의 무의식을 통해 문화를 설명한다. 윌슨은 최근 뇌 과학의 연구 성과를 내세우며 프로이트가 환상적인 꿈을 꾸었을 뿐이라고 비판한다. 프로이트의 모든 이론이 뇌 과학을 몰랐을 때나 가능했던 설명이라는 것이다.

20년간 뇌 과학을 연구한 홉슨(J. Allan Hobson)은 꿈은 일종의 광기이고 환상의 급습이며, 현실과는 동떨어져 있다고 주장한다. 꿈은 감정과 상징으로 충만하고, 임의적인 내용으로 가득 차 있으며 무한한 다양성을 꿈꾸고 있다는 것이다. 따라서 꿈이란 우리의 지각이 현실을 감각하지 않은 상태에서 뇌가 기억 속에 담겨 있는 것들을 총동원해서 환상적으로 펼쳐나가는 어떤 것이다. 홉슨의 분석에 의하면, 사람들은 대체로 숙면이 끝난 후에 꿈을 꾼다. 새벽녘 눈꺼풀이 흔들리는 즈음인데, 전문 용어로는 램 상태(rapid eye movement)라고 한다. 램 상태에서는 아직 잠에서 덜 깨어나 눈을 깜빡거리거나 눈꺼풀이 부들부들 떨리기도 해서 마치 감각이 기능하는 것으로 착각하는 상태다. 몸을 움찔거리기도 하지만 실제로는 외부와의 감각이 연결되지 않은 상태이기 때문에 뇌는 기억의 저장고에 들어있는 정보를 끄집어내서 연결하는 활동을 한다. 마구잡이로 기억과 정보를 연결하기 때문에 홉슨은 꿈을 환상의 급습이라고 표현한다. 뇌 과학자들에 따르면 프로이트의 무의식 이론은 환상의 급습에 불과하다. 따라서 윌슨은 자연과학을 모르고서는 학문 대통합은 불가능하다고 말한다.

이는 『공감의 시대』를 쓴 제러미 리프킨(Jeremy Rifkin)도 마찬가지다. 그가 인간의 공감 능력에 관한 주장을 펼치면서 가장 먼저 이야기하는 것이 거울 뉴런(Mirror neuron)이다. 이처럼 통섭은 자연과학의 관점에서 타 학문을 통합하고자 하는 시도다.

그러나 최재천이 번역한 통섭의 어원을 따져보면 논란의 여지가 있다. 통섭의 '섭(攝)'자는 상형문자로, 손(手)과 귀(耳)가 합쳐진 글자다. 이것은 한 국가나 민족이 다른 지역을 쳐들어가 굴복시키는 과정에서 말을 듣지 않는 사람들의 귀를 잘라버리는 형상이다. 귀는 상징적인 표현이고, 머리가 될 수도 있고, 목숨이 될 수도 있다. 통섭은 이처럼 강제로 통합시킨다는 의미가 강하다. 차라리 통섭의 한자를 본래 우리말에서 사용되는 '통섭(通涉)'을 사용하면 어떨까. 여기서 '섭(涉)' 자는 '서로 왕래한다. 걸어 다닌다'는 의미다. 본래 통섭의 의미는 '사물에 널리 통함. 서로 왕래함'을 뜻한다.

2) 켄 윌버의 '통합(統合)'

켄 윌버가 이야기하는 통합은 '統'자와 '合'을 엮어서 번역된다. 영어로는 'Intergration'이다. 켄 윌버가 주장하는 통합의 개념은 에드워드 윌슨과 정반대 개념이다. 윌슨이 뇌라는 신체 기관의 작용을 활용했다면, 켄 윌버는 정신(情神)을 통한 지식의 대통합을 주장한다. 영성의 차원에서 모든 것을 다 통합하자는 관점이다. 그는 윌슨이 내세우는 뇌 과학이 사회의 외적인 특성을 설명할 수는 있어도, 의식이나 문화에 해당하는 내적인 것까지 포괄하기에는 한계가 있다고 지적한다.

윌버는 자신의 저서 『통합심리학(Intergral Psychology)』에서 Psychology의 어원인 'Psyche(영혼·정신)'를 주요 화두로 제시하면서 심리학이야말로 영혼과 정신의 발달과 전개, 진화를 염두에 둔 통합적 학문이라고 주장한다.[3] 윌버는 심리학의 연구 영역이 신체와 마음, 혼에 이르는 모든 영역이며, 잠재의식뿐만 아니라 자의식, 초의식, 수면, 반각성, 각성 모두를 다루어야 한다고 주장한다. 우리의 신체가 지구라는 더 크고 높은 개체에 속하는 것처럼, 우리의 영혼도 창조물의 모든 영(靈)으로 구성된 지구라는 전체 중 일부를 구성하는 개체다. 지구의 영은 신성한 영의 일부로, 신성한 영은 하나이고, 전지(全知)하며, 전체를 의식한다. 또한, 신선한 영은 우주의 모든 의식을 유지하며, 각각의 개별의식을 더 높은 차원으로 연결시켜주는 것으로 구성되어 있다. 지구는 우리의 신체를 우주와 분리시키는 것이 아니라 우리를 우주와 연결하고 우주에 편입시킨다. 지구의 영은 우리의 영을 신선한 영으로부터 분리시키지 않으

3) 켄 윌버, 『통합심리학』, 조옥경 옮김, 학지사, 2008 참조.

며 모든 지구적 영은 우주적 영과 더 개별적이고 고차원적으로 연결한다.

전체와 개체와의 그물망적인 관계를 일컫는 개념은 '홀론(Holon)'이다. 홀론은 전체를 뜻하는 그리스어 'holos'와 개체를 뜻하는 'on'을 묶어서 만든 개념이다. 홀론은 객체와 전체를 아우른다. 한 사람의 영이 신성한 영의 일부를 구성하듯, 하나의 홀론이 더 큰 전체의 부분이 된다. 윌버는 이러한 구조를 '홀라르키(Holarchy)'라고 표현한다. 홀라르키는 자연적인 계층구조다. 어느 한 수준의 전체는 그 다음 수준의 부분이 되는 구조다. 예를 들어 눈, 손, 발 등은 나름대로 독립적인 기관이지만, 몸 전체로 보면 신체의 부분이다. 또한 나라는 개인은 사회의 한 부분이고, 이 사회는 더 큰 전체의 부분이다. 생명의 가장 작은 단위인 원자는 원자-분자-세포 등으로 이어진다. 각각의 단계는 그 자체로서 전체이자 동시에 부분으로 존재한다. 전체이자 부분으로 존재하는 것, 그것이 바로 홀론이다. 그리고 홀론으로 엮인 자연적인 계층구조가 홀라르키다. 윌버는 사물에서 생명으로 이르는 모든 성장 과정이 새로운 전체의 부분이 되는 전체의 증가 순서에 따라 일어나고, 그것이 바로 자연적 계층구조인 홀라르키라고 말한다.

한국에도 이러한 영성적인 차원을 강조하는 모임으로 <도(道) 정신치료학회>가 있다. <도 정신치료학회>를 창립한 이동식은 우리의 '도(道)'로 정신을 치료해야 한다고 주장한다. 그가 국제 정신치료학회에 <도 정신치료학회>라는 분과를 만들어서 발표하기 시작한 것이 벌써 20년째다. 10여 년 전부터는 이 분과가 정신치료학회에서 가장 사람들이 많이 모이는 분과가 됐다. 그 정도로 서양은 기계적인 정신치료의 한계를 느끼고 있다. 환자를 부품 갈아 끼우듯이 정신적인 것을 갈아치우고, 약물에 의존해서 치료하는 것이 문제가 많다는 것을 서양 사람들도 알게 된 것이다.

<도 정신치료학회>의 치료법 중 한 가지는 심우도(尋牛圖)다. 십우도(十牛圖)는 잃어버린 소를 찾아가는 10가지 그림을 뜻한다. 여기서 잃어버린 소란 잃어버린 자아를 뜻하고, 심우도는 잃어버린 자아를 찾아가는 10가지 선(禪) 수행의 길이다. 정신치료란 결국 잃어버린 자아를 찾아가는 과정이다. <도 정신치료학회>는 선 수행을 통한 자아찾기가 현대인의 정신치료에 좋다는 것을 입증하는 임상실험 결과를 계속 발표하고 있다.

이처럼 동서양이 문화적인 교류를 하게 되면 다양한 이야기들이 소통되면서 새로운 비전을 열어 갈 수가 있다. 그런 의미로 켄 윌버는 '통합 심리학', '통합 비전'이라는 개념을 사용하는 것이다.[4] 켄 윌버가 강조하는 통합은 감성, 지성, 이성, 영성 4가지 차원의 통합이다. 즉 인간의 능력을 이 네 가지 모두를 갖춘 통합적인 차원으로 보자는 이야기다. 이제까지는 이성이나 지성만을 강조해서 이성적인 동물이라고 했는데, 탈근대에서는 감성만을 강조하는 것이 문화적 추세였다. 필자는 한국인의 문화적인 정서 역시 감성과 영성을 함께 아우르는 것에 있다고 본다.

3) 한국인의 통합(通合)적 세계관

글쓴이는 『지구촌 시대와 문화콘텐츠』라는 책에서 우리의 문화

4) 켄 윌버, 『통합 비전』, 정창영 옮김, 물병자리, 2008 참조.

역사를 통해 한국인의 통합(通合)적 세계관을 열어 밝힌 바 있다.[5] 특히 서민들의 삶은 지성과 이성은 부족하지만, 감성과 영성의 차원의 문화적인 면이 풍부했다. 또한, 전체를 아우르는 조화, 융합의 사상이 기저에 깔려 있다. 문화의 세기는 통합적인 인간을 추구하는 시대다. 우리의 문화적인 유산이 빛을 발휘할 수 있는 시대라는 것을 명심해야 한다.

동서양의 융합을 통한 문화 정체성을 구현하려고 노력한 나라로 일본을 들 수 있다. 일본은 2차 대전 패망 후, 국가적 수모와 위축된 국민감정을 회복하기 위해 망가(漫画), 즉 만화를 통한 세계 공략에 들어갔다. 초기의 일본 만화는 서양의 입맛에 맞춰 서구적 가치가 통용되는 것을 그려나갔지만, 조금씩 자기 문화의 색채를 부각해나갔고, 지금은 애니메이션을 통해 일본의 문화를 전 세계에 확산시키고 있다. <센과 치히로의 행방불명>, <하울의 움직이는 성>, <원령공주> 등 일본이 만화를 통해 내세운 문화적인 가치는 기술에 맞선 자연중심주의였다. 자국의 문화가 자연중심 문화라는 것을 알리기 시작한 것이다. 이는 1970에서 1980년대 일본에서 많이 일어난 현상으로, <원령공주>는 기술이라는 괴물에 맞서는 자연의 공주라는 구도를 가지고 서양의 기술 문명에 비판적으로 접근했다.

우리도 우리 문화의 독특함을 살린 문화적인 정체성을 세워 나가야 한다. 그러나 아직 우리에게는 정체성 없는 콘텐츠들이 난무하고 있다. 한류가 세계인들에게 공감대를 형성하고 있지만, 무엇이 그것을 가능케 했는지에 대한 알맹이가 없다. 우리의 어떤 면이

---

5) 이기상, 『지구촌 시대와 문화콘텐츠』, 한국외국어대출판부, 2009 참조.

한류를 만들어냈는지, 우리 문화의 어떤 부분에 세계인들이 공감하는지를 밝혀내야 한다. 한류라는 문화적 흐름의 기저를 이루는 우리만의 문화적 정체성을 찾아 그 밑바탕에 깔려 있는 문화적 가치들을 열어 밝혀야 한다.

우리 문화가 갖고 있는 힘의 원동력은 생명 중심의 한국식 삶의 방식에 있다. 생명(生命)이란 삶을 살아가라는 하늘의 명령이다. 따라서 살아남아야 하고, 살아남기 위해서는 눈치를 봐야 한다. 한국인의 의식구조를 눈치 문화로 분석했던 심리학자 최상진은 한국 사람이 전 세계에서 가장 발달한 것이 눈치라고 했다. 그는 눈치 문화가 있었기 때문에 서민들이 살아남았다고 이야기한다. 서민들은 끊임없이 정치인들의 눈치를 봐야 했고, 잘 나가는 세력가, 종교가들의 눈치도 봐야 했기에, 중간에서 샌드위치가 되면서도 끊임없이 생존의 길을 모색해 왔다는 것이다. 우리 문화는 단군 신화에서부터 바로 그 생존의 길을 모색하며 지금까지 이어져 왔다. 우리는 항상 강한 문화권에 끼어서 그 둘을 나름대로 조화롭게 섞어가면서 천천히 보이지 않게 변해왔고, 계속해서 변화하고 있다. 지금도 우리는 강대국의 강한 문화 — 중국문화, 일본문화, 미국문화 — 의 틈바구니에서 알게 모르게 우리 나름의 독자적인 흐름을 형성하고 있다. 이제는 우리의 바탕을 규정할 수 있는 문화 정체성을 하루빨리 찾아야 한다. 우리 나름대로 독자적인 문화의 흐름을 형성하고, 독특한 문화를 이어오게 만든 원동력과 눈깔[시각]을 이론으로 정립하는 것이 문화를 연구하는 사람의 사명이다.

3. 통합(通合) 학문으로서 문화콘텐츠학

1) 문화적 존재의 사이하기[가로지르기]

문화콘텐츠학은 통합(通合)학문이다. 문화콘텐츠학은 기존의 개별학문과 학문의 분류를 뛰어넘고 분과의 벽을 투과하여, 모든 분과의 모든 전문가와 일반인들과 모든 정보와 지식에 대해 생각하고 표현하며, 소통하고 교류하며, 매개하고 전달하며, 기획하고 연결하며, 기억하고 재현하며, 짓고 꾸미며, 놀고 즐기며, 변형하고 변환하며, 싣고 담으며, 유통하고 확산시키며 문화적 존재로서 활동하는 행위와 그 산물을 이론적이고 체계적으로 연구한다. 따라서 문화콘텐츠학은 문화적 존재로서의 인간과 직접 연관된 인문학, 미학, 사회학, 기술공학, 교육학, 경영학 등의 학문 분야가 서로 밀접하게 연관되어 있는 학제 간의 '사이 학문'이다. 사람과 사람 사이, 사람과 사물 사이, 사람과 문화 사이, 문화와 문화 사이의 상호작용이 그 밑바탕이 되는 학문이다. 그러기에 사이존재의 상호작용 속의 실천 행위가 중요하게 부각된다. 더 나아가 새상[가상, virtuality]과 현실, 온라인과 오프라인, 디지털과 아날로그, 언어적 소통과 비언어적 소통, 사물과 기계의 만남 사이, 관계, 접속, 접촉, 교류 등이 관건이 되고, 이 모든 것이 돌고 돌며 전개되고 펼쳐지는 그물망이 중요하다.

그 연구 영역은 통합적 지음과 꾸밈의 활동과 그 작품이다. 세기를 거쳐 펼쳐진 다양한 세계관과 문화권의 문화적 행위와 그 산물들이 문화 다양성의 시대 지구촌의 모든 사람에게 소통과 교류의 거리로 제공된다. 여러 전통과 세계관에서 다양한 기술과 예술이 빚어낸 온갖 종류의 문화콘텐츠는 인간의 생각과 삶을 풍요롭게 만들 것이다. 우리는 시대의 변화에 따라 새로운 기술을 바탕으로 하여, 미적 감각이 새롭게 풀어내는 천차만별의 삶의 현실들을 보고 다름과 차이가 곧 인간 조건이고 인간 현실임을 절감하고 있다. 문화콘텐츠가 지향해야 할 방향이 바로 여기에 있다.

2) 통합적 인식[문화 이성]으로서의 학문

문화콘텐츠학은 그 특성상 인식의 여러 방식이 어우러진 통합적 인식의 학문이다. 따라서 이 학문은 기술적-도구적, 예술적-창의적, 실천적-비판적, 이론적-체계적, 분석적-종합적, 개체발생적-계통발생적, 유기체적-시스템적, 관계론적-그물망적 인식의 방식들이 다루는 분야와 주제[사태와 사물]에 따라 소통의 목적으로 다양하게 활용되는 통합(通合)적 인식의 학문이다.

실존철학은 "너 자신을 선택하여 너 자신이 되어라!"라고 외치며 무엇보다도 자기정체성이 중요함을 강조한다. 그러나 문화콘텐츠학은 그러한 추상적인 논의로는 내가 누구며 어떻게 살아야 하는지 하나도 대답이 안 된 것으로 본다. 구체적인 시간과 공간, 사람 사이에서 표현된 나만이 자기정체성의 실마리가 될 수 있다. 미디어와 소통이 핵심 화두로 떠오른 지구촌 시대, 나는 다양한 미디어와 채널 속에서 나를 표현하여 사람 사이에서 나의 존재를 인정받아야 한다. 나에 대한 자기표현이 없는 한, 나는 사람 사이에서 '없는 존재'이다. 자기표현을 통해 자기구현을 시도하는 현대인은 다양한 관계 속에서 자신의 정체성을 확립하려고 시도한다. 다양한 관계는 다양한 역할을 요구하고, 그에 상응해서 나는 내 인격을 구현해나간다. 문화콘텐츠학은 자기를 표현하고 싶어 하는 문화적 욕구를 가진 개개인이 만들어 나가는 문화 정체성에 깊은 관심을 가져야 할 것이다. 소통해서 상대방을 인정하고 상대방의 가치를 서로 받아들이고 함께 어울리려고 하는 통합적 차원에서 문화콘텐츠학을 규정해야 한다. 그럴 경우, 다양한 문화권에서 창의적이고 생산적인 소통이 이루어지고 더 나은 문화적인 가치의 모색과 새로운 방향 모색이 가능하다.

3) 생명문화 공동체의 소통 코드

지구촌 시대는 정부, 시장 그리고 시민이 버팀 축이 되어 함께 이끌어나가는 문화공동체 시대이다. 문화 시민은 소통과 울림, 어울림과 공감, 공생과 상생의 문화적 가치를 추구하며 지구촌의 모든 사람과 생명체가 함께 어울리는 운명의 생명문화공동체를 형성해 나가야 한다. 정치적 이념이나 경제적 시장논리에 휘둘리지 않고 개개인의 차이와 다름을 인정하고 받아들이는 가운데 개개인의 문화적 소양함양에 힘쓰면서, 모두가 유기적으로 연결되어 함께 만들어 나가는 문화공동체의 발전을 꾀해야 한다. 문화콘텐츠학은 이러한 시대적 추세를 이끌며 문화적 혜택이 사회구성원 모두에게 고루고루 돌아가도록 힘써야 할 것이다.

문화의 세기는 정치적 가치, 경제적 가치, 기술[기능]적 가치보다 문화적 가치를 더 존중한다. 더는 국민총생산량과 국민총소득 같은 양적인 지표에 따라 잘살고 못사는 나라를 평가하지 않고, 국민이 얼마나 평안한 가운데 문화적 삶을 향유하는가 하는 질적인 행복지수를 더욱 중요하게 여긴다. 문화적 가치가 인간 행복을 위해 훨씬 중요한 필요충분조건이 되고, 그렇기에 무엇이 추구해야 할 문화가치인지 근본적으로 논의하는 것이 필요하다. 사람들은 문화적으로 좀 더 여유 있는 삶을 추구하고, 문화적인 소양을 갖춘 사람을 더 나은 인간성을 지닌 사람으로 평가한다. 그리고 문화적인 인프라가 잘 갖춰진 공동체를 살 만한 사회로 인정한다. 그렇다면 문화콘텐츠학은 문화 소양을 갖춘 문화 시민이 문화적인 가치를 추구하며 문화적인 삶을 영위하는 그런 문화공동체를 건설하는 데 일조해야 한다.

4. 소통의 문화콘텐츠학을 위한 학문체제의 전망

지금까지 현재의 시대적 분위기를 염두에 두고 학문으로서의 문화콘텐츠학에 대해 다각도로 종합 정리하였다. 문화콘텐츠학의 학문적 체계가 정립되지 않은 상황에 학문의 이념을 제시하고, 그에 맞는 체계를 마련하여 각 연구 방법론의 구현 가능성을 탐색해 보았으니, 이제는 문화콘텐츠학 학문체계의 전망을 살펴보자. 소통의 문화콘텐츠학 체계를 정립하면서, 21세기에 학문이 어떻게 변화될 것인지를 앞서 생각해볼 필요가 있다.

스노우(Charles Percy Snow)가 지적하듯 인간과 사회의 발전을 위해서는 '인문학'과 '과학'의 조화가 매우 중요하다. 학문의 미래가 지식 전문화에 있는 것이 아니라 여러 학문의 조화와 협력에 달려 있기 때문이다.[6] 근대를 지나오는 동안 다양한 학문이 나타나면서

6) 찰스 퍼시 스노우, 『두 문화』, 오영환 옮김, 사이언스북스, 2001 참조.

지식의 양은 실로 헤아릴 수 없을 만큼 늘었다. 우리는 수많은 매체에서 쉴 새 없이 제공되는 지식의 틈바구니에서 필요한 지식을 선별하는 데 많은 시간을 보내고 있다. 지식에 대한 열정이 아니라 지식 선별에 대한 노력이 오늘날 우리의 삶을 결정한다고 해도 과언이 아니다. 이제는 지식이 없어서가 아니라 지식이 넘쳐서 문제가 되는 시대에 직면한 것이다. 따라서 앞으로는 지식 그 자체보다는 '어떤 지식인가'가 중요한 문제일 수밖에 없다. 이 말은 곧, 앞으로의 학문은 '지식 생산하기'를 넘어 '지식 활용하기'에 더욱 치중해야 한다는 뜻이다.

디지털 미디어에 의해 구성되는 현실의 문제 상황은 멀티미디어적(multi-medial)이고 다차원적(multi-dimensional)이다.[7] 그렇기에 개별학문들 각각이 지닌 관점에서의 접근이 아니라 통합적인 시각으로 다차원적인 학문을 가로질러 경유하면서 접근해야 한다. 소통의 문화콘텐츠학은 분과학문을 병렬적으로 연결하는 것으로 완성될 수 없다. 그래서 소통의 문화콘텐츠학은 개별학문을 가로지르고 만나는 방식을 소통 방법을 통해 접근한다. 소통의 문화콘텐츠학은 "서로 다른 요소 또는 이론들이 한 데 모여 새로운 단위로 거듭"나야 가능하다.[8] 이것은 서로 다른 학문의 지식을 한데 모을 수 있는 학문적 이념을 마련하는 것으로 가능하다. 소통이 학문의 이

---

7) Gebhard Rusch(Hrsg.), *Einführung in die Medienwissenschaft, Konzeptionen, Theorien, Methoden, Anwendungen,* Westdeutscher Verlag, Wiebaden 2002, p.69. 육현승, 「미디어학의 위상과 발전 가능성에 대하여. 스토리텔링과 문화콘텐츠학을 비교하며」, 『독일언어문학』제39집, 한국독일어문학회, 2008, 380~381쪽 재인용.

8) 이남인, 「인문학과 자연과학은 어떻게 만날 수 있는가?」, 『철학연구』제87집, 철학연구회, 2009, 300쪽.

념이고 방법이라면 기존 학문의 지식과 방법은 새로운 학문적 체계에서 새로운 의미와 기능으로 통합될 수 있는 것이다.

우리는 21세기 지구촌 시대에 문화가 서로 섞이면서도 때로는 대립하는 것에 관심을 가져야 한다. 마샬 맥루한이 언급했듯이 세계는 기술적인 관점에서 하나의 거대한 마을, 즉 '지구촌'이 되었다. 하지만 정치적, 사회적, 문화적 분절은 더욱 커졌다. 이는 기술적 진보와 문화적 진보 사이에 존재하는 거대한 단절을 의미한다. '지구촌'은 아직 기술적 단계에 머물러 있기에 커다란 과제들은 그대로 남아있다.[9] 우리는 기술적 진보가 문화적 진보는 아님을, 기술적 진보가 문화적 공존을 보증하지 않음을 잘 알고 있다. 오히려 도미니크 볼통은 "기술적 진보는 서로 간의 차이를 확인시키며 몰이해와 두려움, 거부를 불러온다"고 주장한다. 기술적 진보와 함께 소통은 퇴보하고 있다.[10] 그에 의하면 소통이 퇴보하는 것은 역설적으로, 정보만 강조되고 넘쳐나기 때문이다. 그러므로 이제는 정보와 소통의 차이를 구분해야 한다. 그래야만 기술 지향의 태도에서 문화 지향의 태도로 전환할 수 있다.[11] 정보는 일방적인 수용을

9) 기술적 환경에 의한 시대적 변화를 고찰하여 '지구촌'이란 용어를 가장 먼저 화두로 제시한 사람은 맥루한이다. 여기에서의 '지구촌'은 기술에 의해 감각의 중추신경계가 작동하여 행동이 결정되는 기술적 단계의 지구촌이다. 마샬 맥루한 외 지음, 『지구촌』, 박기순 옮김, 커뮤니케이션북스, 2005 참조.

10) 도미니크 볼통, 『또 다른 세계화』, 김주노 옮김, 살림, 2012, 9쪽 참조.

11) "정보는 발신자가 메시지를 전송하여 더 빨리 더 많은 사람들과 접속하는 것에 초점을 둔다. 반면에 소통은 메시지를 받은 수신자가 그것을 얼마나 잘 이해하고 받아들이느냐에 초점을 둔다. 우리는 이로부터 일반 대중이 문화 세계화에 저항하는 원인을 찾을 수 있을 것이다. 수신자는 근본적으로 다양한 문화와 언어, 생활 방식을 가지고 있다. 이들은 자신의 교육 수준과 문화적 토대, 사회적 필요성과 종교적 믿음에 따라 정보를 분류하고 체계화한다. 하지만 메시지의 양이 증가할수록 그들은 자신의 관점을 수정하는 대신 그들

전제로 한 메시지인 반면, 소통은 상호 이해를 중시한다. 이것이 소통이 정보보다 어렵고 복잡한 이유다.[12] 문화콘텐츠에서 소통이 주목받는 것은, 그것이 소비가 아니라 이해이기 때문이다. 문화 산업체들의 생각과는 달리, 문화나 정보를 '이해하는 것'은 '소비하는 것'과 전혀 다른 문제다. 문화콘텐츠의 본질을 소비하는 것으로 보느냐, 아니면 이해하고 향유하는 것으로 보느냐의 차이는 매우 크다고 할 수 있다. 따라서 미래에는 일방적인 형태의 정보를 어떻게 상호 관계론적인 소통으로 발전시킬 수 있는지가 더욱 중요하다. 단, 정보가 오가는 둘 사이에 '문화'가 존재한다는 점을 고려해야 하며, 소통의 문화콘텐츠학은 이것을 중요하게 염두에 두어야 한다. 이러한 점에서 소통의 문화콘텐츠학은 문화를 이해하고 변화시킬 수 있는 관점의 전환을 기본적으로 요청한다고 볼 수 있다.

관점의 전환은 태도의 변화다. 다양한 문화의 차이를 인정하면서 타문화와의 공감 영역을 확대할 수 있다는 태도의 변화가 필요하다. 이것이 가능한 이유는 인간이 수동적으로 감정을 느끼는 것이 아니라 주도적으로 '공감'하는 존재이기 때문이다.[13] 우리는 소통을 통해 주도적으로 공감을 불러일으킬 수 있다.

소통에서 비롯되는 공감은 문화의 변화를 위한 촉매제다. 문화는 변화 가능성으로서의 운동성을 갖기 때문에 '동사'로서 이해될 수 있다. 이 말은 문화가 고정된 상태로 확정되어 있지 않다는 의미

이 속한 문화적 토대를 통해 본래의 의견을 더욱 공고히 한다." 도미니크 볼통, 앞의 책, 12~13쪽.

12) 도미니크 볼통, 앞의 책, 2012, 21쪽 참조.

13) 제러미 리프킨은 인간을 공감의 존재로 인식한다. 제러미 리프킨, 『공감의 시대』, 이경남 옮김, 민음사, 2010 참조.

다. 문화는 인간에 의해 코드화, 탈코드화, 재코드화 과정을 겪으면서 '차이'를 계속 만들어 낸다. 결국 문화를 인간에 의해 끊임없는 의미가 부여되는 역동적인 운동성 그 자체라고도 볼 수 있다.[14)]

우리가 문화에서 운동성을 강조하는 이유는 운동의 형태 때문이 아니라 운동의 성격 때문이다. 문화에서 운동의 성격을 중요하게 고려해야 하는 이유는 운동의 성격이 잘못된 방향을 지시할 때 문화는 인간을 물론 모든 대상을 잘못된 방향으로 몰아갈 수 있기 때문이다. 소통의 과정에서 인간은 공감을 통해 유대감을 키우는 것에 만족하지 않고, 다양한 문제들을 함께 경험하고 슬기롭게 극복할 지혜를 모색한다. 소통과 공감은 인류의 미래를 결정할 문화를 개인과 전체가 함께 공존할 방향으로 이끈다. 소통은 하나와 전체, 둘 모두를 위한 것이다.

인류의 유대의식으로 구성된 문화공동체에서 개인은 전체를 유지하는 데 참여하며, 전체는 개인에게 이익을 준다. 공동체 안에서

14) "인간과 관련하여 문화와 [하이데거적 의미의] 세계가 유사 관계에 있지만, 우리는 또한 '세계로서의 문화'에 대해 말할 수도, '문화로서의 세계'에 대해서도 말할 수 있다. 전자는 문화의 '사실성'을, 후자는 문화의 '의미성'을 지시한다. 당연히 문화를 구성하는 이 두 계기는 서로를 규정한다. 따라서 이렇게도 말할 수 있다. 문화에서 사실성과 의미는 하나로 통일되어 있다. 보편적 차원을 지닌 문화가 그 구성 계기로 '사실성'과 '의미성'을 함유하고 있다는 것, 그래서 문화의 사실성이 의미를 부여하는 주체 없이는 주제화될 수 없고, 문화에 의미를 부여하는 주체는 "문화적 사실성으로서만 주어진다"는 사태로 인해, 문화에 개별성이 깃들일 공간이 생긴다. 문화는 이제 "다른 강조점을 지니고 계속해서 출현할 수 있는" 역동적인 현상으로 나타난다. 한편으로, "문화의 사실적 특성들"이 시대마다 다르며, 다른 한편으로 "문화의 정신적이고 주체적인 에너지들"이 또한 시대별로 다르기 때문이다. 문화를 구성하는 이 양 계기들이 서로 착종하면서 문화는 다양하게 개별화된다." 클라우디아 빅만 외, 『상호문화철학의 논리와 실천』, 김정현 옮김, 시와진실, 2010, 9~10쪽.

<그림 62> 새로운 의미 생성과 '문화만들기'

개인은 전체를 위해 어떤 하고 싶은 이야기가 있고, 전체는 개인을 위해 어떤 공유할 이야기가 있다.[15] 이러한 이야기는 어디에도 뿌리를 내리지 않는 무의미한 잡담이 아니라 사물, 사태, 사건, 사실 등과 같은 헤아릴 수 없이 많은 대상과 상황 안에서 그물망과 같은 관계를 맺고 있는 대화나 담론이다. 문화콘텐츠가 하나의 소통 이야기로서 낯선 것에 대한 이해와 수용을 도우며 문화적 친숙함을 제공할 수 있는 것은, 문화콘텐츠에 어우러져 있는 이성·지성·감성·영성과 같은 차원들이 진정성 있는 소통을 돕기 때문이다. 따라서 소통의 문화콘텐츠학은 소통에 대한 인식과 성찰, 그리고 실천 그 자체일 수밖에 없다. 과학이나 기술 그리고 산업의 세계는 이미 한계에 봉착했다. 이제는 문화가 새로운 대안이 되어야 한다. 장 이브 고피(Jean-Yves Goffi)는 자본주의가 생산기술의 향상을 제일의 목표로 삼았기 때문에 도구와 과학적 기술이 결합한 계산, 생산, 소유의 가치가 삶의 일상을 지배하게 되었고, 이로 인해 빈부 격차가 발생했다고 말했다. 그러나 문화주의 사회에서는 소통 기술 향상이

15) 이야기가 있다는 것, 이야기를 공유한다는 것은 공동체를 형성하고 유지하게 만든다. 리처드 로티, 『우연성, 아이러니, 연대성』, 김동식·이유선 옮김, 민음사, 1996, 24쪽 참조.

제일의 목표가 된다. 그러므로 도구와 과학적 지식에 문화적 감수성을 추가로 결합한 사유, 창조, 사랑과 같은 가치가 우리 삶을 지배하게 되고, 이를 통해 갈등과 반목을 유발하는 다양한 격차를 해소할 수 있다고 말한다.[16] 그가 주장하는 바를 문화콘텐츠학에 적용한다면, 도구·과학적 지식과 문화적 감수성이 결합해 생긴 사유·창조·사랑을 이성·지성·감성·영성으로 표현할 수 있을 것이다. 따라서 소통의 기술을 향상하는 데 문화적 감수성이 절실히 필요하다면 몸, 마음, 정신, 얼로 경험되는 이성·지성·감성·영성의 존재 방식에 더욱더 깊은 관심을 가져야 한다.

---

16) 장 이브 고피, 『기술철학』, 황수영 옮김, 한길사, 2003, 13~25쪽 참조.

부록

문화콘텐츠학 관련 주요 참고 자료

1. 문화콘텐츠학 관련 단행본

연구	제목	저자	년도
'학'적 접근	문화콘텐츠학의 탄생	미디어문화 연구회	2005
	문화콘텐츠학 개론	박장순	2006
	문화콘텐츠학 강의(쉽게 개발하기) 문화콘텐츠학 강의(깊이 이해하기)	정창권	2007
	문화콘텐츠학 입문	신광철	2009
개념	문화콘텐츠란 무엇인가	최연구	2006

2. 문화콘텐츠학 관련 학위논문

연구	제목	저자	대학교	학위 (년도)
학문 체계	문화콘텐츠학의 체계 정립을 위한 기반 구축에 관한 연구: 분과학문으로서의 위상정립을 중심으로	태지호	한국외대 대학원 글로벌문화콘텐츠학과	석사 (2005)
	소통의 문화콘텐츠학 학문적 체계 연구	박범준	학국외대 대학원 글로벌문화콘텐츠학과	박사 (2014)

연구	제목	저자	대학교	학위 (년도)
개념	문화콘텐츠 개념과 의의에 관한 연구	김기정	동국대 영상대학원	석사 (2008)
방법론	융합콘텐츠의 의미 생성 구조에 관한 연구: 이항대립 개념을 중심으로	김영도	국민대 테크노디자인 전문대학원	박사 (2008)
	글로컬문화콘텐츠 기획과 연구 전망 고찰: 비주얼텍스트 사례를 중심으로	김성수	한국외대 대학원 글로벌문화콘텐츠학과	박사 (2012)
	원형이론을 활용한 콘텐츠 구성요소 분석틀에 관한 연구	유제상	한국외대 대학원 글로벌문화콘텐츠학과	박사 (2013)
교육	디지털 문화 콘텐츠 대학원 교육과정 모형설계에 관한 연구	최서윤	연세대 정보대학원	석사 (2004)
	문화콘텐츠의 지식구성 과정에 관한 연구: 구성주의 교수학습 원리를 중심으로	이미정	인하대 대학원 문화경영학과	박사 (2008)

3. 문화콘텐츠학 관련 학술지논문

1) 학문 체계, 이념과 방향

제목	저자	발행서지	년도
문화콘텐츠학의 학문 영역과 연구 분야 설정에 관한 연구	박상천	인문콘텐츠학회 인문콘텐츠 제10호	2007
문화콘텐츠학과 글로컬문화	박치완 김성수	글로벌문화콘텐츠학회 글로벌문화콘텐츠 제2호	2009
창조적 문화와 문화콘텐츠의 창발을 위한 인문학적 기반 연구: '융합 학제적' 접근의 한 방향	김동윤	인문콘텐츠학회 인문콘텐츠 제19호	2010
한국 민속의 활용론과 문화콘텐츠 전략	심승구	인문콘텐츠학회 인문콘텐츠 제21호	2011
문화콘텐츠 학의 이념과 방향: 소통과 공감의 학	이기상	인문콘텐츠학회 인문콘텐츠 제23호	2011
문화콘텐츠의 등장과 인문학의 역할	김기덕	인문콘텐츠학회 인문콘텐츠 제28호	2013
이야기학의 정립을 위하여: 서양의 이야기 역사 그리고 문화콘텐츠학의 역사적 맥락	박흥식	인문콘텐츠학회 인문콘텐츠 제28호	2013
디지털 인문학: 인문학과 문화콘텐츠의 상생 구도에 관한 구상	김현	인문콘텐츠학회 인문콘텐츠 제29호	2013
문화콘텐츠학의 새로운 포지셔닝: 디지털 인문학	한동현	한국현대문예비평학회 한국문예비평연구 제40권	2013
인문학과 문화콘텐츠: <인문콘텐츠학회>의 정체성의 문제	김기덕	인문콘텐츠학회 인문콘텐츠 제32호	2014
문화콘텐츠연구의 학문적 위상	임대근	인문콘텐츠학회 인문콘텐츠 제38호	2015

2) 개념

제목	저자	발행서지	년도
콘텐츠의 개념과 인문콘텐츠	김기덕	인문콘텐츠학회 인문콘텐츠 창간호	2003
'문화콘텐츠' 개념 정립을 위한 시론	박상천	한국언어와문화학회 한국언어문화 제33집	2007
문화콘텐츠 개념 재론再論	임대근	글로컬창의산업연구센터 문화 더하기 콘텐츠 제4집	2014

3) 방법

연구	제목	저자	발행서지	년도
기획 및 제작	문화콘텐츠에서의 디지털스토리텔링 양상과 방향 연구	허만욱	우리문학회 우리문학연구 제23집	2008
	콘텐츠 제작을 위한 스토리텔링과 이미지텔링의 창작방법론	변민주	한국디지털디자인협의회 디지털디자인학 연구 제9권 제4호	2009
	영상콘텐츠 기획을 위한 스토리텔링 전략: 서사적 보편소 모델을 중심으로	김정희	한국문화산업학회 문화산업연구 제10권 제1호	2010
	소통으로서의 문화콘텐츠학 담론 모색과 '배치'를 통한 콘텐츠 기획 연구: 영화 <Life in a Day>를 중심으로	박범준	글로벌문화콘텐츠학회 글로벌문화콘텐츠 제8호	2012
	문화콘텐츠 기획의 관점에서 본 사이존재: 정기용의 공공건축을 중심으로	신정아	글로벌문화콘텐츠학회 글로벌문화콘텐츠 제9호	2012
	문화콘텐츠 스토리텔링의 현황과 전망	박기수 안숭범 외	인문콘텐츠학회 인문콘텐츠 제27호	2012

연구	제목	저자	발행서지	년도
기획 및 제작	문화코드의 문화기호학적 고찰: 영상 콘텐츠의 스토리텔링을 중심으로	백승국 권지혁 외	인문콘텐츠학회 인문콘텐츠 제24호	2012
	두 개의 글로컬라이제이션, 두 얼굴의 글로컬: 글로컬라이제이션 개념을 배경으로 한 문화콘텐츠 기획의 허와 실	김성수	글로벌문화콘텐츠학회 글로벌문화콘텐츠 제10호	2013
	문화콘텐츠 기획과정에서 인문학 가공의 문제	유동환	인문콘텐츠학회 인문콘텐츠 제28호	2013
분석	문화콘텐츠 개발을 위한 기호학적 분석 방법론	백승국	한국기호학회 기호학연구 제15집	2004
	문화콘텐츠 분석을 위한 인문학적 분석 도구	오장근	언어과학회 언어과학연구 제33집	2006
	시각 문화콘텐츠 분석에 관한 연구: 시각적 재미의 분석 방법론을 중심으로	박영원	한국콘텐츠학회 한국콘텐츠학회논문지 제12권 제6호	2008
	문화콘텐츠의 OSMU를 위한 디지털 스토리텔링의 분석 연구	남현우	컴퓨터게임학회 컴퓨터게임학회논문지 제22호	2010
	영상콘텐츠 스토리텔링 기반 문화코드 분석 연구	이찬욱 이채영	인문콘텐츠학회 인문콘텐츠 제23호	2011
	글로벌문화콘텐츠의 원형 분석: "트랜스포머'를 중심으로	유제상	글로벌문화콘텐츠학회 글로벌문화콘텐츠 제8호	2012
	문화콘텐츠의 디지털 스토리텔링을 위한 기호학적 분석모형 구축	김기국	한국기호학회 기호학연구 제34집	2013
세계화	글로컬라이제이션과 지역발전에 대한 연구방법론 고찰: 지역 콘텐츠의 사회적 자원화와 대학의 역할을 중심으로	이병민	건국대학교 글로컬문화전략연구소 문화콘텐츠연구 제1집	2011
	실패사례 분석을 통한 문화콘텐츠 세계화 방법론 연구	김영재	한국언어문화학회 한국언어문화 제44호	2011
	문화콘텐츠학에서의 디지털 이미지론: 글로컬 개념을 중심으로	김성수	영상예술학회 영상예술연구 제27호	2015

4) 현황과 유형

제목	저자	발행서지	년도
한국 문화콘텐츠학의 현황과 전망: 스토리텔링을 중심으로	박기수	대중서사학회 대중서사연구 제16호	2006
문화콘텐츠의 출현과 구조, 그리고 구현	박범준	글로벌문화콘텐츠학회 글로벌문화콘텐츠 제3호	2009
문화콘텐츠 관련 연구에 대한 메타분석: 연구 분야, 목적, 방법을 중심으로	류준호 윤승금 외	한국지역언론학연합회 언론과학연구 제10권 제1호	2010
학위논문의 메타분석을 통한 문화콘텐츠 연구동향: 한국외대, 한양대, 인하대, 고려대, 동국대 등 5개 학교의 학위논문을 중심으로	윤홍근	글로벌문화콘텐츠학회 글로벌문화콘텐츠 제7호	2011
디지털문명전환기 문화콘텐츠학의 태동과 지식체계의 생태적 분석과 정책적 함의	전충헌	한국문화산업학회 2011년춘계학술대회	2011
문화콘텐츠학 연구사 정리의 방향과 과제	신광철	인문콘텐츠학회 인문콘텐츠 제38호	2015

5) 교육

제목	저자	발행서지	년도
학부 수준에서의 문화콘텐츠학과 교과과정의 분석과 전망	신광철	인문콘텐츠학회 인문콘텐츠 제2호	2003
인문학 기반 문화콘텐츠학과 교과과정 검토	김영순	인하대학교 교육연구소 교육문화연구 제10호	2004
문화콘텐츠에서 교양의 역할	김만수	영남대학교 인문과학연구소 인문연구 제49호	2005

제목	저자	발행서지	년도
문화콘텐츠와 대학교육	김만수	대중서사학회 대중서사연구 제16호	2006
문화콘텐츠학의 이상적인 교육모델과 응용인문학의 가능성	임정택	한국독어독문학교육학회 독어교육 제35집	2007
문화콘텐츠학, 어떻게 연구하고 가르칠 것인가	정창권	동양한문학회 동양한문학연구 제24집	2007
역사문화콘텐츠전공 교육의 현실과 전망: 상명대 역사콘텐츠학과의 사례를 중심으로	김은경	이화여자대학교 한국문화연구원 한국문화연구 제20집	2011
문화콘텐츠학의 도입타당성에 관한 연구: 대림대학을 중심으로	정수연	한국사상문화학회 한국사상과 문화 제58권	2011
기독교문화 콘텐츠 교육의 방향과 방법	신광철	한신대학교 종교와문화연구소 종교문화연구 제20집	2013
대학에서의 창의성 발현을 위한 문화콘텐츠 교육 개선 방안 탐색	이병민	한국콘텐츠학회 한국콘텐츠학회논문지 제13권 제4호	2013
불교문화콘텐츠학의 연구방향과 교육방법 고찰	이재수	한신대학교 종교와문화연구소 종교문화연구 제20집	2013
문화콘텐츠, 대학원 융합교육의 현재와 미래	김평수 박치완	인문콘텐츠학회 인문콘텐츠 제32호	2014
대학에서의 문화콘텐츠 인력 양성의 현재와 미래	신광철	인문콘텐츠학회 인문콘텐츠 제32호	2014
문화콘텐츠학의 정체성 확립을 위한 필독서 선정 방안	박치완 유제상	인문콘텐츠학회 인문콘텐츠 제39호	2015

* 문화콘텐츠학에 관한 학문적 접근과 학적 체계 정립에 참고할 수 있는 일부 관련 자료들을 선별하여 정리함

참고문헌

국내서적

『2010 콘텐츠 교육기관 현황 조사』, 한국콘텐츠진흥원, 2011.

『2012년 콘텐츠 산업백서』, 문화체육관광부, 2013.

『2013년 콘텐츠 산업백서 연차보고서』, 문화체육관광부, 2014.

『2015년 콘텐츠 산업 전망』, 한국콘텐츠진흥원, 2015.

『2015년도 콘텐츠 산업진흥 시행계획』, 콘텐츠 산업진흥위원회, 2014.

『코카포커스』2013-05호(통권71호), 한국콘텐츠진흥원, 2013.

『한국어대사전』, 고려대학교 민족문화연구원, 2009.

가톨릭대학교 고전라틴연구소 편찬, 『라틴-한글 사전』, 가톨릭대학교 출판부, 1995.

강내희, <21세기 인문학의 사회적 역할. 자기 비판을 통한 전화>, 『현대사회 인문학의 위기와 전망』, 민속원, 1998.

강준만, 『한국인 코드』, 인물과 사상사, 2007.

______, 『세계문화전쟁』, 인물과 사상사, 2010.

______, 『한국 사회의 소통 위기』, 커뮤니케이션북스, 2011.

강현구 외, 『문화콘텐츠와 인문학적 상상력』, 글누림, 2005.

구연상, <글쓰기와 사무침>, 『우리말로 학문하기의 고마움』, 우리말로 학문하기 모임 편, 채륜, 2009.

______, 『매체 정보란 무엇인가』, 살림, 2004.

김만수, 『문화콘텐츠 유형론』, 글누림, 2006.

김민선, 『인간 커뮤니케이션, 비서구적 관점』, 범기수 외 옮김, 커뮤니케이션북스, 2009.

김민수, 『문화콘텐츠 유형론』, 글누림, 2006.

김영기, 『The Contents』, 이-디자인, 2002.

김영순·김현, 『인문학과 문화콘텐츠』, 다할미디어, 2006.

김용석, 『문화적인 것과 인간적인 것』, 푸른숲, 2000.

김은미 외, 『미디어 생태계』, 커뮤니케이션북스, 2011.

김주환, 『디지털 미디어의 이해』, 생각의 나무, 2008.

남영신 엮음, 『국어사전』, 성안당, 1999.

문영호 외, 『조선말사전』, 과학백과사전출판사, 2004.

박이문, 『둥지의 철학. 존재와 세계의 위기에 대한 전면적인 철학적 응전』, 생각의 나무, 2010.

박인철, 『파리학파의 기호학』, 민음사, 2003.

박장순, 『문화콘텐츠학 개론』, 커뮤니케이션북스, 2006.

박치완·김성수 외, 『글로컬문화콘텐츠 어떻게 그리고 왜』, 한국외국어대학교출판부, 2009.

박치완·김평수 외, 『문화콘텐츠와 문화코드』, 한국외국어대학교출판부, 2011.

백승국, 『문화기호학과 문화콘텐츠』, 다할미디어, 2004.

백원담, 『한류. 동아시아의 문화선택』, 펜타그램, 2005.

서울대학교 국어교육 연구소, 『넓은 풀이 우리말 유의어 대사전』, (주)낱말 어휘 정보처리 연구소, 2010.

소광희 외, 『현대의 학문 체계』, 민음사, 1994.

소흥렬, 『문화적 자연주의』, 소나무, 1996.

송원찬 외, 『문화콘텐츠 그 경쾌한 상상력』, 북코리아, 2010.

신광철, 『문화콘텐츠학 입문』, 한신대학교출판부, 2009.

신승환, <학문>, 『우리말 철학사전 5. 사랑/세계/철학』, 지식산업사, 2007.

심승구 외, 『문화재 활용을 위한 정책기반 조성 연구』, 문화재청, 2006.

심혜련, 『매체철학의 이해』, 인간사랑, 2005.

이건호·최윤정 외, 『커뮤니케이션과 사회』, 이화출판, 2013.

이기상, 『글로벌 생명학. 동서 통합을 위한 생명 담론』, 자음과모음, 2010.

______, <문화는 소통이다. 문화 다양성 시대의 소통과 공감>, 『문화는 소통이다』, 엄정식 외, 철학과 현실사, 2012.

______, <세계화시대에 한국 지성인의 역할>, 『사이』제1호, 지식산업사, 2002.

______, <지구촌 시대 문화인의 소통>, 『상상과 증명, 그리고 소통』, 이덕환 엮음, 서강대학교출판부, 2013.

______, 『다석과 함께 여는 우리말 철학』, 지식산업사, 2008.

______, 『쉽게 풀어 쓴 하이데거의 생애와 사상 그리고 그 영향』, 누멘, 2010.

______, 『지구촌 시대와 문화콘텐츠. 한국 문화의 지구화 가능성 탐색』, 한국외국어대학교출판부, 2009.

______, 『철학노트』, 까치, 2002.

______, 『콘텐츠와 문화철학』, 북코리아, 2009.

이상훈·김요한, 『커뮤니케이션의 이해와 활용』, 삼인, 2013.

이승헌, 『힐링 소사이어티(Healing Society)』, 한문화, 2013.

이승환, <우리 학문의 현실과 나아갈 길>, 『사이』제1호, 지식산업사, 2002.

이승희, 『국어대사전』, 민중서림, 2004.

이용관 외, 『콘텐츠 산업과 한국 고유문화 연계 방안 연구』, 한국문화관광연구원, 2012.

이원복, <한국인의 독특한 의식구조와 소통의 문제>, 『문화는 소통이다』, 철학과현실사, 2012.

이제석, 『광고천재 이제석』, 학고재, 2011.

이한구, 『지식의 성장』, 살림출판사, 2004.

인문콘텐츠학회 엮음, 『문화콘텐츠 입문』, 북코리아, 2006.
______, 『문화콘텐츠학의 탄생』, 북코리아, 2007.
임석진 외 편저, 『철학사전』, 중원문화, 2009.
전충헌, 『문화콘텐츠 전략기획론』, 글누림, 2009.
정수연, 『디지털 시대의 문화콘텐츠』, 정민사, 2011.
정창권, 『문화콘텐츠 교육학』, 북코리아, 2009.
______, 『문화콘텐츠 스토리텔링』, 커뮤니케이션북스, 2007.
______, 『문화콘텐츠학 강의. 깊이 이해하기』, 커뮤니케이션북스, 2007.
______, 『문화콘텐츠학 강의. 쉽게 개발하기』, 커뮤니케이션북스, 2007.
조동일, 『우리학문의 길』, 지식산업사, 2003.
______, 『인문학문의 사명』, 서울대학교출판부, 1997.
조맹기, 『현대 커뮤니케이션 사상사』, 나남, 2009.
주영하 외, 『한국인의 문화유전자』, 한국국학진흥원 엮음, 아모르문디, 2012.
최봉영, 『한국인에게 나는 누구인가』, 지식산업사, 2012.
최연구, 『문화콘텐츠란 무엇인가』, 살림, 2006.
최현배, 『우리말 존중의 근본 뜻』, 정음사, 1951.
최혜실, 『문화콘텐츠, 스토리텔링을 만나다』, 삼성경제연구소, 2008.
한정선, 『소통. 진정성이 진정성을 만날 때』, 커뮤니케이션북스, 2013.
홍성태, 『지식사회 비판』, 문화과학사, 2005.

외국서적

노르베르트 볼츠, 『구텐베르크 은하계의 끝에서. 새로운 커뮤니케이션 상황들』, 윤종석 옮김, 문학과지성사, 2000.

______, 『보이지 않는 것의 경제』, 유현주 옮김, 문학동네, 1999.

니콜라스 카, 『생각하지 않는 사람들』, 청림출판, 2011.

베라 뉘닝 외, 『현대 문화학의 컨셉들』, 장신원 외 옮김, 유로서적, 2006.

도미니크 볼통, 『또 다른 세계화』, 김주노 옮김, 살림, 2012.

______, 『불통의 시대 소통을 읽다』. 채종대·김주노·원용옥 옮김, 살림, 2011.

로버트 루트번스타인·미셸 루트번스타인, 『생각의 탄생』, 박종성 옮김, 에코의 서재, 2009.

리스본 그룹, 『경쟁의 한계』, 채수환 옮김, 바다출판사, 2000.

리처드 로티, 『우연성, 아이러니, 연대성』, 김동식·이유선 옮김, 민음사, 1996.

마샬 맥루한 외 지음, 『지구촌』, 박기순 옮김, 커뮤니케이션북스, 2005.

마샬 맥루한, 『구텐베르크의 은하계』, 임상원 옮김, 커뮤니케이션북스, 2001.

______, 『미디어의 이해』, 김성기·이한우 옮김, 민음사, 2002.

마이클 듀스·메리 브라운, 『플라톤의 그림자. 인간 커뮤니케이션의 역사』, 여은호·박경우 옮김, 커뮤니케이션북스, 2012.

막스 뮐러·알로이스 할더, 『철학소사전』, 강성위 옮김, 이문출판사, 1988.

미조구찌 리이치로(溝口理一郎), 『차세대 웹과 지식 처리의 핵심 기술. 온톨로지 공학』, 최기선·황도삼 옮김, 두양사, 2009.

미카엘 란드만, 『철학적 인간학. 역사와 현대에 있어서 인간의 자기이해』, 진수훈 옮김, 경문사, 1990.

발터 벤야민, 『기술복제시대의 예술작품』, 최성만 옮김, 도서출판 길, 2007.

빌렘 플루서, 『코무니콜로기. 코드를 통해 본 커뮤니케이션의 역사와 이론 및 철학』, 김성재 옮김, 커뮤니케이션북스, 2001.

셰리 터클, 『스크린 위의 삶. 인터넷과 컴퓨터 시대의 인간』, 최유식 옮김, 민음사, 2003.

어빙 팽, 『매스커뮤니케이션의 역사』, 심길중 옮김, 한울 아카데미, 2002.

에드워드 윌슨, 『통섭. 지식의 대통합』, 최재천·장대익 옮김, 사이언스북스, 2006.

에드워드 홀, 『문화를 넘어서』, 최효선 옮김, 한길사, 2000.

______, 『침묵의 언어』, 최효선 옮김, 한길사, 2000.

엘리자베스 클레망 외, 『철학사전. 인물들과 개념들』, 이정우 옮김, 동녘, 2001.

엠 그리핀, 『커뮤니케이션 이론』, 김동윤 옮김, 커뮤니케이션북스, 2009.

요시미 순야, 『미디어 문화론』, 안미라 옮김, 커뮤니케이션북스, 2007.

일레인 볼드윈 외, 『문화코드, 어떻게 읽을 것인가』, 조애리·강문순 외 옮김, 한울아카데미, 2008.

임마누엘 칸트, 『순수이성비판1』, 백종현 옮김, 아카넷, 2006.

______, 『순수이성비판2』, 백종현 옮김, 아카넷, 2006.

임마누엘 페스트라이쉬, 『인생은 속도가 아니라 방향이다』, 노마드북스, 2011.

장 이브 고피, 『기술철학』, 황수영 옮김, 한길사, 2003.

제러미 리프킨, 『3차 산업혁명』, 안진환 옮김, 민음사, 2012.

______, 『공감의 시대』, 이경남 옮김, 민음사, 2010.

______, 『유러피언 드림. 아메리칸 드림의 몰락과 세계의 미래』, 이원기 옮김, 민음사, 2005.

존 피스크, 『커뮤니케이션학이란 무엇인가』, 강태완·김선남 옮김, 커뮤니케이션북스, 2001.

질 들뢰즈·펠릭스 가타리, 『천 개의 고원』, 새물결, 2003.

찰스 퍼시 스노우, 『두 문화』, 오영환 옮김, 사이언스북스, 2001.

캐이시 맨 콩 럼 엮음, 『미디어 생태학 사상, 문화, 기술 그리고 커뮤니케이션』, 이동후 옮김, 한나래, 2008.

켄 윌버, 『통합 비전』, 정창영 옮김, 물병자리, 2008.

______, 『통합심리학』, 조옥경 옮김, 학지사, 2008.

클라우디아 빅만 외, 『상호문화철학의 논리와 실천』, 김정현 옮김, 시와진실, 2010.

프랑크 하르트만, 『미디어 철학』, 이상엽 옮김, 북코리아 2008.

피터 버크, 『문화사란 무엇인가』, 조한욱 옮김, 도서출판 길, 2006.

한스 디터 퀴블러, 『지식사회의 신화. 정보, 미디어와 지식의 사회변동』, 이남복 옮김, 한울, 2008.

한스 큉, 『세계윤리구상』, 안명옥 옮김, 분도출판사, 2001.

F. Wimmer, *Interkulturelle Philosophie* (상호문화의 철학), Bd. 1, Wien, 1990.

Gebhard Rusch(Hrsg.), *Einführung in die Medienwissenschaft, Konzeptionen, Theorien, Methoden, Anwendungen*, Westdeutscher Verlag, Wiebaden 2002.

Gerhard Vowinckel, *Verwandtschaft, Freundschaft und die Gesellschaft der Fremden. Grundlagen menschlichen Zusammenlebens* (친척, 친구 그리고 이방 사회. 인간적 더불어 삶의 근본토대), Darmstadt, 1995.

Hannah Arendt, *Human Condition*, Chicago Univ, 1958.

Hans Kessler (Hrsg.), *Ökologisches Weltethos im Dialog der Kulturen und Religionen* (문화와 종교간의 대화에서의 생태학적인 세계윤리), Darmstadt, 1996.

Herbert Alexander Simon, *Administrative Behavior, 4th ed*, New York, 2000.

John Hartley, *Creative Industres*, London: Blackwell, 2008.

Mary Louis Pratt, *Imperial Eyes: Travel Writing and Transculturation*, 1992.

Michael Landmann, *Fundamental-Anthropologie* (기초 인간학), Bonn 1979.

Nathan Shedroff, *Experience Design*, NewRiders-Publishing, 2001.

Peter Burke, *What is cultural history?*, Blackwell Pub, 2004.

Peter Sahlins, Boundaries, *The Making of France and Spain in the Pyrenees*, Berkeley, 1989.

Ram Adhar Mall, *Philosophie im Vergleich der Kulturen. Interkulturelle Philosophie. Eine neue Orientierung* (문화비교의 철학. 상호문화의 철학. 새로운 입문), Darmstadt, 1995.

Robert Bartlett, *The Making of Europe: Conquest, Colonization and Cultural Change*, 1993.

온라인 누리집

<제5회 DMZ국제다큐멘터리영화제> 홈페이지

EBS <다큐프라임> 홈페이지

EBS <용서> 홈페이지

KBS <다큐극장> 홈페이지

국가법령정보센터 홈페이지

유네스코한국위원회 홈페이지

이미지 출처

제1장

<그림 1> 증강현실(augmented reality), flickr, tom

https://www.flickr.com/photos/turkletom/4325703868/in/photolist-7Afn4b-8ERBCd-9wDfEJ-99pRyf-651xWC-7NoB5h-7NoB6u-8UuuXn-7NoB7y-7NoASj-7NoB1W-afsUWy-9wDfBo-4HFHtX-68xUZS-95EBuC-99pRW5-c3gYuC-99pRBf-aP9r4t-aR2M2H-dxxrR8-ddvCkS-hQL4XR-naSetc-dGsTaU-8vBVVr-8vEXcj-6ihBqR-9pRhyv-99pRF3-dgV1Bv-9zHKQv-7TkvB3-99pRRQ-99pRJE-9hyNrp-7Atodi-77bRb2-99pRU9-e7MatF-e7MDCx-dSQhMr-7z3h1p-fAz5BF-a2GYCF-6yfK57-84XMGh-7GnUay-7SsAGW

<그림 2> 마샬 맥루언(캐나다, 1911-1989), flickr, cea

https://www.flickr.com/photos/centralasian/5571845609/in/photolist-9unazB-GoZ5eS-niaoB2-buQFXk-dRr8g9-dRr88Q-5S7JzZ-5S7JPF-dRkyxM-dRkwBz-dRkyCc-dUk572-cMFDmu-dRr66o-dRkzdi-cEtrZw-avxjtF-cP2frW-nbde5s-4Ww1J2-5UEid8-7FmQAF-cAszA9-at3vxA-cAszv5-dRr5Q5-cAsx51-GRGCPx-dRr8oQ-5QPpdD-9ViTzA-5QTFPh-aE8QXp-9ViT27-9Vg4Wz-9ViSFE-9ViSvS-aEeXdp-9Vg4MD-9ViSPQ-avzXNW-cyNqUm-9Mc5Jq-9M9iSF-9M9jcg-9Mc6aw-75meoU-asZT4x-at3wgQ-9Mc6Rb

<그림 3> 마더 데레사(마케도니아, 1910-1997), 위키피디아, Presidenza della Repubblica

https://commons.wikimedia.org/wiki/File:Sandro_Pertini_e_Madre_Teresa_di_Calcutta.jpg?uselang=ko

<그림 4> 생트 빅트와르의 산(폴 세잔, 1885-1895), 위키피디아, Rlbberlin

https://commons.wikimedia.org/wiki/File:Paul_Cezanne_La_Montagne_Saint_Victoire_Barnes.jpg?uselang=ko

<그림 5> 지그문트 프로이트(左, 오스트리아-헝가리 제국, 1856-1939), 칼 구스타프 융(中, 스위스, 1875-1961), 자크 라캉(右, 프랑스, 1901-1981)

https://commons.wikimedia.org/wiki/File:Sigmund_Freud_LIFE.jpg?uselang=ko 지그문트 프로이트(위키피디아, 퍼블릭 도메인)

https://upload.wikimedia.org/wikipedia/commons/8/80/Jung_1910-rotated.jpg?uselang=ko 칼 구스타프 융(위키피디아, 퍼블릭 도메인)

https://commons.wikimedia.org/wiki/File:Jacques_Lacan.jpg?uselang=ko 자크 라캉(위키피디아, Blatterhin)

<그림 6> 플라톤 동굴의 비유, 위키피디아, JohnD'Alembert

https://commons.wikimedia.org/wiki/File:Plato%27s_Allegory_of_the_Cave_B%2BW_clear.jpg?uselang=ko

<그림 7> 백남준(서울, 1932-2006), 위키피디아, Cindydag

https://commons.wikimedia.org/wiki/File:Bob_Benamou.jpg?uselang=ko

<그림 8> 임마누엘 칸트(프로이센, 1724-1804), 위키피디아, 퍼블릭 도메인

https://commons.wikimedia.org/wiki/File:Immanuel_Kant_(painted_portrait).jpg

제2장

<그림 10> 한나 아렌트(독일, 1906-1975), flickr, Ryohei Noda

https://www.flickr.com/photos/g4gti/6246088123/in/photolist-fzGQKV-2mN4b-mP9NHr-5UXxjw-8TW49i-6Jh5mj-6seLVv-ekwQJd-8wm7yU-r1Rhnm-qUE1QA-dwH3eb-ebQPYK-ebWvZN-avWQox-bE7E9o-ebQNWr-p4pdMf-ebQR9c-ebWuy3-ebWrz3-ebQSHZ-7YNQGB-e1wCQe-diHxmi

제3장

<그림 16> 피터 드러커(오스트리아, 1909-2005), flickr, IsaacMao

https://www.flickr.com/photos/isaacmao/62322208/in/photolist-FSAh13-fKH9PD-rZwRb2-9cEASh-cNoeCQ-nWaaRC-6DVhip-nW32uH-9f2qeK-nVX5WP-9394U9-d9x5wL-6vqdQ-6w68Z-7dLyqL-7dLyhw-7dGEBn-kxrpG5-pVvwPi-wTp8UJ-qEPuBw-fv4cYk-9rw3qA-8hhDd6-9f2qai-rCwUkp-7LkphB-7dupaf-Gmz4ec-yfo23r

<그림 19> 스티브 잡스(미국, 1995-2011), 위키피디아, Metal GearLiquid

https://commons.wikimedia.org/wiki/File:Steve_Jobs_Headshot_2010-CROP2.jpg?uselang=ko

<그림 20> 나타샤 차코스(스위스), 위키피디아, Lalaloooo

https://commons.wikimedia.org/wiki/File:Natasha_tsakos.jpg?uselang=ko

<그림 21> 발터 벤야민(독일, 1892-1940), 위키피디아, Akademie der

Künste, Berlin – Walter Benjamin Archiv

https://commons.wikimedia.org/wiki/File:Walter_Benjamin_vers_1928.jpg

<그림 22> 모나리자(루브루 박물관), 위키피디아, Mario Sánchez Prada

https://commons.wikimedia.org/wiki/File:Monna_Lisa_2,_Louvre_October_5,_2009.jpg?uselang=ko

제4장

<그림 24> 아테네 학당(라파엘, 1483), 위키피디아, PDArt

https://commons.wikimedia.org/wiki/File:Raphael_School_of_Athens.jpg?uselang=ko

<그림 25> 백제 금동대향로, 위키피디아, 국립중앙박물관

https://commons.wikimedia.org/wiki/File:백제_금동대향로.jpg?uselang=ko

<그림 26> 발전소를 현대 미술관으로 개조한 테이트모던미술관(영국), 위키피디아, Christine Matthews

https://commons.wikimedia.org/wiki/File:Tate_Modern_viewed_from_Thames_Pleasure_Boat_-_geograph.org.uk_-_307445.jpg?uselang=ko

제5장

<그림 28> 임마누엘 페스트라이쉬 (미국, 1964), 위키피디아, Emanuel Pastreich

https://commons.wikimedia.org/wiki/File:Emanuelpastreich.jpg?uselang=ko

제8장

<그림 36> 마르틴 하이데거(독일, 1889-1976), 위키피디아, Willy Pragher

https://commons.wikimedia.org/wiki/File:Heidegger_3_(1960).jpg?uselang=ko

<그림 38> 프랜시스 베이컨(영국, 1561-1626), 르네 데카르트(프랑스, 1569-1650), 고트프리트 라이프니츠(독일, 1646-1716), 임마누엘 칸트(독일, 1742-1804)

https://commons.wikimedia.org/wiki/File:Francis_Bacon,_Viscount_St_Alban_from_NPG_(2).jpg (위키피디아, 퍼블릭 도메인)

https://commons.wikimedia.org/wiki/File:SA_22659-René_Descartes_(1595-1650).jpg?uselang=ko(위키피디아, 퍼블릭 도메인)

https://commons.wikimedia.org/wiki/File:Gottfried_Wilhelm_von_Leibniz.jpg?uselang=ko (위키피디아, 퍼블릭 도메인)

https://commons.wikimedia.org/wiki/Immanuel_Kant#/media/File:Immanuel_Kant_(painted_portrait).jpg (위키피디아, 퍼블릭 도메인)

<그림 39> The Great Chain of Being, 위키피디아, Diego de Valadés

https://commons.wikimedia.org/wiki/File:The_Great_Chain_of_Being_(1579).jpg?uselang=ko

<그림 40> 헤겔(독일, 1770-1831), 위키피디아, Lazarus Gottlieb Sichling

https://commons.wikimedia.org/wiki/File:G.W.F._Hegel_(by_Sichling,_after_Sebbers).jpg?uselang=ko

제9장

<그림 41> 한스 큉(스위스, 1928), 위키피디아, Muesse

https://commons.wikimedia.org/wiki/File:Küng3.JPG?uselang=ko

<그림 42> 펠릭스 가타리(프랑스, 1930-1992), 위키피디아, 퍼블릭 도메인

https://commons.wikimedia.org/wiki/File:Felix_Guattari.jpg?uselang=ko

제10장

<그림 46> 태초에(윌리엄 블레이크, 1794), 위키피디아, 퍼블릭 도메인

https://commons.wikimedia.org/wiki/File:Europe_a_Prophecy_copy_E_1794_Library_of_Congress_object_1.jpg

<그림 51> 이제석의 평면 반전 광고 <뿌린 대로 거두리라>, 이제석 광고연구소 홈페이지

http://www.jeski.org/article_view.php?category=outdoor&idx=87#.V601FzZOWVk

<그림 52> 이제석의 원형 반전 광고 <뿌린 대로 거두리라>, 이제석 광고연구소 홈페이지

http://www.jeski.org/article_view.php?category=outdoor&idx

=87#.V601FzZOWVk

<그림 53> 프랜시스 베이컨(영국, 1561-1626), 위키피디아, Drebbel
https://commons.wikimedia.org/wiki/File:Francis_Bacon.jpg

<그림 54> 오귀스트 콩트, 위키피디아(프랑스, 1798-1857), 퍼블릭 도메인
https://commons.wikimedia.org/wiki/File:Auguste_Comte.jpg?uselang=ko

제11장

<그림 55> 위르겐 하버마스(독일, 1929), 위키피디아, Wolfram Huke
https://commons.wikimedia.org/wiki/File:JuergenHabermas.jpg?uselang=ko

제13장

<그림 61> 에드워드 윌슨(미국, 1929), 위키피디아, Ragesoss
https://commons.wikimedia.org/wiki/File:E._O._Wilson_standing,_October_16,_2007.jpg

색인

ㄴ

ㅂ

ㅈ

ㅊ

ㅋ

ㅌ

ㅍ

ㅎ

소통과 공감의 문화콘텐츠학

초판 1쇄 발행 2016년 9월 29일
초판 2쇄 발행 2022년 2월 28일

지은이 이기상 · 박범준
발행인 고윤성 Director, University Knowledge Press
편집장 신선호 Executive Knowledge Contents Creator
도서편집 이근영 Contents Creator
장혜정 Contents Creator
재무관리 조아라 Managing Creator
정윤경 Managing Creator
전자책 · 사전 장지혜 Contents Creator
발행처 한국외국어대학교 지식출판콘텐츠원
02450 서울특별시 동대문구 이문로 107
전화 02)2173-2493~7
팩스 02)2173-3363
홈페이지 http://press.hufs.ac.kr
전자우편 press@hufs.ac.kr
출판등록 제6-6호(1969. 4. 30)
디자인 · 편집 (주)이환디앤비 02)2254-4301
인쇄 · 제본 (주)케이랩 053)583-6885

ISBN 979-11-5901-121-4 93300 정가 20,000원

*잘못된 책은 교환하여 드립니다.

HU:NE은 한국외국어대학교 지식출판콘텐츠원의 어학도서, 사회과학도서, 지역학 도서 Sub Brand이다. 한국외대의 영문명인 HUFS, 현명한 국제전문가 양성(International +Intelligent)의 의미를 담고 있으며, 휴인(携引)의 뜻인 '이끌다, 끌고 나가다'라는 의미처럼 출판계를 이끄는 리더로서, 혁신의 이미지를 담고 있다.